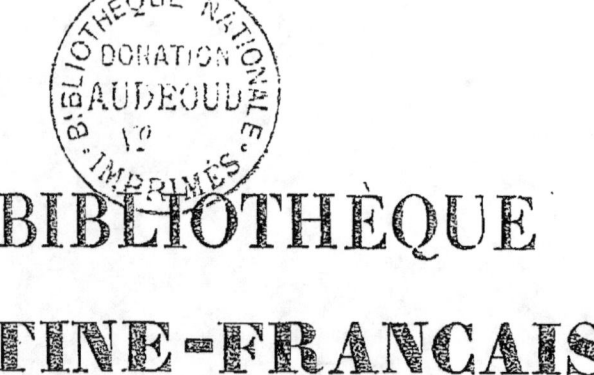

BIBLIOTHÈQUE
LATINE-FRANÇAISE

PUBLIÉE

PAR

C. L. F. PANCKOUCKE.

PARIS. — IMPRIMERIE DE C. L. F. PANCKOUCKE,
Rue des Poitevins, n° 14.

OEUVRES

COMPLÈTES

DE SÉNÈQUE

LE PHILOSOPHE

TRADUCTION NOUVELLE

PAR MM. AJASSON DE GRANDSAGNE, BAILLARD,
CHARPENTIER, CABARET-DUPATY, DU ROZOIR, HÉRON DE VILLEFOSSE,
NAUDET, C. L. F. PANCKOUCKE, ERNEST PANCKOUCKE,
DE VATIMESNIL, ALFRED DE WAILLY,
GUSTAVE DE WAILLY, ALPHONSE TROGNON.

PUBLIÉES

PAR M. CHARLES DU ROZOIR

PROFESSEUR D'HISTOIRE AU COLLÈGE ROYAL DE LOUIS-LE-GRAND.

TOME SIXIÈME.

PARIS
C. L. F. PANCKOUCKE
MEMBRE DE L'ORDRE ROYAL DE LA LÉGION D'HONNEUR
ÉDITEUR, RUE DES POITEVINS, N° 14.

M DCCC XXXIV.

LETTRES
DE SÉNÈQUE
A LUCILIUS

TRADUCTION NOUVELLE

PAR MM. BAILLARD, CHARPENTIER, DU ROZOIR, ALPH. TROGNON, ETC.

PUBLIÉES ET ANNOTÉES

PAR M. CH. DU ROZOIR.

TOME DEUXIÈME

PAR M. ALPH. TROGNON

CONSEILLER RÉFÉRENDAIRE A LA COUR DES COMPTES.

L. ANNÆI SENECÆ

AD LUCILIUM

EPISTOLAE.

LVI.

Ubique sapientem tranquillum esse et studiis vacare; contra, malum ubique esse inquietum.

Peream, si est tam necessarium, quam videtur, silentium in studia seposito. Ecce varius clamor undique me circumsonat; supra ipsum balneum habito. Propone nunc tibi omnia genera vocum, quæ in odium possunt aures adducere : quum fortiores exercentur, et manus plumbo graves jactant, quum aut laborant, aut laborantem imitantur, gemitus audio; quoties retentum spiritum remiserunt, sibilos et acerbissimas respirationes : quum in alipten inertem et hac plebeia unctione contentum incidi, audio crepitum illisæ manus humeris; quæ, prout plana pervenit, aut concava, ita sonum mutat. Si vero pilicrepus supervenerit et numerare cœperit pilas, actum est. Adjice nunc scordalum, et furem deprehensum, et illum, cui vox sua in balneo placet.

LETTRES
DE SÉNÈQUE

A LUCILIUS.

LVI.

Le sage peut étudier et vivre tranquille partout; le méchant, au contraire, ne trouve de repos nulle part.

Que je meure, si le silence est aussi nécessaire qu'on le croit aux études solitaires. Mille cris divers retentissent autour de moi; je loge juste au dessus d'un bain. Figurez-vous toutes les espèces de bruits qui peuvent offenser nos oreilles. Des athlètes s'exercent-ils, balancent-ils leurs bras chargés de masses de plomb, se fatiguent-ils, ou feignent-ils d'être fatigués? j'entends des gémissemens; laissent-ils échapper leur respiration long-temps retenue? ce sont des sifflemens et des soupirs déchirans. Si le hasard m'envoie un de ces garçons de bains maladroits dont les fonctions se bornent à l'onction la plus vulgaire, j'entends un bruit d'épaules frottées qui varie suivant que la main agit du creux ou du plat. C'est bien pis encore s'il survient des joueurs de paume qui se mettent à compter leurs points. Ajoutez à cela les ivrognes, les filoux pris sur le fait, et ceux qui trouvent que leur voix fait bon effet dans le bain; puis les gens

Adjice nunc eos, qui in piscinam cum ingenti impulsae aquae sono saliunt. Praeter istos, quorum, si nihil aliud, rectae voces sunt, alipilum cogita; tenuem et stridulam vocem, quo sit notabilior, subinde exprimentem; nec unquam tacentem, nisi dum vellit alas, et alium pro se clamare cogit. Jam libarii varias exclamationes, et botularium, et crustularium, et omnes popinarum institores, mercem sua quadam et insignita modulatione vendentes.

O te, inquis, ferreum, aut surdum, cui mens inter clamores tam varios, tam dissonos, constat, quum Crispum nostrum assidua salutatio perducat ad mortem! At, mehercules, ego istum fremitum non magis curo, quam fluctum, aut dejectum aquae; quamvis audiam, cuidam genti hanc unam fuisse causam urbem suam transferendi, quia fragorem Nili cadentis ferre non potuit. Magis mihi vox avocare videtur, quam crepitus. Illa enim animum abducit, hic tantum aures implet ac verberat. In his, quae me sine avocatione circumstrepunt, essedas transcurrentes pono, et fabrum inquilinum, et ferrarium vicinum, aut hunc, qui ad Metam sudantem tubulas experitur et tibias, nec cantat, sed exclamat. Etiam molestior est mihi sonus, qui intermittitur subinde, quam qui continuatur. Sed jam me sic ad omnia ista duravi, ut audire vel pausarium possim, voce acerbissima remigibus modos dantem. Animum

qui sautent avec grand tapage d'eau dans le bassin. Outre tout ce monde-là, dont les intonations sont du moins naturelles, représentez-vous le dépilateur qui fait presque continuellement entendre une voix aiguë et criarde pour qu'elle soit davantage remarquée, et ne s'arrête que lorsqu'il a trouvé des aisselles à épiler et un patient à faire crier à sa place. Puis les clameurs diverses des pâtissiers, des charcutiers, des confiseurs, de tous les courtiers de tavernes, qui, pour vendre leur marchandise, affectent chacun une modulation particulière.

Il faut, me direz-vous, que je sois sourd ou de fer pour rester de sang-froid au milieu de tant de vociférations confuses et discordantes, lorsque c'en était assez des visites journalières de ses cliens pour faire mourir notre ami Crispus. Pour moi, je vous le jure, je ne me soucie guère plus de tout ce tapage, que d'une eau qui flotte ou qui tombe, quoique j'aie ouï dire qu'une ville fut déplacée pour ce seul motif, que ses habitans ne pouvaient supporter le fracas de la chute du Nil. La parole me cause plus de distraction que le bruit. C'est que l'une captive ma pensée, tandis que l'autre ne fait que remplir et frapper mes oreilles. Entre les bruits qui retentissent autour de moi sans me distraire, je compte ceux que font les chariots qui passent, le forgeron logé chez moi, le serrurier mon voisin, ou bien cet histrion qui, auprès de la borne-fontaine, essaie l'effet de sa trompette et de sa flûte, et beugle plutôt qu'il ne chante. Je dois dire aussi que les sons intermittens m'incommodent davantage que les sons continus. Mais à présent, je suis tellement fait à tout cela, que je pourrais entendre sans émotion un patron de galère indiquer de sa rude voix la mesure aux

enim cogo sibi intentum esse, nec avocari ad externa. Omnia licet foris resonent; dum intus nihil tumultus sit, dum inter se non rixentur cupiditas et timor, dum avaritia luxuriaque non dissideant, nec altera alteram vexet. Nam quid prodest totius regionis silentium, si affectus fremunt?

> Omnia noctis erant placida composta quiete.

Falsum est! nulla placida quies est, nisi quam ratio composuit : nox exhibet molestiam, non tollit; et sollicitudines mutat. Nam dormientium quoque insomnia tam turbulenta sunt, quam dies. Illa tranquillitas vera est, in quam bona mens explicatur. Aspice illum, cui somnus laxæ domus silentio quæritur; cujus aures ne quis agitet sonus, omnis servorum turba conticuit; et suspensum accedentium propius vestigium ponitur. Huc nempe versatur atque illuc, somnum inter ægritudines levem captans; quæ non audit, audisse se queritur. Quid in causa putas esse? Animus illi obstrepit : hic placandus est, hujus compescenda est seditio; quem non est quod existimes placidum, si jacet corpus. Interdum quies inquieta est. Et ideo ad rerum actus excitandi, ac tractatione bonarum artium occupandi sumus, quoties nos male habet inertia sui impatiens. Magni imperatores, quum male parere militem vident, aliquo labore compescunt, et expeditionibus detinent. Nunquam va-

rameurs. Je force mon esprit à se fixer sur lui-même, et à ne pas se porter sur les choses extérieures. Tout le bruit du monde peut se faire entendre à ma porte, pourvu que le tumulte ne pénètre pas à l'intérieur, pourvu qu'il n'y ait point de combats entre le désir et la crainte, pourvu que l'avarice et la luxure ne soient point aux prises, qu'une de ces passions ne choque point l'autre. Car qu'est-ce que le calme de la nature entière, si les passions s'agitent ?

« La nuit avait partout répandu son calme profond. »

Erreur! il n'y a de calme que celui que répand la raison : la nuit reproduit nos tourmens, plutôt qu'elle ne les dissipe; elle ne fait que changer la nature des inquiétudes; car on a beau dormir, l'agitation des rêves n'est pas moindre que celle de la veille. La véritable tranquillité est celle où s'ébat une bonne conscience. Voyez cet homme qui cherche le sommeil dans le silence d'une vaste maison; autour duquel la foule des esclaves est muette pour que nul bruit ne trouble ses oreilles; dont on n'approche que sur la pointe du pied. Eh bien! il se retourne en tous sens, s'efforçant de trouver, à travers ses soucis, un léger sommeil; il n'a rien entendu, et se plaint d'avoir entendu quelque chose. D'où pensez-vous que tout cela provienne? Le bruit est dans son âme; là est le trouble à apaiser, là le soulèvement à réprimer; car, parce que le corps repose, il ne faut pas croire que l'âme soit paisible. Souvent le repos n'est rien moins que le repos; et c'est pour cela qu'il faut nous exciter au travail; qu'il faut nous réfugier dans des occupations intellectuelles, toutes les fois que nous sommes sous la pénible influence de la paresse,

cat lascivire districtis; nihilque tam certum est, quam otii vitia negotio discuti. Saepe videmur taedio rerum civilium, et infelicis atque ingratae stationis poenitentia, secessisse : tamen in illa latebra, in quam nos timor et lassitudo conjecit, interdum recrudescit ambitio. Non enim excisa desiit, sed fatigata, aut etiam abjecta, rebus parum sibi cedentibus. Idem de luxuria dico, quae videtur aliquando cessisse; deinde frugalitatem professos sollicitat, atque in media parcimonia voluptates non damnatas, sed relictas, petit; et quidem eo vehementius, quo occultius. Omnia enim vitia in aperto leviora sunt : morbi quoque tunc ad sanitatem inclinant, quum ex abdito erumpunt, ac vim suam proferunt.

Et avaritiam itaque, et ambitionem, et cetera mala mentis humanae, tunc perniciosissima scias esse, quum simulata sanitate subsidunt. Otiosi videmur, et non sumus. Nam si bona fide sumus, si receptui cecinimus, si speciosa contempsimus, ut paulo ante dicebam : nulla res nos avocabit, nullus hominum aviumque concentus interrumpet cogitationes bonas solidasque, et jam certas. Leve illud est ingenium, nec se adhuc reduxit introrsus, quod ad vocem et accidentia erigitur. Habet

à charge à elle-même. Les grands capitaines, lorsqu'ils voient le soldat porté à la désobéissance, le contiennent par la fatigue, l'emploient à des expéditions. On n'a pas le loisir de se débaucher quand on est occupé, et s'il est une vérité, c'est que les vices de l'oisiveté fuient devant le travail. Souvent l'ennui des affaires et le dégoût d'un poste pénible et ingrat nous font chercher la retraite; mais dans cette solitude même, où nous ont jetés la peur et la lassitude, l'ambition revient parfois avec plus d'âpreté. C'est qu'elle n'était pas anéantie, mais fatiguée seulement, et rebutée par le mauvais succès. J'en dis autant de la débauche : on croit en être quitte; mais bientôt elle nous sollicite au milieu de nos essais de frugalité, et, à travers notre vie mieux réglée, redemande des plaisirs qu'on avait quittés, mais non condamnés sans retour; alors son action est d'autant plus violente, qu'elle est plus cachée. En effet, les vices à découvert sont moins dangereux; il en est d'eux comme des maladies, qui sont plus près d'être guéries alors qu'elles éclatent au dehors et manifestent leur violence.

Ainsi, pénétrez-vous bien de cette vérité : l'avarice, l'ambition et les autres maladies de l'âme ne sont jamais plus dangereuses que dans le calme d'une guérison apparente. Nous croyons goûter le repos, il est bien loin. Car, si nous sommes de bonne foi, si nous avons sonné la retraite, si nous ne nous laissons plus prendre aux apparences, comme je le disais tout-à-l'heure, rien ne pourra nous distraire; nulle voix humaine, nul chant des oiseaux n'interrompra nos pensées honnêtes, solides, et désormais bien arrêtées. C'est un esprit faible, et qui ne s'est point encore concentré en lui-même, que

intus aliquid sollicitudinis, et concepti pavoris, quod illum curiosum facit; ut ait Virgilius noster :

> Et me, quem dudum non ulla injecta movebant
> Tela, nec adverso glomerati ex agmine Graii,
> Nunc omnes terrent auræ, sonus excitat omnis
> Suspensum, et pariter comitique onerique timentem.

Prior ille sapiens est, quem non tela vibrantia, non arietata inter se arma agminis densi, non urbis impulsæ fragor territat : hic alter imperitus est, rebus suis timet ad omnem crepitum expavescens, quem una quælibet vox pro fremitu accepta dejecit, quem motus levissimi exanimant. Timidum illum sarcinæ faciunt. Quemcumque ex istis felicibus elegeris, multa trahentibus, multa portantibus, videbis illum

> . . . . Comitique onerique timentem.

Tunc ergo te scito esse compositum, quum ad te nullus clamor pertinebit; quum te nulla vox tibi excutiet; non si blandietur, non si minabitur, non si inani sono varia circumstrepet. — Quid ergo? non aliquanto commodius est, carere convicio? — Fateor. Itaque ego ex hoc loco migrabo, experiri et exercere me volui. Quid necesse est diutius torqueri, quum tam facile remedium Ulysses sociis etiam adversus Sirenas invenerit?

celui que trouble un cri, ou tout autre accident extérieur. Il lui reste quelque inquiétude, quelque vieille peur qui le préoccupe. Virgile a dit à ce sujet :

« Et moi que long-temps ne purent émouvoir ni les traits ni les bataillons menaçans des Grecs, maintenant le moindre souffle m'épouvante, tout bruit m'alarme et me fait trembler pour celui qui m'accompagne et pour le fardeau que je porte. »

Ici, en premier lieu, on voit un sage que n'effraient ni le sifflement des traits, ni les masses de fer du plus épais bataillon, ni le fracas d'une ville assiégée; puis un homme sans expérience, qui craint pour sa fortune : celui-là, le moindre bruit l'alarme, toute voix lui semble menaçante et le consterne, le plus léger mouvement le glace d'effroi. Son bagage le rend poltron. Qui que vous choisissiez parmi ces gens heureux, qui traînent derrière eux et portent des richesses, vous le verrez

« Trembler pour celui qui l'accompagne et pour son fardeau. »

Alors seulement vous serez tranquille, quand vous ne prendrez pour vous aucun cri, et qu'aucune voix ne vous ébranlera, soit qu'elle vous flatte, soit qu'elle vous menace, ou éclate en un mélange confus de vains sons. Mais quoi! me direz-vous; n'est-il donc pas plus commode de fuir le tumulte? Oui, sans doute, et c'est pour cela que je quitterai ce lieu, content de m'être éprouvé et exercé. A quoi bon, en effet, se faire torturer plus long-temps, quand, au moyen d'un remède aussi simple, Ulysse a pu garantir ses compagnons des Sirènes elles-mêmes?

LVII.

Primos animi motus vel sapientis in potestate non esse.

Quum a Baiis deberem Neapolim repetere, facile credidi tempestatem esse, ne iterum navem experirer : sed tantum luti tota via fuit, ut possem videri nihilominus navigasse. Totum athletarum fatum mihi illo die perpetiendum fuit : a ceromate nos haphe excepit in crypta neapolitana. Nihil illo carcere longius; nihil illis facibus obscurius, quæ nobis præstant, non ut per tenebras videamus, sed ut ipsas. Ceterum etiam si locus haberet lucem, pulvis auferret, in aperto quoque res gravis et molesta; quid illic, ubi in se volutatur, et, quum sine ullo spiramento sit inclusus, in ipsos, a quibus excitatus est, recidit? Duo incommoda inter se contraria simul pertulimus : eadem via, eodem die, et luto et pulvere laboravimus.

Aliquid tamen mihi illa obscuritas, quod cogitarem, dedit : sensi quemdam ictum animi, et sine metu mutationem, quam insolitæ rei novitas simul ac fœditas fecerat. Non de me nunc tecum loquor, qui multum ab homine tolerabili, nedum a perfecto absum; sed de illo, in quem jus fortuna perdidit : hujus quoque ferietur animus, mutabitur color. Quædam enim, mi Lucili, nulla effugere virtus potest; admonet illam natura mor-

LVII.

Le sage même n'est pas maître de ses premiers mouvemens.

Obligé de retourner de Baïes à Naples, je me laissai persuader sans peine que la mer était mauvaise, pour n'en pas faire une nouvelle épreuve; mais les chemins étaient tellement inondés de boue, que mon voyage pouvait, à la rigueur, passer pour une navigation. J'ai dû subir ce jour-là toute la destinée des athlètes : d'abord frotté d'huile, puis de poussière tout le long de la route souterraine de Naples. Rien de plus fastidieux que ce long cachot; rien de plus obscur que la lumière qui y pénètre; car elle sert, non à voir dans les ténèbres, mais à mieux voir les ténèbres. Du reste, quand le jour arriverait en ce lieu, la poussière l'aurait bientôt éclipsé, car ce fléau vous incommode jusque dans les endroits découverts : mais là, renfermée sans issue, elle tournoie sur elle-même, et retombe sur les malheureux qui l'ont soulevée. Ainsi deux maux contraires nous ont assaillis à la fois : sur la même route, et en un même jour, nous avons souffert de la boue et de la poussière.

Néanmoins, cette obscurité m'a donné à penser; j'éprouvais un serrement de cœur, une altération causée, non certes par la crainte, mais par la nouveauté et l'horreur d'un spectacle jusqu'alors inconnu à mes sens. Je ne vous parle plus de moi qui, loin d'être parfait, suis à peine un homme passable : le sage même, sur qui la fortune n'a plus de prise, est susceptible d'être ébranlé, de changer de couleur comme les autres. C'est qu'il est, mon cher Lucilius, des émotions auxquelles la vertu ne peut se soustraire, comme si elles étaient faites pour lui rappeler

talitatis suæ. Itaque et vultum adducet ad tristitiam, et inhorrescet ad subita; et caligabit, si vastam altitudinem, in crepidine ejus constitutus, despexerit. Non est hic timor, sed naturalis affectio inexpugnabilis rationi. Itaque fortes quidam, et paratissimi fundere suum sanguinem, alienum videre non possunt : quidam ad vulneris novi, quidam ad veteris et purulenti tractationem inspectionemque succidunt ac linquuntur animo; alii gladium facilius recipiunt, quam vident. Sensi ergo, ut dicebam, quamdam non quidem perturbationem, sed mutationem; rursus, ad primum conspectum redditæ lucis, alacritas incogitata rediit et injussa. Illud deinde mecum loqui cœpi, quam inepte quædam magis ac minus timeremus, quum omnium idem finis esset. Quid enim interest, utrum supra aliquem vigiliarium ruat, an mons? Nihil invenies : erunt tamen qui hanc ruinam magis timeant, quamvis utraque mortifera æque sit. Adeo non effectus, sed efficientia timor spectat.

Nunc me putas de stoicis dicere, qui existimant animam hominis magno pondere extriti permanere non posse, et statim spargi, quia non fuerit illi exitus liber? — Ego vero non facio : qui hoc dicunt, videntur mihi errare. Quemadmodum flamma non potest opprimi (nam circa id diffugit, quo urgetur) : quemadmodum aer verbere, aut ictu, non læditur, ne scinditur quidem, sed

sa condition mortelle. Ainsi tel évènement subit répandra la tristesse sur les traits du sage et le fera frémir. Ainsi la vue se troublera, si du haut du rocher elle plonge dans le précipice qui est au dessous. Ce n'est pas de la crainte, mais un sentiment naturel dont la raison ne peut se défendre. De même, on voit des hommes braves, et toujours prêts à verser leur sang, qui ne peuvent voir couler celui des autres. Quelques-uns, en mettant le doigt ou arrêtant leurs regards sur une blessure, soit récente, soit déjà purulente, défaillent et s'évanouissent; d'autres supportent plus facilement le choc que la vue d'une épée. J'éprouvai donc, ainsi que je vous le disais, non pas du trouble, mais de l'altération. Puis, aussitôt que je vis reparaître le jour, une allégresse soudaine et involontaire s'empara de moi. Je me mis alors à penser, à part moi, combien il est absurde de craindre une chose plutôt qu'une autre, puisque, de toute manière, nous devons finir. Qu'importe qu'on soit écrasé par une guérite ou par une montagne? vous n'y trouverez point de différence. Cependant il ne manque pas de gens qui craindront davantage celle-ci, quoique l'une comme l'autre doive donner la mort. Tant il est vrai que la crainte considère moins l'effet que les causes efficientes!

Vous croyez peut-être que je dis cela par rapport aux stoïciens, qui prétendent que l'âme d'un homme écrasé par une grosse masse ne peut sortir, et se disperse dans le corps faute de pouvoir trouver une issue. Nullement; ceux qui avancent un pareil fait me semblent dans l'erreur. De même qu'on ne peut comprimer la flamme qui s'échappe autour du corps qui pèse sur elle; de même qu'aucun choc, aucun tranchant, ne peuvent endommager ou diviser l'air qui se reforme autour de l'objet au-

circa id, cui cessit, refunditur : sic animus, qui ex tenuissimo constat, deprehendi non potest, nec intra corpus affligi; sed beneficio subtilitatis suæ, per ipsa, quibus premitur, erumpit. Quomodo fulmini, etiam quum latissime percussit ac fulsit, per exiguum foramen est reditus, sic animo, qui adhuc tenuior est igne, per omne corpus fuga est. Itaque de illo quærendum est, an possit immortalis esse? Hoc quidem certum habe : si superstes est corpori, propter illud nullo genere [mori] posse, propter quod non perit; quoniam nulla immortalitas cum exceptione est, nec quidquam noxium æterno est.

LVIII.

Explicat quomodo omnia quæ sunt Plato diviserit.

Quanta verborum nobis paupertas, immo egestas sit, nunquam magis quam hodierno die intellexi. Mille res inciderunt, quum forte de Platone loqueremur, quæ nomina desiderarent, nec haberent; quædam vero, quum habuissent, fastidio nostro perdidissent. Quis autem ferat in egestate fastidium? Hunc, quem Græci *œstron* vocant, pecora peragentem et totis saltibus dissipantem, *asilum* nostri vocabant. Hoc Virgilio licet credas :

>Est lucum Silari juxta ilicibusque virentem
>Plurimus Alburnum volitans, cui nomen asilo
>Romanum est, œstrum Graii vertere vocantes;
>Asper, acerba sonans; quo tota exterrita silvis
>Diffugiunt armenta. . . . .

quel il a momentanément cédé ; de même l'âme, dont l'essence est plus subtile encore, ne peut être retenue ni emprisonnée dans le corps ; grâce à sa ténuité, elle s'échappe à travers les barrières mêmes qui l'étreignent. Telle on voit la foudre, alors même qu'elle éclate et brille avec le plus d'étendue, sortir par la plus petite ouverture : telle l'âme, qui est plus subtile que le feu même, peut passer à travers toute espèce de corps. Il ne s'agit donc plus que de rechercher si l'âme peut être immortelle. Or, soyez bien convaincu de ceci : si elle survit au corps, la même cause qui l'empêche de périr, la préserve de tout dommage quelconque ; car l'immortalité ne souffre point d'exceptions, et rien ne peut porter atteinte à ce qui est éternel.

LVIII.

De la division des êtres, selon Platon.

Quelle pauvreté, quelle disette de mots est la nôtre ! jamais je ne l'ai senti comme aujourd'hui. Comme nous parlions de Platon, mille choses se sont présentées qui demandent des noms et n'en ont point ; puis d'autres qui en avaient et les ont perdus par l'effet de notre susceptibilité. La susceptibilité sied bien vraiment à l'indigence ! L'*œstrum* des Grecs, cet insecte qui chasse et disperse les troupeaux à travers les bois, nos pères l'appelaient *asilus*. Écoutez plutôt Virgile :

« Près du bois de Silarus et de l'Alburnus couronné de chênes, on voit, par essaims, un insecte ailé, que les Romains nomment *asilus*, et que les Grecs ont appelé *œstrum* : malfaisant, criard, son approche met en fuite les troupeaux épouvantés..... »

Puto intelligi istud verbum interisse. Ne te longe differam, quædam simplicia in usu erant, sicut *cernere ferro inter se* dicebantur. Idem Virgilius hoc probabit tibi :

> ....Stupet ipse Latinus,
> Ingentes, genitos diversis partibus orbis,
> Inter se coiisse viros, et cernere ferro ;

quod nunc *decernere* dicimus; simplicis verbi usus amissus est. Dicebant antiqui, *si jusso*, id est, *si jussero*. Hoc nolo mihi credas, sed fideli Virgilio :

> Cetera, qua jusso, mecum manus inferat arma.

Non id ago nunc hac diligentia, ut ostendam, quantum tempus apud grammaticum perdiderim; sed ut ex hoc intelligas, quantúm apud Ennium et Attium verborum situs occupaverit : quum apud hunc quoque, qui quotidie excutitur, aliqua nobis subducta sint.

Quid, inquis, sibi ista vult præparatio? quo spectat? — Non celabo te : cupio, si fieri potest propitiis auribus tuis, *essentiam* dicere; sin minus, dicam et iratis. Ciceronem auctorem hujus verbi habeo, puto locupletem : si recentiorem quæris, Fabianum, disertum et elegantem, orationis, etiam ad nostrum fastidium, nitidæ. Quid enim fiet, mi Lucili? quomodo dicetur οὐσία, res necessaria, naturam continens, fundamentum omnium? Rogo itaque, permittas mihi hoc verbo uti : nihilominus dabo operam, ut jus a te datum parcissime exerceam :

Ai-je besoin d'ajouter que ce mot n'est plus employé? Pour ne pas vous tenir trop long-temps, certains verbes étaient usités au simple, comme *cernere ferro inter se.* C'est encore Virgile qui vous le prouvera :

« Latinus lui-même est stupéfait de voir ces guerriers puissans, que virent naître des contrées si diverses, se rencontrer et combattre le fer en main. »

Maintenant nous disons *decernere*, et le verbe simple a cessé d'être en usage. Les anciens disaient *si jusso*, pour *si jussero*. Je ne vous demande pas de vous en rapporter à moi, mais à mon fidèle Virgile :

« Que l'autre troupe porte ses armes où je lui commanderai. »

Mon but n'est pas ici de vous prouver combien j'ai perdu de temps chez les grammairiens, mais de vous faire voir combien de mots ont péri de vieillesse depuis Ennius et Attius ; puisque, dans un auteur que l'on feuillette tous les jours, les pertes sont aussi sensibles.

Que signifie, dites-vous, ce préambule? quel en est l'objet? — Je ne vous le cacherai pas; je voudrais, sans blesser vos oreilles, me servir du mot *essentia*, et je l'emploierai, dussent-elles s'en irriter. Ce mot a pour lui l'autorité de Cicéron, qui, je crois, est décisive; et, s'il vous en faut une plus récente, celle de Fabianus, écrivain facile, élégant, et d'un style correct, en dépit de notre susceptibilité. Je vous en fais juge, mon cher Lucilius : comment rendre en latin l'*ousia* des Grecs, cette chose nécessaire qui embrasse toute la nature, et sert de fondement à tout? Je vous en conjure donc, permettez-moi d'employer ce mot. D'ailleurs je ferai en sorte d'user so-

fortasse contentus ero mihi licere. Quid proderit facilitas tua, quum ecce id nullo modo latine exprimere possim, propter quod linguæ nostræ convicium feci?

Magis damnabis angustias romanas, si scieris unam syllabam esse, quam mutare non possim. — Quæ hæc sit, quæris? — Τὸ ὄν. Duri tibi videor ingenii : in medio positum posse sic transferri, ut dicam : *Quod est.* Sed multum interesse video : cogor verbum pro vocabulo ponere; sed ita necesse est, ponam : *Quod est.* Sex *modis* hoc a Platone dici amicus noster, homo eruditissimus, hodierno die dicebat. Omnes tibi exponam, si ante indicavero, esse aliquid *genus*, esse et *speciem*. Nunc enim *genus* illud *primum* quærimus, ex quo ceteræ species suspensæ sunt, a quo nascitur omnis divisio, quo universa comprehensa sunt. Invenietur autem, si cœperimus singula retro legere; sic enim perducemur ad primum. *Homo* species est, ut Aristoteles ait; *equus* species est; *canis* species : ergo commune aliquod quærendum est his omnibus vinculum, quod illa complectatur, et sub se habeat. Hoc quid est? *Animal*. Ergo genus esse cœpit omnium horum, quæ modo retuli, hominis, equi, canis, animal. Sed sunt quædam, quæ animam habent, nec sunt animalia : placet enim, *satis* et *arbustis* animam inesse; itaque et vivere illa, et mori dicimus. Ergo *animantia* superiorem tenebunt locum,

brement de la faculté que vous m'accordez, et peut-être me contenterai-je de l'avoir obtenue. Mais que me sert votre complaisance? Voilà que je ne puis exprimer en latin la chose même qui m'a conduit à chercher querelle à notre langue.

L'indigence des pauvres Romains vous révoltera davantage, quand vous saurez que le mot que je ne puis traduire est un monosyllabe. — Mais quel est-il? me demandez-vous. — Τὸ ὄν. Vous me trouvez la tête bien dure; il saute aux yeux qu'il peut être traduit par *quod est*. Mais il s'en faut que ce soit la même chose : j'emploie un verbe au lieu d'un nom; s'il le faut néanmoins, j'emploierai *quod est*. Notre ami, homme de grande érudition, me disait que Platon divise ce dont il s'agit en six *classes*. Je vous les indiquerai toutes, mais après avoir établi d'abord ce que c'est que le *genre* et l'*espèce*. Il s'agit ici de ce *genre primitif*, d'où dérivent toutes les espèces, qui est le point de départ de toute division, qui renferme l'universalité des choses. Or, on le trouvera en remontant la chaîne des êtres, opération qui conduira à l'être primitif. L'*homme* est une espèce, au dire d'Aristote; le *cheval*, une espèce; le *chien*, une espèce : il faut donc rechercher quel est le lien commun qui unit tous ces êtres, les rassemble, les domine. Quel est-il? le genre *animal*. Ainsi tous ces êtres que je viens de citer, l'homme, le cheval, le chien, procèdent d'un genre qui est l'*animal*. Cependant il est des choses qui ont une âme, et ne sont pas des animaux; car nous en attribuons aux plantes et aux arbres dont nous disons qu'ils vivent et qu'ils meurent. Les *êtres animés* seront donc au dessus des animaux, puisque cette classe embrasse, outre les animaux, les végétaux. D'autres êtres sont dépourvus d'âme comme

quia et animalia in hac forma sunt, et sata. Quædam anima carent, ut saxa; itaque erit aliquid animantibus antiquius, *corpus* : hoc sic dividam, ut dicam, corpora omnia, aut animata esse, aut inanima. Etiamnum est aliquid superius, quam corpus : dicimus enim quædam *corporalia* esse, quædam *incorporalia*. Quid ergo erit ex quo hæc diducantur? Illud, cui nomen modo parum proprium imposuimus, *quod est.* Sic enim in species secabitur, ut dicamus : Quod est, aut corporale est, aut incorporale. Hoc ergo genus est primum et antiquissimum, et, ut ita dicam, generale; cetera, genera quidem sunt, sed specialia : tanquam *homo* genus est; habet enim in se nationum species : Græcos, Romanos, Parthos; colorum : albos, nigros, flavos; habet singulos : Catonem, Ciceronem, Lucretium. Itaque qua multa continet, in genus cadit; qua sub alio est, in speciem. Illud genus, *quod est*, generale, supra se nihil habet. Initium rerum est : omnia sub illo sunt.

Stoici volunt superponere huic etiam aliud genus magis principale : de quo statim dicam, si prius illud genus, de quo locutus sum, merito primum poni docuero, quum sit rerum omnium capax. Quod est, in has species divido, ut sint corporalia, aut incorporalia. Nihil tertium est. Corpus quomodo divido? Ut dicam : Aut animantia sunt, aut inanima. Rursus animantia quemadmodum divido? Ut dicam : Quædam animum habent,

les pierres ; il y a donc quelque chose d'antérieur aux êtres animés, *le corps*. Et lui aussi est susceptible de division, attendu que tous les corps sont animés ou inanimés. Mais il est encore quelque chose de supérieur au corps, puisque nous distinguons le *corporel* de l'*incorporel*. Quel est donc le genre commun de ces deux espèces ? Ce que nous avons désigné tout-à-l'heure par l'expression assez impropre de *quod est*. En effet, cet être se prête aux divisions suivantes : *Quod est* est corporel ou incorporel. Donc ce genre est le genre primitif, le plus ancien de tout l'univers ; d'autres genres existent, il est vrai, mais ils sont spéciaux. C'est ainsi que l'homme est un genre, parce qu'il comprend, en fait de nations, diverses espèces, comme les Grecs, les Romains et les Parthes ; en fait de couleurs, des blancs, des noirs, des basanés ; en fait d'individus, un Caton, un Cicéron, un Lucrèce. D'où il suit qu'il est genre en tant que contenant des espèces, et espèce en tant que contenu dans un genre. Mais le genre universel, *quod est*, n'a rien au dessus de lui ; il est le principe des choses, et tout procède de lui.

Les stoïciens ont voulu placer au dessus de cet être un genre encore supérieur dont je parlerai tout-à-l'heure, lorsque j'aurai démontré que le genre dont je viens de m'occuper a droit à la première place, comme embrassant tout en lui. Cet être, je le divise en deux espèces, le corporel et l'incorporel. Il n'y a point de milieu. Maintenant, comment diviser le corps ? Je le divise en êtres animés et inanimés. Et les êtres animés eux-mêmes ? Je dirai d'eux : Les uns ont un esprit, les autres une âme

quædam tantum animam; aut sic : quædam impetum habent, incedunt, transeunt; quædam, solo affixa, radicibus aluntur et crescunt. Rursus animalia in quas species seco? Aut mortalia sunt, aut immortalia. Primum genus stoicis quibusdam videtur, *quiddam.* Quare videatur, subjiciam. In rerum, inquiunt, natura quædam sunt, quædam non sunt. Et hæc autem, quæ non sunt, rerum natura complectitur, quæ animo succurrunt; tanquam centauri, gigantes, et quidquid aliud, falsa cogitatione formatum, habere aliquam imaginem cœpit, quamvis non habeat substantiam.

Nunc ad id quod tibi promisi, revertor; quomodo, quæcumque sunt, in sex modos Plato partiatur. Primum illud, *quod est,* nec visu, nec tactu, nec ullo sensu comprehenditur; cogitabile est. Quod generaliter est, tanquam homo generalis, sub oculos non venit; sed specialis venit, ut Cicero et Cato. Animal non videtur, sed cogitatur : videtur autem species ejus, equus, et canis. Secundum ex his, quæ sunt, ponit Plato, *quod eminet et exsuperat omnia.* Hoc, ait, per excellentiam esse : ut poeta communiter dicitur; omnibus enim versus facientibus hoc nomen est : sed jam apud Græcos in unius notam cessit. Homerum intelligas, quum audieris Poetam. Quid ergo hoc est? *Deus;* scilicet major ac potentior cunctis. Tertium genus est eorum, *quæ proprie sunt:* innumerabilia hæc sunt, sed extra nostrum posita con-

seulement; ou bien : quelques-uns sont capables de mouvement spontané, marchent, se déplacent; d'autres, fixés au sol, se nourrissent et croissent par leurs racines. Restent les animaux; en combien d'espèces sont-ils divisibles? En êtres mortels et immortels. Plusieurs stoïciens prétendent que le premier genre est *quiddam*. Pourquoi? Je vais vous le dire. Dans la nature, disent-ils, il y a des choses qui existent; d'autres qui n'existent pas. Ainsi la nature comprend les choses qui ne sont pas, et qui trouvent place dans notre esprit; par exemple, les centaures, les géans, et tous les autres êtres imaginaires, qui ont une certaine forme convenue, quoique dépourvue de substance.

Maintenant je reviens à ce que je vous ai promis, et qui est de vous expliquer comment Platon a divisé tous les êtres en six classes. Ce *quod est*, d'abord, n'est sensible ni à la vue, ni au toucher, ni à aucun de nos sens; il est perceptible à la pensée seulement. Tout ce qui existe d'une manière générale, comme l'homme considéré sous ce rapport, n'est point sensible à la vue; mais individualisé, il le devient, comme Cicéron et Caton. L'animal abstrait ne se voit pas, mais on le conçoit; tandis que les espèces sont visibles, comme un cheval, un chien. Au second rang des êtres, Platon place ce *qui domine et surpasse tout*. C'est, dit-il, l'être par excellence : ainsi en est-il du mot poète; c'est le nom de tous les faiseurs de vers : mais, chez les Grecs, il n'en désigne plus qu'un seul; et, quand on parle du Poète, il n'est personne qui n'entende Homère. Quel est donc cet être? *Dieu*, c'est-à-dire de tous les êtres le plus grand et le plus puissant. La troisième classe renferme les êtres ayant

spectum. — Quæ sunt, interrogas? — Propria Platonis supellex est; *ideas* vocat, ex quibus omnia, quæcumque videmus, fiunt, et ad quas cuncta formantur. Hæ immortales, immutabiles, inviolabiles sunt. Quid sit idea, id est, quid Platoni esse videatur, audi : « Idea est eorum, quæ natura fiunt, exemplar æternum. » Adjiciam definitioni interpretationem, quo tibi res apertior fiat. Volo imaginem tuam facere : exemplar picturæ te habeo, ex quo capit aliquem habitum mens, quem operi suo imponat. Ita illa, quæ me docet et instruit, facies, a qua petitur imitatio, idea est. Talia ergo exemplaria infinita habet natura rerum, hominum, piscium, arborum; ad quæ, quodcumque fieri ab illa debet, exprimitur. Quartum locum habet εἶδος. Quid sit hoc εἶδος, attendas oportet; et Platoni imputes, non mihi, hanc rerum difficultatem : nulla est autem sine difficultate subtilitas. Paullo ante pictoris imagine utebar : ille, quum reddere Virgilium coloribus vellet, ipsum intuebatur; idea erat Virgilii facies, futuri operis exemplar; ex hac quod artifex trahit, et operi suo imposuit, εἶδος est. — Quid intersit, quæris? — Alterum exemplar est, alterum forma ab exemplari sumpta et operi imposita. Alteram artifex imitatur, alteram facit. Habet aliquam faciem statua : hæc est εἶδος. Habet aliquam faciem exemplar ipsum, quod intuens opifex statuam figuravit : hæc idea est. Etiamnunc aliam desideras distinctionem? Idos in opere est;

une existence à eux propre : leur nombre est infini, et leur vue hors de la portée de nos regards. — Mais quels sont-ils? me demandez-vous.—Une création due à Platon : les *idées*, qui sont le principe de tout ce que nous voyons, et sont le type de toute chose. Elles sont immortelles, immuables, inaltérables. Maintenant apprenez ce que c'est que l'idée; ou plutôt comment Platon la conçoit : « L'idée est l'archétype éternel des œuvres de la nature. » A cette définition, j'ajouterai un commentaire, afin de vous rendre la chose plus sensible. Je veux faire votre portrait : vous êtes mon modèle, celui dont mon esprit empruntera la physionomie qu'il donnera à son ouvrage. Eh bien! ce visage, qui me guide et m'inspire, que je cherche à imiter, voilà l'idée. C'est ainsi que la nature a une infinité de modèles, tant d'hommes que de poissons et d'arbres, d'après lesquels sont formés tous les ouvrages qu'elle doit produire. En quatrième lieu, vient l'*eidos*. J'insiste pour que vous fassiez attention à ce qu'est cet *eidos*; et prenez-vous-en à Platon, et non à moi, si la matière vous embarrasse; car il n'est point d'idée subtile qui ne soit embarrassante. Tout-à-l'heure je mettais en scène un peintre : lorsqu'il voulait représenter Virgile à l'aide de ses couleurs, il le regardait; le visage de Virgile, modèle du futur tableau, en était l'idée; tandis que la copie que l'artiste tire de ce visage et fait passer sur la toile, c'est l'*eidos*.—Où est la différence? me demandez-vous. — L'un est le modèle, l'autre la forme empruntée au modèle et communiquée à l'ouvrage. L'artiste imite l'un, tandis qu'il fait l'autre. Une statue a une forme; voilà l'*eidos*. Le modèle a aussi une forme dont l'inspection a guidé le ciseau du statuaire; voilà l'idée. Vous faut-il une autre distinction? l'*eidos* est dans l'ouvrage, l'idée hors de l'ouvrage, et non-seule-

idea extra opus : nec tantum extra opus est, sed ante opus. Quintum genus est eorum, *quæ communiter sunt* : hæc incipiunt ad nos pertinere; hic sunt omnia, homines, pecora, res. Sextum genus eorum est, *quæ quasi sunt;* tanquam inane, tanquam tempus.

Quæcumque videmus ac tangimus, Plato in illis non numerat, quæ *esse* proprie putat. Fluunt enim, et in assidua diminutione atque adjectione sunt. Nemo nostrum idem est in senectute, qui fuit juvenis; nemo est mane, qui fuit pridie. Corpora nostra rapiuntur fluminum more; quidquid vides, currit cum tempore; nihil ex his, quæ videmus, manet. Ego ipse, dum loquor mutari ista, mutatus sum. Hoc est quod ait Heraclitus : « In idem flumen bis non descendimus. » Manet idem fluminis nomen; aqua transmissa est. Hoc in amne manifestius est, quam in homine : sed nos quoque non minus velox cursus prætervehit; et ideo admiror dementiam nostram, quod tantopere amamus rem fugacissimam, corpus, timemusque ne quando moriamur, quum omne momentum mors prioris habitus sit. Vis tu non timere, ne semel fiat quod quotidie fit? De homine dixi, fluida materia et caduca, et omnibus obnoxia causis : mundus quoque, æterna res et invicta, mutatur, nec idem manet. Quamvis enim omnia in se habeat, quæ habuit; aliter habet, quam habuit : ordinem mutat.

Quid, inquis, ista subtilitas mihi proderit? — Si me

ment hors de l'ouvrage, mais même antérieur à lui. La cinquième classe comprend les *êtres qui ont une existence commune.* Ici nous commençons à trouver place, car il s'agit des hommes, des troupeaux, de tous les corps. La sixième classe est composée des *choses quasi-existantes*, comme le vide, le temps.

Toutes les choses que nous voyons et que nous touchons, Platon ne les range pas parmi les êtres qu'il regarde comme doués d'une *existence propre.* Elles ont un cours en effet, et continuellement croissent ou décroissent. Nul n'est dans la vieillesse ce qu'il a été dans sa jeunesse; nul n'est le matin ce qu'il était la veille. Nos corps sont emportés à la manière des fleuves; tout ce que l'on voit passe avec le temps, et rien de ce que nous voyons n'est stationnaire. Moi-même, tandis que je dis que tout change, je suis déjà changé. C'est en ce sens qu'Héraclite a dit : « On n'entre pas deux fois dans le même fleuve! » Le nom du fleuve lui reste; mais l'eau s'est écoulée. Ce changement est plus sensible dans une rivière que dans l'homme; mais le courant qui nous entraîne n'est pas moins rapide, et je ne puis concevoir notre folie de tant aimer une chose aussi fugitive que notre corps, et de craindre le moment du trépas, lorsque chaque instant est la mort de notre état précédent. Or, à quoi bon craindre d'éprouver une fois ce que vous éprouvez chaque jour? Je n'ai parlé que de l'homme, être muable, périssable et attaqué de toutes parts : mais le monde lui-même, cet assemblage éternel et indestructible, le monde change et ne reste jamais le même; il possède toujours ce qu'il a possédé de tout temps; mais il le possède d'une autre manière, dans un ordre nouveau.

A quoi bon toutes ces subtilités? me demanderez-vous.

interrogas, nihil. Sed quemadmodum ille cælator oculos diu intentos ac fatigatos remittit atque avocat, et, ut dici solet, pascit; sic nos animum aliquando debemus relaxare, et quibusdam oblectamentis reficere. Sed ipsa oblectamenta opera sint; ex his quoque, si observaveris, sumes quod possit fieri salutare. Hoc ego, mi Lucili, soleo facere : ex omni vacatione, etiamsi a philosophia longissime aversa est, eruere aliquid conor et utile efficere. — Quid de istis capiam, quæ modo tractavimus, remotis a reformatione morum ? quomodo meliorem me facere ideæ Platonicæ possunt? quid ex istis traham, quod cupiditates meas comprimat?—Vel hoc ipsum, quod omnia ista quæ sensibus serviunt, quæ nos accendunt et irritant, negat Plato ex his esse, quæ vere sint. Ergo ista imaginaria sunt, et ad tempus aliquam faciem ferunt; nihil horum stabile, nec solidum est. Et nos tamen cupimus tanquam aut semper futura, aut semper habituri. Imbecilli fluidique, per intervalla consistimus : mittamus animum ad illa, quæ æterna sunt! miremur in sublimi volitantes rerum omnium formas, Deumque inter illa versantem, et hoc providentem, quemadmodum, quæ immortalia facere non potuit, quia materia prohibebat, defendat a morte, ac ratione vitium corporis vincat! Manent enim cuncta, non quia æterna sunt, sed quia defenduntur cura regentis. Immortalia tutore non egent : hæc conservat artifex, fragilitatem materiæ vi

— A rien, s'il faut vous le dire. Mais tout ainsi qu'un ciseleur remet, délasse et refait, comme on a coutume de dire, ses yeux fatigués par une longue attention ; de même, il convient parfois de donner du relâche à notre esprit, et de le récréer par quelques amusemens. Mais il faut que les amusemens même soient un travail ; car on peut, avec de l'attention, en tirer un profit réel. C'est mon habitude, mon cher Lucilius ; quelque étrangers d'ailleurs qu'ils soient à la philophie, je cherche à tirer parti de mes délassemens, et m'efforce de les rendre utiles.—Mais que recueillerai-je du sujet que nous avons traité tout-à-l'heure, et qui est si peu propre à réformer nos mœurs. Comment les idées de Platon peuvent-elles me rendre meilleur ? Quel avantage en tirerai-je pour la répression de mes passions ? — C'en serait assez pour moi quand il n'y aurait que ce principe professé par Platon, que tous les objets qui flattent nos sens, les excitent et les irritent, n'ont point d'existence réelle. Ainsi ce sont des objets tout imaginaires qui n'ont de corps que pour un instant ; aucun d'eux n'est stable, aucun n'est solide ; et cependant nous les recherchons, comme s'ils devaient toujours durer, comme si nous devions toujours les posséder. Êtres faibles et passagers, nous n'avons qu'un moment de consistance, profitons-en pour élever notre esprit vers les objets éternels ! Admirons ces formes de toutes choses, qui voltigent dans l'espace ; et, au milieu d'elles, un dieu veillant sans cesse à ce que ces objets, qu'il n'a pu douer de l'immortalité, parce que leurs substances s'y opposaient, soient préservés de la mort, et triomphant par sa raison sublime de leur vice d'organisation. Car si l'univers subsiste, ce n'est pas qu'il soit éternel, mais parce qu'il est préservé de la destruction par les soins de ce-

sua vincens. Contemnamus omnia, quæ adeo pretiosa non sunt, ut, an sint omnino, dubium sit. Illud simul cogitemus : si mundum ipsum, non minus mortalem quam nos sumus, Providentia periculis eximit; potest tamen aliquatenus nostra quoque providentia prorogare huic corpusculo moram, si voluptates, quibus pars major perit, potuerimus regere et coercere. Plato ipse ad senectutem se diligentia pertulit. Erat quidem corpus validum ac forte sortitus, et illi nomen latitudo pectoris fecerat; sed navigationes ac pericula multum detraxerant viribus; parcimonia tamen, et eorum, quæ aviditatem evocant, modus, et diligens sui tutela, produxit illum ad senectutem, multis prohibentibus causis. Nam hoc scis, puto, Platoni diligentiæ suæ beneficio contigisse, quod natali suo decessit, et annum unum atque octogesimum implevit sine ulla deductione. Ideo Magi, qui forte Athenis erant, immolaverunt defuncto, amplioris fuisse sortis quam humanæ rati, quia consummasset perfectissimum numerum, quem novem novies multiplicata componunt. Non dubito, quin paratus esset, paucos dies ex ista summa et sacrificium remittere. Potest frugalitas producere senectutem; quam ut non puto concupiscendam, ita ne recusandam quidem. Jucundum est, esse secum quam diutissime, quum quis se dignum, quo frueretur, effecit.

Itaque de isto feremus sententiam, an oporteat fasti-

lui qui le gouverne. Les choses immortelles n'ont besoin d'aucune surveillance ; quant aux autres, le créateur les conserve par sa puissance, qui lui permet de triompher de la fragilité de la matière. Méprisons tous ces objets qui ont si peu de valeur, que leur existence réelle est même contestable. Songeons aussi que si le monde, non moins mortel que nous-mêmes, est préservé des périls par la prévoyance d'un dieu, la nôtre peut, jusqu'à un certain point, prolonger la durée de ce faible corps, toutefois si nous savons maîtriser et réprimer nos passions qui le tuent en grande partie. Platon, par ses soins, atteignit un âge avancé. Il était sain et vigoureusement constitué, à tel point que son nom lui venait de la largeur de sa poitrine. Mais les voyages de mer et les périls avaient bien diminué cette force. Cependant la tempérance, l'usage modéré des choses qui excitent le plus nos appétits, un soin bien entendu de lui-même, le conduisirent à la vieillesse, malgré tous les obstacles contraires. Car vous savez, je pense, que Platon, grâce à son régime, mourut à pareil jour de sa naissance, et atteignit juste quatre-vingt-un ans. Aussi les Mages, qui se trouvaient de passage à Athènes, lui offrirent-ils un sacrifice funèbre, regardant comme une destinée surnaturelle d'avoir accompli le plus parfait des nombres, le produit de neuf multiplié par neuf. Je ne doute pas toutefois qu'il n'eût renoncé de bon cœur à quelques jours de ce total, et partant aux honneurs du sacrifice. Ainsi la frugalité peut conduire à la vieillesse, privilège qu'il ne faut pas plus repousser que rechercher. Il y a du plaisir de rester avec soi le plus possible, quand on s'est rendu une jouissance digne de soi.

Cela nous conduit à rechercher si l'on doit renoncer

dire senectutis extrema, et finem non opperiri, sed manu facere. Prope est a timente, qui fatum segnis exspectat; sicut ille ultra modum deditus vino est, qui amphoram exsiccat, et fæcem quoque exsorbet. De hoc tamen quæremus, pars summa vitæ, utrum ea fæx sit, an liquidissimum ac purissimum quiddam; si modo mens sine injuria est, et integri sensus animum juvant, nec defectum et præmortuum corpus est. Plurimum enim refert, vitam aliquis extendat, an mortem. At, si inutile ministeriis est corpus, quidni oporteat educere animum laborantem? et fortasse paulo ante, quam debet, faciendum est; ne, quum fieri debeat, facere non possis : et, quum majus periculum sit male vivendi, quam cito moriendi, stultus est qui non exigui temporis mercede magnæ rei aleam redimit. Paucos longissima senectus ad mortem sine injuria pertulit : multis iners vita sine usu jacuit sui. Quanto deinde crudelius judicas, aliquid ex vita perdidisse, quamvis finienda? Noli me invitus audire, tanquam ad te jam pertineat ista sententia : sed, quid dicam, æstima. Non relinquam senectutem, si me totum mihi reservabit; totum autem ab illa parte meliore; at, si cœperit concutere mentem, si partes ejus convellere, si mihi non vitam reliquerit, sed animam; prosiliam ex ædificio putrido ac ruenti. Morbum morte non fugiam, duntaxat sanabilem, nec officientem animo : non afferam mihi manus propter dolorem; sic mori vinci

aux dernières années de la vieillesse, et accélérer sa fin au lieu de l'attendre. On est bien près d'avoir peur, quand on attend mollement sa dernière heure : il faut bien aimer le vin, pour vider entièrement l'amphore et avaler jusqu'à la lie. Examinons cependant si les derniers momens de notre existence en sont bien la lie, ou la portion la plus limpide et la plus pure, lorsque l'âme a conservé sa vigueur, que des organes sains assistent l'esprit, et que le corps n'est ni défaillant ni mort par anticipation. Car il est important de savoir si c'est la vie ou la mort qu'on prolonge. Mais si le corps est inhabile à ses fonctions, pourquoi ne pas délivrer une âme qui souffre? Peut-être même conviendrait-il de s'y prendre un peu d'avance, de peur de ne plus être en état de le faire lorsqu'on en éprouve la nécessité; et comme il y a plus d'inconvéniens à vivre malheureux qu'à mourir trop tôt, ce serait être fou de regarder à quelques jours pour se soustraire à un grand danger. Rien de plus rare que d'arriver sans accident à la mort par la vieillesse; rien de plus commun qu'une existence inerte et sans profit pour elle-même. Jugez, d'après cela, combien il est plus cruel d'avoir perdu quelques années d'une vie qui n'en doit pas moins finir. N'allez pas vous chagriner de ce que je dis, Lucilius, comme d'une chose qui vous touche immédiatement; pensez-y toutefois. Je ne renoncerai pas à la vieillesse, si elle me laisse la jouissance entière de moi-même, c'est-à-dire, de la meilleure partie de mon être; mais si elle se met à ébranler mon âme et à en troubler les fonctions; si, au lieu de la vie, elle ne me laisse plus que le souffle, je déserterai un édifice vermoulu et prêt à s'écrouler. Je ne fuirai pas devant la maladie, pourvu qu'elle soit guérissable et n'attaque point l'âme; la douleur ne me

est. Hunc tamen si sciero perpetuo mihi esse patiendum, exibo, non propter ipsum, sed quia impedimento mihi futurus est ad omne propter quod vivitur. Imbecillus est et ignavus, qui propter dolorem moritur; stultus, qui doloris causa vivit. Sed in longum exeo : est præterea materia, quæ ducere diem possit. Et quomodo finem vitæ imponere poterit, qui epistolæ non potest? Vale ergo : quod libentius quam mortes meras lecturus es.

LIX.

Voluptatis et gaudii discrimen. — De humana stultitia.

Magnam ex epistola tua percepi voluptatem : permitte enim mihi uti verbis publicis, nec illa ad significationem stoicam revoca. Vitium esse voluptatem credimus. Sit sane : ponere tamen illam solemus ad demonstrandam animi hilarem affectionem. Scio, inquam, et *voluptatem* (si ad nostrum album verba dirigimus) rem infamem esse; et *gaudium*, nisi sapienti, non contingere : est enim animi elatio, suis bonis viribusque fidentis. Vulgo tamen sic loquimur, ut dicamus, magnum gaudium nos ex illius consulatu, aut ex nuptiis, aut ex partu uxoris percepisse; quæ adeo non sunt gaudia, ut sæpe initia futuræ tristitiæ sint : gaudio autem junctum est non desinere, nec in contraria verti. Itaque quum dicit

fera pas attenter à mes jours : mourir ainsi, c'est avouer sa défaite. Cependant, si j'étais sûr que la douleur ne dût pas finir, je m'en irais, non à cause d'elle, mais parce qu'elle serait un obstacle à l'accomplissement des devoirs pour lesquels je vis. Il y a de la faiblesse et de la lâcheté à mourir parce qu'on souffre ; il y a de la folie à vivre pour souffrir. Mais je deviens long, et d'ailleurs il y a de quoi discourir toute une journée. L'habile homme pour finir sa vie, que celui qui ne sait pas finir une lettre ! Adieu donc ; c'est un mot que vous lirez avec plus de plaisir que d'éternels discours sur la mort.

LIX.

Différence entre la joie et la volupté. — De la folie des hommes.

Votre lettre m'a fait grand plaisir. Permettez-moi ce langage ordinaire, et ne donnez pas à ces mots la signification qu'ils ont parmi les stoïciens. Nous condamnons le plaisir, et c'est à bon droit ; pourtant, c'est le terme dont nous nous servons habituellement pour exprimer le contentement de l'âme. Je le répète, le plaisir, si nous pesons ce mot dans notre balance, est une chose honteuse, et la joie n'appartient qu'au sage, parce que c'est l'élan d'une âme sûre de ses avantages et de ses forces. Cependant on dit tous les jours qu'on a ressenti une vive joie de l'avènement au consulat d'un ami, de son mariage, de l'accouchement de sa femme ; évènemens qui sont si peu des sujets de joie, qu'ils ne sont souvent qu'un principe d'affliction ; tandis que l'essence de la joie, c'est de ne jamais cesser, ni tourner à mal. Aussi, quand

Virgilius noster, « Et mala mentis gaudia ; » diserte quidem dicit, sed parum proprie; nullum enim *malum gaudium* est. Voluptatibus hoc nomen imposuit, et quod voluit, expressit; significavit enim homines malo suo lætos. Tamen ego non immerito dixeram, cepisse me magnam ex epistola tua voluptatem : quamvis enim ex honesta causa imperitus homo gaudeat, tamen affectum ejus impotentem, et in diversa statim inclinaturum, voluptatem voco, opinione falsi boni motam, immoderatam et immodicam.

Sed, ut ad propositum revertar, audi quid me in epistola tua delectaverit. Habes verba in potestate; non effert te oratio, nec longius, quam destinasti, trahit. Multi sunt, qui ad id, quod non proposuerant scribere, alicujus verbis placentis decore vocentur; quod tibi non evenit : pressa sunt omnia, et rei aptata. Loqueris quantum vis, et plus significas quam loqueris. Hoc majoris rei indicium est : apparet animum quoque nihil habere supervacui, nihil tumidi. Invenio nunc translationes verborum, ut non temerarias, ita non indecoras : itaque periculum sui fecerint. Invenio imagines : quibus si quis nos uti vetat, et poetis illas solis judicat esse concessas, neminem mihi videtur ex antiquis legisse; apud quos nondum captabatur plausibilis oratio. Illi, qui simpliciter et demonstrandæ rei causa eloquebantur, parabolis referti sunt; quas existimo necessarias, non ex

Virgile a dit « les mauvaises joies de l'âme, » il s'est servi d'une expression élégante, mais assez impropre, car il ne peut y avoir de *mauvaise joie*. Sans doute, il a entendu parler des plaisirs, et il a exprimé ce qu'il voulait, car il avait en vue les insensés qui s'applaudissent de leur malheur. Quant à moi, je n'ai pas eu tort de dire que j'ai trouvé un grand plaisir dans votre lettre : car, alors même que l'ignorant a un motif légitime de se réjouir, le sentiment irréfléchi qu'il éprouve, toujours voisin du chagrin qui en résulte, n'est à mes yeux qu'un plaisir qui, né du préjugé, est sans mesure et sans discrétion.

Mais, pour revenir à mon sujet, voici pourquoi votre lettre m'a charmé. Vous êtes maître de votre style : jamais l'expression ne vous entraîne au delà de votre pensée. Il est beaucoup d'écrivains qui se laissent détourner de leur but par l'attrait d'un mot heureux. Chez vous, rien de semblable : tout est précis et approprié au sujet. Vous ne dites que ce que vous voulez, et vous exprimez plus que vous ne dites. Cette qualité en révèle une beaucoup plus grande, elle prouve que votre esprit aussi est étranger à la redondance et à l'enflure. J'ai remarqué vos métaphores, qui, pour être hardies, ne sont ni hasardées ni déplacées. J'ai remarqué aussi vos images; car, nous les interdire pour les attribuer exclusivement aux poètes, c'est n'avoir point lu nos anciens auteurs, qui certes ne visaient point à l'effet. Ceux-là même sont remplis de figures, qui prenaient la parole pour la simple démonstration d'un fait. Et nous en avons besoin, en effet, non pour le même motif que les poètes, mais afin de prêter un appui à notre fai-

eadem causa qua poetis, sed ut imbecillitatis nostræ adminicula sint, et ut discentem et audientem in rem præsentem adducant.

Sextium ecce quum maxime lego, virum acrem, græcis verbis, romanis moribus philosophantem. Movit me imago ab illo posita : Ire quadrato agmine exercitum, ubi hostis ab omni parte suspectus est, pugnæ paratum. Idem, inquit, sapiens facere debet : omnes virtutes suas undique expandat, ut ubicumque infesti aliquid orietur, illic parata præsidia sint, et ad nutum regentis sine tumultu respondeant. Quod in exercitibus his, quos imperatores magni ordinant, fieri videmus, ut imperium ducis simul omnes copiæ sentiant, sic dispositæ, ut signum ab uno datum, peditem simul equitemque percurrat : hoc aliquanto magis necessarium esse nobis, Sextius ait. Illi enim sæpe hostem timuere sine causa; tutissimumque illis iter, quod suspectissimum, fuit. Nihil stultitia pacatum habet : tam superne illi metus est, quam infra; utrumque trepidat latus : sequuntur pericula, et occurrunt; ad omnia pavet; imparata est, et ipsis terretur auxiliis. Sapiens autem ad omnem incursum munitus est et intentus : non si paupertas, non si luctus, non si ignominia, non si dolor impetum faciat, pedem referet. Interritus et contra illa ibit, et inter illa. Nos multa alligant, multa debilitant;

blesse, et de rendre nos idées plus sensibles au lecteur ou à l'auditeur.

Je lis en ce moment Sextius, esprit vigoureux, dont les ouvrages, écrits en grec, respirent une philosophie toute romaine. Une image employée par lui m'a frappé : celle d'une armée qui, se voyant menacée de toutes parts par l'ennemi, marche au combat formée en bataillon carré. Le sage, dit-il, doit faire de même, déployer ses vertus en tous sens, afin qu'en cas d'attaque il y ait partout des troupes, et que sans confusion elles obéissent au moindre signe du chef. Ce que nous voyons pratiquer dans les armées commandées par d'habiles capitaines, cette précaution prise pour que le commandement du général soit entendu à la fois de toutes les troupes, disposées de manière que le signal donné par un seul homme se communique en un moment à la cavalerie et à l'infanterie, cette précaution, dit Sextius, nous est encore plus nécessaire qu'aux guerriers mêmes. Souvent il est arrivé qu'ils ont craint l'ennemi sans sujet, et que le chemin le plus suspect s'est trouvé le plus sûr. Mais pour la folie, il n'y a point de paix possible : elle est menacée d'en haut comme d'en bas; un coté n'est pas plus tranquille que l'autre; le péril se montre et devant et derrière; elle s'épouvante de tout, n'est prête à rien, et a peur même de ses auxiliaires. Le sage, au contraire, sans cesse sur ses gardes, est fortifié contre toutes les attaques : la misère, le deuil, l'ignominie, la douleur, auront beau l'assaillir, il ne reculera jamais. Plein d'assurance, il marchera contre ses ennemis, et au milieu de ses ennemis. Mais nous, mille liens nous retiennent et

diu in istis vitiis jacuimus; elui difficile est : non enim inquinati sumus, sed infecti.

Ne ab alia imagine ad aliam transeamus, hoc quæram, quod mecum sæpe dispicio, quid ita nos stultitia tam pertinaciter teneat? Primo, quia non fortiter illam repellimus, nec toto ad salutem impetu nitimur; deinde, quia illa, quæ a sapientibus viris reperta sunt, non satis credimus, nec apertis pectoribus haurimus, leviterque tam magnæ rei insistimus. Quemadmodum autem potest aliquis, quantum satis sit, adversus vitia discere, qui, quantum a vitiis vacat, discit? Nemo nostrum in altum descendit; summa tantum decerpsimus; et exiguum temporis impendisse philosophiæ, satis abundeque occupatis fuit. Illud præcipue impedit, quod cito nobis placemus. Si invenimus, qui nos bonos viros dicat, qui prudentes, qui sanctos, agnoscimus. Nec sumus modica laudatione contenti : quidquid in nos adulatio sine pudore congessit, tanquam debitum prendimus; optimos nos esse, sapientissimos, affirmantibus assentimur, quum sciamus illos multa mentiri; adeoque indulgemus nobis, ut laudari velimus in id, cui contraria quum maxime facimus. Mitissimum ille se in ipsis suppliciis audit, in rapinis liberalissimum, in ebrietatibus ac libidinibus temperantissimum. Sequitur itaque, ut ideo mutari nolimus, quia nos optimos esse credimus. Alexander quum jam in India vagaretur, et gentes, ne finitimis

nous réduisent à l'impuissance; à force d'avoir croupi dans le vice, il est devenu difficile de nous purifier. Car nous ne sommes pas souillés seulement, nous sommes infectés.

Sans passer de cette image à une autre, je vais rechercher pourquoi la folie nous retient avec autant d'acharnement, question qui m'a bien souvent occupé. En premier lieu, c'est parce que nous la repoussons faiblement, et que nous ne nous employons pas de toutes nos forces à notre guérison; ensuite, nous n'avons pas assez de foi aux vérités découvertes par les sages, nous ne nous en abreuvons pas assez largement, et nos efforts ne sont point proportionnés à une aussi grande tâche. Le moyen d'apprendre à combattre les vices comme il faut, quand on ne s'en occupe que dans les intervalles qu'ils nous laissent? Dans notre légèreté, nous n'approchons pas la sagesse, nous ne faisons que l'effleurer; et donner quelques courts instans à la philosophie, paraît encore trop à des gens affairés. Mais le plus grand obstacle, c'est notre promptitude à être contens de nous-mêmes. Que nous rencontrions des gens qui nous trouvent sages, honnêtes et vertueux, nous nous croyons tels. Et ce n'est point assez pour nous d'un éloge mesuré; tous ceux qu'accumule la flatterie la plus impudente, nous les prenons comme chose due. Ainsi, qu'on vante notre perfection et notre sagesse, nous n'avons garde de contredire, quoique nous sachions bien que c'est un mensonge grossier; et nous poussons à tel point la complaisance pour nous, que nous recherchons surtout les éloges que nous méritons le moins par notre conduite. L'homme qui se repaît de supplices veut passer pour humain; celui qui vit de rapines, pour généreux; celui qui est adonné au vin et à la débauche, pour tempérant. Ainsi, comme

quidem satis notas, bello vastaret, in obsidione cujusdam urbis, dum circumit muros et imbecillissima mœnium quærit, sagitta ictus, diu persedere et incœpta agere perseveravit. Deinde quum, represso sanguine, sicci vulneris dolor cresceret, et crus suspensum equo paulatim obtorpuisset, coactus absistere : « Omne, inquit, jurant esse me Jovis filium, sed vulnus hoc hominem esse me clamat. » Idem nos faciamus; quum pro sua quemque portione adulatio infatuat, dicamus : « Vos quidem me dicitis prudentem esse; ego autem video, quam multa inutilia concupiscam, nocitura optem; ne hoc quidem intelligo, quod animalibus satietas monstrat, quis cibo debeat esse, quis potioni modus; quantum capiam, adhuc nescio. »

Jam docebo, quemadmodum intelligas te non esse sapientem. Sapiens ille plenus est gaudio, hilaris, et placidus, inconcussus; cum diis ex pari vivit. Nunc ipse te consule. Si nunquam mœstus es, nulla spes animum tuum futuri exspectatione sollicitat, si per dies noctesque par et æqualis animi tenor erecti et placentis sibi est; pervenisti ad humani boni summam. Sed si appetis voluptates, et undique, et omnes; scito, tantum tibi ex sapientia, quantum ex gaudio, deesse. Ad hoc cupis pervenire; sed erras, qui inter divitias illuc te venturum esse speras, inter honores gaudium, inter sollicitudines quæris. Ista, quæ sic petis, tanquam datura lætitiam ac

on se croit parfait, on n'est nullement disposé à se réformer. Dans le temps où Alexandre courait l'Inde, et portait la désolation chez des peuples peu connus même de leurs voisins, ce monarque fut blessé d'une flèche, au siège d'une ville, tandis qu'il en faisait le tour et cherchait le côté faible des remparts. Il n'en resta pas moins à cheval, et continua sa route. Mais bientôt le sang s'arrête ; la plaie, en se séchant, devient plus douloureuse, la jambe suspendue s'engourdit ; il ne peut aller plus loin, et s'écrie : « Tout le monde m'assure que je suis fils de Jupiter, mais cette blessure me crie que je ne suis qu'un homme. » Faisons de même, lorsque la flatterie viendra nous enivrer ; chacun pour notre compte, disons : « Vous m'assurez que je suis sage, mais je vois combien de choses inutiles et nuisibles je désire encore ; je ne sais même pas ce que la satiété enseigne aux animaux, quelles doivent être les limites du boire et du manger ; j'ignore jusqu'à la portée de mon estomac. »

Maintenant, permettez-moi de vous apprendre le moyen de reconnaître combien vous êtes loin d'être sage. Le sage est un homme plein de joie et d'allégresse, qui, toujours calme et inébranlable, vit de pair avec les dieux. Descendez en vous-même. N'êtes-vous jamais triste ? l'espoir ne vous fait-il jamais éprouver les tourmens de l'attente ? votre âme se maintient-elle nuit et jour dans une égalité parfaite, toujours élevée et contente d'elle-même ? S'il en est ainsi, vous avez atteint le faîte du bonheur humain. Mais si vous cherchez le plaisir partout, et quel qu'il soit, sachez qu'il vous manque en sagesse tout ce qui vous manque en contentement. Vous aspirez au bonheur, mais vous vous trompez si vous comptez y arriver par les richesses, si c'est aux honneurs

voluptatem, causæ dolorum sunt. Omnes, inquam, illi tendunt ad gaudium : sed, unde stabile magnumque consequantur, ignorant. Ille ex conviviis et luxuria; ille ex ambitione, et circumfusa clientium turba ; ille ex amica; alius ex studiorum liberalium vana ostentatione, et nihil sanantibus litteris. Omnes istos oblectamenta fallacia et brevia decipiunt; sicut ebrietas, quæ unius horæ hilarem insaniam longi temporis tædio pensat; sicut plausus et acclamationis secundæ favor, qui magna sollicitudine et partus est, et expiandus. Hoc ergo cogita, hunc esse sapientiæ effectum, gaudii æqualitatem. Talis est sapientis animus, qualis mundus super lunam; semper illic serenum est. Habes ergo, quare velis sapiens esse; quia nunquam sine gaudio est. Gaudium hoc non nascitur, nisi ex virtutum conscientia. Non potest gaudere, nisi fortis, nisi justus, nisi temperans. — Quid ergo? inquis; stulti ac mali non gaudent? — Non magis, quam prædam nacti leones. Quum fatigaverunt se vino et libidinibus, quum illos nox inter vina defecit, quum voluptates, angusto corpori ultra quam capiebat ingestæ, suppurare cœperunt; tunc exclamant miseri Virgilianum [illum versum] :

> Namque ut supremam falsa inter gaudia noctem
> Egerimus, nosti.

et aux affaires que vous le demandez. Tous ces biens, que vous recherchez comme devant vous donner plaisir et contentement, sont autant de sources de chagrin. On court après la vraie joie ; mais ce qui la rend réelle et durable, on l'ignore entièrement : celui-ci la cherche dans les festins et la débauche, celui-là dans l'ambition et dans un vaste cortège de cliens ; un autre dans les bras d'une maîtresse ; un autre dans un vain étalage de savoir littéraire, et dans des études qui ne guérissent point l'âme. Tous ces hommes se laissent séduire par des amusemens trompeurs et passagers : ainsi l'ivresse nous fait payer une heure de folle gaîté par un long ennui ; ainsi les applaudissemens et les acclamations de la faveur populaire s'achètent et s'expient par de cruels soucis. Souvenez-vous donc bien que l'effet de la sagesse est une joie soutenue. L'âme du sage, semblable à la région qui est au dessus de la lune, jouit d'une sérénité continuelle. Vous avez donc un motif suffisant de désirer d'être sage, puisque la joie ne quitte jamais le sage. Mais cette joie résulte de la conscience de la vertu ; cette joie n'est permise qu'à l'homme énergique, juste et tempérant. — Quoi ! me direz-vous, les fous et les méchans ne connaissent donc pas la joie ? — Pas plus que le lion qui a trouvé sa proie. Quand ils se sont fatigués de crapule et de débauche, quand le jour les a surpris buvant encore, quand les alimens délicieux dont ils ont surchargé leurs estomacs commencent à tourner à l'aigre, alors ces malheureux, se souvenant des vers de Virgile, s'écrient :

« Vous savez comment nous avons passé notre dernière nuit au milieu d'une joie mensongère. »

Omnem luxuriosi noctem inter falsa gaudia, et quidem tanquam supremam, agunt. Illud gaudium, quod deos deorumque æmulos sequitur, non interrumpitur, non desinit : desineret, si sumptum esset aliunde : quia non est alieni muneris, ne arbitrii quidem alieni est. Quod non dedit fortuna, non eripit.

LX.

Contemnenda esse quæ vulgus cupit.

Queror, litigo, irascor. Etiam nunc optas quod tibi optavit nutrix tua, aut pædagogus, aut mater? Nondum intelligis, quantum mali optaverint? O quam inimica nobis sunt vota nostrorum! eo quidem inimiciora, quo cessere felicius. Jam non admiror, si omnia nos a prima pueritia mala sequuntur : inter exsecrationes parentum crevimus. Exaudiant quoque dii nostram pro nobis vocem gratuitam. Quousque poscemus aliquid deos, quasi nondum ipsi alere nos possimus? Quamdiu sationibus implebimus magnarum urbium campos? quamdiu nobis populus metet? quamdiu unius mensæ strumentum multa navigia, et quidem non ex uno mari, subvehent? Taurus paucissimorum jugerum pascuo impletur; una silva elephantis pluribus sufficit : homo et terra pascitur, et mari. Quid ergo? tam insatiabilem nobis natura alvum dedit, quum tam modica corpora dedisset, ut

Les débauchés passent, en effet, toute la nuit au milieu de fausses joies, et comme si elle devait être la dernière : au contraire, la joie que goûtent les dieux et les émules des dieux, n'a jamais d'interruption ni de fin ; elle finirait, si elle était d'emprunt ; mais comme elle ne vient pas d'autrui, elle ne dépend pas d'autrui : ce que la fortune n'a point donné, il n'est pas en son pouvoir de l'ôter.

LX.

Il faut mépriser ce qu'ambitionne le vulgaire.

Je suis mécontent, fâché, courroucé. Vous en êtes encore à souhaiter ce que vous ont souhaité votre nourrice, votre précepteur, votre mère ? Vous n'avez pas encore su voir tout ce qu'ils vous souhaitaient de mal ? Oh ! qu'ils nous sont ennemis, les vœux de ceux qui nous aiment ! qu'ils nous sont ennemis, alors surtout qu'ils sont exaucés ! Je ne suis plus étonné que tous les maux nous assaillent dès notre enfance : nous grandissons au milieu des malédictions de nos parens. Que les dieux entendent donc une fois des paroles désintéressées de notre part. Jusques à quand fatiguerons-nous les dieux de nos demandes, comme si nous n'étions pas assez grands pour nous suffire ? jusques à quand nos semailles joncheront-elles le territoire des grandes villes ? jusques à quand un peuple entier moissonnera-t-il pour nous ? jusques à quand l'approvisionnement d'une seule table occupera-t-elle de nombreux vaisseaux, et cela sur plus d'une mer ? Quelques arpens de pâturage suffisent à la nourriture du taureau ; c'est assez d'une forêt pour plusieurs éléphans : et

vastissimorum edacissimorumque animalium aviditatem vinceremus? Minime! Quantulum est enim quod naturæ datur? parvo illa dimittitur. Non fames nobis ventris nostri magno constat, sed ambitio. Hos itaque, ut ait Sallustius, *ventri obedientes*, animalium loco numeremus, non hominum : quosdam vero ne animalium quidem, sed mortuorum. Vivit is, qui multis usui est. Vivit is, qui se utitur : qui vero latitant et torpent, sic in domo sunt, quomodo in conditivo. Horum licet in limine ipso nomen marmori inscribas; mortem suam antecesserunt.

LXI.

Se paratum esse morti.

Desinamus, quod voluimus, velle. Ego certe id ago senex, ne eadem velle videar quæ puer volui. In hoc unum eunt dies, in hoc noctes; hoc opus meum est, hæc cogitatio, imponere veteribus malis finem. Id ago, ut mihi instar totius vitæ sit dies. Nec mehercules tanquam ultimum rapio; sed sic illum aspicio, tanquam esse vel ultimus possit. Hoc animo tibi hanc epistolam scribo, tanquam quum maxime scribentem mors evoca-

l'homme, il faut, pour le nourrir, et la terre et la mer. Quoi donc? la nature, en nous donnant un si petit corps, nous a-t-elle donné un estomac tellement insatiable, que nous surpassions en avidité les animaux les plus monstrueux et les plus voraces? Nullement! De ce que nous prenons, fort peu de chose revient à la nature qui se contente à peu de frais. Ce n'est pas notre faim qui nous coûte cher, mais notre vanité. Ainsi ces gloutons, que Salluste appelle *esclaves de leur ventre*, doivent être mis au rang des animaux, non des hommes, et, quelquefois, pas même au rang des animaux, mais des morts. Celui-là vit, qui est utile à plusieurs; celui-là vit, qui tire partie de soi-même: mais se cacher, rester dans un continuel engourdissement, c'est faire de sa maison un sépulcre. A la porte de pareilles gens, on peut graver leur nom sur le marbre, car ils ont devancé la mort.

LXI.

Sénèque déclare qu'il est préparé à la mort.

Cessons de vouloir ce que nous avons désiré. Pour moi, dans ma vieillesse, je m'applique à ne plus désirer ce que je désirais dans mon enfance. J'y songe toute la nuit, j'y songe tout le jour ; ma seule occupation, ma seule pensée, est de guérir les maux invétérés de mon âme. Je tâche que chaque jour soit en raccourci ma vie entière. Non que je le saisisse comme s'il était le dernier; mais je le considère comme s'il pouvait être le dernier. Je vous écris cette lettre avec l'idée que la mort peut m'appeler pendant que je l'écris. Je suis tout préparé à quitter la

tura sit. Paratus exire sum, et ideo fruor vita; quia, quamdiu futurum hoc sit, minimi pendo. Ante senectutem curavi, ut bene viverem; in senectute, ut bene moriar : bene autem mori est libenter mori. Da operam, ne quid unquam invitus facias! Quidquid futurum est, necesse futurum est repugnanti : in volentem necessitas non est. Ita dico : qui imperia libens excipit, partem acerbissimam servitutis effugit, facere quod nolit. Non, qui jussus aliquid facit, miser est; sed qui invitus facit. Itaque sic animum componamus, ut, quidquid res exiget, id velimus : et in primis finem nostri sine tristitia cogitemus. Ante ad mortem, quam ad vitam, præparandi sumus. Satis instructa vita est; sed nos instrumentorum ejus avidi sumus : deesse nobis aliquid videtur, et semper videbitur. Ut satis vixerimus, nec anni, nec dies facient, sed animus. Vixi, Lucili carissime, quantum satis erat : mortem plenus exspecto.

LXII.

De temporis usu.

MENTIUNTUR, qui sibi obstare ad studia liberalia turbam negotiorum videri volunt; simulant occupationes,

vie, et j'en jouis davantage ; car je ne m'inquiète pas du temps qu'elle doit durer. Avant la vieillesse, je pensais à bien vivre ; aujourd'hui, je pense à bien mourir ; car c'est bien mourir, que de mourir sans regret. Efforcez-vous de ne rien faire contre votre gré. Ce qui doit être, vous le subirez quoi que vous fassiez ; l'homme résigné ne subit jamais la nécessité. Oui, je le répète, celui qui se soumet de bon cœur au commandement, s'épargne la plus pénible tâche de la servitude, c'est-à-dire, de faire ce qu'il ne veut pas. L'homme vraiment malheureux n'est pas celui qui est condamné à obéir, mais celui qui obéit malgré lui. Sachons donc plier notre esprit de telle sorte, que nous voulions toujours ce qu'exigent les circonstances, et surtout envisageons sans tristesse le terme de notre carrière. La raison veut qu'on se prépare à la mort avant de se préparer à la vie. La vie est suffisamment approvisionnée ; mais c'est peu pour notre avidité : il nous semble toujours qu'il nous manque quelque chose, et ce sera de même jusqu'à la fin. Ce ne sont pas les années, ce ne sont pas les jours, qui feront que nous aurons assez vécu, ce sera la disposition de notre âme. Pour moi, mon cher Lucilius, j'ai vécu autant que je voulais ; j'attends la mort comme un homme qui n'a plus besoin de rien.

LXII.

De l'emploi du temps.

N'ayez nulle foi à ces gens qui vous disent que l'embarras des affaires les détourne des études sérieuses ; ils

et augent, et ipsi se occupant. Vaco, mi Lucili, vaco; et, ubicumque sum, ibi meus sum. Rebus enim non me trado, sed commodo : nec consector perdendi temporis causas. Et, quocumque constiti loco, ibi cogitationes meas tracto, et aliquid in animo salutare verso. Quum me amicis dedi, non tamen mihi abduco; nec cum illis moror, quibus me tempus aliquod congregavit, aut causa ex officio nata civili, sed cum optimo quoque sum : ad illos, in quocumque loco, in quocumque sæculo fuerint, animum meum mitto. Demetrium, virorum optimum, mecum circumfero; et, relictis conchyliatis, cum illo seminudo loquor, illum admiror. Quidni admirer? vidi nihil ei deesse. Contemnere omnia aliquis potest; omnia habere nemo potest. Brevissima ad divitias, per contemptum divitiarum, via est. Demetrius autem noster sic vivit, non tanquam contempserit omnia, sed tanquam aliis habenda permiserit.

LXIII.

Non immodice deflendos esse amicos.

MOLESTE fers decessisse Flaccum, amicum tuum; plus tamen æquo dolere te nolo. Illud, ut non doleas, vix audebo exigere; et esse melius scio. Sed cui ista firmi-

exagèrent leurs occupations, quand ils ne les simulent pas et ne se les donnent pas à eux-mêmes. J'ai du temps, mon cher Lucilius, et beaucoup de temps, et partout où je suis, je puis disposer de moi. C'est que je me prête aux affaires au lieu de m'y livrer, et que je ne cherche pas des prétextes pour perdre mon temps. En tel lieu que je m'arrête, je dirige à volonté mes pensées, et médite sur quelque objet utile. Lorsque je me suis donné à des amis, c'est sans renoncer à moi-même, et je ne passe pas mon temps avec ceux dont une circonstance fortuite ou quelqu'un des devoirs de la vie civile m'a rapproché, mais avec tous ceux que je connais pour gens de bien. Ceux-là, en quelque lieu qu'ils soient, à quelque siècle qu'ils appartiennent, mon esprit est tout à eux. Demetrius, le meilleur des hommes, me suit partout, et je laisse de côté les hommes empourprés, pour causer avec cet homme demi nu et l'admirer. Et pourquoi ne l'admirerais-je pas? je vois qu'il ne lui manque rien. On peut tout mépriser; mais posséder tout est impossible. La voie la plus sûre pour être riche, c'est le mépris de la richesse. Mais telle est la manière d'être de notre Demetrius, qu'il semble moins professer le mépris de la fortune, qu'en abandonner la possession aux autres.

LXIII.

Il ne faut pas s'affliger sans mesure de la perte de ses amis.

Vous êtes chagrin de la perte de votre ami Flaccus : fort bien! mais n'allez pas vous en affliger plus qu'il ne convient. Je n'ose pas vous prescrire de ne pas vous affli-

tas animi continget, nisi jam multum supra fortunam elato? Illum quoque ista res vellicabit : sed tantum vellicabit. Nobis autem ignosci potest prolapsis ad lacrymas, si non nimiæ decurrerunt, si ipsi illas repressimus. Nec sicci sint oculi amisso amico, nec fluant : lacrymandum est, non plorandum. Duram tibi legem videor ponere? quum poetarum græcorum maximus jus flendi dederit in unum duntaxat diem; quum dixerit, « etiam Nioben de cibo cogitasse. » Quæris, unde sint lamentationes, unde immodici fletus? Per lacrymas argumenta desiderii quærimus; et dolorem non sequimur, sed ostendimus. Nemo tristis sibi est. O infelicem stultitiam! est aliqua et doloris ambitio. — Quid ergo? inquis; obliviscar amici? — Brevem illi apud te memoriam promittis, si cum dolore mansura est. Jam istam frontem ad risum quælibet fortuita res transferet : non differo in longius tempus, quo desiderium omne mulcetur, quo etiam acerrimi luctus residunt. Quum primum te observare desieris, imago ista tristitiæ discedet : nunc ipse custodis dolorem tuum; sed custodienti quoque elabitur, eoque citius, quo est acrior, desinit. Id agamus, ut jucunda fiat nobis amissorum recordatio : nemo libenter ad id redit, quod non sine tormento cogitaturus est. Si tamen istud fieri necesse est, ut cum aliquo nobis morsu amissorum, quos amavimus, nomen occurrat; hic quoque morsus habet suam voluptatem. Nam, ut di-

ger du tout; pourtant, c'est ce qu'il y aurait de mieux, selon moi. Mais où trouver cette fermeté d'âme, sinon chez l'homme qui s'est mis au dessus de la fortune? Un pareil évènement le froissera, mais ce sera tout. Quant à nous, on peut nous pardonner notre propension aux larmes, pourvu qu'elles ne soient pas immodérées, et que nous ayons la force de les retenir. Il ne faut pas que la mort d'un ami nous laisse les yeux secs, il ne faut pas non plus qu'elle les inonde : qu'on répande une larme, à la bonne heure; mais qu'on évite les pleurs. Il vous semble que je vous impose une condition bien dure : cependant le prince des poètes grecs n'accorde le droit de pleurer que pour un seul jour, quand il dit « que Niobé même pensa à prendre quelque nourriture. » Vous voulez savoir d'où proviennent ces lamentations, ces pleurs immodérées? C'est que nos larmes ont pour objet de faire ressortir nos regrets, et qu'au lieu de céder à la douleur, nous nous occupons d'en faire parade; car ce n'est jamais pour son compte qu'on exhale sa tristesse. O déplorable folie! la douleur même a son ostentation! — Quoi donc? oublierai-je mon ami? — Vous lui assurez un souvenir bien court, s'il ne doit pas durer plus long-temps que votre douleur. Ce front soucieux, la première chose venue va le dérider; sans parler encore du temps, qui adoucit tous les regrets, qui calme les chagrins même les plus cuisans. Au premier moment où vous cesserez de vous observer, ce masque de tristesse tombera. Pour le présent, vous surveillez votre douleur; mais elle échappe même à votre surveillance; elle doit se passer d'autant plus vite, qu'elle a plus de vivacité. Faisons en sorte que le souvenir de nos pertes ait des charmes pour nous; on ne revient pas volontiers sur une idée qui doit affliger. Cependant, s'il est iné-

cere solebat Attalus noster, « sic amicorum defunctorum memoria jucunda est, quomodo poma quædam sunt suaviter aspera, quomodo in vino nimis veteri ipsa nos amaritudo delectat : quum vero intervenit spatium, omne, quod angebat, exstinguitur, et pura ad nos voluptas venit. » Si illi credimus, « amicos incolumes cogitare, melle ac placenta frui est; eorum, qui fuerunt, retractatio, non sine acerbitate quadam juvat. Quis autem negaverit, hæc acria quoque, et habentia austeritatis aliquid, stomachum excitare? » Ego non idem sentio; mihi amicorum defunctorum cogitatio dulcis ac blanda est. Habui enim illos, tanquam amissurus; amisi, tanquam habeam.

Fac ergo, mi Lucili, quod æquitatem tuam decet; desine beneficium fortunæ male interpretari ! Abstulit, sed dedit. Ideo amicis avide fruamur, quia, quamdiu contingere hoc possit, incertum est. Cogitemus, quam sæpe illos reliquerimus in aliquam peregrinationem longinquam exituri; quam sæpe, eodem morantes loco, non viderimus : intelligemus, plus nos temporis in vivis perdidisse. Feras autem hos, qui, quum negligentissime amicos habeant, miserrime lugent, nec amant quemquam, nisi quum perdiderunt? Ideoque tunc effusius mœrent, quia verentur ne dubium sit, an amaverint; sera indicia affectus sui quærunt. Si habemus alios ami-

vitable que le nom des amis que nous avons perdus sonne à notre oreille sans nous faire mal, cette sensation du moins n'est pas dépourvue de plaisir. Car, ainsi que disait Attalus, « le souvenir des amis que la mort nous a enlevés est agréable, tout comme certains fruits dont on aime l'âpreté, ou bien comme un vin trop vieux dont l'amertume même flatte notre palais; puis, lorsque le temps commence à agir, tout ce que ce souvenir avait de fâcheux s'évanouit, et il ne nous reste plus que du plaisir. » Suivant le même Attalus, « l'idée que nos amis sont vivans est douce comme le miel et comme le gâteau. Le ressouvenir de ceux qui sont morts, si agréable qu'il soit, est toujours mêlé d'amertume. Or, n'est-il pas reconnu que les choses amères et légèrement âpres stimulent l'estomac? » Je ne suis point de cet avis : le souvenir des amis qui m'ont été enlevés m'est doux et agréable. Quand je les possédais, je m'attendais à les perdre : après les avoir perdus, je crois les posséder encore.

Faites donc, mon cher Lucilius, ce qu'exige votre équité; cessez de mal interpréter les bienfaits de la fortune. Elle vous a enlevé un ami; mais elle vous l'avait donné. Hâtons-nous de jouir de nos amis, parce que nous ne savons pas combien de temps cela doit durer. Rappelons-nous combien de fois nous les avons quittés pour faire quelque long voyage; combien de fois il est arrivé que, réunis dans le même lieu, nous ne les avons pas vus; et nous reconnaîtrons que nous en avons été privés plus longtemps de leur vivant. Mais le moyen de supporter ceux qui pleurent sans mesure des amis qu'ils ne voyaient que fort négligemment, et qui pour aimer les gens attendent qu'ils les aient perdus! Si leur chagrin a tant d'expansion, c'est qu'ils craignent qu'on ne doute s'ils aimaient,

cos, male de his et meremur, et existimamus, quia parum valent in unius elati solatium : si non habemus, majorem ipsi nobis injuriam fecimus, quam a fortuna accepimus. Illa unum abstulit; nos quemcumque non fecimus. Deinde ne unum quidem nimis amavit, qui plus quam unum amare non potuit. Si quis despoliatus, amissa unica tunica, complorare se malit, quam circumspicere, quomodo frigus effugiat, et aliquid inveniat quo tegat scapulas; nonne tibi videatur stultissimus ? Quem amabas, extulisti; quære quem ames! Satius est amicum reparare, quam flere. Scio pertritum jam hoc esse, quod adjecturus sum; non ideo tamen prætermittam, quia ab omnibus dictum est. Finem dolendi etiam qui consilio non fecerat, tempore invenit; turpissimum autem est in homine prudenti remedium mœroris, lassitudo mœrendi. Malo relinquas dolorem, quam ab illo relinquaris : et quam primum id facere desiste, quod, etiamsi voles, diu facere non poteris. Annum feminis ad lugendum constituere majores; non ut tam diu lugerent, sed ne diutius : viris nullum legitimum tempus est, quia nullum honestum. Quam tamen mihi ex illis mulierculis dabis, vix retractis a rogo, vix a cadavere revulsis, cui lacrymæ in totum mensem duraverint? Nulla res citius venit in odium, quam dolor : qui recens, consolatorem invenit, et aliquos ad se adducit;

et qu'ils veulent en imposer par cet étalage tardif de leur affection. Avons-nous d'autres amis ? nous les outrageons, nous montrons le peu de cas que nous faisons d'eux, puisque nous les considérons comme incapables de nous consoler à eux tous de la perte d'un seul que nous pleurons. N'en avons-nous point d'autres ? nous nous faisons à nous-mêmes un tort plus grave que celui que nous fait la fortune ; car elle ne nous a enlevé qu'un ami, et rien ne nous empêchait de nous en faire d'autres. De plus, il est impossible que celui qui n'a su aimer qu'un seul homme l'ait aimé avec excès. Si un individu, dépouillé par des voleurs, se mettait à pleurer la perte de sa tunique, au lieu d'aviser aux moyens de se garantir du froid, et de couvrir ses épaules, ne le regarderiez-vous pas comme le plus extravagant des hommes ? Eh bien ! si la tombe a reçu celui que vous aimiez, cherchez quelqu'un à aimer ; car il est plus raisonnable de chercher à remplacer un ami, que de le pleurer. Ce que je vais ajouter est bien rebattu, je le sais ; mais faut-il omettre une vérité, parce qu'elle est répétée de tout le monde ? Votre douleur résistât-elle à la raison, le temps y mettra un terme. Or, n'est-il pas cent fois honteux que chez un sage ce soit la lassitude du chagrin qui remédie au chagrin ? Arrêtez vos larmes, au lieu d'attendre qu'elles s'arrêtent d'elles-mêmes, et discontinuez au plus tôt ce que vous ne pourriez faire long-temps, quand même vous le voudriez. Nos ancêtres ont fixé à un an le deuil pour les femmes, non pour qu'il durât tout ce temps, mais pour qu'il n'allât pas au delà. Quant aux hommes, il n'y a point de temps fixé pour eux, parce que raisonnablement on ne pouvait pas leur en accorder. Eh bien ! de toutes ces pauvres petites femmes qu'on a eu tant de

inveteratus vero deridetur. Nec immerito; aut enim simulatus, aut stultus est.

Hæc tibi scribo, is qui Annæum Serenum, carissimum mihi, tam immodice flevi, ut, quod minime velim, inter exempla sim eorum, quos dolor vicit. Hodie tamen factum meum damno, et intelligo maximam mihi causam sic lugendi fuisse, quod nunquam cogitaveram, mori eum ante me posse. Hoc unum mihi occurrebat, minorem esse, et multo minorem; tanquam ordinem fata servarent! Itaque assidue cogitemus, tam de nostra, quam omnium, quos diligimus, mortalitate. Tunc ego dicere debui : « Minor est Serenus meus : quid ad rem pertinet? post me mori debet, sed ante me potest. » Quia non feci, imparatum subito fortuna percussit. Nunc cogito, omnia et mortalia esse, et incerta lege mortalia. Hodie fieri potest, quidquid unquam potest. Cogitemus ergo, Lucili carissime, cito nos eo perventuros, quo illum pervenisse mœremus. Et fortasse (si modo sapientium vera fama est, recipitque nos locus aliquis) quem putamus perisse, præmissus est.

peine à retirer du bûcher, à séparer du cadavre de leurs maris, en est-il une dont les larmes aient duré un mois seulement? Il n'est rien dont on se fatigue aussi vite que de la douleur : récente, elle trouve des consolateurs et intéresse quelques bonnes âmes; mais quand elle est vieille, tout le monde en rit, et l'on fait bien; car ou elle est affectée, ou elle est déraisonnable.

Moi, qui vous prêche si bien, j'ai pleuré Annéus Serenus avec si peu de mesure, qu'on peut, à mon grand regret, me compter parmi ceux que la douleur a vaincus. Mais je condamne aujourd'hui ma conduite, et je reconnais que ma tristesse est provenue surtout de ce que je n'avais jamais songé qu'il pût mourir avant moi. Je ne voyais qu'une chose, qu'il était moins âgé, et beaucoup moins âgé que moi; comme si le destin observait aucun ordre! Ayons donc toujours présent à notre pensée, que ceux que nous aimons sont mortels tout comme nous. J'aurais dû me dire à cette époque : « Serenus est plus jeune que moi, mais qu'importe? S'il est dans l'ordre qu'il meure après moi, il se peut aussi qu'il meure avant. » Faute de cette prévision, la fortune m'a pris au dépourvu. A présent, je sais que tout est mortel, et que la mortalité n'a pas de règle fixe. Il suffit qu'une chose puisse arriver un jour, pour qu'elle puisse arriver aujourd'hui. Pensons donc, mon cher Lucilius, que nous serons bientôt où nous sommes si fâchés qu'il soit : et peut-être (si, comme des sages l'ont publié, il est pour nous un dernier asile) celui que nous croyons perdu pour nous, n'a fait que nous précéder.

LXIV.

Q. Sextii et veterum sapientium laudatio.

Fuisti heri nobiscum. Potes queri, si heri tantum; ideo adjeci, nobiscum : mecum enim semper es. Intervenerant quidam amici, propter quos major fumus fieret : non hic, qui erumpere ex lautorum culinis et terere vigiles solet; sed hic modicus, qui hospites venisse significet. Varius nobis sermo fuit, ut in convivio, nullam rem usque ad exitum adducens, sed aliunde alio transiliens. Lectus est deinde liber Quinti Sextii patris; magni, si quid mihi credis, viri, et, licet neget, stoici. Quantus in illo, dii boni, vigor est, quantum animi! Hoc non in omnibus philosophis invenies. Quorumdam scripta clarum habent tantum nomen, cetera exsanguia sunt. Instituunt, disputant, cavillantur : non faciunt animum, quia non habent. Quum legeris Sextium, dices : « Vivit, viget, liber est, supra hominem est, dimittit me plenum ingentis fiduciæ. » In quacumque positione mentis sim, quum hunc lego, fatebor tibi, libet omnes casus provocare, libet exclamare : « Quid cessas, Fortuna? congredere! paratum vides. » Illius animum induo, qui quærit ubi se experiatur, ubi virtutem suam ostendat,

LXIV.

Éloge de Q. Sextius et des anciens philosophes.

Vous étiez hier avec nous : je dis avec nous de peur d'équivoque ; car, avec moi, vous y êtes toujours. Il m'était survenu quelques amis, et à cause de cela il y avait chez moi plus de fumée que de coutume ; non de cette fumée que l'on voit s'échapper des cuisines de nos riches, et qui alarme les sentinelles, mais de celle qui annonce tout bonnement que des hôtes sont venus. Pendant le repas, la conversation, comme d'usage, roula sur toute espèce de choses : on passait d'un sujet à l'autre, mais sans jamais rien approfondir. On lut ensuite le livre de Quintus Sextius le père, homme de mérite, si je m'y connais, et stoïcien quoiqu'il s'en défende. Grands dieux ! que d'énergie, que d'âme dans cet homme ! C'est ce qui ne se rencontre pas chez tous les philosophes. Souvent tout ce qu'on trouve dans leurs écrits, se réduit à un titre imposant, et le reste est sans vie. Ils exposent, ils discutent, ils subtilisent, mais n'agissent pas sur l'âme, parce qu'ils n'en ont point. Quand vous aurez lu Sextius, vous direz : « Voilà de la vie ! voilà un homme énergique, libre, et au dessus de l'humanité ! voilà un homme qui me laisse plein de confiance ! » Je vous l'avouerai, Lucilius, dans quelque situation d'esprit que je me trouve, lorsque je lis Sextius, je suis disposé à braver tous les hasards, je suis disposé à m'écrier : « Qu'attends-tu, fortune ? Commence l'attaque, je suis prêt. » J'éprouve l'entraînement de celui qui cherche à essayer ses forces, à signaler son courage,

Spumantemque dari pecora inter inertia votis
Optat aprum, aut fulvum descendere monte leonem.

Libet aliquid habere quod vincam, cujus patientia exercear. Nam hoc quoque egregium Sextius habet, quod et ostendet tibi beatæ vitæ magnitudinem, et desperationem ejus non faciet. Scies esse illam in excelso, sed volenti penetrabilem. Hoc idem virtus tibi ipsa præstabit, ut illam admireris, et tamen speres. Mihi certe multum auferre temporis solet contemplatio ipsa sapientiæ : non aliter illam intueor obstupefactus, quam ipsum interim mundum, quem sæpe tanquam spectator novus video.

Veneror itaque inventa sapientiæ inventoresque : adire, tanquam multorum hereditatem, juvat. Mihi ista acquisita, mihi ista laborata sunt. Sed agamus bonum patremfamilias ; faciamus ampliora quæ accepimus : major ista hereditas a me ad posteros transeat. Multum adhuc restat operis, multumque restabit ; nec ulli nato post mille sæcula præcludetur occasio aliquid adhuc adjiciendi. Sed, etiamsi omnia a veteribus inventa sunt, hoc semper novum erit, usus, et inventorum ab aliis scientia ac dispositio. Puta relicta nobis medicamenta, quibus sanarentur oculi : non opus est mihi alia quærere; sed hæc tamen morbis et temporibus aptanda sunt. Hoc asperitas oculorum collevatur; hoc palpebrarum crassitudo tenuatur; hoc vis subita et humor aver-

« Qui désire voir un sanglier furieux tomber au milieu des troupeaux sans défense, ou bien un lion descendre de la montagne. »

Je voudrais alors avoir quelque ennemi à vaincre, quelque épreuve à supporter. Car Sextius a encore cela de parfait, qu'en vous peignant tout ce qu'a de noble et de grand la vie heureuse, il ne vous ôte pas l'espoir d'y parvenir. Vous apprenez qu'elle est placée haut, mais accessible à qui veut y atteindre. Il en est de même de la vertu : on l'admire, et cependant on ne désespère pas de s'y élever. Oui, la contemplation de la sagesse absorbe une grande partie de mes instans : sa vue m'interdit, comme parfois le spectacle du monde, qu'il me semble souvent voir pour la première fois.

Aussi je vénère les découvertes de la sagesse et leurs auteurs; j'en jouis comme d'autant d'héritages que j'aurais recueillis : c'est pour moi qu'ils ont acquis, c'est pour moi qu'ils ont travaillé. Mais agissons en bon père de famille, laissons plus que nous n'avons reçu : que, riche de nouvelles acquisitions, cet héritage passe à nos descendans. Il reste encore et restera beaucoup à faire : mille siècles ne feront pas qu'aucun de nos neveux n'ait rien à ajouter. Mais quand même les anciens auraient tout découvert, ce sera toujours une étude nouvelle que l'application, la connaissance et l'arrangement de ces découvertes. Supposez que tous les remèdes pour les maux d'yeux soient connus : il n'y a plus à en chercher d'autres; mais ceux qu'on possède, il faut savoir les appliquer suivant les circonstances et les maladies : l'un est bon contre les tumeurs de l'œil ; l'autre fait disparaître le gonflement des paupières ; celui-ci détourne le cours

titur; hoc acuetur visus Feras ista oportet, et eligas tempus; adhibeas singulis modum. Animi remedia inventa sunt ab antiquis : quo modo autem admoveantur, aut quando, nostri operis est quærere. Multum egerunt qui ante nos fuerunt; sed non peregerunt : suspiciendi tamen sunt, et ritu deorum colendi. Quidni ego magnorum virorum et imagines habeam incitamenta animi, et natales celebrem? Quidni ego illos honoris causa semper appellem? Quam venerationem præceptoribus meis debeo, eamdem illis præceptoribus generis humani, a quibus tanti boni initia fluxerunt. Si consulem videro, aut prætorem, omnia, quibus honor haberi honori solet, faciam? equo desiliam, caput adaperiam, semita cedam? Quid ergo? Marcum Catonem utrumque, et Lælium Sapientem, et Socratem cum Platone, et Zenonem Cleanthemque, in animum meum sine dignatione summa recipiam? Ego vero illos veneror, et tantis nominibus semper assurgo.

LXV.

Opiniones Platonis, Aristotelis et stoicorum de causa. His cogitationibus animum attolli ad sublimia.

HESTERNUM diem divisi cum mala valetudine : antemeridianum illa sibi vindicavit, postmeridiano mihi cessit. Itaque lectione primum tentavi animum; deinde,

d'une affection subite et d'une humeur; celui-là fortifie la vue. Et il faut encore broyer tout cela, choisir le moment et régler les doses. Les remèdes de l'âme ont été découverts par les anciens : c'est à nous de chercher quand et comment il faut les employer. Ceux qui sont venus avant nous ont fait beaucoup, mais ils n'ont pas tout fait; ce qui n'empêche pas qu'il faille les admirer et les honorer à l'égal des dieux. Pourquoi n'aurais-je pas l'image de ces grands hommes pour m'exciter à la vertu? Pourquoi ne célébrerais-je pas leur naissance? Pourquoi ne prononcerais-je pas leur nom avec un sentiment de respect? La reconnaissance que je dois à mes instituteurs, je la dois à ces instituteurs du genre humain qui nous ont préparé tant de bonheur. Si je rencontre un consul ou un préteur, je leur témoigne tout le respect dû à des personnages aussi respectables : je descends de cheval, je me découvre, je leur cède le passage. Et les deux Catons, et Lélius le Sage, et Socrate avec Platon, et Zénon avec Cléanthe, je les recevrais dans mon âme sans une profonde vénération! Oui, je le dis hautement, je les vénère, et m'incline toujours devant d'aussi grands noms.

LXV.

Opinions de Platon, d'Aristote et des stoïciens sur la cause première. Par de pareilles pensées l'âme s'élève jusqu'aux cieux.

J'AI partagé la journée d'hier avec la maladie : elle a pris le matin pour elle et m'a laissé l'après-midi. J'essayai d'abord mon esprit par une lecture; puis, voyant qu'il la soutenait, j'osai lui commander, ou plutôt lui

quum hanc recepisset, plus illi imperare ausus sum, imo permittere. Aliquid scripsi, et quidem intentius quam soleo, dum cum materia difficili contendi, et vinci nolo : donec intervenerunt amici, qui mihi vim afferrent, et tanquam ægrum intemperantem coercerent. In locum stili sermo successit : ex quo eam partem ad te perferam, quæ in lite est. Te arbitrum addiximus : plus negotii habes, quam existimas. Triplex causa est.

Dicunt, ut scis, stoici nostri, « duo esse in rerum natura, ex quibus omnia fiant, causam et materiam. » Materia jacet iners, res ad omnia parata; cessatura, si nemo moveat. Causa autem, id est, ratio, materiam format, et, quocumque vult, versat; ex illa varia opera producit. Esse ergo debet, *unde* aliquid fiat, deinde *a quo* fiat : hoc *causa* est, illud *materia*. Omnis ars naturæ imitatio est; itaque, quod de universo dicebam, ad hæc transfer, quæ ab homine facienda sunt. Statua et materiam habuit, quæ pateretur artificem; et artificem, qui materiæ daret faciem. Ergo, in statua, materia æs fuit, causa opifex. Eadem conditio rerum omnium est : ex eo constant, quod fit; et ex eo, quod facit. Stoicis placet, « unam causam esse, id quod facit. » Aristoteles putat, causam tribus modis dici. « Prima, inquit, causa est ipsa materia, sine qua nihil potest effici : secunda, opifex; tertia est forma, quæ unicuique operi imponitur, tanquam statuæ : » nam hanc Aristoteles *idos* vocat. « Quarta

permettre une tâche plus pénible. J'écrivis même avec plus d'application que je ne fais d'ordinaire, lorsque je suis aux prises avec un sujet difficile, et que je ne veux pas avoir le dessous; et cela dura jusqu'à l'arrivée de quelques amis, qui me firent violence et me traitèrent comme un malade qui se gouverne mal. La plume fit place à une conversation dont je vais vous communiquer la partie litigieuse. Nous vous avons choisi pour arbitre, et vous avez plus à faire que vous ne pensez, car vous avez à prononcer entre trois opinions.

Notre école stoïcienne professe, comme vous le savez, « qu'il y a dans la nature deux principes d'où dérivent toutes choses : la cause et la matière. » La matière est une masse inerte qui se prête à tout, mais qui est incapable de rien, si elle n'est mise en mouvement. La cause, au contraire, c'est-à-dire l'intelligence, façonne la matière, la manie comme elle veut, et en extrait toutes sortes d'ouvrages. Il faut donc reconnaître une substance d'où les corps sont créés, et un agent qui les crée, en d'autres termes, la matière et la cause. Tous les arts sont des imitations de la nature : ainsi ce que je dis de l'univers, appliquez-le un instant aux ouvrages de l'homme. Pour faire une statue, il a fallu d'abord la matière qui se prêtât au travail de l'artiste, ensuite l'artiste qui façonnât la matière. Or, dans cette statue, l'airain a été la matière, et le sculpteur la cause. Il en est de même de toutes les choses existantes; elles résultent d'un principe passif et d'un principe actif. Les stoïciens reconnaissent une seule cause, celle qui agit; Aristote pense qu'on doit en compter trois. « La première cause, dit-il, est la matière sans laquelle il est impossible de rien faire; la seconde, l'ouvrier; la troisième, la forme qui est donnée à chaque

quoque, inquit, his accedit, propositum totius operis. » Quid sit hoc, aperiam. Æs prima statuæ causa est : nunquam enim facta esset, nisi fuisset id, ex quo funderetur ducereturve. Secunda causa artifex est : non potuisset enim æs illud in habitum statuæ figurari, nisi accessissent peritæ manus. Tertia causa est forma : neque enim statua ista Doryphoros aut Diadumenos vocaretur, nisi hæc illi esset impressa facies. Quarta causa est faciendi propositum : nam nisi hoc fuisset, facta non esset. Quid est *propositum ?* Quod invitavit artificem, quod ille secutus fecit. Vel pecunia est hoc, si venditurus fabricavit; vel gloria, si laboravit in nomen; vel religio, si donum templo paravit. Ergo et hæc causa est, propter quam fit. An non putas inter causas facti operis esse numerandum, quo remoto factum non esset? His *quintam* Plato adjicit, *exemplar,* quam ipse *ideam* vocat; hoc est enim, ad quod respiciens artifex id, quod destinabat, effecit. Nihil autem ad rem pertinet, utrum foris habeat exemplar, ad quod referat oculos; an intus, quod sibi ipse concepit et posuit. Hæc exemplaria rerum omnium Deus intra se habet; numerosque universorum, quæ agenda sunt, et modos, mente complexus est : plenus his figuris est, quas Plato ideas appellat immortales, immutabiles, infatigabiles. Itaque homines quidem pereunt; ipsa autem humanitas, ad quam homo effingitur, permanet; et, hominibus laborantibus, in-

ouvrage, comme cela se pratique pour une statue. »
Cette forme, Aristote l'appelle *eidos*. A ces trois causes,
il prétend « qu'on peut en ajouter une quatrième, le but
de l'ouvrage. » Comment? je vais vous l'expliquer : La
première cause de la statue, c'est l'airain, car elle n'eût
jamais été faite sans une matière fusible ou ductile. La seconde cause est l'ouvrier, car jamais une masse d'airain
n'eût pris la forme d'une statue sans le secours d'une
main habile. La troisième cause, c'est la forme : cette
statue ne s'appellerait pas Doryphore ou Diadumène, si
sa configuration ne répondait à ces noms. La quatrième
cause, c'est le but qu'on s'est proposé, car sans cela elle
n'eût pas été faite. Maintenant quel est-il, ce but? Celui qui a décidé l'artiste, et que celui-ci a voulu atteindre. Ce peut être l'argent, s'il a travaillé dans l'intention de vendre son ouvrage; la gloire, s'il n'a cherché
qu'à se faire un nom; la religion, s'il n'a songé qu'à enrichir un temple. Ainsi la destination d'une chose est
aussi une des causes de son existence. Et ne pensez-vous
pas qu'on doive compter parmi les causes d'existence d'un
ouvrage, une circonstance sans laquelle elle n'eût jamais
existé? Platon ajoute une cinquième cause, qu'il appelle
idée : c'est le modèle d'après lequel l'artiste a travaillé.
Peu importe que le modèle soit extérieur, et que l'artiste y attache son regard, ou bien qu'il soit intérieur,
et une pure création de l'esprit. Ces modèles de toutes
choses, Dieu les possède en lui : sa pensée embrasse les
nombres et les formes de tous les objets à créer; elle est
pleine de ces figures que Platon appelle idées immortelles,
immuables, inaltérables. Ainsi les hommes périssent; mais
l'humanité, dont l'homme est la représentation, reste
toujours; et les hommes ont beau souffrir, ont beau périr,

tereuntibus, illa nihil patitur. « Quinque ergo causæ sunt, » ut Plato dicit : « id ex quo, id a quo, id in quo, id ad quod, id propter quod : novissime id quod ex his est. » Tanquam in statua (quia de hac loqui cœpimus) id ex quo, æs est; id a quo, artifex est; id in quo, forma est, quæ aptatur illi; id ad quod, exemplar est, quod imitatur is qui facit; id propter quod, facientis propositum est : id quod ex istis est, ipsa statua est. « Hæc omnia mundus quoque, ut ait Plato, habet : facientem; hic Deus est : ex quo fit; hæc materia est : formam; hic est habitus et ordo mundi quem videmus : exemplar, scilicet ad quod Deus hanc magnitudinem operis pulcherrimi fecit : propositum, propter quod fecit. » Quæris, quod sit propositum Deo? Bonitas est. Ita certe Plato ait : « Quæ Deo faciendi mundum causa fuit? Bonus est; bono nulla cujusquam boni invidia est. Fecit itaque quam optimum potuit. »

Fer ergo judex sententiam, et pronuntia, quis tibi videatur verisimillimum dicere, non quis verissimum dicat : id enim tam supra nos est, quam ipsa veritas. Hæc, quæ ab Aristotele et Platone ponitur, turba causarum, aut nimium multa, aut nimium pauca comprehendit. Nam si, quocumque remoto quid effici non potest, id causam judicant esse faciendi, pauca dixerunt. Ponant inter causas tempus; nihil sine tempore potest fieri : ponant locum; si non fuerit ubi fiat aliquid, ne fiet qui-

celle-ci ne s'en ressent aucunement. « Il y a donc cinq causes, » nous dit Platon : « la substance, l'ouvrier, la forme, le modèle et le but, à quoi il faut ajouter le résultat de ces cinq causes. » Ainsi, pour ne pas quitter notre exemple, dans les statues, la substance, c'est l'airain ; l'ouvrier, c'est le statuaire ; la forme, c'est la figure qui lui a été donnée ; le modèle, l'objet imité ; le but, le motif qui a déterminé l'artiste ; et le résultat de toutes ces causes, c'est la statue. « Ces conditions d'existence, le monde les offre également, dit Platon ; l'ouvrier, c'est dieu ; la substance, c'est la matière ; la forme, c'est l'aspect extérieur et la disposition du monde, tels que nous les voyons ; le modèle, le type d'après lequel Dieu a créé ce sublime et magnifique ouvrage ; le but, le motif pour lequel il a été créé. » Ce motif, vous me le demandez ? La bonté de Dieu. Platon du moins l'assure, quand il dit : « Quel motif Dieu a-t-il eu de créer le monde ? Dieu est bon ; rien de ce qui est bon n'est indifférent à un être bon ; donc il a fait le monde le meilleur possible ? »

Juge, rendez donc votre arrêt, et prononcez quelle opinion vous paraît, je ne dis pas la plus vraie, mais la plus vraisemblable ; car la solution de cette question est autant au dessus de notre portée que la vérité elle-même. Cette multitude de causes indiquées par Aristote et Platon est trop ou trop peu ; car, si l'on entend par cause toute condition sans laquelle l'effet ne peut être produit, leur énumération est incomplète. En fait de causes, il faut compter le temps, sans lequel rien ne peut être fait ; le lieu, car rien ne saurait être fait sans un endroit où le faire ; le mouvement, sans lui rien ne se fait et ne se

dem : ponant motum ; nil sine hoc nec fit, nec perit : nulla sine motu ars, nulla mutatio est. Sed nos nunc primam et generalem causam quærimus : hæc simplex esse debet; nam et materia simplex est. Quærimus, quæ sit causa, ratio scilicet faciens : ista enim, quæcumque retulistis, non sunt multæ et singulæ causæ, sed ex una pendent, ex ea quæ faciet. Formam dicis causam esse? Hanc imponit artifex operi : pars causæ est, non causa. Exemplar quoque non est causa ; sed instrumentum, causæ necessarium. Sic necessarium est exemplar artifici, quomodo scalprum, quomodo lima; sine his procedere ars non potest : non tamen hæ partes artis, aut causæ sunt. Propositum, inquit, artificis, propter quod ad faciendum aliquid accedit, causa est. Ut sit causa, non est efficiens causa, sed superveniens. Hæ autem innumerabiles sunt : nos de causa quærimus generalissima. Illud vero non pro solita ipsis subtilitate dixerunt, totum mundum, et consummatum opus, causam esse : multum enim interest inter opus et causam operis.

Aut fer sententiam, aut (quod facilius in ejusmodi rebus est) nega tibi liquere, et nos reverti jube. — Quid te, inquis, delectat, tempus inter ista conterere, quæ tibi nullum affectum eripiunt, nullam cupiditatem abigunt? — Ego quidem priora illa ago ac tracto, quibus pacatur animus; et me prius scrutor, deinde hunc mundum. Ne hoc quidem tempus, ut existimas, perdo. Ista

détruit, sans lui point d'art, point de transformation. Mais ce que nous cherchons, c'est la cause primitive et générale : elle doit être simple, car la matière est simple. Je dis que nous cherchons cette cause, c'est-à-dire le principe créateur : car, parmi les causes que nous avons énumérées, il n'en est aucune qui soit multiple ni particulière, mais toutes dépendent d'une seule cause, c'est-à-dire de celle qui crée. La forme, dites-vous, est une cause. C'est l'artiste qui l'imprime à l'ouvrage, donc c'est une partie de cause et non une cause. Le modèle non plus n'est pas une cause, mais un instrument nécessaire à la cause : c'est ainsi que l'artiste a besoin du ciseau et de la lime, sans lesquels l'art est incapable de rien produire, mais qui, pour cela, ne font point partie de l'art, et encore moins en sont les causes. Le but de l'artiste, le motif pour lequel il s'est mis à l'œuvre, est également une cause, suivant vous. Cela fût-il, que ce ne serait point une cause efficiente, mais une cause seconde : or, celles-ci sont innombrables, et c'est de la cause générale que nous nous occupons. Mais où la sagacité de ces grands hommes paraît les avoir abandonnés, c'est quand ils ont dit que le monde entier, l'œuvre accomplie, était une cause ; en effet, il y a une grande différence entre l'ouvrage et la cause de l'ouvrage.

Prononcez donc votre arrêt, ou, ce qui est plus facile dans de pareilles questions, convenez que vous n'y voyez pas assez clair, et ordonnez un plus ample informé. — Le beau plaisir, me direz-vous, de perdre son temps en des discussions qui ne guérissent aucune passion, qui ne répriment aucun mauvais penchant ! — Fort bien ; mais je m'occupe d'abord des choses qui procurent le calme à mon âme, et ce n'est qu'après m'être interrogé moi-même, que j'interroge le monde. Vous voyez

enim omnia, si non concidantur, nec in hanc subtilitatem inutilem distrahantur, attollunt et levant animum, qui, gravi sarcina pressus, explicari cupit, et reverti ad illa, quorum fuit. Nam corpus hoc animi pondus ac pœna est : premente illo urgetur; in vinculis est; nisi accessit philosophia, et illum respirare rerum naturæ jussit spectaculo, et a terrenis ad divina dimisit. Hæc libertas ejus est, hæc evagatio : subducit interim se custodiæ, in qua tenetur, et cœlo reficitur. Quemadmodum artifices ex alicujus rei subtilioris inspectione, quæ intentione oculos defatigat, si malignum et precarium lumen habent, in publicum prodeunt, et in aliqua regione ad populi otium dedicata oculos libera luce delectant : sic animus in hoc tristi et obscuro domicilio clusus, quoties potest, apertum petit, et in rerum naturæ contemplatione requiescit. Sapiens assectatorque sapientiæ adhæret quidem in corpore suo; sed optima sui parte abest, et cogitationes suas ad sublimia intendit : velut sacramento rogatus, hoc, quod vivit, stipendium putat; et ita formatus est, ut illi nec amor vitæ, nec odium sit; patiturque mortalia, quamvis sciat ampliora superesse. Interdicis mihi inspectionem rerum naturæ, ac toto abductum redigis in partem? Ego non quæram, quæ sint initia universorum? quis rerum formator? quis omnia in unum mersa, et materia inerti convoluta, discreverit? Non quæram, quis sit istius arti-

donc que ce n'est point un temps perdu, comme vous vous l'imaginez. Ces spéculations, quand elles ne dégénèrent point en minuties et en vaines subtilités, élèvent et soulagent l'âme. Fatiguée de son fardeau, l'âme parfois aime à prendre son vol, et à remonter vers les lieux d'où elle est venue. Car ce corps est une charge et une souffrance pour l'âme : il l'accable, la tient prisonnière, si la philosophie ne vient à son aide, ne lui offre pour respirer le spectacle de la nature, et ne lui fait un instant quitter la terre pour le séjour des dieux. Ce sont là ses instans d'aise et de liberté : elle s'échappe un instant de sa prison et va se retremper dans le ciel. Comme on voit des ouvriers qui se sont fatigués la vue sur un objet trop délicat, s'ils n'avaient qu'un jour faible, quitter leur travail pour chercher le grand air, et, dans un lieu consacré aux loisirs du peuple, repaître leurs yeux d'une lumière abondante : ainsi notre âme, enfermée dans ce chaos triste et ténébreux, s'élance dans l'espace toutes les fois qu'elle le peut, et se repose dans la contemplation de la nature. Le sage et le partisan de la sagesse sont aussi prisonniers dans leur corps; mais parfois la meilleure partie d'eux-mêmes s'en échappe, et leur pensée, alors, s'élance jusqu'aux régions les plus élevées. Soldat lié par un engagement, il vit pour accomplir son temps de service ; et tel est son caractère, qu'il ne déteste pas plus la vie qu'il ne l'aime, et supporte la condition mortelle, quoiqu'il sache qu'un meilleur sort l'attend. Vous m'interdisez la contemplation de la nature, vous me défendez le tout pour me réduire à la partie? Je ne pourrai rechercher quels furent les commencemens de l'univers, quel fut le créateur de toutes choses, quelle puissance a classé les élémens pêle-mêle et confondus en une masse

fex mundi? qua ratione tanta magnitudo in legem et ordinem venerit? quis sparsa collegerit, confusa distinxerit, in una deformitate jacentibus faciem diviserit? unde lux tanta fundatur? ignis sit, an aliquid igne lucidius? Ego ista non quæram? ego nesciam, unde descenderim? semel hæc mihi videnda sint, an sæpe nascendum? quo hinc iturus sim? quæ sedes exspectent animam, solutam legibus servitutis humanæ? Vetas me cœlo interesse, id est, jubes me vivere capite demisso? Major sum, et ad majora genitus, quam ut mancipium sim mei corporis; quod equidem non aliter adspicio, quam vinculum aliquod libertati meæ circumdatum. Hoc itaque oppono fortunæ, in quo resistat; nec per illud ad me ullum transire vulnus sino. Quidquid in me potest injuriam pati, hoc est : in hoc obnoxio domicilio animus liber habitat. Nunquam me caro ista compellet ad metum, nunquam ad indignam bono simulationem : nunquam in honorem hujus corpusculi mentiar. Quum visum erit, distraham cum illo societatem : et nunc tamen, dum hæremus, non erimus æquis partibus socii; animus ad se omne jus ducet. Contemptus corporis sui, certa libertas est.

Ut ad propositum revertar : huic libertati multum confert et illa, de qua modo loquebamur, inspectio. Nempe universa ex materia et ex Deo constant : Deus ista temperat, quæ circumfusa rectorem sequuntur et

inerte? je ne pourrai rechercher quel ouvrier a fait ce monde; comment un tout aussi vaste a été soumis à une loi, à un ordre fixe; qui a rassemblé ce qui était épars, séparé ce qui était confus, et donné la forme à tout ce que le chaos renfermait dans son amas informe? Je ne pourrai rechercher d'où jaillissent ces flots de lumière, si c'est du feu ou quelque chose de plus brillant encore? Il faudra que j'ignore d'où je suis descendu? si je dois voir une seule fois ce monde ou y revenir encore? où je dois aller en le quittant? quel séjour attend l'âme affranchie de la servitude d'ici-bas? Vous m'interdisez le ciel, c'est-à-dire que vous m'ordonnez de vivre la tête baissée. Non, je suis trop grand, et ma mission est trop élevée pour que je sois l'esclave de ce corps, de ce corps qui, à mes yeux, n'est qu'un réseau jeté autour de ma liberté. Aussi l'opposé-je à la fortune pour arrêter ses traits et pour empêcher qu'aucun d'eux ne pénètre intérieurement. Tout ce qu'il y a de vulnérable en moi, c'est le corps. L'âme habite libre au milieu des périls qui assiègent son domicile. Non, jamais, pour cette chair, je ne descendrai à des subterfuges indignes de l'homme de bien; jamais je ne mentirai en l'honneur de ce misérable corps. Quand je le jugerai convenable, je me séparerai de lui; mais tant que nous serons attachés l'un à l'autre, nous ne serons pas sur le pied d'égalité : l'âme aura la toute-puissance. Avec le mépris du corps, on est sûr de sa liberté.

Mais, pour revenir à mon sujet, la contemplation de la nature contribue beaucoup aussi à nous donner cette liberté. En effet, tout dérive de Dieu et de la matière; Dieu commande, et il n'est rien autour de lui qui n'obéisse à sa volonté suprême. Or, l'être actif, c'est-à-dire Dieu,

ducem. Potentius autem est ac pretiosius quod facit, quod est Deus, quam materia, patiens Dei. Quem in hoc mundo locum Deus obtinet, hunc in homine animus : quod est illic materia, id in nobis corpus est. Serviant ergo deteriora melioribus; fortes simus adversus fortuita; non contremiscamus injurias, non vulnera, non vincula, non egestatem. Mors quidem aut finis est, aut transitus. Nec desinere timeo; idem est enim, quod non coepisse : nec transire; quia nusquam tam anguste ero.

LXVI.

Bona æqualia esse : virtutes æquales esse.

CLARANUM, condiscipulum meum, vidi post multos annos; non, puto, exspectas ut adjiciam, senem; sed mehercules viridem animo ac vigentem; et cum corpusculo suo colluctantem. Inique enim se natura gessit, et talem animum male collocavit : aut fortasse voluit hoc ipsum nobis ostendere, posse ingenium fortissimum ac beatissimum sub qualibet cute latere. Vicit tamen omnia impedimenta; et ad cetera contemnenda a contemptu sui corporis venit. Errare mihi visus est qui dixit :

Gratior est pulchro veniens a corpore virtus.

Nec enim ullo honestamento eget; ipsa magnum sui decus est, et corpus suum consecrat. Certe Claranum

est plus puissant et plus parfait que la matière qui subit sa loi. La place que Dieu occupe dans l'univers, l'âme l'occupe chez l'homme ; ce qui auprès de lui est la matière, chez nous est le corps. Que la substance la moins noble soit donc soumise à l'autre; soyons forts contre les coups du sort; ne redoutons ni les outrages, ni les blessures, ni les fers, ni l'indigence. Quant à la mort, c'est une fin ou un passage. Je ne crains point de finir, ce sera comme si je n'avais pas commencé; je ne crains point de passer, car nulle part je ne serai autant à l'étroit qu'ici.

LXVI.

Que tous les biens sont égaux et toutes les vertus égales.

Après bien des années, j'ai retrouvé mon condisciple Claranus, vieux, cela va sans dire, mais avec une âme verte et vigoureuse, je vous l'assure, et luttant courageusement contre son corps chétif. La nature a été injuste avec lui : elle a trop mal logé une si belle âme; à moins qu'elle n'ait voulu nous montrer que l'énergie et le bonheur s'accommodent de toute espèce d'enveloppe. Claranus a su vaincre tous les obstacles; et pour en venir à tout mépriser, il a commencé par mépriser son propre corps. Virgile me semble s'être trompé, quand il a dit :

« La vertu a plus de charme quand elle émane d'un beau corps. »

Car la vertu n'a besoin d'aucun ornement : elle reçoit son lustre d'elle-même, et consacre le corps par sa pré-

nostrum cœpi intueri : formosus mihi videtur, et tam rectus corpore, quam est animo. Potest ex casa vir magnus exire; potest et ex deformi humilique corpusculo formosus animus ac magnus. Quosdam itaque mihi videtur in hoc tales natura generare, ut approbet virtutem omni loco nasci. Si posset per se nudos edere animos, fecisset : nunc, quod amplius est, facit; quosdam enim edit corporibus impeditos, sed nihilo minus perrumpentes obstantia. Claranus mihi videtur in exemplar editus, ut scire possemus, non deformitate corporis fœdari animum, sed pulchritudine animi corpus ornari.

Quamvis autem paucissimos una fecerimus dies, tamen multi nobis sermones fuerunt, quos subinde egeram et ad te permittam. Hoc primo die quæsitum est : « Quomodo possint paria bona esse, si triplex eorum conditio est. » Quædam, ut nostris videtur, prima bona sunt; tanquam gaudium, pax, salus patriæ. Quædam secunda, in materia infelici expressa; tanquam tormentorum patientia, et in morbo gravi temperantia. Illa bona directo optamus nobis; hæc, si necesse erit. Sunt adhuc tertia; tanquam modestus incessus, et compositus ac probus vultus, et conveniens prudenti viro gestus. Quomodo ista inter se paria esse possunt, quum alia optanda sint, alia aversanda?

Si volumus ista distinguere, ad primum bonum revertamur, et consideremus, id quale sit. Animus intuens

sence. J'ai regardé notre ami Claranus, vous pouvez le croire; eh bien! il me semble que son corps a toute la beauté et la perfection de son âme. Ainsi qu'un héros peut sortir d'une chaumière, une belle âme, une grande âme, peut sortir du corps le plus difforme et le plus commun. Je suis donc porté à croire que la nature produit exprès quelques hommes ainsi contrefaits pour faire voir que la vertu peut naître partout. Si c'était chose possible, elle ferait des âmes toutes nues; elle fait plus, car elle produit certaines âmes qui, bien qu'enchaînées à un corps, savent briser leurs entraves. Claranus est venu au monde, oui, j'en suis persuadé, pour nous apprendre que la difformité du corps n'enlaidit jamais l'âme, et que la beauté de l'âme embellit le corps.

Bien que nous n'ayons passé que peu de jours ensemble, cependant nous avons eu de fréquens entretiens, que je compte rédiger successivement pour vous les faire passer. Le premier jour, nous avons traité cette question : « Comment tous les biens peuvent être égaux, s'ils sont de trois sortes. » Il en est que les stoïciens placent en première ligne; ce sont : la joie, la paix, le salut de la patrie. Puis viennent ceux qui naissent des circonstances malheureuses, comme la patience dans les tourmens, l'égalité d'âme dans la maladie. Les premiers sont désirables en tout temps; les seconds, dans les seuls cas de nécessité. Restent ceux de troisième ordre, savoir : une démarche modeste, une physionomie calme et honnête, et la tenue d'un homme sage. Or, comment peuvent-ils être égaux entre eux, ces biens, dont les uns sont à désirer, les autres à craindre?

Si nous voulons saisir ces distinctions, remontons au premier bien, et analysons-le. Une âme qui, familière

vera, peritus fugiendorum ac petendorum; non ex opinione, sed ex natura, pretia rebus imponens; toti se inserens mundo, et in omnes ejus actus contemplationem suam mittens, cogitationibus actionibusque intentus, ex æquo magnus ac vehemens, asperis blandisque pariter invictus, neutri se fortunæ submittens, supra omnia quæ contingunt acciduntque eminens, pulcherrimus cum decore, cum viribus sanus ac siccus, imperturbatus, intrepidus, quem nulla vis frangat, quem nec attollant fortuita, nec deprimant: talis animus virtus est; hæc ejus est facies, si sub unum veniat aspectum, et semel tota se ostendat. Ceterum multæ ejus species sunt, quæ pro vitæ varietate et pro actionibus explicantur; nec minor fit aut major ipsa. Decrescere enim summum bonum non potest, nec virtuti ire retro licet : sed in alias atque alias qualitates convertitur; ad rerum, quas actura est, habitum figurata. Quidquid attigit, in similitudinem sui adducit et tingit : actiones, amicitias, interdum domos totas, quas intravit disposuitque, condecorat : quidquid tractavit, id amabile, conspicuum, mirabile facit. Itaque vis ejus et magnitudo ultra non potest surgere, quando incrementum maximo non est. Nihil invenies rectius recto, non magis quam verius vero, quam temperato temperatius.

Omnis in modo est virtus; modus certa mensura est. Constantia non habet quo procedat, non magis quam fiducia, aut veritas, aut fides. Quid accedere perfecto

avec la vérité, sait ce qu'il faut fuir et rechercher; qui apprécie les choses d'après leur nature et non d'après l'opinion; qui est comme mêlée à l'univers et qui en suit tous les mouvemens; qui ne surveille pas moins ses pensées que ses actions; qui est grande et forte à la fois; qui ne cède pas plus au plaisir qu'à la douleur; que la fortune, bonne ou mauvaise, ne maîtrise jamais; qui se montre supérieure aux évènemens prévus ou fortuits; qui unit la décence à la beauté, la santé et la sobriété à la vigueur; une âme imperturbable, intrépide, qu'aucune force ne peut abattre, que le sort ne peut énorgueillir ni humilier, une telle âme est la vertu même. Voilà sous quels traits la vertu se ferait voir, si on pouvait l'embrasser d'un coup d'œil, si elle se montrait tout entière. Mais elle a mille faces qui se manifestent suivant les actions et les circonstances de la vie, sans que pour cela elle soit jamais ni plus ni moins grande. Le souverain bien, en effet, ne peut décroître, ni la vertu rétrograder; seulement elle se produit de telle ou telle manière, modifiant son extérieur selon ce qu'elle veut accomplir. Tout ce qu'elle a touché prend son image et sa teinte : les actions qu'elle inspire, les amitiés qu'elle forme, les maisons même où elle a pénétré, elle les embellit de ses charmes; elle n'approche rien qu'elle ne le rende aimable, excellent, admirable. Sa force et sa puissance ne sauraient donc augmenter, puisqu'il n'y a pas d'accroissement possible à ce qui est arrivé au faîte de la grandeur. On ne peut rien trouver de plus droit que la droiture, de plus vrai que la vérité, de plus tempérant que la tempérance.

Toute vertu consiste dans un juste milieu, et ce juste milieu est une mesure fixe. La constance n'est point susceptible de progrès, pas plus que l'assurance, la vérité

potest? nihil; aut perfectum non erat, cui accessit : ergo ne virtuti quidem; cui si quid adjici potest, defuit. Honestum quoque nullam accessionem recipit; honestum est enim propter ista quæ retuli. Quid porro decorum, et justum, et legitimum? non ejusdem esse formæ putas, certis terminis comprehensum? Crescere posse, imperfectæ rei signum est : bonum omne in easdem cadit leges : juncta est privata et publica utilitas, tam mehercules, quam inseparabile est laudandum petendumque. Ergo virtutes inter se pares sunt, et opera virtutum, et omnes homines, quibus illæ contigere. Satorum vero animaliumque virtutes, quum mortales sint, fragiles quoque caducæque sunt et incertæ; exsiliunt, residuntque, et ideo non eodem pretio æstimantur. Una inducitur humanis virtutibus regula; una enim est ratio recta, simplexque. Nihil est divino divinius, cœlesti cœlestius. Mortalia minuuntur, cadunt, deteruntur; crescunt, exhauriuntur, implentur. Itaque illis in tam incerta sorte inæqualitas est : divinorum una natura est. Ratio autem nihil aliud est, quam in corpus humanum pars divini spiritus mersa. Si ratio divina est, nullum autem bonum sine ratione est; bonum omne divinum est : nullum porro inter divina discrimen est; ergo nec inter bona. Paria itaque sunt et gaudium, et fortis atque obstinata tormentorum perpessio : in utroque enim eadem est animi magnitudo, in altero remissa et laxa, in altero

et la bonne foi. Que peut-on ajouter à la perfection ? rien, ou ce ne serait point la perfection. De même pour la vertu; si l'on pouvait y ajouter quelque chose, elle serait incomplète. L'honnêteté non plus ne comporte point d'accroissement, et cela pour les mêmes motifs. Que dire après cela de la décence, de la justice, de l'équité? Pensez-vous que leurs conditions ne soient point les mêmes, qu'elles n'aient pas aussi leurs limites invariables? La perfectibilité est un signe infaillible d'imperfection. La même loi est applicable à tout ce qu'il y a de bien : l'intérêt personnel est étroitement lié à l'intérêt public; il n'est pas plus possible de les isoler, que de séparer ce qui est louable de ce qui est désirable. Toutes les vertus sont donc égales entre elles, de même que les actions qu'elles produisent, et que les hommes à qui elles sont échues en partage. Au contraire, les vertus des végétaux et des animaux étant mortelles de leur nature, sont, par ce motif, fragiles, altérables, inconstantes; elles vont, puis s'arrêtent, et conséquemment sont sujettes à une appréciation variable. Les vertus des hommes sont toutes soumises à la même règle : c'est la droite raison, qui est une et simple. Rien de plus divin que ce qui est divin, de plus céleste que ce qui est céleste. Les choses mortelles diminuent, s'affaiblissent, s'usent, croissent, s'épuisent, se réparent. De cette incertitude de conditions dérive l'inégalité qu'on remarque entre elles, tandis que les choses divines sont d'une seule et même nature. Qu'est-ce que la raison, sinon une parcelle du souffle divin introduite dans le corps de l'homme? Si la raison est divine, nulle vertu n'étant possible sans elle, toutes les vertus sont divines; et comme entre les choses divines il n'existe aucune dif-

pugnax et intenta. Quid? tu non putas, parem esse virtutem ejus, qui fortiter hostium moenia expugnat, et ejus, qui obsidionem patientissime sustinet? Et magnus Scipio, qui Numantiam cludit et comprimit, cogitque invictas manus in exitium ipsas suum verti; et magnus ille obsessorum animus, qui scit non esse clusum, cui mors aperta est, et in complexu libertatis expirat. Æque reliqua quoque inter se paria sunt, tranquillitas, simplicitas, liberalitas, constantia, æquanimitas, tolerantia : omnibus enim istis una virtus subest, quæ animum rectum et indeclinabilem præstat.

Quid ergo? nihil interest inter gaudium, et dolorum inflexibilem patientiam? Nihil, quantum ad ipsas virtutes; plurimum inter illa, in quibus virtus utraque ostenditur : in altero enim naturalis est animi remissio ac laxitas; in altero, contra naturam dolor. Itaque media sunt hæc, quæ plurimum intervalli recipiunt : virtus in utroque par est. Virtutem materia non mutat; nec pejorem facit dura et difficilis, nec meliorem hilaris et læta : necesse est ergo æqualia sint bona utraque. Nec hic potest se melius in hoc gaudio gerere, nec ille melius in illis cruciatibus : duo autem, quibus nihil fieri melius potest, paria sunt. Nam, si quæ extra virtutem posita sunt, aut minuere illam aut augere possunt, desi-

férence, il est évident qu'il n'en existe pas non plus entre les vertus. Ainsi, il y a parité entre la joie et la fermeté dans les tortures : car c'est toujours de la grandeur d'âme, mais inerte et tranquille dans le premier cas, active et militante dans le second. Quoi! n'êtes-vous pas d'avis qu'il y a un égal courage à pousser un siège avec vigueur et à le soutenir avec constance? Admirons Scipion, ce grand homme, quand il investit Numance, qu'il la serre de près, et oblige ses habitans à tourner contre eux-mêmes leurs invincibles bras; mais admirons l'héroïsme des assiégés, qui, sachant qu'il n'est pas de barrière à qui sait s'ouvrir le chemin de la mort, expirent fièrement dans les bras de la liberté. De même, toutes les autres vertus, la tranquillité, la simplicité, la libéralité, la constance, l'égalité d'âme, sont égales entre elles : car elles reposent toutes sur la même base, la vertu, qui donne une âme droite et inébranlable.

Quoi! me direz-vous, n'y a-t-il donc aucune différence entre la joie et la patience qui brave la douleur? Aucune, en tant que vertus; beaucoup, quant aux circonstances où elles se produisent : car ici l'âme est dans sa position naturelle de calme et de quiétude ; là, dans une crise contre nature. Ainsi donc les situations peuvent grandement différer, mais il y a toujours parité de vertu. Pour changer d'objet, la vertu ne change pas d'essence : qu'elle se trouve dans des conditions agréables ou tristes, avantageuses ou pénibles, elle n'en vaut ni plus ni moins : l'égalité sur laquelle j'insiste est donc rigoureusement vraie. Et qu'on ne dise pas que celui-ci se conduira mieux dans telle joie, celui-là dans tels tourmens; car deux choses portées à la perfection sont égales entre elles. En effet, si les circonstances extérieures peuvent accroître ou dimi-

nit unum bonum esse quod honestum est. Si hoc concesseris, omne honestum periit. Quare? dicam : quia nihil honestum est, quod ab invito, quod a coacto fit. Omne honestum voluntarium est : admisce illi pigritiam, querelam, tergiversationem, metum ; quod habet in se optimum, perdidit, sibi placere. Non potest honestum esse, quod non est liberum : nam quod timet, servit. Honestum omne securum est, tranquillum est : si recusat aliquid, si complorat, si malum judicat; perturbationem recepit, et in magna discordia volutatur. Hinc enim species recti vocat; illinc suspicio mali retrahit. Itaque qui honeste aliquid facturus est, quidquid opponitur, id, etiam si incommodum putat, malum non putet, velit, libens faciat. Omne honestum injussum incoactumque est, sincerum, et nulli malo mixtum.

Scio quid mihi responderi hoc loco possit : Hoc nobis persuadere conaris, nihil interesse, utrum aliquis in gaudio sit, an in equuleo jaceat, ac tortorem suum lasset. — Poteram respondere : « Epicurus quoque ait, sapientem, si in Phalaridis tauro peruratur, exclamaturum : Dulce est, et ad me nil pertinet. » Quid miraris, si ego paria bona dico, unius in convivio jacentis, alterius inter tormenta fortissime stantis? quum, quod incredibilius est, dicat Epicurus, dulces esse tortores. Hoc respondeo, plurimum interesse inter gaudium et

nuer la vertu, il n'est plus vrai qu'il n'y ait de bon que ce qui est honnête. Or, si vous admettez cette conséquence, c'en est fait de toute idée d'honnêteté. Pourquoi? je vais vous le dire : c'est que rien ne peut être honnête de ce qu'on fait malgré soi, par contrainte. Toute action honnête est volontaire : mêlez-y la paresse, la mauvaise grâce, l'hésitation, la crainte, elle perd son principal mérite, qui est d'être agréable à elle-même. Point d'action honnête sans liberté; or, la crainte est une servitude. Toute action honnête a besoin de calme, de sécurité; si quelque chose l'arrête, l'afflige, lui fait peur, la voilà en proie au trouble et aux tiraillemens de la discorde : car, tandis que d'un côté elle est attirée par l'apparence du bien, de l'autre elle est retenue par la crainte du mal. Ainsi, quand vous vous proposez de faire le bien, gardez-vous de considérer comme un mal les obstacles que vous rencontrez, si fâcheux qu'ils vous paraissent d'ailleurs; continuez de vouloir, et agissez sans balancer. Car toute action honnête, outre qu'elle est indépendante et volontaire, est pure et sans mélange de mal.

Je sais ce qu'on peut m'objecter ici : Quoi! dira-t-on, vous voulez nous persuader que c'est la même chose de savourer la joie, et de lasser le bourreau qui nous torture sur le chevalet?—A cela je pourrais répondre: « Épicure aussi a dit que le sage, dans le taureau brûlant de Phalaris, s'écrierait : Doux moment! Que me fait ce supplice? » Peut-on s'étonner de me voir représenter comme également heureux, celui qui se repose à table, et celui qui supporte courageusement la gêne, lorsque, chose bien plus incroyable! Épicure prétend que les tortures ont des douceurs? Moi, je réponds qu'il existe une grande différence entre la joie et la douleur. Si j'avais à choisir,

dolorem. Si quæratur electio, alterum petam, alterum vitabo : illud secundum naturam est, hoc contra. Quamdiu sic æstimantur, magno inter se dissident spatio : quum ad virtutem ventum est, utraque par est, et quæ per læta procedit, et quæ per tristia. Nullum habet momentum vexatio, et dolor, et quidquid aliud incommodi est; virtute enim obruitur. Quemadmodum minuta lumina claritas solis obscurat; sic dolores, molestias, injurias, virtus magnitudine sua elidit atque opprimit; et quocumque affulsit, ibi, quidquid sine illa apparet, exstinguitur; nec magis ullam portionem habent incommoda, quum in virtutem inciderint, quam in mari nimbus.

Hoc ut scias ita esse, ad omne pulchrum vir bonus sine ulla cunctatione procurret : stet illic licet carnifex, stet tortor atque ignis, perseverabit; nec quid passurus, sed quid facturus sit, aspiciet, et se honestæ rei tanquam bono viro credet : utilem illam sibi judicabit, tutam, prosperam. Eumdem locum habebit apud illum honesta res, sed tristis atque aspera, quem vir bonus, pauper, aut exsul, ac pallidus. Agedum pone ex alia parte virum bonum, divitiis abundantem; ex altera nihil habentem, sed in se omnia : uterque æque vir erit bonus, etiam si fortuna dispari utetur. Idem, ut dixi, in rebus judicium est, quod in hominibus : æque laudabilis est virtus in corpore valido ac libero posita, quam in

je rechercherais l'une, et j'éviterais l'autre : car la première est conforme à la nature, la seconde y est contraire. A ne considérer les choses que sous ce point de vue, l'intervalle qui sépare la joie et la douleur est immense; mais quand on en vient à la vertu, qu'elle marche sur des fleurs ou sur des épines, on la trouve toujours la même. Les tourmens, la douleur, le mal, quel qu'il soit, n'ont plus d'importance : la vertu domine tout. De même que le soleil par son éclat obscurcit la lumière des flambeaux; ainsi la vertu efface et écrase par sa grandeur tout ce qui est douleur, persécution, injure; elle brille, et soudain tout ce qui lui est étranger est éclipsé; enfin, les misères humaines vinssent-elles fondre toutes ensemble sur elle, qu'elle ne s'en ressentirait pas plus que l'Océan d'une ondée passagère.

S'il vous en faut une preuve, voyez l'homme vertueux, toujours prêt à voler vers le bien; que le bourreau se trouve sur son chemin, qu'il ait en perspective la torture et les flammes, il n'en persistera pas moins; moins occupé de ce qu'il doit souffrir, que de ce qu'il doit faire, il aura foi à une bonne action comme à un homme de bien : il y trouvera toujours utilité, sécurité et bonheur réel. Une action honnête, mais pénible et difficile, lui fera le même effet qu'un homme de bien pauvre, exilé, languissant. Maintenant, prenez un sage comblé de richesses, et placez en regard un autre sage dénué de tout, mais riche de son propre fonds : tous deux seront également hommes de bien, malgré la différence des fortunes. Il en est, je l'ai déjà dit, des choses comme des hommes; la vertu est également admirable, qu'elle habite un corps sain et libre, ou un corps malade ou chargé de

morbido ac vincto. Ergo tuam quoque virtutem non magis laudabis, si corpus illibatum fortuna præstiterit, quam si ex aliqua parte mutilatum : alioqui hoc erit, ex servorum habitu dominum æstimare. Omnia enim ista, in quæ dominium casus exercet, serva sunt, pecunia, et corpus, et honores; imbecilla, fluida, mortalia, possessionis incertæ. Illa rursus libera et invicta, opera virtutis : quæ non ideo magis appetenda sunt, si benignius a fortuna tractantur; nec minus, si aliqua iniquitate rerum premuntur. Quod amicitia in hominibus est, hoc in rebus appetitio. Non, puto, magis amares virum bonum locupletem, quam pauperem; nec robustum et lacertosum, quam gracilem, et languidi corporis; ergo ne rem quidem magis appetes hilarem et pacatam, quam distractam et operosam. At si hodie magis diliges, ex duobus æque bonis viris, nitidum et unctum, quam pulverulentum et horrentem; deinde huc usque pervenies, ut magis diligas integrum omnibus membris et illæsum, quam debilem aut luscum : paulatim fastidium tuum illo usque procedet, ut ex duobus æque justis ac prudentibus, comatum et crispulum malis, quam recalvum.

Ubi par est in utroque virtus, non comparet aliarum rerum inæqualitas; omnia enim alia non partes, sed accessiones sunt. Nam quis tam iniquam censuram inter

chaînes. Votre vertu ne méritera donc pas de plus grands éloges, soit que le sort vous ait conservé tous vos membres, soit qu'il vous ait mutilé; autrement ce serait juger du maître par ses esclaves. Ce sont, en effet, des esclaves, que toutes ces choses sur lesquelles le hasard exerce son empire, l'argent, le corps et les honneurs; car elles sont fragiles, passagères, périssables, peu fidèles à qui les possède. Les œuvres de la vertu sont, au contraire, libres et invincibles; qu'elles soient secondées par la fortune, qu'elles soient traversées par quelque injustice du sort, elles ne deviennent ni plus ni moins désirables. Sous ce rapport, il doit en être de nos désirs comme de nos affections à l'égard des personnes. Je ne pense pas que vous aimassiez mieux un homme riche qu'un homme pauvre, un homme robuste et nerveux qu'un homme faible et de complexion délicate; de même vous ne préférerez pas une action agréable et sans danger, à une action difficile et pénible. Mais s'il arrive qu'aujourd'hui, entre deux personnages également vertueux, l'un propre et parfumé vous plaise plus que celui qui est poudreux et négligé, vous en viendrez bientôt à avoir plus d'affection pour le sage jouissant de tous ses membres et de tous ses organes, que pour le sage débile et borgne; puis, insensiblement, le dédain vous gagnera au point que, de deux hommes également justes et sensés, celui qui aura de longs cheveux bien bouclés, vous sera plus agréable que celui dont le front sera dégarni.

Quand la vertu est égale des deux côtés, les inégalités qui existent sous d'autres rapports disparaissent : car elles ne font nullement partie de la vertu; ce ne sont que des accessoires. Quel père est assez injuste, dans l'ap-

suos agit, ut filium sanum, quam ægrum, magis diligat? procerumve et excelsum, quam brevem aut modicum? Fœtus suos non distinguunt feræ, et se in alimentum pariter omnium sternunt; aves ex æquo partiuntur cibos. Ulysses ad Ithacæ suæ saxa sic properat, quemadmodum Agamemnon ad Mycenarum nobiles muros. Nemo enim patriam, quia magna est, amat, sed quia sua. — Quorsus hæc pertinent? — Ut scias, virtutem omnia opera, velut fœtus suos, iisdem oculis intueri, æque indulgere omnibus, et quidem impensius, laborantibus: quoniam quidem etiam parentum amor magis in ea, quorum misereretur, inclinatur. Virtus quoque opera sua, quæ videt affici et premi, non magis amat, sed, parentum bonorum more, magis complectitur ac fovet. — Quare non est ullum bonum altero majus? — Quia non est quidquam apto aptius, quia plano nihil est planius. Non potes dicere, hoc magis par esse alicui, quam illud: ergo nec honesto honestius quidquam est.

Quod si par omnium virtutum natura est, tria genera bonorum in æquo sunt. Ita dico: in æquo est moderate gaudere, et moderate dolere; lætitia illa non vincit hanc animi firmitatem sub tortore gemitus devorantem. Illa bona optabilia sunt; hæc mirabilia: utraque nihilo minus paria; quia, quidquid incommodi est, velamento majoris boni tegitur. Quisquis hæc im-

préciation de ses enfans, pour préférer celui qui sera bien portant, à celui qui sera malade? celui qui sera grand et fort, à celui qui sera petit et grêle? Les bêtes ne font point de distinction entre leurs petits, et s'étendent pour les allaiter tous indifféremment; les oiseaux aussi partagent également la nourriture aux leurs. Ulysse n'est pas moins impatient de revoir les rochers de sa chère Ithaque, qu'Agamemnon les nobles murs de Mycènes. Nous aimons notre patrie, non parce qu'elle est grande, mais parce qu'elle est nôtre. — Où voulez-vous en venir? — A vous démontrer que la vertu voit du même œil toutes ses œuvres, en d'autres termes ses enfans; qu'elle les aime également tous, quoique avec plus d'ardeur pour ceux qui souffrent; et cela par la même raison que la tendresse des parens est plus vive pour les êtres dignes de pitié. Parce que ses œuvres encourent des périls et des souffrances, la vertu ne les chérit pas plus tendrement; mais, à la manière des bons parens, elle les caresse et les choye davantage. — Mais pourquoi n'y a-t-il pas de bien qui soit supérieur à un autre bien? — C'est qu'il n'y a rien de plus convenable que ce qui est convenable; de plus uni que ce qui est uni. Car si l'on ne peut pas dire, Voilà une chose plus égale à une autre que telle autre; de même on ne peut rien trouver de plus honnête que l'honnête.

Si toutes les vertus sont égales dans leur nature, les trois espèces de bien présentent la même similitude. Ainsi, je n'hésite pas à le dire, il y a similitude entre la joie et la douleur modérées; la sérénité de l'une n'a rien qui l'emporte sur l'héroïsme de l'autre, qui dévore ses gémissemens au sein des tortures. Sans doute la première sera désirable, la seconde plus admirable; mais elles n'en sont pas moins égales; car tout ce qu'il y a de fâcheux

paria judicat, ab ipsis virtutibus avertit oculos, et exteriora circumspicit. Bona vera idem pendunt, idem patent; illa falsa multum habent vani. Itaque speciosa, et magna contra viscentibus, quum ad pondus revocata sunt, fallunt.

Ita est, mi Lucili, quidquid vera ratio commendat, solidum et aeternum est, firmat animum, attollitque, semper futurum in excelso : illa, quae temere laudantur, et vulgi sententia bona sunt, inflant inanibus laetos. Rursus ea, quae timentur tanquam mala, injiciunt formidinem mentibus, et illas non aliter, quam animalia species periculi, agitant. Utraque ergo res sine causa animum et diffundit, et mordet : nec illa gaudio, nec haec metu digna est. Sola ratio immutabilis et judicii tenax est; non enim servit, sed imperat sensibus. Ratio rationi par est, sicut rectum recto; ergo et virtus virtuti : virtus non aliud quam recta ratio est. Omnes virtutes rationes sunt : si rationes sunt, rectae sunt : si rectae sunt, et pares sunt. Qualis ratio est, tales et actiones sunt; ergo omnes pares sunt : nam quum similes rationi sint, similes et inter se sunt. Pares autem actiones inter se esse dico, quia rectae sunt et honestae : ceterum magna habebunt discrimina, variante materia; quae modo latior est, modo angustior, modo illustris, modo ignobilis, modo ad multos pertinens, modo ad paucos. In omnibus tamen istis id, quod optimum est,

dans la seconde est caché sous le voile d'un bien transcendant. Qui nierait ici l'égalité, aurait perdu de vue le fond des choses, pour ne s'arrêter qu'à la surface. Les vrais biens ont tous le même poids, le même volume; les faux ne sont gros que de vide. Aussi ces biens, si beaux, si grands tant qu'on se borne à les voir, ne sont plus que déception quand on en vient à les peser.

Oui, mon cher Lucilius, les biens qui reposent sur la saine raison, sont solides, sont éternels, affermissent l'âme, et l'élèvent pour la soutenir constamment à la même hauteur. Les prétendus biens que le vulgaire exalte dans son aveuglement, remplissent le cœur d'une joie mensongère; et les prétendus maux qu'il redoute, lui inspirent un effroi machinal, comme la peur des bêtes à la simple apparence du danger. Or, dans ces deux cas, l'âme se dilate et se contracte sans motif; car, si la joie est déplacée, la crainte l'est également. La seule raison est inaltérable et se possède toujours; et cela, parce qu'elle n'est pas l'esclave des sens, mais qu'elle leur commande. La raison est égale à la raison, comme la droiture à la droiture; donc la vertu est égale à la vertu, parce que la vertu n'est autre chose que la droite raison. Qui dit vertu, dit raison; si vertu et raison sont même chose, toutes les vertus sont droites; si elles sont droites, elles sont égales. Telle la raison, telles ses œuvres; donc elles sont égales entre elles; car si elles sont semblables à la raison, elles doivent se ressembler entre elles. Je soutiens donc que toutes les actions sont égales entre elles, du moment qu'elles sont droites et honnêtes. Sans doute, elles offriront de grandes différences causées par la diversité de l'objet, qui peut être plus ou moins fécond, plus ou moins brillant,

par est; honestæ sunt. Tanquam viri boni omnes pares sunt, quia boni sunt; sed habent differentias ætatis : alius senior est, alius junior; habent corporis : alius formosus, alius deformis est; habent fortunæ : ille dives, hic pauper est; ille gratiosus, potens, urbibus notus et populis; ignotus hic plerisque, et obscurus. Sed per illud, quod boni sunt, pares sunt.

De bonis ac malis sensus non judicat : quid utile sit, quid inutile, ignorat. Non potest ferre sententiam, nisi in rem præsentem perductus est; nec futuri providus est, nec præteriti memor ; quid sit consequens, nescit. Ex hoc autem rerum ordo seriesque contexitur, et unitas vitæ per rectum itura. Ratio ergo arbitra est bonorum ac malorum; aliena et externa pro vilibus habet, et ea quæ neque bona sunt, neque mala, accessiones minimas ac levissimas judicat : omne illi bonum in animo est. Ceterum bona quædam prima existimat, ad quæ ex proposito venit, tanquam victoriam, bonos liberos, salutem patriæ : quædam secunda, quæ non apparent nisi in rebus adversis; tanquam æquo animo pati morbum magnum, exsilium : quædam media, quæ nihilo magis secundum naturam sunt, quam contra naturam; tanquam prudenter ambulare, composite sedere. Non enim minus secundum naturam est, sedere, quam aut stare, aut ambulare. Duo illa bona superiora diversa sunt :

plus ou moins général. Quoi qu'il en soit pourtant, elles présentent un même degré d'excellence, du moment qu'elles sont honnêtes. C'est ainsi que tous les hommes de bien sont égaux, en tant qu'hommes de bien. Ils peuvent, j'en conviens, différer quant à l'âge : l'un être vieux, l'autre jeune; ils peuvent différer quant au corps : l'un être beau, l'autre laid; ils peuvent différer quant à la fortune : celui-ci être pauvre, celui-là être riche; celui-ci être en grande faveur, puissant, connu des villes et des peuples, celui-là être inconnu et obscur; mais par ce seul motif qu'ils sont bons, toujours ils sont égaux.

La connaissance du bien et du mal est étrangère aux sens; ils ignorent ce qui est utile ou inutile; ils ne peuvent se prononcer qu'en face des objets; incapables de prévoir l'avenir, de se rappeler le passé, il leur est impossible de tirer des conséquences. Et cependant c'est de cette faculté que résultent l'ordre, la suite, l'unité, qui sont la condition d'une vie bien réglée. La raison est donc le vrai juge du bien et du mal : elle ne fait aucun cas des objets extérieurs, et compte tout ce qui n'est ni bien ni mal pour des accessoires de peu de valeur; à ses yeux, l'âme est le siège de toute espèce de bien. Du reste, il est certains biens qu'on place en première ligne et qu'on désire activement; par exemple, la victoire, des enfans vertueux, le salut de la patrie; puis d'autres de second ordre qui ne se manifestent que dans l'adversité, tels que la sérénité d'âme au fort d'une grande maladie ou dans l'exil; puis enfin des biens intermédiaires qui ne sont pas plus contraires que conformes à la nature, comme de marcher posément et de s'asseoir avec dignité. En effet, il n'est pas plus selon la nature de rester assis, que de rester debout ou de marcher. Mais, dira-t-on, les deux pre-

prima enim secundum naturam sunt, gaudere liberorum pietate, patriæ incolumitate; secunda contra naturam sunt, fortiter obstare tormentis, et sitim perpeti morbo urente præcordia. — Quid ergo? aliquid contra naturam bonum est? — Minime! sed id aliquando contra naturam est, in quo bonum illud exsistit : vulnerari enim, et subjecto igne tabescere, et adversa valetudine affligi, contra naturam est; sed inter ista servare animum infatigabilem, secundum naturam est. Et ut, quod volo, exprimam breviter, materia boni aliquando contra naturam est, bonum nunquam; quoniam bonum sine ratione nullum est, sequitur autem ratio naturam. Quid est ergo ratio? Naturæ imitatio. Quod est summum hominis bonum? Ex naturæ voluntate se gerere.

Non est, inquit, dubium, quin felicior pax sit nunquam lacessita, quam multo reparata sanguine. Non est dubium, inquit, quin felicior res sit inconcussa valetudo, quam ex gravibus morbis et extrema minitantibus in tutum vi quadam et patientia educta. Eodem modo non erit dubium, quin majus bonum sit gaudium, quam obnixus animus ad perpetiendos cruciatus vulnerum aut ignium. — Minime! Illa enim, quæ fortuita sunt, plurimum discriminis recipiunt; æstimantur enim utilitate sumentium. Bonorum unum propositum est, consentire naturæ : hoc contingere, in omnibus par est. Quum

mières espèces de biens sont dissemblables, car ce sont choses selon la nature, que de jouir des vertus de ses enfans et du bien-être de sa patrie; tandis qu'il est contraire à la nature de résister courageusement aux tortures, et d'endurer la soif quand la maladie vous brûle les entrailles. — Eh! se peut-il que le bien soit jamais contraire à la nature? — Nullement! mais les faits qui le produisent peuvent l'être quelquefois : car le fait d'être blessé, celui d'être dévoré par la flamme, celui d'être tourmenté par la maladie, sont tous contraires à la nature; au lieu qu'il est tout-à-fait selon la nature, de conserver un sang-froid inaltérable au milieu de pareilles circonstances. Et, pour exprimer, ma pensée en peu de mots, la matière du bien est quelquefois contre nature, mais jamais le bien lui-même; parce qu'il n'y a pas de bien possible sans la raison, et que la raison est toujours selon la nature. En effet, qu'est-ce que la raison? L'imitation de la nature. Et le souverain bien? Une conduite conforme au vœu de la nature.

Si vous admettez, m'objecte-t-on, qu'une paix, que ne trouble aucune attaque, est préférable à une paix achetée par des flots de sang; si vous admettez qu'une santé inébranlable soit préférable à une santé qui n'a échappé aux maladies les plus cruelles et aux menaces de la mort qu'à grand'peine et à force de patience, vous ne sauriez disconvenir que la joie ne soit un plus grand bien que tous ces efforts de courage pour endurer le fer ou la flamme. — Nullement! les dons de la fortune diffèrent beaucoup de valeur, en ce que chacun les apprécie suivant le besoin qu'il en a : au contraire, le fait des vrais biens, c'est de s'accorder avec la nature, condition que tous remplissent également. Lorsque le sénat adopte

alicujus senatus sententiam sequitur, non potest dici : Ille magis assentitur, quam ille ; ab omnibus in eamdem sententiam itur. Idem de virtutibus dico ; omnes naturæ assentiuntur : idem de bonis dico ; omnia naturæ assentiuntur. Alter adolescens decessit, alter senex, aliquis præter hos infans, cui nihil amplius contigit, quam prospicere vitam : omnes hi æque fuere mortales, etiam si mors aliorum longius vitam passa est procedere, aliorum in medio flore præcidit, aliorum interrupit ipsa principia. Alius inter cœnandum solutus est ; alterius continuata mors somno est ; aliquem concubitus exstinxit. His oppone ferro transfossos, aut exanimatos serpentum morsu, aut fractos ruina, aut per longam nervorum contractionem extortos minutatim : aliquorum melior dici, aliquorum pejor potest exitus; mors quidem omnium par est. Per quæ venit, diversa sunt ; id, in quod desinunt, unum est. Mors nulla major, aut minor est; habet enim eumdem in omnibus modum, finisse vitam. Idem tibi de bonis dico : hoc bonum inter meras voluptates est ; hoc inter tristia et acerba : illud fortunæ indulgentiam rexit; hoc violentiam domuit : utrumque æque bonum est, quamvis illud plana emolliverit, hoc aspera. Idem finis omnium est : bona sunt, laudanda sunt, virtutem rationemque comitantur; virtus æquat inter se quidquid agnoscit.

Nec est quare hoc inter nostra placita mireris. Apud

à l'unanimité l'avis de quelqu'un, direz-vous, Tel membre adhère plus que tel autre? Non, puisque tout le monde est d'accord. J'en dis autant des vertus; elles s'accordent toutes avec la nature : des biens; ils s'accordent tous avec la nature. Celui-ci est mort vieux, celui-là dans l'adolescence, et cet autre dans l'enfance, après avoir à peine entrevu la vie; tous étaient mortels au même degré, quoique la mort ait laissé vivre plus longtemps le premier, ait moissonné le second dans sa fleur, ait arrêté l'autre à l'entrée de la vie. Un homme a cessé de vivre à table; un autre, qui dormait, ne s'est plus éveillé; un troisième a expiré dans les joies de l'amour. En face d'eux, placez des hommes percés par le glaive, tués par la morsure d'un serpent, écrasés sous des ruines, ou lentement torturés par une contraction prolongée des nerfs : plus heureuse a été la mort des uns, plus cruelle sera celle des autres; mais c'est toujours la mort. Les chemins sont différens; ils conduisent au même but. La mort ne saurait être ni plus grande ni plus petite; en effet, elle a toujours le même résultat, celui de terminer la vie. J'en dis autant des biens : celui-ci est compté parmi les plaisirs purs, celui-là au nombre des peines et des souffrances : le premier n'a eu qu'à diriger le cours d'une fortune prospère, le second a dû surmonter ses rigueurs; ce sont toujours des biens; mais l'un a suivi un chemin facile et uni, l'autre un chemin rude et âpre. Toutes ces choses ont une même fin : elles sont bonnes, elles sont louables, elles ont la vertu et la raison pour compagnes. Or, la vertu égalise tout ce qu'elle avoue.

Cette doctrine, gardez-vous de l'admirer comme par-

Epicurum duo bona sunt, ex quibus summum illud beatumque componitur : ut corpus sine dolore sit, animus sine perturbatione. Hæc bona non crescunt, si plena sunt : quo enim crescet quod plenum est? Dolore corpus caret; quid ad hanc accedere indolentiam potest ? Animus constat sibi, et placidus est ; quid accedere ad hanc tranquillitatem potest? Quemadmodum serenitas cœli non recipit majorem adhuc claritatem, in sincerissimum nitorem repurgata; sic hominis, corpus animumque curantis, et bonum suum ex utroque nectentis, perfectus est status, et summam voti sui invenit, si nec æstus animo est, nec dolor corpori. Si qua extra blandimenta contingunt, non augent summum bonum; sed, ut ita dicam, condiunt et oblectant : absolutum enim illud humanæ naturæ bonum, corporis et animi pace contentum est. Dabo apud Epicurum tibi etiam nunc simillimam huic nostræ divisionem bonorum Alia enim sunt apud illum, quæ malit contingere sibi, ut corporis quietem, ab omni incommodo liberam ; et animi remissionem, bonorum suorum contemplatione gaudentis : alia sunt, quæ, quamvis nolit accidere, nihilo minus et laudat et comprobat : tanquam illam, quam paulo ante dicebam, malæ valetudinis et dolorum gravissimorum perpessionem, in qua Epicurus fuit illo summo ac fortunatissimo die suo. Ait enim : « se vesicæ et exulcerati ventris tormenta tolerare, ulteriorem do-

ticulière aux stoïciens. L'école d'Épicure reconnaît deux espèces de biens d'où résulte la félicité suprême ; savoir : un corps exempt de souffrance, une âme sans trouble. Ces biens ne peuvent s'accroître quand ils sont complets ; le moyen, en effet, d'ajouter à ce qui est complet ? Si le corps est sans souffrance, que peut-on ajouter à cette absence de douleur ? Si l'âme est calme et en paix avec elle-même, que peut-on ajouter à cette tranquillité ? De même que le ciel ne saurait briller de plus d'éclat lorsqu'il est serein, et que sa lumière est aussi épurée qu'il se peut ; ainsi, pour l'homme soigneux de son corps et de son âme pour l'homme, qui fait dépendre son bonheur de leur bien-être, c'est un état parfait, c'est le terme de ses désirs, qu'une âme sans agitation et un corps sans souffrance. Si la fortune vient répandre d'ailleurs sur lui quelques-unes de ses faveurs, elles n'ajoutent rien à sa félicité suprême, elles ne font que l'assaisonner, la relever, si je puis m'exprimer ainsi ; car, dès-lors que l'homme entend le bonheur absolu de cette manière, il a tout ce qu'il lui faut, quand il jouit de la paix du corps et de l'âme. Vous trouverez encore, dans Épicure, une division des biens toute semblable à la nôtre. Ainsi, il y a des biens qu'il souhaite de préférence, comme cette tranquillité du corps que ne trouble aucune incommodité, et ce calme de l'âme qui jouit de la contemplation de ses propres biens. Il y en a d'autres dont il est loin de désirer la présence, mais qu'il loue et prise néanmoins : par exemple, celui dont je vous parlais tout-à-l'heure, cette patience au milieu de la maladie et des souffrances les plus graves, qu'Épicure sut trouver, le dernier de sa vie, qui en fut aussi le plus heureux. Il nous dit, en effet, « que sa vessie et son ventre ulcérés lui causèrent des souffrances telles, qu'il n'y

loris accessionem non recipientia; esse nihilo minus sibi illum beatum diem. » Beatum autem agere, nisi qui est in summo bono, non potest. Ergo et apud Epicurum sunt hæc bona, quæ malles non experiri; sed, quia ita res tulit, et amplexanda, et laudanda, et exæquanda summis sunt. Non potest dici, hoc non esse par maximis bonum, quod beatæ vitæ clausulam imposuit, cui Epicurus extrema voce gratias egit.

Permitte mihi, Lucili, virorum optime, aliquid audacius dicere : si ulla bona majora esse aliis possent, hæc ego, quæ tristia videntur, mollibus illis et delicatis prætulissem. Majus est enim perfringere difficilia, quam læta moderari. Eadem ratione fit, scio, ut aliquis felicitatem bene, et ut calamitatem fortiter ferat. Æque esse fortis potest, qui pro vallo securus excubuit, nullis hostibus castra tentantibus; et qui, succisis poplitibus, in genua se excepit, nec arma dimisit. *Macte virtute esto!* sanguinolentis et ex acie redeuntibus dicitur. Itaque hæc magis laudaverim bona exercitata et fortia, et cum fortuna rixata. Ego cur dubitem, quin magis laudem truncam illam et retorridam manum Mucii, quam cujuslibet fortissimi salvam? Stetit hostium flammarumque contemptor, et manum suam in hostili foculo distillantem perspectavit; donec Porsena, cujus pœnæ favebat, gloriæ invidit, et ignem invito eripi jussit. Hoc bonum

avait pas d'accroissement possible à sa douleur, et que cependant ce jour ne laissa pas d'être un jour heureux pour lui. » Or, il n'y a de jours heureux que pour celui qui jouit du bien suprême. Il résulte de là qu'Épicure reconnaissait comme nous cette espèce de biens dont on aime mieux ne pas faire l'expérience; mais qui, la circonstance étant donnée, doivent être loués, chéris et égalés aux plus grands biens. Certes, on ne saurait le placer au dessous des plus grands biens, ce bien qui couronne une vie heureuse, et auquel la voix mourante d'Épicure adresse des actions de grâces.

Permettez-moi, Lucilius, ô le meilleur des hommes! d'aller plus loin encore. S'il était possible qu'il y eût des biens plus grands les uns que les autres, je préférerais ceux qui semblent pénibles à ceux que recommandent leurs douceurs et leurs agrémens. Il y a plus de mérite à surmonter l'adversité qu'à se montrer sage dans la prospérité. C'est par le même principe, je le sais, qu'on domine la bonne ou la mauvaise fortune. Le guerrier qui veille tranquillement sur les remparts, loin des attaques de l'ennemi, peut être aussi brave que celui qui, les jambes coupées, se traîne sur ses genoux, et s'obstine à ne pas rendre ses armes; mais les acclamations sont pour ceux qui reviennent sanglans du combat. Aussi préféré-je la vertu énergique, éprouvée, qui s'est mesurée avec la fortune. Pourquoi hésiterais-je à admirer la main de Mucius, mutilée et desséchée par le feu, plus que la main saine et entière du guerrier le plus brave? Il resta ferme devant la flamme comme devant l'ennemi, et regarda sa main tomber goutte à goutte sur le foyer ennemi, jusqu'à ce que Porsena, dont il prévenait les rigueurs, jaloux de sa gloire, eût fait enlever de force

quidni inter prima numerem, tantoque majus putem, quam illa secura et intentata fortunæ, quanto rarius est, hostem amissa manu vicisse, quam armata? — Quid ergo? inquis : hoc bonum tibi optabis? — Quidni? hoc enim, nisi qui potest et optare, non potest facere. An potius optem, ut malaxandos articulos exoletis meis porrigam? ut muliercula, aut aliquis in mulierculam ex viro versus, digitulos meos ducat? Quidni ego feliciorem putem Mucium, qui sic tractavit ignem, quam si illam manum tractatori præstitisset? In integrum restituit quidquid erraverat : confecit bellum inermis ac mancus, et illa manu trunca reges duos vicit.

LXVII.

Quidquid bonum est, optabile esse.

Ut a communibus initium faciam, ver aperire se cœpit : sed, jam inclinatum in æstatem, quo tempore calere debebat, intepuit, nec adhuc illi fides est; sæpe enim in hiemem revolvitur. Vis scire, quam dubium adhuc sit? nondum me committo frigidæ meræ, adhuc rigorem ejus infringo.—Hoc est, inquis, nec calidum, nec frigidum pati.—Ita est, mi Lucili : jam ætas mea contenta est suo frigore; vix media regelatur æstate. Itaque major pars in vestimentis degitur. Ago gratias senectuti,

le brasier. Cette vertu, pourquoi ne la placerai-je pas au premier rang? pourquoi n'avouerai-je pas que je la trouve d'autant plus supérieure à la vertu paisible et non éprouvée par la fortune, qu'il est plus rare de vaincre un ennemi par le sacrifice, que par la force de sa main? — Mais, me dites-vous, voudrez-vous donc d'un semblable bien? — Pourquoi non? Celui-là seul est capable d'une pareille vertu qui sait la désirer. Appellerai-je de préférence de jeunes garçons pour m'assouplir les articulations; ou bien, à défaut d'une femme, un homme changé en femme pour détendre mes chers petits doigts? Pourquoi ne me semblerait-il pas plus heureux ce Mucius, qui livra sa main aux flammes, comme s'il l'eût donnée à masser. Il répara, autant qu'il était possible, sa méprise: sans arme, sans main, il termina la guerre; et son bras mutilé suffit à vaincre deux rois.

LXVII.

Que tout ce qui est bon est désirable.

Pour débuter par un lieu commun, je vous dirai que le printemps a commencé à se montrer : mais, quoique nous marchions vers l'été, le temps, au lieu d'être chaud, est tout au plus tiède; et on ne peut s'y fier, car souvent il nous rejette en hiver. Voulez-vous une preuve de son incertitude? Je n'ose point m'exposer à l'eau froide; je suis encore à en tempérer la rigueur. — C'est, me direz-vous, n'endurer ni le chaud ni le froid. — Vous avez raison, mon cher Lucilius : c'est déjà assez pour moi du froid de mon âge que les feux de l'été peuvent à peine

quod me lectulo affixit. Quidni gratias illi hoc nomine agam? quidquid debebam nolle, non possum. Cum libellis mihi plurimus sermo est. Si quando interveniunt epistolæ tuæ, tecum esse mihi videor, et sic afficior animo, tanquam tibi non rescribam, sed respondeam. Itaque et de hoc, quod quæris, quasi colloquar tecum, quale sit, una scrutabimur.

Quæris *An omne bonum optabile sit?* « Si bonum est, inquis, fortiter torqueri, et magno animo uri, et patienter ægrotare, sequitur ut ista optabilia sint : nihil autem video ex istis voto dignum. Neminem certe adhuc scio eo nomine votum solvisse, quod flagellis cæsus esset, aut podagra distortus, aut equuleo longior factus. » — Distingue, mi Lucili, ista; et intelliges esse in his aliquid optandum. Tormenta abesse a me velim; sed si sustinenda fuerint, ut me in illis fortiter, honeste, animose geram, optabo. Quidni ego malim non incidere bellum? sed, si inciderit, ut vulnera, ut famem, et omnia, quæ bellorum necessitas affert, generose feram, optabo. Non sum tam demens, ut ægrotare cupiam; sed si ægrotandum fuerit, ut nihil intemperanter, nihil effeminate faciam, optabo. Ita non incommoda optabilia sunt, sed virtus qua perferuntur incommoda. Quidam ex nostris existimant, tormentorum fortem tolerantiam

réchauffer. Aussi passé-je la majeure partie de ma vie sous mes couvertures. Je rends grâce à la vieillesse de me retenir au lit. Et pourquoi ne la remercierai-je pas à ce titre? Ce que je n'aurais jamais dû vouloir, je cesse de le pouvoir. J'ai de fréquens entretiens avec mes livres. Si parfois il me survient de vos lettres, il me semble que je suis avec vous; et telle est la préoccupation de mon esprit, que je crois vous répondre, non par écrit, mais de vive voix. Aussi vais-je, comme si nous en causions, examiner avec vous la question que vous me proposez.

Vous me demandez *Si tout ce qui est bien est désirable.* « Si c'est un bien, dites-vous, que de souffrir la torture avec fermeté, la flamme avec courage, la maladie avec patience, il s'ensuit que ce sont tout autant de choses désirables : or, je ne vois rien là dedans qui soit digne d'envie; et je ne sache personne qui ait jamais fait un sacrifice votif, pour être déchiré par le fouet, tourmenté par la goutte, ou allongé par le chevalet. » — Faites la part des situations, mon cher Lucilius, et vous trouverez dans tout cela quelque chose de désirable. Je voudrais échapper aux tortures; mais, s'il faut les endurer, je souhaiterai de les subir avec honneur et courage. J'aimerais mieux, j'en conviens, ne pas voir éclater la guerre; mais, si elle éclate, je désirerai soutenir en héros les blessures, la faim et tous les inconvéniens qu'entraîne la nécessité des combats. Je ne suis pas assez fou pour souhaiter la maladie; mais, s'il faut en passer par là, je tiendrai à ne me montrer ni intempérant ni efféminé. Ainsi ce n'est pas le mal qui est désirable, mais la vertu nécessaire pour l'endurer. Quelques-uns des nôtres prétendent qu'on ne doit pas désirer la fermeté au milieu

non esse optabilem, sed ne abominandam quidem; quia voto purum bonum peti debet, et tranquillum, et extra molestiam positum. Ego dissentio. Quare? primum, quia fieri non potest, ut aliqua res bona quidem sit, sed optabilis non sit : deinde, si virtus optabilis est, nullum autem sine virtute bonum, et omne bonum optabile est. Deinde, etiam si tormentorum fortis patientia optabilis non est, etiam nunc interrogo : Numne fortitudo optabilis est? Atqui pericula contemnit et provocat : pulcherrima pars ejus, maximeque mirabilis, illa est, non cedere ignibus; obviam ire vulneribus; interdum tela ne vitare quidem, sed pectore excipere. Si fortitudo optabilis est; et tormenta patienter ferre optabile est : hoc enim fortitudinis pars est.

Sed separa ista, ut dixi; nihil erit quod tibi faciat errorem. Non enim pati tormenta optabile est, sed pati fortiter. Illud opto, *fortiter;* quod est virtus. — Quis tamen unquam hoc sibi optabit? — Quædam vota aperta et professa sunt, quum particulatim fiunt; quædam latent, quum uno voto multa comprehensa sunt. Tanquam, opto mihi vitam honestam; vita autem honesta actionibus variis constat : in hac est Reguli arca, Catonis scissum manu sua vulnus, Rutilii exsilium, calix venenatus, qui Socratem transtulit e carcere in cœlum. Ita, quum optavi mihi vitam hone-

des tourmens, sans néanmoins en redouter l'épreuve ; et cela parce qu'en fait de biens, ceux-là seuls sont à souhaiter qui sont purs, tranquilles et dégagés de souffrances. Je ne suis pas de cet avis. Pourquoi? D'abord parce qu'il est impossible qu'une chose soit bonne sans être désirable. Ensuite, si la vertu est désirable, comme il n'y a pas de bien sans vertu, tout ce qui est bien est désirable. Puis, vous qui soutenez que la fermeté au milieu des tourmens n'est pas désirable, dites-moi : Nierez-vous que le courage soit désirable? Eh bien! il brave les périls, et même les appelle : ce qu'il y a de plus beau et de plus étonnant en lui, c'est de ne pas fuir devant la flamme, de courir au devant des blessures, et de présenter sa poitrine aux coups, au lieu de les éviter. Si le courage est désirable, on doit donc aussi désirer la patience au milieu des tourmens : c'est une partie essentielle du courage.

Faites la part de chaque chose, comme je vous le disais tout-à-l'heure, et alors il n'y aura plus d'équivoque possible. En effet, ce qui est à souhaiter, ce n'est point de souffrir, mais de souffrir courageusement. Or, ce *courageusement* je le désire, parce que c'est la vertu. — Mais qui formera jamais un pareil souhait? — En matière de souhaits, il en est qui sont clairs et articulés, parce qu'ils sont formés séparément; tandis que d'autres sont implicites, parce qu'ils se trouvent compris dans un vœu général. Par exemple, je désire mener une vie honnête : mais une vie honnête embrasse bien des sortes d'actions, depuis le tonneau de Regulus, depuis la blessure de Caton rouverte de sa propre main, jusqu'à l'exil de Rutilius et la coupe empoisonnée qui transporta Socrate de son cachot dans les cieux. Ainsi, en désirant une vie hon-

stam, et hæc optavi, sine quibus interdum honesta non potest esse.

> ....O terque quaterque beati,
> Queis, ante ora patrum, Trojæ sub mœnibus altis
> Contigit oppetere!

Quid interest, optes hoc alicui, an optabile fuisse fatearis? Decius se pro republica devovit, et in medios hostes incitato equo, mortem petens, irruit. Alter post hunc, paternæ virtutis æmulus, conceptis solemnibus, ac jam familiaribus verbis, in aciem confertissimam incurrit, de hoc sollicitus tantum, ut litaret, optabilem rem putans bonam mortem. Dubitas ergo, an optimum sit, memorabilem mori, et in aliquo opere virtutis?

Quum aliquis tormenta fortiter patitur, omnibus virtutibus utitur. Fortasse una in promptu sit, et maxime appareat, patientia : ceterum illic est fortitudo; cujus patientia et perpessio et tolerantia rami sunt : illic est prudentia; sine qua nullum initur consilium, quæ suadet, quod effugere non possis, quam fortissime ferre : illic est constantia; quæ dejici loco non potest, et propositum nulla vi extorquente dimittit : illic est individuus ille comitatus virtutum. Quidquid honeste fit, una virtus facit, sed ex consilii sententia; quod autem ab omnibus virtutibus comprobatur, etiam si ab una fieri videtur, optabile est.

Quid? tu existimas ea tantum optabilia esse, quæ per

nête, j'ai désiré subsidiairement toutes les choses souvent indispensables pour une vie honnête.

« O trois et quatre fois heureux, ceux à qui il a été donné de périr, sous les hauts remparts de Troie, à la vue de leurs parens! »

Souhaiter à quelqu'un un pareil sort, n'est-ce pas le trouver désirable? Decius s'est dévoué pour la république; il s'est élancé à bride abattue au milieu des ennemis pour y chercher la mort. Bientôt après, un second Decius, digne fils du premier, prononce la formule de dévoûment consacrée par son père, et se précipite au fort de la mêlée, n'ayant d'autre pensée que de plaire aux dieux : tant une mort glorieuse lui paraissait désirable ! Doutez-vous encore que ce soit un bien de mourir en héros et dans la pratique de quelque vertu?

Quand un homme supporte courageusement la souffrance, il s'aide de toutes les vertus. Peut-être en est-il une, la patience, qui éclate et se manifeste plus que toutes les autres ; mais le courage, dont la patience, la fermeté et la longanimité ne sont que des modifications; la prudence, sans laquelle on ne sait prendre aucun parti, et qui enseigne à faire tête de tout son courage à ce qu'on ne peut éviter; la constance, que rien n'ébranle, et qui, malgré les assauts de la violence, n'abandonne jamais ses résolutions; enfin, tout ce qui forme l'inséparable faisceau des vertus se trouve à la fois en jeu. Toute action honnête est exécutée par une seule vertu, mais de l'avis des autres ; or, une action approuvée par toutes les vertus, quoiqu'en apparence exécutée par une seule, ne peut manquer d'être désirable.

Quoi! vous ne regardez comme désirables que ces di-

voluptatem et otium veniunt? quæ excipiuntur foribus ornatis? Est quædam tristis voluptas : bona sunt quædam vota, quæ non gratulantium cœtu, sed adorantium venerantiumque celebrantur. Ita tu non putas Regulum optasse, ut ad Pœnos perveniret? Indue magni viri animum, et ab opinionibus vulgi secede paullisper; cape, quantam debes, virtutis pulcherrimæ ac magnificentissimæ speciem, quæ nobis non thure, nec sertis, sed sudore et sanguine colenda est! Aspice M. Catonem, sacro illi pectori purissimas manus admoventem, et vulnera parum demissa laxantem! Utrum tandem illi dicturus es : Vellem, quæ velles! et, Moleste fero! an : Feliciter, quod agis! Hoc loco mihi Demetrius noster occurrit, qui vitam securam et sine ullis fortunæ occursionibus *mare mortuum* vocat. Nihil habere ad quod exciteris, ad quod te concites, cujus denuntiatione et incursu firmitatem animi tui tentes, sed in otio inconcusso jacere, non est tranquillitas; malacia est. Attalus Stoicus dicere solebat : « Malo me fortuna in castris suis, quam in deliciis habeat. Torqueor; sed fortiter : bene est! Occidor; sed fortiter; bene est! » Audi Epicurum, dicet : « Et dulce est. » Ego tam honestæ rei ac severæ nunquam molle nomen imponam. Uror, sed invictus. Quidni optabile sit, non quod urit me ignis, sed quod non vincit? Nihil est virtute præstantius; nihil pulchrius : et bonum est, et optabile, quidquid ex hujus geritur imperio.

vertissemens, fils du loisir et de la volupté, pour lesquels on décore sa porte. Il est une volupté triste; il est des vœux honorables qui, s'ils n'attirent pas de félicitations, sont accueillis par des hommages et des respects. Ainsi, vous ne croyez pas que Regulus souhaitât revenir au milieu des Carthaginois? Revêtez l'âme de ce héros; rompez un moment avec les préjugés vulgaires; formez-vous une idée convenable de cette vertu sublime, magnifique, qui veut être honorée, non avec de l'encens ou des guirlandes, mais avec des sueurs et du sang. Voyez M. Caton tourner contre sa noble poitrine ses mains vénérables, pour élargir sa blessure trop étroite. Lui souhaiterez-vous un meilleur sort? le plaindrez-vous? ou bien le féliciterez-vous? Ceci me fait souvenir d'un mot de notre Demetrius, qui appelle *mer-morte* une vie tranquille que n'a troublée aucun accident de fortune. Ne rien éprouver qui vous excite, qui vous ranime, dont la nouvelle et l'arrivée mettent votre courage à l'essai, ce n'est point là de la tranquillité, c'est croupir dans le repos, c'est un état de calme plat. Attale le Stoïcien, avait coutume de dire : «J'aime autant que la fortune me reçoive dans son camp que dans ses palais. Je souffre, mais avec courage; c'est un bien. Je péris, mais avec courage; c'est un bien.» Écoutez Épicure, et il vous dira de plus : «C'est un plaisir.» A une action aussi belle et aussi sévère, je ne donnerai jamais un nom empreint de mollesse. Je brûle, mais sans être vaincu. Pourquoi ne trouverai-je pas désirable, non que le feu me consume, mais qu'il ne me fasse pas crier grâce? Rien de meilleur, rien de plus beau que la vertu : bonnes et désirables sont toutes les actions qu'elle commande.

LXVIII.

Otium commendat, et quale esse debeat, docet.

Consilio tuo accedo : absconde te in otio; sed et ipsum otium absconde. Hoc te facturum, stoicorum, etiamsi non præcepto, at exemplo licet scias : sed ex præcepto quoque facies; et tibi, quum voles, approbabis. Nec ad omnem rempublicam mittimus, nec semper, nec sine ullo fine : præterea, quum sapienti rempublicam ipso dignam dedimus, id est, mundum, non est extra rempublicam, etiamsi secesserit. Immo fortasse, relicto uno angulo, in majora atque ampliora transit; et, cœlo impositus, intelligit, quum sellam aut tribunal ascenderat, quam humili loco sederit. Depono hoc apud te, nunquam plus agere sapientem, quam quum in conspectum ejus divina atque humana venerunt.

Nunc ad illud revertor, quod suadere tibi cœperam, ut otium tuum ignotum sit. Non est, quod inscribas tibi philosophiam atque otium : aliud proposito tuo nomen impone; valetudinem, et imbecillitatem vocato, et desidiam. Gloriari otio, iners ambitio est. Animalia quædam, ne inveniri possint, vestigia sua circa ipsum cubile confundunt : idem tibi faciendum est; alioqui non deerunt, qui persequantur. Multi aperta transeunt, condita et abstrusa rimantur; furem signata sollicitant. Vile vide-

LXVIII.

De la retraite et de ses avantages.

Je vous l'accorde, Lucilius, cachez-vous dans la retraite, mais, en même temps, cachez votre retraite. Quand vous n'y seriez pas autorisé par les préceptes des stoïciens, vous le seriez par leurs exemples : mais leurs préceptes à cet égard ne sont pas douteux ; vous pourrez vous en assurer quand vous voudrez. Nous ne permettons pas qu'on s'occupe uniquement de la république, ni toujours, ni sans cesse ; de plus, comme nous avons donné au sage une république digne de lui, je veux dire l'univers, la retraite même ne l'isole point de la république. Je vais plus loin : ce coin du monde qu'il quitte, il ne le quitte peut-être que pour passer sur un théâtre plus vaste et plus étendu ; et, du haut des cieux où il s'est élevé, il voit combien est bas placé le siége ou le tribunal qui le retenait. Je le dis entre nous, le sage n'est jamais plus en action, que lorsqu'il a sous les yeux les choses divines et humaines.

Je reviens au conseil que j'avais commencé à vous donner, de laisser ignorer votre retraite. N'allez pas faire retentir les mots de philosophie et de repos ; colorez autrement votre résolution, attribuez-la à la mauvaise santé, à la faiblesse, à l'indolence : se glorifier du repos, c'est la vanité du paresseux. Il est des animaux qui, pour n'être point découverts, effacent et brouillent leurs traces autour de leur tanière : faites de même, autrement il ne manquera pas de gens qui se mettront à votre poursuite. On dédaigne généralement les endroits découverts, pour fouiller les endroits cachés et retirés. Les serrures tentent

tur, quidquid patet; aperta effractarius præterit. Hos mores habet populus, hos imperitissimus quisque; in secreta irrumpere cupit. Optimum itaque est, non jactare otium suum : jactandi autem genus est, nimis latere, et a conspectu hominum secedere. Ille Tarentum se abdidit; ille Neapoli inclusus est; ille multis annis non transiit domus suæ limen. Convocat turbam, quisquis otio suo aliquam fabulam imposuit.

Quum secesseris, non est agendum hoc, ut de te homines loquantur, sed ut ipse loquaris tecum. Quid autem loqueris? quod homines de aliis libentissime faciunt; de te apud te male existima : assuesces et dicere verum, et audire. Id autem maxime tracta, quod in te esse infirmissimum senties. Nota habet sui quisque corporis vitia : itaque alius vomitu levat stomachum; alius frequenti cibo fulcit; alius interposito jejunio corpus exhaurit et purgat. Hi, quorum pedes dolor repetit, aut vino aut balneo abstinent : in cetera negligentes, huic, a quo sæpe infestantur, occurrunt. Sic in animo nostro sunt quasi causariæ partes, quibus adhibenda curatio est. Quid in otio facio? Ulcus meum curo. Si ostenderem tibi pedem turgidum, lividam manum, aut contracti cruris aridos nervos, permitteres mihi uno loco jacere, et fovere morbum meum : majus malum est hoc, quod non possum tibi ostendere. In pectore tumor, collectio, et vomica est. Nolo laudes, nolo dicas : O magnum virum!

les voleurs; voient-ils une maison ouverte, ils en font fi, et passent outre. Telles sont les allures du peuple et des ignorans : il suffit qu'on leur cache un lieu pour qu'ils y veuillent pénétrer. Le meilleur parti est donc de ne point faire parade de sa retraite; or, c'est une sorte de jactance que de se trop céler, et de s'éloigner entièrement de la vue des hommes. Celui-ci s'est caché à Tarente; celui-là s'est enfermé à Naples; un autre, pendant plusieurs années, n'a point passé le seuil de sa porte. C'est appeler la foule que de faire parler de sa retraite.

Une fois dans votre solitude, vous devez faire en sorte que le monde ne s'entretienne pas de vous, et que vous vous entreteniez avec vous-même. Que vous direz-vous? ce que les hommes disent volontiers des autres; ayez vis-à-vis de vous mauvaise opinion de vous-même, ainsi vous prendrez l'habitude de dire la vérité et de l'entendre. Ce sont vos faiblesses surtout qui doivent réclamer votre attention. Au physique, chacun connaît ses infirmités : aussi l'un soulage son estomac par les vomitifs; l'autre le soutient en mangeant fréquemment; un autre, au moyen de la diète, dégage et purge son corps. Ceux que tourmente la goutte s'abstiennent soit de vin, soit de bains; insoucians pour le reste, ils ne songent qu'au mal qui les tourmente souvent. De même, il y a dans notre âme des parties malades qui doivent être l'objet d'un traitement spécial. Que fais-je dans la retraite? Je panse ma plaie. Si je vous montrais un pied gonflé, une main livide, une jambe desséchée par la contraction des nerfs, vous me permettriez de rester en place et de soigner mon mal : or, c'est une maladie plus grave encore que celle que je ne puis vous montrer. Mon âme est atteinte d'une tumeur, d'un abcès, d'une vomique. N'allez

contempsit omnia, et damnatis humanæ vitæ furoribus fugit! Nihil damnavi, nisi me. Non est, quod proficiendi causa venire ad me velis. Erras, qui hinc aliquid auxilii speras : non medicus, sed æger hic habitat. Malo illa, quum discesseris, dicas : Ego istum beatum hominem putabam, et eruditum; erexeram aures : destitutus sum, nihil vidi, nihil audivi, quod concupiscerem, ad quod reverterer. Si hoc sentis, si hoc loqueris, aliquid profectum est. Malo ignoscas otio meo, quam invideas.

Otium, inquis, Seneca, commendas mihi? ad epicureas voces dilaberis!—Otium tibi commendo, in quo majora agas et pulchriora, quam quæ reliquisti. Pulsare superbas potentiorum fores, digerere in litteram senes orbos, plurimum in foro posse, invidiosa potentia ac brevis est, et, si verum æstimes, sordida. Ille me gratia forensi longe antecedit; ille stipendiis militaribus, et quæsita per hæc dignitate; ille clientum turba. [Cujus turbæ par esse non possum, plus habet gratiæ.] Est tanti ab hominibus vinci, dum a me fortuna vincatur? Utinam quidem hoc propositum sequi olim fuisset animus tibi! utinam de vita beata non in conspectu mortis ageremus! Sed nunc quoque moramur? Multa enim, quæ supervacua esse et inimica credituri fuimus rationi, nunc experientiæ credimus. Quod facere solent, qui serius exeunt et volunt tempus celeritate reparare, cal-

pas me louer et vous écrier : O le grand homme ! il a tout méprisé, et fui un monde dont il condamnait les passions. Je n'ai condamné que moi. Ne venez point chez moi dans l'espoir d'y rien gagner : vous vous trompez, si vous pensez y trouver quelques secours ; c'est la demeure d'un malade et non d'un médecin. J'aime mieux que vous disiez en vous retirant : Je me figurais un homme heureux et savant ; j'écoutais de toutes mes oreilles : j'ai été bien trompé, je n'ai rien vu, rien entendu qui ait répondu à mon attente, qui me donne envie d'y retourner. Si vous sortez avec cette opinion et tenez ce langage, votre visite, n'aura pas été sans profit. J'aime qu'on me pardonne ma retraite, et non qu'on me l'envie.

Quoi ! Sénèque, c'est vous qui me conseillez la retraite? c'est vous qui prêchez les dogmes d'Épicure ? — Oui, mais si je vous conseille la retraite, c'est pour que vous vous y livriez à des occupations plus belles et plus grandes que celles que vous quittez. Frapper aux portes superbes des grands, tenir une liste des vieillards sans enfans, avoir du crédit au barreau, sont des avantages dangereux et passagers, peu honorables même quand on les réduit à leur juste valeur. Celui-ci l'emporte de beaucoup sur moi par la faveur dont il jouit au barreau ; celui-là par ses services militaires et le haut rang qu'ils lui ont valu ; un autre par la foule de ses cliens : je ne puis avoir le cortège de l'un, ni le crédit de l'autre. Est-ce un si grand malheur d'être dominé par les hommes, si je domine la fortune? Pourquoi faut-il que nous n'ayons pas eu le courage de suivre autrefois cette ligne de conduite ? Pourquoi faut-il que nous ne songions à bien vivre qu'à l'aspect de la mort? Mais hésiterons-nous même encore à présent. Quand la raison nous dénonçait une multitude de choses comme superflues et

car addamus! Hæc ætas optime facit ad hæc studia; jam despumavit; jam vitia primo fervore adolescentiæ indomita lassavit; non multum superest, ut exstinguat. — Et quando, inquis, tibi proderit istud, quod in exitu discis, aut in quam rem? — In hanc, ut exeam melior! Non est tamen quod existimes, ullam ætatem aptiorem esse ad bonam mentem, quam quæ se multis experimentis, longa ac frequenti rerum patientia, domuit; quæ ad salutaria, mitigatis affectibus, venit. Hoc est hujus boni tempus : quisquis senex ad sapientiam pervenit, annis pervenit.

LXIX.

Sapientiæ nocere frequentes peregrinationes.

Mutare te loca, et in alium de alio transilire, nolo. Primum, quia tam frequens migratio instabilis animi est. Coalescere otio non potest, nisi desiit circumspicere et errare. Ut animum possis continere, primum corporis tui fugam siste : deinde plurimum remedia continuata proficiunt; interrumpenda non est quies et vitæ prioris oblivio. Sine dediscere oculos tuos; sine aures assuescere sanioribus verbis. Quoties processeris, in ipso

nuisibles, nous ne l'avons pas cru; croyons-en l'expérience. Faisons comme ceux qui sont partis trop tard, et qui veulent regagner le temps perdu : donnons de l'éperon. Notre âge est singulièrement favorable à l'étude; la vie a jeté son écume ; les vices, que nous n'avons pu contenir dans l'ardeur de notre jeunesse, ont perdu leur fougue; peu s'en faut qu'ils ne soient éteints. — Mais ce que vous apprendrez au moment du départ, quand vous servira-t-il, et à quoi? — A m'en aller meilleur! N'en doutez pas, aucun âge n'est plus favorable au perfectionnement moral que celui où les enseignemens multipliés de l'expérience et une longue suite d'épreuves ont dompté notre nature ; que celui où les passions calmées ont fait place aux pensées salutaires. C'est le moment, je le répète, de devenir meilleur : quiconque est devenu sage dans sa vieillesse, ne l'est devenu qu'à force d'années.

LXIX.

Les fréquens voyages sont un obstacle à la sagesse.

Je n'aime pas à vous voir ainsi changer de lieu, et passer d'un endroit dans un autre. D'abord, des déplacemens aussi fréquens sont la marque d'un esprit inconstant. Le moyen de se préparer à la retraite, si on ne cesse de regarder au dehors et de voyager! Si vous voulez contenir l'âme, il faut commencer par fixer le corps; ensuite la continuité des remèdes ajoute à leur effet; cette vie de repos, cet oubli de vos anciennes habitudes, il faut vous garder de les interrompre. Donnez un peu le temps à vos yeux de désapprendre, à vos oreilles le

transitu aliqua, quae renovent cupiditates tuas, tibi occurrent. Quemadmodum ei, qui amorem exuere conatur, evitanda est omnis admonitio dilecti corporis (nihil enim facilius quam amor recrudescit) : ita, qui deponere vult desideria rerum omnium, quarum cupiditate flagravit, et oculos et aures ab his, quae reliquit, avertat. Cito rebellat affectus : quocumque se verterit, pretium aliquod praesens occupationis suae aspiciet. Nullum sine auctoramento malum est. Avaritia pecuniam promittit; luxuria multas ac varias voluptates; ambitio purpuram et plausum, et ex hoc potentiam et quidquid potentia potest. Mercede te vitia sollicitant : hic tibi gratis vivendum est. Vix effici toto saeculo potest, ut vitia, tam longa licentia tumida, subigantur et jugum accipiant; nedum, si tam breve tempus intervallo discidimus. Unamquamlibet rem vix ad perfectum perducit assidua vigilia et intentio. Si me quidem velis audire, hoc meditare : exerce te, ut mortem et excipias, et, si ita res suadebit, arcessas. Interest nihil, illa ad nos veniat, an ad illam nos. Illud imperitissimi cujusque verbum falsum esse ipse tibi persuade : « Bella res est, mori sua morte. » Illud praeterea tecum licet cogites : Nemo nisi suo die moritur. Nihil perdis ex tuo tempore : nam quod relinquis, alienum est.

temps de se faire à un langage plus raisonnable. Vous ne sortirez pas, que vous ne rencontriez sur votre chemin quelque objet qui ravive vos passions. Quand on veut se guérir de l'amour, la première chose est d'éviter tout ce qui peut rappeler l'objet aimé, car c'est en amour surtout que les rechutes sont faciles. De même, celui qui veut renoncer entièrement aux choses pour lesquelles il a été passionné, doit avoir soin d'en détourner ses yeux et ses oreilles. La passion est prompte à se révolter : de quelque côté qu'elle se tourne, elle trouve satisfaction à ses désirs. Il n'est point de vice qui n'ait quelque chose à donner : l'avarice promet de l'argent; la luxure, des voluptés sans nombre; l'ambition, la pourpre et les applaudissemens qui mènent à la puissance, et tous les avantages de la puissance. Les vices vous offrent un salaire : préférez une vie qui ne rapporte rien. A peine un siècle entier suffirait-il pour dompter et soumettre des vices développés par une longue licence. Que sera-ce, si nous morcelons encore un temps si court? Pour amener une chose quelconque à la perfection, ce n'est pas trop de toute notre assiduité, de toute notre vigilance, de tous nos efforts. Si vous voulez m'en croire, vous méditerez là dessus : exercez-vous à bien accueillir la mort, et même à l'aller chercher s'il le faut; peu importe que ce soit elle ou nous qui fassions les avances. Persuadez-vous bien qu'il n'y a rien de plus faux que cet axiôme, répété par tous les ignorans : *C'est un bonheur de mourir de sa belle mort.* Pénétrez-vous bien aussi de cette idée, que nous ne mourons jamais qu'au jour marqué. Nous ne pouvons pas dire qu'on nous ait fait tort; car le temps qui suit n'était pas à nous.

LXX.

De morte ultro appetenda.

Post longum intervallum Pompeios tuos vidi : in conspectum adolescentiæ meæ reductus sum. Quidquid illic juvenis feceram, videbar mihi facere adhuc posse, et paullo ante fecisse. Prænavigavimus, Lucili, vitam; et, quemadmodum in mari, ut ait Virgilius noster,

. . . . Terræque urbesque recedunt;

sic, in hoc cursu rapidissimi temporis, primum pueritiam abscondimus, deinde adolescentiam, deinde quidquid est illud inter juvenem et senem medium, in utriusque confinio positum, deinde ipsius senectutis optimos annos : novissime incipit ostendi publicus finis generis humani. Scopulum esse illum putamus, dementissimi : portus est, aliquando petendus, nunquam recusandus ; in quem si quis intra primos annos delatus est, non magis queri debet, quam qui cito navigavit. Alium enim, ut scis, venti segnes ludunt ac detinent, et tranquillitatis lentissimæ tædio lassant; alium pertinax flatus celerrime perfert. Idem evenire nobis puta : alios vita velocissime adduxit quo veniendum erat etiam cunctantibus, alios maceravit et coxit : quæ, ut scis, non semper retinenda est ; non enim vivere bonum est, sed bene vivere. Itaque sapiens vivit quantum debet, non quan-

LXX.

Du suicide.

Après un long intervalle, j'ai revu vos chers Pompéies : ce séjour m'a rappelé le temps de ma jeunesse. Tout ce que j'y avais fait étant jeune, il me semblait que je pouvais le recommencer, ou que je l'avais fait la veille. C'en est fait, nous laissons la vie derrière nous, mon cher Lucilius ; et de même que sur mer, comme l'a dit Virgile,

« Les terres et les villes se retirent à nos yeux ; »

ainsi, au milieu de cette fuite rapide du temps, nous avons perdu de vue l'enfance, ensuite l'adolescence, puis cette époque intermédiaire où, vieux et jeunes à la fois, nous participons de deux âges, puis même les meilleures années de la vieillesse. Nous commençons à apercevoir le terme commun de l'existence humaine. Nous le regardons comme un écueil, insensés que nous sommes ! c'est au contraire un port souvent désirable, et devant lequel on ne doit jamais reculer. Si on y est transporté dès les premières années, il ne faut pas plus s'en plaindre que d'avoir terminé promptement une navigation. Vous le savez, il est des voyageurs qu'un vent mou contrarie, retient, et fatigue de l'ennui d'un long calme, tandis que d'autres sont promptement emportés à leur destination par un souffle opiniâtre. Ainsi de nous, croyez-moi : la vie a conduit rapidement les uns au but où, si tard que ce fût, ils devaient toujours arriver, tandis qu'elle a miné et consumé lentement les autres. D'ailleurs, vous le savez, on n'est pas forcé de la garder : car l'important

tum potest. Videbit, ubi victurus sit, cum quibus, quomodo, quid acturus : cogitat semper, qualis vita, non quanta sit. Si multa occurrunt molesta et tranquillitatem turbantia, emittit se : nec hoc tantum in necessitate ultima facit; sed, quum primum illi cœperit suspecta esse fortuna, diligenter circumspicit, numquid illo die desinendum sit. Nihil existimat sua referre, faciat finem, an accipiat; tardius fiat, an citius : non tanquam de magno detrimento timet. Nemo multum ex stillicidio potest perdere. Citius mori, an tardius, ad rem non pertinet : bene mori, an male, ad rem pertinet. Bene autem mori, est effugere male vivendi periculum. Itaque effeminatissimam vocem illius Rhodii existimo, qui, quum in caveam conjectus esset a tyranno, et tanquam ferum aliquod animal aleretur, suadenti cuidam ut abstineret cibo : « Omnia, inquit, homini, dum vivit, speranda sunt. » Ut sit hoc verum, non omni pretio vita emenda est. Quædam licet magna, licet certa sint, tamen ad illa turpi infirmitatis confessione non veniam. Ego cogitem, in eo, qui vivit, omnia posse fortunam, potius quam cogitem, in eo, qui scit mori, nihil posse fortunam?

Aliquando tamen, etiam si certa mors instabit, et destinatum sibi supplicium sciet, non commodabit pœnæ suæ manum. Stultitia est, timore mortis mori. Venit

n'est pas de vivre, mais de bien vivre. Aussi le sage vit ce qu'il doit, et non ce qu'il peut vivre. Il examinera où, avec qui, comment et pourquoi il doit vivre; ce qui l'occupe, c'est quelle sera sa vie, non combien elle durera. Si des circonstances se présentent, qui l'affligent et troublent sa tranquillité, il quitte la place; toutefois il n'attend pas pour cela jusqu'à la dernière extrémité; mais le jour même où il commence à se défier de la fortune, il examine soigneusement si ce jour-là ne doit pas être pour lui le dernier. Qu'il se donne la mort, ou qu'il la reçoive ; qu'il finisse plus tôt, ou qu'il finisse plus tard, c'est pour lui tout un : il n'y a rien là dedans qui soit fait pour l'épouvanter. Qu'est-ce que la perte de ce qui nous échappe goutte à goutte? Mourir plus tôt ou plus tard est chose indifférente ; l'important, c'est de mourir bien ou mal. Or, bien mourir, c'est se soustraire au danger de vivre mal. Aussi regardé-je comme une lâcheté indigne le mot de ce Rhodien, qui, ayant été jeté par un tyran dans une fosse où on le nourrissait comme une bête farouche, répondit à quelqu'un qui lui persuadait de se laisser mourir : « L'homme qui vit est en droit de tout espérer. » Mais quand cela serait vrai, faut-il donc acheter la vie à tout prix ? Quelque grands, quelque assurés que soient certains avantages, jamais je ne me soumettrai à un aveu dégradant de ma faiblesse pour les obtenir. Qui! moi! je préférerais ce précepte : « Que la fortune peut tout pour celui qui vit, » à celui-ci : « Que la fortune ne peut rien contre celui qui sait mourir ? »

Quelquefois cependant, le sage, alors même que sa mort sera imminente, et qu'il aura connaissance du supplice qui l'attend, ne voudra pas faire de son bras l'instrument de sa peine. C'est une folie de se tuer par la

qui occidat : exspecta! Quid occupas? quare suscipis alienæ crudelitatis procurationem? utrum invides carnifici tuo, an parcis? Socrates potuit abstinentia finire vitam, et inedia potius, quam veneno, mori; triginta tamen dies in carcere et in exspectatione mortis exegit; non hoc animo, tanquam omnia fieri possent, tanquam multas spes tam longum tempus reciperet; sed ut præberet se legibus, ut fruendum amicis extremum Socratem daret. Quid erat stultius, quam mortem contemnere, venenum timere? Scribonia, gravis femina, amita Drusi Libonis fuit, adolescentis tam stolidi, quam nobilis, majora sperantis, quam aut illo sæculo quisquam sperare poterat, aut ipse ullo. Quum æger a senatu in lectica relatus esset, non sane frequentibus exsequiis (omnes enim necessarii deseruerant impie, jam non reum, sed funus), habere cœpit consilium, utrum conscisceret sibi mortem, an exspectaret. Cui Scribonia : Quid te, inquit, delectat alienum negotium agere? Non persuasit illi, manus sibi attulit, nec sine causa : nam, post diem tertium aut quartum inimici moriturus arbitrio, si vivit, alienum negotium agit.

Non possis itaque de re in universum pronuntiare, quum mortem vis externa denuntiat, occupanda sit, an exspectanda : multa enim sunt, quæ in utramque partem trahere possunt. Si altera mors cum tormento, al-

crainte de mourir. Le bourreau vient : attendez! pourquoi vous charger d'une œuvre de cruauté qui appartient à un autre? Le bourreau vous fait-il envie, ou bien voulez-vous épargner sa peine? Socrate pouvait se laisser mourir de faim au lieu de périr par le poison ; cependant il passa trente jours en prison dans l'attente de la mort. Et qu'on ne pense pas qu'il comptât sur les évènemens, ni qu'un si long délai lui eût fait concevoir de grandes espérances. Ce qu'il voulait, c'était se conformer aux lois et faire jouir ses amis de ses derniers momens. Quelle folie n'eût-ce pas été de mépriser la mort, et de craindre le poison? Scribonia, femme respectable, était la tante de Drusus Libon, jeune homme aussi sot qu'il était noble, et dont les prétentions étaient tellement ambitieuses, que, de son temps, comme à toute autre époque, personne n'eût pu raisonnablement les entretenir. Comme il était revenu du sénat en litière, malade et presque sans suite (car ses amis, qui ne voyaient déjà plus en lui un coupable, mais un mort, l'avaient tous abandonné lâchement), il délibéra s'il se donnerait la mort, ou s'il l'attendrait. Dans ce moment, Scribonia lui demanda quel plaisir il trouvait à faire la besogne d'un autre. Cette observation ne le persuada pas, il se tua ; et ce ne fut pas sans raison : car celui qui doit être mis à mort dans trois ou quatre jours, à la volonté de son ennemi, s'il vit jusque-là, travaille évidemment pour autrui.

Il est donc impossible de décider d'une manière absolue s'il faut prévenir ou attendre la mort que vous impose une violence étrangère : car il y a beaucoup à dire pour et contre. Si de ces deux morts l'une est accompagnée de tourmens, et l'autre simple et douce, pour-

tera simplex et facilis est, quidni huic injicienda sit manus? Quemadmodum navim eligam, navigaturus, et domum, habitaturus; ita mortis genus, qua sim exiturus e vita. Præterea quemadmodum non utique melior est longior vita, sic pejor utique mors longior. In nulla re magis, quam in morte, morem animo gerere debemus : exeat, qua impetum cepit : sive ferrum appetit, sive laqueum, sive aliquam potionem venas occupantem, pergat, et vincula servitutis abrumpat! Vitam et aliis approbare quisque debet, mortem sibi. Optima est, quæ placet.

Stulte hæc cogitantur : Aliquis dicet, me parum fortiter fecisse; aliquis, nimis temere; aliquis, fuisse aliquod genus mortis animosius. — Vis tu cogitare, id in manibus esse consilium, ad quod fama non pertinet? Hoc unum intuere, ut te fortunæ quam celerrime cripias : alioqui aderunt, qui de facto tuo male existiment. Invenies etiam professos sapientiam, qui vim afferendam vitæ suæ negent, et nefas judicent, ipsum interemptorem sui fieri : exspectandum esse exitum, quem natura decrevit. Hoc qui dicit non videt se libertatis viam cludere. Nil melius æterna lex fecit, quam quod unum introitum nobis ad vitam dedit, exitus multos. Ego exspectem vel morbi crudelitatem vel hominis, quum possim per media exire tormenta, et adversa discutere? Hoc est unum, cur de vita non possumus queri : nemi-

quoi ne pas donner la préférence à la dernière? Par la même raison que je choisis le navire sur lequel je veux voyager, la maison que je veux habiter, je choisirai un genre de mort quand je voudrai quitter la vie. D'ailleurs, si la vie la plus longue n'est pas toujours la meilleure, la mort la plus longue est toujours la plus fâcheuse. C'est surtout quand il s'agit de la mort, que nous devons suivre notre fantaisie. Que la vie s'en aille par où elle voudra; peu importe qu'elle périsse par le fer, la corde ou quelque poison répandu dans les veines, pourvu qu'elle parte et brise les liens de la servitude. On doit compte de sa vie aux autres, de sa mort à soi seul : la meilleure est celle qui nous plaît davantage.

C'est folie que de s'arrêter à ces considérations : On dira que j'ai montré peu de courage, que j'ai poussé la peur trop loin, qu'un autre genre de mort eût été plus noble. — Pensez-vous donc que votre résolution puisse, en aucun cas, être hors du domaine de la renommée? Ne songez qu'à une chose, à vous dérober au plus tôt à l'influence de la fortune; sans quoi il y aura des gens qui désapprouveront votre action même. Vous trouverez aussi des gens faisant profession de sagesse, qui vous diront qu'il n'est pas permis d'attenter à sa vie, que c'est un crime de se détruire, qu'il faut attendre l'accomplissement des décrets de la nature. Ceux qui parlent ainsi ne voient pas qu'ils arrêtent la liberté de l'homme. C'est le chef-d'œuvre de la loi éternelle, d'avoir ménagé plusieurs sorties à la vie, tandis qu'elle n'a qu'une entrée. Quoi! j'attendrais la cruauté de la maladie ou des hommes, lorsque je puis échapper à la souffrance, et me soustraire aux coups de l'adversité! La bonne raison pour

nem tenet. Bono loco res humanæ sunt, quod nemo nisi vitio suo miser est. Placet? vive! Non placet? licet eo reverti unde venisti! Ut dolorem capitis levares, sanguinem sæpe misisti; ad extenuandum corpus vena percutitur : non opus est vasto vulnere dividere præcordia; scalpello aperitur ad illam magnam libertatem via, et puncto securitas constat.

Quid ergo est, quod nos facit pigros inertesque? Nemo nostrum cogitat, quandoque sibi ex hoc domicilio exeundum. Sic veteres inquilinos indulgentia loci et consuetudo, etiam inter injurias, detinet. Vis adversus hoc corpus liber esse? Tanquam migraturus habita! propone tibi, quandoque hoc contubernio carendum! fortior eris ad necessitatem exeundi. Sed quemadmodum suus finis veniet in mentem omnia sine fine concupiscentibus? Nullius rei meditatio tam necessaria est : alia enim exercentur fortasse in supervacuum. Adversus paupertatem præparatus est animus? permansere divitiæ. Ad contemptum nos doloris armavimus? nunquam a nobis exiget hujus virtutis experimentum integri ac sani felicitas corporis. Ut fortiter amissorum pateremur desideria, præcepimus nobis? omnes quos amabamus, superstites fortuna servavit. Hujus unius rei usum qui exigat dies, veniet.

ne pas se plaindre de la vie, c'est qu'elle ne retient personne. Les choses humaines sont parfaitement disposées : personne n'est malheureux que par sa faute. La vie vous plaît-elle ? vivez ! vous déplaît-elle ? permis à vous de retourner au lieu d'où vous êtes venu ! Souvent, pour vous délivrer d'un mal de tête, vous vous êtes fait tirer du sang ; votre corps a-t-il besoin d'être affaibli ? on vous ouvre la veine ; il n'est pas nécessaire de s'ouvrir le sein par une large blessure, une lancette vous fraiera la voie qui mène à cette grande liberté ; votre repos ne vous coûtera qu'une piqûre.

D'où viennent donc nos délais et notre lâcheté ? C'est qu'on ne songe pas qu'un jour il faudra quitter ce domicile. Nous ressemblons aux anciens locataires, que l'habitude et un faible involontaire retiennent dans leurs logemens, si incommodes qu'ils soient d'ailleurs. Voulez-vous n'être plus esclave de votre corps ? Figurez-vous que vous n'y êtes logé qu'en passant ; et ne perdez pas de vue que cette habitation peut vous manquer d'un moment à l'autre. Alors vous serez fort contre la nécessité de le quitter. Mais le moyen de se familiariser avec l'idée de sa fin, quand on a des désirs sans fin ! Aucun sujet n'a autant besoin d'être médité : car tout autre exercice de la pensée est peut-être superflu. Mon esprit s'est-il affermi contre la pauvreté ? mes richesses me restent. Nous sommes-nous armés contre la douleur ? une santé robuste et inaltérable s'oppose à ce que nous fassions jamais en ce genre l'épreuve de notre courage. Nous sommes-nous imposé la loi de supporter avec courage la perte de nos amis ? la fortune conservera tous ceux que nous aimons. Mais le moment viendra toujours d'essayer nos forces contre la mort.

Non est quod existimes, magnis tantum viris hoc robur fuisse, quo servitutis humanæ claustra perrumperent. Non est quod judices, hoc fieri, nisi a Catone, non posse, qui, quam ferro non emiserat animam, manu extraxit; quum vilissimæ sortis homines ingenti impetu in tutum evaserint : quumque commodo mori non licuisset, nec ad arbitrium suum instrumenta mortis eligere, obvia quæque rapuerunt, et, quæ natura non erant noxia, vi sua tela fecerunt. Nuper, in ludo bestiariorum, unus e Germanis, quum ad matutina spectacula pararetur, secessit ad exonerandum corpus; nullum aliud illi dabatur sine custode secretum : ibi lignum id, quod ad emundanda obscœna adhærente spongia positum est, totum in gulam farsit, et vi præclusis faucibus spiritum elisit.— Hoc fuit morti contumeliam facere!— Ita prorsus. — Parum munde, et parum decenter!— Quid est stultius, quam fastidiose mori? O virum fortem! o dignum, cui fati daretur electio! quam fortiter ille gladio usus esset! quam animose in profundam se altitudinem maris aut abscisæ rupis immisisset! Undique destitutus, invenit quemadmodum et mortem sibi deberet et telum : ut scias, ad moriendum nihil aliud in mora esse, quam velle. Existimetur de facto hominis acerrimi, ut cuique visum erit; dum hoc constet præferendam esse spurcissimam mortem servituti mundissimæ. Quoniam cœpi sordidis uti exemplis, perseverabo : plus enim a se quis-

Ne croyez pas d'ailleurs que les grands hommes seuls aient eu le courage de briser les liens qui les retenaient ici-bas. N'allez pas vous imaginer non plus qu'il faille pour cela ressembler à Caton, qui, n'ayant pu s'ôter la vie avec le fer, se l'arracha avec les mains. On a vu des hommes de la condition la plus vile, faire un effort généreux, pour s'élancer dans le séjour de repos : faute de pouvoir mourir à leur guise, de pouvoir choisir librement les instrumens de leur destruction, ils saisirent le premier objet qui s'offrit ; et telle chose qui, de sa nature, était inoffensive, devint une arme dans leurs mains courageuses. Tout récemment, dans un spectacle de bêtes, un Germain, qui devait figurer au combat du matin, se retira sous prétexte de satisfaire un besoin naturel ; partout ailleurs un gardien l'eût accompagné. Là, prenant le bâton terminé par une éponge, qui sert à chasser les immondices, il se l'enfonça tout entier dans le gosier, et s'étouffa ainsi lui-même. — C'était outrager la mort ! — J'en conviens. — C'était finir d'une manière peu propre et peu décente ! — C'est bien le moment de penser aux convenances, quand on meurt ! Admirable homme ! qu'il méritait bien qu'on lui donnât le choix de son trépas ! Comme il se fût servi courageusement d'une épée ! Avec quel cœur il se fût élancé dans les profondeurs de la mer, ou précipité d'une roche escarpée ! Réduit à ses propres moyens, il fit si bien, qu'il ne dut qu'à lui-même sa mort et l'instrument de sa mort : il apprit à ses semblables que, pour mourir, il ne s'agit que de le vouloir. Que l'on pense ce qu'on voudra de l'action de cet homme énergique, toujours est-il que la mort la plus sale est préférable à la servitude la plus élégante. Puisque j'ai commencé à citer des exemples vulgaires, je continuerai : on montrera

que exiget, si viderit, hanc rem etiam a contemptissimis posse contemni. Catones, Scipionesque, et alios, quos audire cum admiratione consuevimus, supra imitationem positos putamus; jam ego istam virtutem habere tam multa exempla in ludo bestiario, quam in ducibus belli civilis, ostendam. Quum adveheretur nuper inter custodias quidam ad matutinum spectaculum missus, tanquam somno premente nutaret, caput usque eo demisit, donec radiis insereret, et tamdiu se in sedili suo tenuit, donec cervicem circumactu rotæ frangeret : eodem vehiculo, quo ad pœnam ferebatur, pœnam effugit.

Nihil obstat erumpere et exire cupienti. In aperto nos natura custodit : cui permittit necessitas sua, circumspiciat exitum mollem : cui ad manum plura sunt, per quæ sese asserat, is delectum agat, et, qua potissimum liberetur, consideret; cui difficilis occasio est, is proximam quamque pro optima arripiat, sit licet inaudita, sit nova. Non deerit ad mortem ingenium, cui non defuerit animus. Vides, quemadmodum extrema quoque mancipia, ubi illis stimulos adegit dolor, excitentur et intentissimas custodias fallant? Ille vir magnus est, qui mortem sibi non tantum imperavit, sed invenit.

Ex eodem tibi munere plura exempla promisi. Secundo naumachiæ spectaculo unus e Barbaris lanceam, quam in adversarios acceperat, totam jugulo suo mersit. Quare,

plus de cœur quand on verra la mort méprisée par les gens qu'on méprise. Les Catons, les Scipions et tous les grands hommes, objets d'une admiration traditionnelle, nous les considérons comme au dessus de l'imitation. Eh bien! je prouverai que les combats de bêtes offrent autant d'exemples de courage que les guerres civiles et leurs héros. Dernièrement encore, comme on conduisait un malheureux aux jeux du matin, dans un chariot entouré de gardes, il feignit de céder au sommeil, et laissa tomber sa tête au point de l'engager dans les rayons de la roue; puis il se tint ferme sur son siège, jusqu'à ce que la révolution de cette roue lui eût brisé le cou. Ainsi le chariot même qui le conduisait au supplice, servit à l'y soustraire.

Il n'y a point d'obstacle pour qui veut s'échapper et sortir de la vie. La nature ne nous tient point emprisonnés ici-bas : celui à qui sa position le permet, peut chercher une issue commode; celui qui a sous la main plusieurs moyens de s'affranchir, peut faire son choix, et s'arrêter à celui qui lui paraît le plus favorable à sa délivrance; mais quand ces facilités manquent, la première occasion est la meilleure à saisir, quelque étrange et quelque nouvelle qu'elle paraisse d'ailleurs. On saura toujours se donner la mort quand on en aura le courage. Voyez ce que peut l'aiguillon du désespoir sur les derniers des esclaves! comme ils s'animent et savent tromper les gardes les plus attentifs! Un grand homme, c'est celui qui nonseulement décide sa mort, mais aussi la crée.

Je vous ai promis plusieurs exemples du même ordre. Lors de la seconde naumachie, un Barbare se plongea dans la gorge la lance qu'il avait reçue pour combattre. Pourquoi, disait-il, ne pas me soustraire pour jamais à

inquit, non omne tormentum, omne ludibrium jamdudum effugio? quare ego mortem armatus exspecto? Tanto hoc speciosius spectaculum fuit, quanto honestius mori discunt homines, quam occidere. Quid ergo? quod animi perditi noxiosique habent, non habebunt illi, quos adversus hos casus instruxit longa meditatio, et magistra rerum omnium ratio? Illa nos docet, fati varios esse accessus, finem eumdem : nihil autem interesse, unde incipiat, quod venit eodem. Illa monet ut, si licet, moriaris sine dolore; sin autem non, quemadmodum potes, et, quidquid obvenerit ad vim afferendam tibi, invadas. Injuriosum est rapto vivere; at contra pulcherrimum, mori rapto.

LXXI.

Unum bonum, honestum : omnia bona paria esse.

SUBINDE me de rebus singulis consulis, oblitus vasto nos mari dividi. Quum magna pars consilii sit in tempore, necesse est evenire ut de quibusdam rebus tunc ad te perferatur sententia mea, quum jam contraria potior est. Consilia enim rebus aptantur : res nostræ feruntur, imo volvuntur. Ergo consilium sub die nasci debet : et hoc quoque tardum est nimis; sub manu, quod aiunt, nascatur! Quemadmodum autem inveniatur,

la souffrance et à l'outrage ? pourquoi attendrais-je la mort quand j'ai une arme ? Ce spectacle fut d'autant plus mémorable, qu'il est plus honorable d'apprendre aux hommes à mourir qu'à tuer. Quoi donc ? ce courage que possèdent des âmes avilies, des criminels, on ne le trouvera pas chez des hommes qu'une longue méditation et la raison, cette souveraine de toutes choses, ont fortifiés contre les évènemens ? car la raison nous apprend que les routes du trépas, si elles sont diverses, mènent toutes au même terme; que peu importe le point de départ, quand on est toujours sûr d'arriver. Elle nous enseigne à mourir sans douleur, si la chose est en notre pouvoir; et, dans le cas contraire, à faire pour le mieux, et à nous armer, pour nous détruire, de tout ce qui se présentera. Il est honteux de vivre de vol, mais voler pour mourir est une action des plus belles.

LXXI.

Il n'y a de bien que ce qui est honnête : tous les biens sont égaux.

Vous me consultez sans cesse sur de nouveaux objets, sans vous rappeler l'étendue de mer qui nous sépare. Aussi, le plus grand mérite d'un conseil étant l'à-propos, il doit arriver souvent que tel avis vous parvient au moment où l'avis contraire serait préférable. Les conseils doivent être adaptés aux évènemens, et les évènemens ici-bas se pressent ou plutôt se précipitent. Tout conseil doit donc venir dans la journée; mais non, ce n'est pas assez tôt : il faut, comme on dit, qu'on l'aie sous la main ; et je vais vous montrer comment on

ostendam. Quoties, quid fugiendum sit, aut quid petendum voles scire, ad summum bonum et propositum totius vitæ tuæ respice : illi enim consentire debet quidquid agimus. Non disponet singula, nisi cui jam vitæ suæ summa proposita est. Nemo, quamvis paratos habeat colores, similitudinem reddet, nisi jam constet quid velit pingere. Ideo peccamus, quia de partibus vitæ omnes deliberamus, de tota nemo deliberat. Scire debet quid petat ille, qui sagittam vult mittere; et tunc dirigere ac moderari manu telum. Errant consilia nostra, quia non habent quo dirigantur. Ignoranti quem portum petat nullus suus ventus est. Necesse est multum in vita nostra casus possit, quia vivimus casu.

Quibusdam autem evenit, ut, quædam scire se, nesciant. Quemadmodum quærimus sæpe eos, cum quibus stamus; ita plerumque finem summi boni ignoramus appositum. Nec multis verbis, nec circuitu longo, quod sit summum bonum, colligas; digito, ut ita dicam, demonstrandum est, nec in multa spargendum. Quid enim ad rem pertinet, in particulas illud diducere? quum possis dicere : « Summum bonum est, quod honestum est; » et, quod magis admireris : « Unum bonum est, quod honestum est; cetera falsa et adultera bona sunt. » Hoc si persuaseris tibi, et virtutem adamaveris (amare enim parum est), quidquid illa contigerit, id tibi, qualecumque aliis videbitur, faustum felixque erit; et tor-

le trouve. Quand vous voudrez savoir ce que vous devez fuir ou rechercher, fixez les yeux sur le souverain bien, sur le but général de votre vie : car toutes nos actions doivent tendre uniformément vers ce but. On ne peut arranger les détails de sa vie que lorsque l'ensemble en est bien arrêté. Le peintre aura beau avoir ses couleurs prêtes, jamais il ne saisira de ressemblance s'il n'est pas décidé sur ce qu'il veut peindre. Notre commune erreur, c'est de nous occuper des détails de la vie, sans songer à l'ensemble. Avant de lancer une flèche, il faut avoir un but; et, ce but connu, on dirige et l'on ajuste le trait. Nos projets se perdent, pour manquer de direction. Il n'y a point de vent favorable pour celui qui ne sait dans quel port il veut arriver. Le hasard doit nécessairement avoir une grande influence sur notre vie, lorsque nous vivons au hasard.

Il est des gens qui en savent plus qu'ils ne pensent. Comme il arrive souvent que nous cherchons ceux qui sont auprès de nous, de même le but du souverain bien est quelquefois à nos côtés, sans que nous nous en doutions. Il n'est pas besoin ici de beaucoup de mots ni de longs détours pour vous faire sentir ce que c'est que le souverain bien; il ne s'agit que de le montrer du doigt, et cela sans beaucoup chercher. Car à quoi bon en faire l'objet de tant de divisions et subdivisions, quand on peut dire tout uniment : « Le souverain bien est ce qui est honnête; » et, ce qui vous frappera plus encore : « Il n'y a de bien que ce qui est honnête; tous les autres biens sont faux et corrompus. » Si vous vous pénétrez de ce principe et que vous vous passionniez pour la vertu (car l'aimer serait peu de chose), tous les évènemens, quelque jugement qu'en portent les autres, seront pour vous heureux et

queri, si modo jacueris ipso torquente securior; et ægrotare, si non maledixeris fortunæ, si non cesseris morbo.

Omnia denique, quæ ceteris videntur mala, et mansuescent, et in bonum abibunt, si super illa eminueris. Hoc liqueat, nihil esse bonum, nisi honestum ; et omnia incommoda suo jure bona vocabuntur, quæ modo virtus honestaverit. Multis videmur majora promittere, quam recipit humana conditio. Non immerito : ad corpus enim respiciunt. Revertantur ad animum ! jam hominem Deo metientur.

Erige te, Lucili, virorum optime, et relinque istum ludum litterarium philosophorum, qui rem magnificentissimam ad syllabas vocant; qui animum minuta docendo demittunt et conterunt : fies similis illis, qui invenerunt ista, non qui docent, et id agunt, ut philosophia potius difficilis, quam magna, videatur.

Socrates, qui totam philosophiam revocavit ad mores, et *hanc summam* dixit esse *sapientiam, bona malaque distinguere.* Sequere, inquam, illos, si quid apud te habeo auctoritatis, ut sis beatus; et te alicui stultum videri sine. Quisquis volet, tibi contumeliam faciat et injuriam : tu tamen nihil patieris, si modo tecum erit virtus. Si vis, inquam, beatus esse, si fide bona vir

fortunés ; la torture même, si vous conservez sur le chevalet plus de tranquillité que votre bourreau; la maladie, si vous ne maudissez pas la fortune, et si vous savez dominer le mal.

En résumé, tous les accidens, que le reste des hommes considère comme des maux, s'adouciront et se convertiront en biens, si vous vous élevez au dessus d'eux. Admettez ce principe, qu'il n'y a de bien que ce qui est honnête, et tous les désagrémens de la vie mériteront le nom de bien, pourvu toutefois que la vertu leur donne un cachet d'honnêteté. Il est beaucoup de gens auxquels nous paraissons promettre plus que ne comporte la condition humaine. Ils ont raison, puisqu'ils rapportent tout au corps; mais qu'ils reviennent à l'âme, et c'est sur Dieu qu'ils mesureront l'homme.

Élevez votre âme, Lucilius, le meilleur des hommes, et laissez de côté les puérilités littéraires de ces philosophes, qui traduisent en syllabes ce qu'il y a de plus magnifique au monde, qui, par leurs enseignemens minutieux, rabaissent et rétrécissent l'âme; alors vous vous placerez au niveau des inventeurs de ces dogmes, et non de ceux qui les enseignent, et s'occupent beaucoup plus de rendre la philosophie difficile que de l'ennoblir.

Socrate, qui a ramené toute la philosophie à la morale, a dit « que le comble de la sagesse est de savoir distinguer les biens des maux. » Si vous avez quelque confiance en moi, suivez de pareils guides pour être heureux, et laissez quelque sot vous traiter d'insensé. Alors, vous outrage et vous injurie qui voudra; vous n'en souffrirez point, si la vertu est avec vous. Si vous voulez être heureux, vous dis-je, si vous voulez être ver-

bonus, sine contemnat te aliquis. Hoc nemo præstabit, nisi qui omnia bona exæquaverit, quia nec bonum sine honesto est, et honestum in omnibus par est.

Quid ergo? nihil interest inter præturam Catonis, et repulsam? nihil interest, utrum pharsalica acie Cato vincatur, an vincat? hoc ejus bonum, quo victis partibus non potest vinci, par erat illi bono, quo victor rediret in patriam, et componeret pacem? — Quidni par sit? Eadem enim virtute et mala fortuna vincitur, et ordinatur bona : virtus autem non potest major aut minor fieri; unius staturæ est. — Sed Cn. Pompeius amittet exercitum; sed illud pulcherrimum reipublicæ prætextum, optimates, et, prima acies Pompeianarum partium, senatus ferens arma, uno prœlio profligabuntur; et tam magni ruina imperii in totum dissiliet orbem : aliqua pars ejus in Ægypto, aliqua in Africa, aliqua in Hispania cadet; ne hoc quidem miseræ reipublicæ continget, semel ruere! — Omnia licet fiant! Jubam in regno suo non locorum notitia adjuvet, non popularium pro rege suo virtus obstinatissima; Uticensium quoque fides, malis fracta, deficiat, et Scipionem in Africa nominis sui fortuna destituat; olim provisum est, ne quid Cato detrimenti caperet. — Victus est tamen! — Et hoc numera inter repulsas Catonis : tam magno animo feret, aliquid sibi ad victoriam, quam ad præturam, obstitisse. Quo

tueux, de bonne foi, consentez à ce que certaines gens vous méprisent. Mais on n'arrive à ce degré de perfection, que lorsqu'on a placé les biens de toute espèce sur la même ligne, parce que le bien est inséparable de l'honnête, et que l'honnête ne connaît point de degrés.

Quoi! direz-vous, n'y a-t-il point de différence entre la préture donnée et la préture refusée à Caton? n'y a-t-il point de différence entre Caton vaincu ou vainqueur à la bataille de Pharsale? Et quand il ne se laisse point abattre par la défaite de son parti, c'est un bien égal au bien qu'il eût trouvé à rentrer victorieux dans sa patrie et à y rétablir la paix? — Et pourquoi n'y aurait-il point parité? C'est la vertu qui triomphe de la mauvaise fortune, comme c'est elle qui fait qu'on use sagement de la bonne : or, la vertu ne peut être plus grande ou plus petite, elle est toujours de même taille. — Mais Pompée perdra son armée; mais la prétexte, honneur de la république, les grands et le sénat armés, cette avant-garde auguste du parti Pompéien, seront anéantis par un seul combat; les ruines d'un si grand empire voleront par toute la terre; quelques débris iront tomber en Égypte, d'autres en Afrique, d'autres en Espagne; et cette république infortunée n'aura pas même la consolation de périr toute d'une fois. — Je veux que tout cela arrive. Que Juba ne trouve de ressource ni dans la connaissance des lieux, ni dans l'attachement inébranlable de ses sujets pour leur roi; que la fidélité des habitans d'Utique succombe, brisée par le malheur, et qu'un Scipion en Afrique soit abandonné par la fortune de son nom; depuis long-temps des ordres ont été donnés pour qu'il ne soit fait aucun mal à Caton. —Cependant il est vaincu! —Comptez encore ceci parmi les refus qu'a essuyés Caton : les obstacles qui lui

die repulsus est, lusit; qua nocte periturus fuit, legit : eodem loco habuit, prætura et vita excidere; omnia, quæ acciderent, ferenda esse persuaserat sibi. Quidni ille mutationem reipublicæ forti et æquo pateretur animo? Quid enim mutationis periculo exceptum? non terra, non cœlum, non totus hic rerum omnium contextus, quamvis Deo agente ducatur. Non semper tenebit hunc ordinem; sed illum ex hoc cursu aliquis dies dejiciet. Certis eunt cuncta temporibus; nasci debent, crescere, exstingui. Quæcumque supra nos vides currere, et hæc, quibus immixti atque impositi sumus veluti solidissimis, carpentur ac desinent. Nulli non senectus sua est : inæqualibus ista spatiis eodem natura dimittit. Quidquid est, non erit : nec peribit, sed resolvetur. Nobis solvi, perire est. Proxima enim intuemur : ad ulteriora non prospicit mens hebes, et quæ se corpori addixit; alioqui fortius finem sui suorumque pateretur, si speraret omnia illa sic in vitam mortemque per vices ire, et composita dissolvi, dissoluta componi; in hoc opere æternam artem cuncta temperantis Dei verti. Itaque, ut Cato, quum ævum animo percurrerit, dicet : « Omne humanum genus, quodque est, quodque erit, morte damnatum est : omnes, quæ usquam rerum potiuntur, urbes, quæque alienorum imperiorum magna sunt decora, ubi fuerint, aliquando quæretur, et vario exitii genere tollentur : alias destruent bella; alias desidia

ont interdit la victoire, il les supportera avec autant de grandeur d'âme que ceux qui l'ont écarté de la préture. Le jour où sa candidature fut repoussée, fut consacré au jeu; la nuit de sa mort, à la lecture; ce fut même chose pour lui de renoncer à la préture ou à la vie : il s'était armé de patience pour tous les évènemens. Et pourquoi n'eût-il pas supporté avec fermeté et constance le changement que subit la république? Qu'y a-t-il, en effet, au monde, qui soit à l'abri du changement? La terre, le ciel, la vaste machine de l'univers, n'en sont pas exempts, quoique sous la direction de Dieu même. Non, le monde ne conservera pas toujours son ordre actuel; quelque jour viendra qui le fera dévier de sa marche. Tous les êtres ont des périodes marquées : ils doivent naître, croître et périr. Ces astres que vous voyez se mouvoir au dessus de nous, cette terre où nous sommes confusément répandus, et qui nous semble si solide; tout cela est sourdement miné, tout cela aura un terme. Il n'est rien qui n'ait sa vieillesse : quoiqu'à des époques différentes, une même fin est réservée à tous les êtres. Tout ce qui est finira par ne plus être; mais le monde ne périra pas pour cela, il se dissoudra. La dissolution pour nous, c'est la destruction. En effet, nous ne considérons que ce qui est près de nous : notre âme, abâtardie, et qui ne sait point se détacher du corps, ne voit rien au delà; tandis que nous supporterions, avec beaucoup plus de fermeté, l'idée de notre fin et de celle de nos proches, si nous étions persuadés que la nature n'est qu'une succession de naissance et de mort; que les corps composés se dissolvent; que les corps dissous se recomposent, et que c'est dans ce cercle infini que s'exerce la puissance du dieu modérateur de l'univers. Aussi Caton, après avoir par-

paxque ad inertiam versa consumet, et, magnis opibus exitiosa res, luxus. Omnes hos fertiles campos repentina maris inundatio abscondet, aut in subitam cavernam considentis soli lapsus abducet. Quid est ergo, quare indigner aut doleam, si exiguo momento publica fata præcedo?» Magnus animus Deo pareat, et, quidquid lex universi jubet, sine cunctatione patiatur. Aut in meliorem emittitur vitam, lucidius tranquilliusque inter divina mansurus; aut certe, sine ullo futurus incommodo, suæ naturæ remiscebitur, et revertetur in totum. Non est ergo M. Catonis majus bonum honesta vita, quam mors honesta; quoniam non intenditur virtus. «Idem esse, dicebat Socrates, veritatem et virtutem :» quomodo illa non crescit, sic ne virtus quidem; habet numeros suos, plena est.

Non est itaque, quod mireris paria esse bona, et quæ ex proposito sumenda sunt, et quæ si ita res tulit. Nam si hanc inæqualitatem receperis, et fortiter torqueri in minoribus bonis numeres, numerabis etiam in malis : et

couru la chaîne des âges, dira : « L'espèce humaine tout entière, celle qui existe, comme celle qui existera, est condamnée à la mort; toutes les villes disparaîtront, celles qui gouvernent le monde, comme celles qui sont l'ornement des grands empires, et un jour on cherchera la place qu'elles occupaient; elles seront dissoutes par des calamités diverses : celles-ci périront par la guerre; celles-là seront consumées par l'oisiveté et par la paix qui engendrent l'incurie, ou par le luxe, ce fléau des états puissans : ces fertiles campagnes, un débordement soudain de la mer les engloutira toutes; ou bien elles s'abîmeront subitement sous quelque affaissement du sol. Pourquoi donc m'indigner ou me plaindre, si je devance de quelques instans la ruine qui attend toutes choses?» Une grande âme doit savoir obéir à Dieu, et se soumettre sans hésitation à la loi universelle. Si elle ne quitte pas cette vie pour une vie meilleure, et pour trouver dans les cieux un séjour plus brillant et plus tranquille, du moins, exempte de souffrances, elle sera rendue au principe qui l'a produite, et retournera se confondre dans la masse générale. La vie vertueuse de Caton n'est donc pas un plus grand bien que sa vertueuse mort, s'il est vrai que la vertu n'a point de degrés. Socrate prétendait que la vérité et la vertu étaient même chose : en effet, pas plus que l'une, l'autre ne peut croître. La vertu a toujours sa mesure convenable; rien n'y manque.

Ne soyez donc pas surpris que tous les biens soient égaux, et ceux que l'on a recherchés et ceux qu'a produits la force des choses; car si vous admettez l'inégalité, et que vous placiez les tortures courageusement supportées parmi les moindres biens, vous ne tarderez

infelicem Socratem dices in carcere; infelicem Catonem, vulnera sua animosius, quam fecerat, retractantem; calamitosissimum omnium Regulum, fidei poenas etiam hostibus servatae pendentem. Atqui nemo hoc dicere, ne ex mollissimis quidem, ausus est : negant enim illum esse beatum, sed tamen negant miserum.

Academici veteres beatum quidem esse etiam inter hos cruciatus fatentur, sed non ad perfectum, nec ad plenum : quod nullo modo potest recipi. Nisi beatus est, in summo bono non est. Quod summum bonum est, supra se gradum non habet; si modo illi virtus inest, si illam adversa non minuunt, si manet etiam comminuto corpore incolumis. Manet autem : virtutem enim intelligo animosam et excelsam, quam incitat quidquid infestat. Hunc animum, quem saepe induunt generosae indolis juvenes, quos alicujus honestae rei pulchritudo percussit, ut omnia fortuita contemnant, profecto sapientia infundet et tradet : persuadebit, unum bonum esse, quod honestum; hoc nec remitti, nec intendi posse; non magis, quam regulam, qua rectum probari solet, flectes. Quidquid ex illa mutaveris, injuria est recti. Idem ergo de virtute dicemus : et haec recta est; flexuram non recipit : rigidari quidem potest, amplius intendi non potest. Haec de omnibus rebus judicat, de hac nulla. Si rectior ipsa non potest fieri; nec, quae ab illa quidem

pas à les regarder comme un mal ; et vous trouverez Socrate malheureux dans son cachot; Caton malheureux lorsque, redoublant de courage, il rouvre sa blessure ; Regulus le plus à plaindre de tous les hommes, quand il porte la peine de la foi qu'il a gardée à ses ennemis. Or, personne n'a osé avancer pareille chose, même parmi les hommes les plus efféminés; on nie qu'il ait été heureux, mais on ne dit pas qu'il ait été malheureux.

Les anciens sectateurs de l'Académie conviennent qu'on peut être heureux au milieu de pareilles souffrances ; mais non d'une manière parfaite ni complète : restriction qui ne saurait être admise en aucune façon. Si en pareil cas l'homme n'est pas heureux, il ne jouit pas du souverain bien : car le souverain bien, proprement dit, n'a point de degrés au dessus de lui, du moment qu'il est accompagné de la vertu, que cette vertu n'est point atténuée par l'adversité, et qu'elle demeure intacte en face de la mutilation du corps. Or, c'est ce qui arrive, puisque je suppose la vertu intrépide, élevée et toujours grandissant dans la persécution. Ce courageux mépris des hasards que déploient souvent des jeunes gens heureusement nés, lorsqu'une passion honnête vient à les saisir, la sagesse, n'en doutez pas, vous l'inspirera et vous la communiquera : elle vous persuadera qu'il n'y a de bon que ce qui est honnête; que l'honnête n'est pas susceptible de plus ou de moins d'intensité; et qu'on ne le fait pas plus fléchir que la règle qui sert à tirer les lignes droites. Si peu que vous changiez à celle-ci, elle n'est plus droite. Nous en dirons autant de la vertu : elle est droite aussi, et ne se prête point à la courbure : se roidir lui est possible, sans doute, mais non se grandir. Elle est juge de

fiunt, alia aliis rectiora sunt; huic enim necesse est respondeant : ita paria sunt.

Quid ergo? inquis : jacere in convivio, et torqueri, paria sunt?—Hoc mirum videtur tibi? Illud licet magis admireris : jacere in convivio, malum est; torqueri in equuleo, bonum est; si illud turpiter, hoc honeste fit. Bona ista aut mala non efficit materia, sed virtus : hæc ubicumque apparuit, omnia ejusdem mensuræ ac pretii sunt. In oculos nunc mihi manus intentat ille, qui omnium animum æstimat ex suo, quod dicam paria bona esse, adversa fortiter portantis, et prospera honeste judicantis; quod dicam paria bona esse, ejus qui triumphat, et ejus qui ante currum vehitur invictus animo. Non putant enim fieri, quidquid facere non possunt; ex infirmitate sua de virtute ferunt sententiam. Quid miraris, si uri, vulnerari, occidi, alligari juvat, aliquando etiam libet? Luxurioso frugalitas pœna est; pigro supplicii loco labor est; delicatis miseria est industria; desidioso studere torqueri est : eodem modo hæc, ad quæ omnes imbecilli sumus, dura atque intoleranda credimus, obliti, quam multis tormentum sit vino carere, aut prima luce excitari. Non ista difficilia sunt natura, sed nos fluidi et enerves. Magno animo de rebus magnis judicandum est; alioqui videbitur illarum vitium esse quod nostrum est.

tout, et n'a point de juge. Si elle ne peut pas être plus droite qu'elle n'est, les actions qu'elle produit ne peuvent pas non plus être plus droites les unes que les autres, puisqu'il faut qu'elles lui correspondent : elles sont donc égales.

Quoi! dites-vous, les joies de la table et les souffrances de la torture sont-elles même chose? — Cela vous surprend? voici qui vous surprendra davantage : les joies de la table sont un mal ; les tortures du chevalet sont un bien, si, au milieu des unes, on se comporte honteusement, et au milieu des autres honorablement. Ce n'est point l'essence de ces choses-là qui les rend bonnes ou mauvaises, c'est la vertu ; la vertu qui, partout où elle paraît, donne à toutes choses la même mesure et la même valeur. Je vois d'ici ceux qui jugent des autres âmes par la leur m'adresser des gestes menaçans, parce que je dis que c'est un égal bien de supporter courageusement l'adversité et d'user honnêtement de la prospérité ; parce que je dis que c'est un égal bien de triompher et d'être traîné, l'âme invaincue, devant le char du vainqueur : car ces gens-là regardent comme impossible tout ce qu'ils ne peuvent pas faire, habitués qu'ils sont à mesurer la puissance de la vertu à leur faiblesse. Pourquoi vous étonner que tel homme consente volontiers, trouve même du plaisir à être brûlé, blessé, mis à mort et chargé de chaînes? La frugalité est une peine pour le gourmand ; le travail est un supplice pour le fainéant ; l'activité est une souffrance pour l'indolent ; l'étude est une torture pour le paresseux. De la même manière, nous regardons comme dures et insupportables toutes les situations auxquelles nous ne sommes pas faits ; nous ne songeons pas combien il y a de gens pour qui c'est un supplice de man-

Sic quædam rectissima, quum in aquam demissa sunt, speciem curvi præfractique visentibus reddunt. Non tantum quid videas, sed quemadmodum, refert : animus noster ad vera perspicienda caligat. Da mihi adolescentem incorruptum, et ingenio vegetum; dicet fortunatiorem sibi videri, qui omnia rerum adversarum onera rigida cervice sustollit, qui supra fortunam extat. Non mirum est, in tranquillitate non concuti : illud mirare, ibi extolli aliquem, ubi omnes deprimuntur; ibi stare, ubi omnes jacent. Quid est in tormentis, quid est in aliis, quæ adversa appellamus, mali? hoc, ut opinor, succidere mentem, et incurvari, et succumbere; quorum nihil sapienti viro potest evenire. Stat rectus sub quolibet pondere; nulla illum res minorem facit; nihil illi eorum, quæ ferenda sunt, displicet. Nam, quidquid cadere in hominem potest, in se cecidisse non queritur. Vires suas novit; scit se esse oneri ferendo.

Non educo sapientem ex hominum numero; nec dolores ab illo, sicut ab aliqua rupe nullum sensum admittente, submoveo. Memini ex duabus illum partibus esse compositum : altera est irrationalis; hæc mordetur, uritur, dolet : altera rationalis; hæc inconcussas opiniones habet, intrepida est, et indomita. In hac positum

quer de vin ou d'être éveillés à la pointe du jour. Aucun effort de ce genre n'est au dessus de nos forces ; mais nous sommes lâches et énervés. Il faut une grande âme pour apprécier les grandes choses ; sans quoi on leur attribue des torts qui viennent de nous. Ainsi, les objets les plus droits, vus dans l'eau, paraissent courbés et brisés. Il ne suffit pas de voir les choses, il faut les bien voir : notre âme n'aperçoit la vérité qu'à travers un brouillard. Donnez-moi un jeune homme exempt de corruption et d'une âme vigoureuse : il dira qu'il trouve plus heureux celui qui porte sans fléchir le faix de l'adversité, celui qui reste au dessus de la fortune. Il n'y a rien d'étonnant à rester inébranlable dans le calme ; mais, ce qui est admirable, c'est de s'élever où tout le monde s'abaisse, de demeurer debout là où tout le monde est jeté à terre. Qu'y a-t-il de funeste dans les tourmens et dans tout ce que vous appelez du nom d'adversités ? c'est, selon moi, la faiblesse, le découragement, l'abattement de l'esprit, accidens à l'abri desquels se trouve le sage. Il se tient droit sous tous les fardeaux possibles ; rien ne le rappetisse ; rien ne lui déplaît de ce qu'il doit supporter. Ce n'est pas lui qui se plaindra de ce qu'aucun des maux qui peuvent fondre sur l'homme est fondu sur lui. Il connaît ses forces ; il sait qu'il peut suffire à sa charge.

Je ne fais pas du sage un homme à part ; je n'écarte pas la douleur de lui, comme d'un rocher inaccessible à toute sensation. Je ne perds pas de vue qu'il est composé de deux substances : l'une irraisonnable, qui sent les morsures, les brûlures, la douleur ; l'autre raisonnable, que rien ne peut ébranler dans ses opinions, effrayer ni vaincre. C'est dans cette dernière que réside le

est summum illud hominis bonum : antequam impleatur, incerta mentis volutatio est; quum vero perfectum est, immota illa stabilitas est. Itaque inchoatus, et ad summa procedens, cultorque virtutis, etiam si appropinquat perfecto bono, sed ei nondum summam manum imposuit; ibi interim cessabit, et remittet aliquid ex intentione mentis : nondum enim incerta transgressus est; etiam nunc versatur in lubrico. Beatus vero, et virtutis exactæ, tunc se maxime amat, quum fortissime expertus est; et metuenda ceteris, si alicujus honesti officii pretia sunt, non tantum fert, sed amplexatur, multoque audire mavult : « Tanto melior, quam tanto felicior. »

Venio nunc illo, quo me vocat exspectatio tua. Ne extra rerum naturam vagari virtus nostra videatur, et tremet sapiens, et dolebit, et expallescet; hi enim omnes corporis sensus sunt. Ubi ergo calamitas? ubi illud malum verum est? Illic scilicet, si ista animum detrahunt, si ad confessionem servitutis adducunt, si illi pœnitentiam sui faciunt. Sapiens quidem vincit virtute fortunam; at multi professi sapientiam levissimis nonnunquam minis exterriti sunt! Hoc loco vitium nostrum est, qui, quod dicitur de sapiente, exigimus et a proficiente. Suadeo adhuc mihi ista quæ laudo, nondum persuadeo; etiam si persuasissem, nondum tam parata haberem aut tam exercitata, ut ad omnes casus procurrerent. Quemadmodum lana quosdam colores semel ducit,

souverain bien : autant l'âme est incertaine et flottante quand il est incomplet, autant elle est immobile et fixe quand on en jouit dans toute sa plénitude. Voilà pourquoi l'homme qui ne fait encore que s'essayer à la sagesse et à la vertu, quelque près qu'il se trouve du bonheur parfait, s'il ne le possède pas entièrement, s'arrête parfois, chancelle dans sa volonté : il n'a pas franchi toutes les incertitudes; il est encore sur un terrain glissant. Mais l'homme heureux, et dont la vertu est accomplie, n'est jamais plus content de lui que quand il est fortement éprouvé; il supporte et embrasse même le mal que les autres redoutent, quand ce mal est le prix d'une conduite honorable ; il aime mieux qu'on le félicite de sa vertu que de son bonheur.

J'arrive maintenant à l'objet auquel m'appelle votre impatience. Comme notre vertu ne saurait s'affranchir des lois de la nature, on verra le sage frémir, souffrir, pâlir; car ce sont toutes sensations auxquelles le corps est sujet. Quel est donc le point où commence le malheur? où ces accidens deviennent un mal véritable? C'est du moment qu'ils affaiblissent l'âme, qu'ils l'amènent à l'aveu de sa servitude, qu'ils la font repentir d'être ce qu'elle est. Sans doute, le sage sait vaincre la fortune par sa vertu; mais on a vu des prétendans à la sagesse s'épouvanter des menaces les plus légères. Ici, le tort est de notre côté : ce qui n'appartient qu'au sage, nous l'exigeons d'un commençant. Je me prêche cette vertu dont je fais l'éloge, mais je n'y suis point encore converti; du reste, quand j'y serais converti, je n'aurais pas un courage assez exercé, assez décidé pour affronter tous les hasards. De même que la laine prend certaines couleurs du pre-

quosdam, nisi sæpius macerata et recocta, non perbibit. sic alias disciplinas ingenia, quum accepere, protinus præstant; hæc, nisi alte descendit, et diu sedit, et animum non coloravit, sed infecit, nihil ex his, quæ promiserat, præstat. Cito hoc potest tradi, et paucissimis verbis, «Unum bonum esse virtutem, nullum certe sine virtute; et ipsam virtutem in parte nostri meliore, id est, rationali, positam.» Quid erit hæc virtus? judicium verum et immotum; ab hoc enim impetus venient mentis; ab hoc omnes species, quæ impetum movent, redigentur ad liquidum. Huic judicio consentaneum erit, omnia, quæ virtute contacta sunt, et bona judicare, et inter se paria. Corporum autem bona corporibus quidem bona sunt; sed in totum non sunt bona. His pretium quidem erit aliquod, ceterum dignitas non erit; magnis inter se intervallis distabunt; alia majora, alia minora erunt. Et in ipsis sapientiam sectantibus magna discrimina esse, fateamur necesse est. Alius jam in tantum profecit, ut contra fortunam audeat attollere oculos, sed non pertinaciter; cedunt enim nimio splendore præstricti : alius in tantum, ut possit cum illa conferre vultum; si jam pervenit ad summum, et fiduciæ plenus est. Imperfecta necesse est labent, et modo prodeant, modo sublabantur, aut succidant. Sublabentur autem, nisi ire et niti perseveraverint : si quidquam ex studio et fideli

mier coup, et ne s'imbibe de certaines autres qu'après des macérations et des coctions répétées : de même il est des enseignemens que notre esprit retient tout d'abord ; mais si elle n'est pas descendue profondément dans notre âme, si elle n'y a pas séjourné long-temps, si elle ne l'a pas, je ne dis pas colorée, mais fortement teinte, la sagesse alors est loin de tenir tout ce qu'elle avait promis. Il ne faut qu'un instant et quelques mots pour enseigner « que la vertu est l'unique bien, qu'il n'y a pas de bien possible sans vertu, et que la vertu réside dans la partie la plus noble de notre être, c'est-à-dire, dans la substance raisonnable. » En quoi consistera cette vertu ? En un jugement sain et inébranlable ; faculté qui décidera les mouvemens de l'âme, qui réduira à leur juste valeur les illusions qui nous agitent d'ordinaire. L'un des attributs de ce jugement sera de regarder comme des biens, et comme égales entre elles, toutes les actions qui ont le cachet de la vertu. Les jouissances du corps sont des biens pour le corps, sans contredit ; mais elles ne sont pas des biens de tout point. Sans doute elles auront un certain prix, mais elles manqueront de dignité ; elles seront de plusieurs degrés : il y en aura de plus grandes, il y en aura de moindres. Même parmi les hommes qui visent à la sagesse, il existe de notables différences, nous devons l'avouer. L'un est assez avancé pour oser lever les yeux contre la fortune, mais passagèrement toutefois : car, ébloui qu'il est, il est bientôt forcé de les baisser ; un autre est de force à pouvoir la regarder en face, à condition pourtant qu'il sera arrivé au sommet de la perfection, et qu'il sera sûr de lui. Chanceler, reculer et avancer alternativement, parfois même succomber, voilà le sort de l'imperfection. Or, on recu-

intentione laxaverint, retro eundum est. Nemo profectum ibi invenit, ubi reliquerat.

Instemus itaque, et perseveremus! Plus quam profligavimus, restat; sed magna pars est profectus, velle proficere. Hujus rei conscius mihi sum : volo, et tota mente volo. Te quoque instinctum esse, et magno ad pulcherrima properare impetu, video. Properemus! ita demum vita beneficium erit; alioqui mora est, et quidem turpis inter foeda versantibus. Id agamus, ut nostrum omne tempus sit : non erit autem, nisi prius nos nostri esse coeperimus. Quando continget contemnere utramque fortunam? quando continget omnibus oppressis affectibus, et sub arbitrium adductis, hanc vocem emittere : *Vici!* — Quem vicerim, quaeris? — Non Persas, nec extrema Medorum, nec si quid ultra Dahas bellicosum jacet; sed avaritiam, sed ambitionem, sed metum mortis, qui victores gentium vicit.

LXXII.

Omnia esse relinquenda ad amplexandam philosophiam.

Quod quaeris a me, liquebat mihi, quum rem ediscerem, per se : sed diu non retentavi memoriam meam;

lera si on ne persiste à marcher, à redoubler d'efforts; si un instant le zèle et les bonnes résolutions faiblissent, c'en est fait, il faut rétrograder. On ne retrouve jamais ses progrès où on les avait laissés.

Continuons donc et persévérons! Il nous reste plus d'ennemis à vaincre que nous n'en avons terrassés; mais c'est avoir déjà fait du chemin que de vouloir avancer. Je vous en parle d'après ma propre expérience : je veux, et je veux de toute mon âme. Vous aussi, je le vois, vous êtes animé de la même ardeur, et vous marchez à grands pas vers la sagesse. Hâtons-nous donc! c'est à ce seul prix que la vie est un bienfait; autrement ce n'est qu'un obstacle, un obstacle honteux qui nous retient dans l'ignominie. Faisons en sorte que tout notre temps soit à nous : or, il ne le sera que lorsque nous serons nous-mêmes à nous. Quand en viendrons-nous à mépriser la fortune bonne ou mauvaise? quand en viendrons-nous à nous écrier, après avoir étouffé et subjugué toutes nos passions : *J'ai vaincu!* — Vous me demandez qui? — Ce ne sont ni les Perses, ni les peuples lointains de la Médie, ni les nations belliqueuses qui peuvent se trouver par-delà les Dahes : c'est l'avarice, c'est l'ambition, c'est la crainte de la mort, par lesquelles furent vaincus les vainqueurs des nations.

LXXII.

Qu'on doit tout abandonner pour embrasser la sagesse.

Ce que vous me demandez se serait présenté tout d'abord à mon esprit à l'époque où je savais apprendre;

itaque non facile me sequitur. Quod evenit libris situ cohærentibus, hoc evenisse mihi sentio; explicandus est animus, et, quæcumque apud illum deposita sunt, subinde excuti debent, ut parata sint quoties usus exegerit. Ergo hoc in præsentia differamus; multum enim operæ, multum diligentiæ poscit. Quum primum longiorem eodem loco speravero moram, tunc istud in manus sumam. Quædam enim sunt, quæ possis et in cisio scribere; quædam lectum, et otium, et secretum desiderant. Nihilominus his quoque occupatis diebus agatur aliquid, et quidem totis : nunquam enim non succedent occupationes novæ; serimus illas : itaque ex una exeunt plures; deinde ipsi nobis dilationem damus. « Quum hoc peregero, toto animo incumbam; et, si hanc rem molestam composuero, studio me dabo. » — Non, quum vacaveris, philosophandum est : omnia alia negligenda sunt, ut huic assideamus; cui nullum tempus satis magnum est, etiam si a pueritia usque ad longissimos humani ævi terminos vita producatur. Non multum refert, utrum omittas philosophiam, an intermittas : non enim, ubi interrupta est, manet; sed, eorum more, quæ intenta dissiliunt, usque ad initia sua recurrit, quod a continuatione discessit.

Resistendum est occupationibus, nec explicandæ, sed summovendæ sunt. Tempus quidem nullum parum est idoneum studio salutari : atqui multi inter illa non stu-

mais il y a long-temps que je n'ai éprouvé ma mémoire, ce qui fait qu'elle me sert mal. Je suis comme les livres qui sont restés long-temps en place, et dont les parois se sont collées entre elles. Il est bon de dérouler parfois son esprit, et de secouer les faits qu'on y a déposés, afin de les trouver prêts quand on en a besoin. Laissons donc, pour le présent, de côté ce dont vous me parlez ; cela demande trop de soin et trop d'attention. Au premier endroit où je pourrai me promettre un séjour un peu long, je m'occuperai de cet objet. Il est, en effet, des sujets qu'on traite même en voiture, tandis que d'autres exigent le repos et la retraite. Cependant il faut faire quelque chose dans ces jours d'occupation, et même en tout temps ; car de nouvelles occupations nous arrivent sans cesse : nous les semons ; une seule en fait éclore plusieurs ; et avec cela nous nous accordons des délais. Lorsque j'aurai achevé cette chose, disons-nous, je m'adonnerai tout entier à la philosophie ; quand j'aurai arrangé cette ennuyeuse affaire, je me vouerai à l'étude. Pour philosopher, il ne faut pas attendre qu'on ait des loisirs : il faut tout quitter pour cette grande occupation qui épuiserait notre temps et bien au delà, quand notre vie s'étendrait depuis l'enfance jusqu'aux limites les plus reculées de l'existence humaine. Qu'on néglige entièrement la philosophie ou qu'on s'en occupe par intervalle, c'est à peu près la même chose. En effet, elle ne reste jamais à l'endroit où on l'a quittée : comme un ressort tendu qui revient sur lui-même, à la moindre interruption, elle retourne au point d'où elle est partie.

Il faut se mettre en garde contre les occupations, ne pas se contenter de s'en débarrasser, mais les bannir entièrement. Point de temps qui ne soit propre aux

dent, propter quæ studendum est. — Incidet quod impediat; — non equidem eum, cujus animus in omni negotio lætus atque alacer est : imperfectis adhuc interscinditur lætitia; sapientis vero contexitur gaudium, nulla rumpitur causa, nulla fortuna; semper et ubique tranquillum est. Non enim ex alieno pendet, nec favorem fortunæ, aut hominis, exspectat. Domestica illi felicitas est : exiret ex animo, si intraret; ibi nascitur. Aliquando extrinsecus, quo admoneatur mortalitatis, intervenit; sed id leve, et quod summam cutem stringat. Aliquo, inquam, incommodo afflatur : maximum ejus bonum est fixum. Ita dico, extrinsecus aliqua sunt incommoda; velut in corpore interdum robusto solidoque eruptiones quædam pustularum et ulcuscula, nullum in alto malum est. Hoc, inquam, interest inter consummatæ sapientiæ virum, et alium procedentis, quod inter sanum, et ex morbo gravi ac diutino emergentem, cui sanitatis loco est levior accessio. Hic, nisi attendit, subinde gravatur, et in eadem revolvitur : sapiens recidere non potest, ne incidere quidem amplius. Corpori enim ad tempus bona valetudo est; quam medicus, etiam si reddidit, non præstat : sæpe ad eumdem, qui advocaverat, excitatur. [Sapientis animus] semel in totum sanatus [est.] Dicam quomodo intelligas sanum : si se ipse contentus est; si confidit sibi; si scit, omnia vota mortalium, omnia beneficia quæ dantur petunturque, nullum in

saines études; cependant il ne manque pas de gens qui n'étudient pas dans les momens même où ils auraient le plus besoin d'étudier. — Il surviendra des contre-temps; — non pas pour celui que le contentement et l'allégresse ne quittent point : les hommes dont la sagesse est imparfaite n'ont que des plaisirs entrecoupés; mais la joie du sage forme un tissu que nulle cause et nul accident de fortune ne peuvent rompre; la tranquillité l'accompagne toujours et partout. C'est qu'il est indépendant des influences extérieures, et n'attend de faveur ni de la fortune ni des hommes. Sa félicité est toute intérieure; elle sortirait de son âme, si elle y entrait; elle y prend naissance. Parfois il survient du dehors des évènemens qui lui rappellent qu'il est mortel; mais ce sont des riens qui ne font qu'effleurer sa peau. En vain l'adversité souffle-t-elle contre lui, sa félicité parfaite est inébranlable. Ainsi, je le répète, quelques désagrémens peuvent lui arriver du dehors; mais ils sont pour lui ce que sont pour un corps robuste des éruptions passagères et de petites écorchures; tout cela ne passe pas l'épiderme. Il y a entre l'homme d'une sagesse consommée et celui dont la sagesse commence, la même différence qu'entre l'homme bien portant et celui qui relève d'une maladie grave et longue, et à qui un mieux léger tient lieu de santé. Si ce dernier ne s'observe, il souffre et retombe dans le même état; mais le sage n'a point à craindre les rechutes, pas plus que les chutes. En effet, la santé du corps n'est que temporaire; le médecin, lors même qu'il l'a rendue, ne peut la garantir, et souvent il est rappelé auprès du malade qui avait eu recours à lui. L'âme du sage, au contraire, est entièrement guérie. Voici les signes auxquels on reconnaît la guérison : contentement de soi-

beata vita habere momentum. Nam cui aliquid accedere potest, id imperfectum est; cui aliquid abscedere potest, id imperpetuum est : cujus perpetua futura lætitia est, is suo gaudeat. Omnia autem, quibus vulgus inhiat, ultro citroque fluunt : nihil dat fortuna mancipio; sed hæc quoque fortuita tunc delectant, quum illa ratio temperavit ac miscuit. Hæc est quæ etiam externa commendet, quorum avidis usus ingratus est.

Solebat Attalus hac imagine uti : « Vidisti aliquando canem missa a domino frusta panis aut carnis aperto ore captantem? quidquid excepit, protinus integrum devorat, et semper ad spem futuri hiat. Idem evenit nobis : quidquid exspectantibus fortuna projecit, id sine ulla voluptate demittimus, statim ad rapinam alterius erecti et attenti. » Hoc sapienti non evenit; plenus est : etiam si quid obvenit, secure excipit, ac reponit; lætitia fruitur maxima, continua, sua. Habet aliquis bonam voluntatem, habet profectum, sed cui multum desit a summo? hic deprimitur alternis, et extollitur, ac modo in cœlum allevatur, modo defertur ad terram. Impeditis ac rudibus nullus præcipitationis finis est; in Epicureum illud chaos decidunt inane, sine termino. Est adhuc genus tertium, eorum qui sapientiæ alludunt : quam non quidem conti-

même ; confiance dans ses forces ; conviction complète que tous les vœux des mortels, que tous les bienfaits qu'on prodigue ou qu'on reçoit, ne peuvent influer sur le bonheur de la vie. Car du moment que ce qui est susceptible d'accroissement est imparfait, et que ce qui est susceptible de décroissement est périssable, pour jouir d'un bonheur perpétuel, il faut le puiser en soi-même. Tous les objets qui excitent les appétits du vulgaire sont sujets au flux et reflux : la fortune ne nous donne rien en propre ; cependant les faveurs du sort peuvent causer du plaisir quand la raison règle leur usage et s'y mêle. C'est la raison qui donne du prix aux objets extérieurs ; ils perdent tout leur charme quand on en use immodérément.

Attale avait coutume d'employer cette comparaison : « Avez-vous vu quelquefois un chien happer à la volée des morceaux de pain ou de viande que lui jette son maître ? tout ce qui tombe sous sa dent, il l'avale d'une seule fois, et il tend toujours la gueule pour un autre morceau. La même chose nous arrive quand la fortune nous a jeté quelque chose que nous attendions : nous le prenons sans le moindre plaisir, avides et occupés que nous sommes de lui ravir une autre faveur. » Il n'en est pas ainsi du sage ; il est pour jamais rassasié : quoi qu'il lui tombe en partage, il le reçoit avec calme et le met en réserve ; il jouit d'un contentement sans borne et sans fin, qui est à lui. On voit des gens qui ont la volonté de bien faire, et qui sont dans la bonne voie, mais à qui il manque bien des choses pour la perfection ; ils s'élèvent et s'abaissent alternativement, touchent tantôt le ciel, tantôt retombent sur la terre. Pour les gens affairés et les ignorans, leur vie est une chute continuelle ; il sem-

gerunt, in conspectu tamen, et (ut ita dicam) sub ictu habent : hi non concutiuntur; ne defluunt quidem : nondum in sicco, jam in portu sunt. Ergo, quum tam magna sint inter summos imosque discrimina; quum medios quoque sequatur fructus suus, sequatur ingens periculum ad deteriora redeundi; non debemus occupationibus indulgere. Excludendæ sunt : si semel intraverint, in locum suum alias substituent. Principiis illarum obstemus! Melius non incipient, quam desinent.

LXXIII.

Immerito philosophos seditiosæ mentis argui.

ERRARE mihi videntur, qui existimant, philosophiæ fideliter deditos contumaces esse ac refractarios, et contemptores magistratuum ac regum, eorumve, per quos publica administrantur. E contrario enim, nulli adversus illos gratiores sunt; nec immerito : nullis enim plus præstant, quam quibus frui tranquillo otio licet. Itaque hi, quibus altum ad propositum bene vivendi confert securitas publica, necesse est auctorem hujus boni ut parentem colant; multo quidem magis, quam illi inquieti et in medio positi, qui multa principibus debent, sed multa et imputant; quibus nunquam tam plene occurrere ulla

ble qu'ils tombent dans le vide infini d'Épicure. Il y a encore une troisième classe, ce sont ceux qui côtoient la sagesse; ils ne la tiennent pas encore, cependant ils l'ont devant les yeux et comme sous la main; ils ne sont point balottés par les flots, ils ne dérivent même pas; mais, quoique dans le port, ils ne sont pas encore à terre. Puis donc qu'une si grande distance sépare le premier degré du dernier; puisque le milieu, à côté de ses avantages, offre un grand danger, celui de retomber dans le mal, nous devons éviter de nous livrer aux affaires. Il faut les bannir de chez nous; une fois entrées, ce sera pour ne céder la place qu'à d'autres. Opposons-nous à leurs commencemens; il est plus aisé de les empêcher de commencer que de les terminer.

LXXIII.

C'est à tort qu'on accuse les philosophes de pensées séditieuses.

C'est une grande erreur, il me semble, de considérer les vrais philosophes comme des mécontens et des factieux qui méprisent les magistrats, les rois et tous ceux qui gouvernent. Il n'y a au contraire personne de plus dévoué qu'eux, et cela se conçoit : car s'il est des hommes à qui les gouvernans soient utiles, ce sont ceux à qui ils assurent le bien-être du repos. Il est donc tout naturel que ceux à qui la sécurité publique permet de s'occuper de vivre honnêtement, honorent, à l'égal d'un père, l'auteur d'un pareil bienfait; et il y a cent fois plus à compter sur eux que sur ces gens inquiets et jetés dans les affaires qui, s'ils doivent beaucoup aux princes, croient que ceux-ci leur doivent davantage encore; gens

liberalitas potest, ut cupiditates illorum, quæ crescunt dum implentur, exsatiet. Quisquis autem de accipiendo cogitat, oblitus accepti est; nec ullum habet malum cupiditas majus, quam quod ingrata est. Adjice nunc, quod nemo eorum, qui in republica versantur, quos vincat, sed a quibus vincatur, aspicit; et illis non tam jucundum est, multos post se videre, quam grave, aliquem ante se. Habet hoc vitium omnis ambitio : non respicit. Nec ambitio tantum instabilis est, verum cupiditas omnis; quia incipit semper a fine.

At ille vir sincerus ac purus, qui reliquit et curiam, et forum, et omnem administrationem reipublicæ, ut ad ampliora secederet, diligit eos, per quos hoc ei facere tuto licet, solumque illis gratuitum testimonium reddit, et magnam rem nescientibus debet. Quemadmodum præceptores suos veneratur ac suspicit, quorum beneficio illis inviis exiit : sic et hos, sub quorum tutela positus exercet artes bonas. — Verum alios quoque rex viribus suis protegit. — Quis negat? Sed quemadmodum Neptuno plus debere se judicat, ex his qui eadem tranquillitate usi sunt, qui plura et pretiosiora illo mari vexit; et animosius a mercatore, quam a vectore, solvitur votum; et ex ipsis mercatoribus effusius gratus est, qui odores ac purpuras, et auro pensanda portabat, quam qui vilissima quæque, et saburræ loco futura, conges-

d'ailleurs dont on ne peut jamais, quelque étendue qu'on donne à sa libéralité, rassasier la cupidité qui s'accroît à mesure qu'on les gorge. Penser à recevoir, c'est déjà oublier qu'on a reçu; et le plus grand tort de la cupidité, c'est d'être ingrate. Ajoutez à cela que, de tous les hommes qui ont des fonctions dans l'état, il n'y en a pas un qui ne regarde plutôt ceux qui l'ont dépassé que ceux qu'il a laissés en arrière. Le plaisir qu'ils ressentent d'en voir beaucoup après eux, ne balance pas la peine qu'ils ont de voir quelqu'un avant eux. C'est le vice de toute ambition de ne pas regarder derrière elle : du reste l'ambition n'est pas la seule passion qui soit insatiable ; toutes sont ainsi faites, parce que toutes ne finissent que pour recommencer.

L'homme intègre et pur, au contraire, qui a renoncé au sénat, à la place publique et à toute espèce de fonctions publiques, pour se retrancher dans de plus nobles occupations, ne peut que chérir ceux par les soins desquels il peut satisfaire ses paisibles goûts; seul, il leur rend un hommage gratuit, et leur a de grandes obligations sans qu'ils s'en doutent. Tout ce qu'il a de respect et d'estime pour les instituteurs dont les soins bienfaisans lui ont frayé la route de la vertu, il l'étend à ceux sous la tutelle desquels il lui est permis de cultiver la philosophie. — Mais, me dira-t-on, l'autorité en protège bien d'autres. — J'en conviens; mais de même qu'entre gens qui ont joui de la même tranquillité, celui-là croit devoir le plus de reconnaissance à Neptune, qui a transporté le plus d'objets précieux; et qu'un hommage plus fervent est payé par le marchand que par le passager; et que parmi les marchands même, la gratitude a plus d'effusion chez celui qui rapportait des parfums, de la pourpre,

serat : sic hujus pacis beneficium, ad omnes pertinentis, altius ad eos pervenit, qui illa bene utuntur. Multi enim sunt ex his togatis, quibus pax operosior bello est. An idem existimas pro pace debere eos, qui illam ebrietati aut libidini impendunt, aut aliis vitiis, quæ vel bello rumpenda sunt?

Nisi forte tam iniquum putas esse sapientem, ut nihil viritim se debere pro communibus bonis judicet. Soli lunæque plurimum debeo, et non uni mihi oriuntur; anno, temperantique annum Deo, privatim obligatus sum; quamvis nihil in meum honorem descripta sint. Stulta avaritia mortalium possessionem proprietatemque discernit, nec quidquam suum credit esse, quod publicum est; at ille sapiens nihil judicat suum magis, quam cujus illi cum humano genere consortium est. Nec enim essent ista communia, nisi pars illorum pertineret ad singulos : suum efficit, etiam quod ex minima portione commune est.

Adjice nunc, quod magna et vera bona non sic dividuntur, ut exiguum in singulos cadat : ad unumquemque tota perveniunt. Ex congiario tantum ferunt homines, quantum in capita promissum est; epulum et visceratio, et si quid aliud capitur manu, discedit in partes : at hæc

et des effets valant leur pesant d'or, que chez celui dont le chargement se composait des marchandises de rebut, et bonnes tout au plus à servir de lest : de même le bienfait de la paix, quoique commun à tout le monde, est bien plus profondément senti par ceux qui en tirent le meilleur parti. Il y a beaucoup de gens en place pour qui la paix est plus laborieuse que la guerre. Croyez-vous que ces gens apprécient au même degré la paix, eux qui l'emploient dans l'ivresse, dans la débauche ou dans des désordres dont il faudrait interrompre le cours, même par la guerre?

Ne supposez pas non plus le sage assez injuste pour se croire affranchi du tribut de reconnaissance que mérite un bien commun à tous. Je dois beaucoup au soleil et à la lune, quoiqu'ils ne se lèvent pas pour moi seul ; je suis particulièrement obligé à l'année, et à Dieu qui en règle le cours, quoique ce ne soit pas en mon honneur qu'elle parcourt sa carrière. La folle avarice des mortels, en distinguant les possessions et les propriétés, a fait que personne ne regarde comme à soi ce qui est à tout le monde. Le sage, au contraire, ne trouve rien qui lui appartienne plus directement que ce qu'il partage avec le genre humain. Ces biens, en effet, ne seraient pas communs si chacun n'en avait sa part : c'est une propriété que ce dont on jouit en commun, même dans la plus petite proportion.

Ajoutez que les biens importans et réels ne souffrent point ces divisions qui réduisent à peu de chose la part de chacun : quiconque les possède jouit de leur totalité. On ne tire des mains d'un congiaire que la part assignée à chaque tête : un repas, une distribution de viande, comme en général tout ce qui se prend à la main, se sub-

individua bona, pax, et libertas, tam omnium tota quam singulorum sunt. Cogitat itaque sapiens, per quem sibi horum usus fructusque contingat; per quem non ad arma illum, nec ad servandas vigilias, nec ad tuenda mœnia et multiplex belli tributum, publica necessitas vocet : agitque gubernatori suo gratias. Hoc docet philosophia præcipue, bene debere beneficia, bene solvere : interdum autem solutio est ipsa confessio. Confitebitur ergo, multum se debere ei, cujus administratione ac providentia contingit illi pingue otium, et arbitrium sui temporis, et imperturbata publicis occupationibus quies.

> O Meliboee, deus nobis hæc otia fecit!
> Namque erit ille mihi semper deus.....

Si illa quoque otia multum auctori suo debent, quorum munus hoc maximum est :

> Ille meas errare boves (ut cernis) et ipsum
> Ludere, quæ vellem, calamo permisit agresti :

quanti æstimamus hoc otium, quod inter deos agitur, quod deos facit?

Ita dico, Lucili; et te in cœlum compendiario voco. Solebat Sextius dicere, « Jovem plus non posse, quam bonum virum. » Plura Jupiter habet, quæ præstet hominibus; sed inter duos bonos non est melior, qui locupletior : non magis, quam inter duos, quibus par scientia regendi gubernaculum est, meliorem dixeris, cui majus speciosiusque navigium est. Jupiter quo antecedit virum bonum? Diutius bonus est. Sapiens nihilo se mino-

divise en portions; mais les biens individuels, tels que la paix et la liberté, appartiennent aussi complètement à tous qu'à chacun en particulier. Le sage ne perd donc pas de vue la cause qui, en lui procurant la jouissance et les résultats de ces biens, l'affranchit de la nécessité de prendre les armes, de faire faction, de garder les murailles et de payer tribut sur tribut; aussi en remercie-t-il tous les jours celui qui gouverne. Ce que la philosophie apprend par dessus tout, c'est à apprécier un bienfait à sa valeur, et à le payer : le reconnaître, c'est souvent le payer. Il se plaira donc à convenir qu'il doit infiniment à celui dont l'administration et la prévoyance lui assurent un repos fécond, la jouissance libre de son temps, et un calme que ne troublent point les occupations publiques.

« O Mélibée! c'est un dieu qui nous a fait ce loisir; car ce sera toujours un dieu pour moi. »

Si l'on se croit obligé à la reconnaissance pour un repos dont les plus grands bienfaits sont ceux-ci :

« Si tu vois errer mes génisses; si je puis jouer à mon aise sur mon rustique chalumeau, c'est à lui que je le dois; »

combien plus ne devons-nous pas estimer le repos, qui est le partage des dieux, et qui fait les dieux?

Écoutez, mon cher Lucilius, ma voix, qui vous appelle au ciel par le plus court chemin. Sextius avait coutume de dire « que Jupiter n'est pas plus puissant que l'homme de bien. » Sans doute, Jupiter a plus de choses à donner aux hommes; mais, à mérite égal, on n'est pas meilleur pour être plus riche; pas plus qu'entre deux marins, également habiles à diriger un vaisseau, la supériorité ne revient de droit qu'à celui qui a le bâtiment le plus grand et le mieux décoré. Sous quel rapport Jupi-

ris æstimat, quod virtutes ejus spatio breviore cluduntur. Quemadmodum ex duobus sapientibus, qui senior decessit, non est beatior eo, cujus intra pauciores annos terminata virtus est; sic Deus non vincit sapientem felicitate, etiam si vincit ælate. Non est virtus major, quæ longior. Jupiter omnia habet; sed nempe aliis tradidit habenda. Ad ipsum hic unus usus pertinet, quod utendi omnibus causa est: sapiens tam æquo animo omnia apud alios videt contemnitque, quam Jupiter; et hoc se magis suspicit, quod Jupiter uti illis non potest, sapiens non vult. Credamus itaque Sextio, monstranti pulcherrimum iter et clamanti : « Hac itur ad astra ! hac, secundum frugalitatem; hac, secundum temperantiam; hac, secundum fortitudinem! » Non sunt dii fastidiosi, non invidi; admittunt, et ascendentibus manum porrigunt. Miraris, hominem ad deos ire? Deus ad homines venit; immo, quod propius est, in homines venit. Nulla sine Deo mens bona est. Semina in corporibus humanis divina dispersa sunt; quæ si bonus cultor excipit, similia origini prodeunt; et paria his, ex quibus orta sunt, surgunt : si malus, non aliter quam humus sterilis ac palustris, necat, ac deinde creat purgamenta pro frugibus.

ter l'emporte-t-il sur l'homme vertueux? En ce qu'il est bon plus long-temps. Mais le sage ne s'en estime pas moins, parce que ses vertus sont resserrées dans un espace de temps moins étendu. De même qu'entre deux sages, celui qui est mort plus âgé n'est pas plus heureux que celui dont la vertu fut limitée à un plus petit nombre d'années; de même Dieu ne surpasse pas le sage en félicité, quoiqu'il le surpasse en âge. Ce n'est pas la durée de la vertu qui en fait la grandeur. Jupiter possède tous les biens, mais pour en abandonner la jouissance aux autres : le seul usage qu'il en fasse, c'est de les faire servir au bonheur de tous. Le sage voit avec tout autant de tranquillité et de dédain que Jupiter, les richesses concentrées dans les mains des autres; il a même cet avantage sur Jupiter, que ce dieu ne peut pas en user; tandis que lui, sage, ne le veut pas. Croyons donc Sextius qui, en nous montrant la bonne route, nous crie : « C'est par là qu'on arrive au ciel : c'est la frugalité, c'est la tempérance, c'est le courage qui y conduisent. » Les dieux ne sont pas dédaigneux, pas plus que jaloux; ils admettent ceux qui veulent monter avec eux et leur tendent volontiers la main. Vous paraissez surpris que l'homme puisse pénétrer chez les dieux; mais Dieu lui-même descend chez les hommes, et, bien plus, dans les hommes. Il n'y a point d'âme vertueuse là où Dieu n'est pas. Des semences divines sont répandues dans le corps humain; à l'aide d'une bonne culture, elles se développent et grandissent de manière à rappeler leur origine; mais, faute de soin, elles meurent comme dans un terrain stérile et marécageux, et ne donnent pour toutes récoltes que de mauvaises herbes.

LXXIV.

Nihil bonum esse, nisi honestum.

Epistola tua delectavit me, et marcentem excitavit; memoriam quoque meam, quæ jam mihi segnis ac lenta est, evocavit. Quidni tu, mi Lucili, maximum putes instrumentum beatæ vitæ hanc persuasionem, «unum bonum esse, quod honestum est?» Nam, qui alia bona judicat, in fortunæ venit potestatem, alieni arbitrii fit : qui omne bonum honesto circumscripsit, intra se felix est. Hic amissis liberis mœstus, hic sollicitus ægris, hic turpibus et aliquam passis infamiam tristis; illum videbis alienæ uxoris amore cruciari, illum suæ : non deerit, quem repulsa distorqueat; erunt, quos ipse honor vexet. Illa vero maxima ex omni mortalium populo turba miserorum, quam exspectatio mortis exagitat undique impendens : nihil enim est, unde non subeat. Itaque, ut in hostili regione versantibus, huc et illuc circumspiciendum est, et ad omnem strepitum circumagenda cervix. Nisi hic timor e pectore ejectus est, palpitantibus præcordiis vivitur. Occurrent acti in exsilium, et evoluti bonis; occurrent, quod genus egestatis gravissimum est, in divitiis inopes; occurrent naufragi, similiave naufragis passi, quos aut popularis ira, aut invidia, perniciosum optimis telum, inopinantes securosque disjecit, procellæ more, quæ in ipsa sereni fiducia solet emer-

LXXIV.

Qu'il n'y a de bon que ce qui est honnête.

Votre lettre m'a fait plaisir et m'a tiré de mon état de langueur; elle a aussi ravivé ma mémoire qui commence à devenir lente et paresseuse. Balanceriez-vous, mon cher Lucilius, à regarder comme la principale source du bonheur la conviction « qu'il n'y a de bon que ce qui est honnête. » Ceux qui donnent la préférence aux autres biens, tombent au pouvoir de la fortune et cessent de s'appartenir; tandis que l'homme qui a renfermé tout ce qu'il y a de bien dans l'honnête, possède le bonheur au dedans de lui-même. L'un est affligé de la perte de ses enfans, l'autre est inquiet de leur maladie, un autre est triste de leur honte et de l'infamie qu'ils ont encourue. Celui-ci est tourmenté par l'amour de la femme de son voisin, celui-là de la sienne. Vous verrez des gens qu'un échec met au supplice; tels autres que les honneurs importunent. Mais parmi ce peuple de mortels voués au malheur, la classe la plus nombreuse est celle qu'agite la crainte de la mort qui menace l'homme de toutes parts; car où n'est-elle pas? Aussi, les voit-on, comme ceux qui se trouvent en pays ennemi, avoir sans cesse l'œil ouvert, tourner la tête au moindre bruit. Si l'on n'a pas su bannir cette crainte de son esprit, on vit dans des battemens de cœur continuels. Vous trouverez aussi des hommes exilés et dépouillés de la fortune; des gens pauvres au sein de la richesse, ce qui est la plus cruelle des misères; des gens ayant fait naufrage, ou, ce qui leur ressemble beaucoup, des gens que la colère des peuples, ou l'envie, ce fléau des supériorités, a frappés au milieu

gere, aut fulminis subiti, ad cujus ictum etiam vicina tremuerunt. Nam ut illic, quisquis ab igne propior stetit, percusso similis obstupuit; sic in his per aliquam vim accidentibus, unum calamitas opprimit, ceteros metus, paremque passis tristitiam facit, pati posse. Omnium animos mala aliena ac repentina sollicitant. Quemadmodum aves etiam inanis fundæ sonus territat; ita nos non ad ictum tantum exagitamur, sed ad crepitum.

Non potest ergo quisquam beatus esse, qui huic se opinioni credidit; non enim beatum est, nisi quod intrepidum : inter suspecta male vivitur. Quisquis se multum fortuitis dedit, ingentem sibi materiam perturbationis et inexplicabilem fecit : una hæc via est ad tuta vadenti, et externa despicere, et honesto contentum esse. Nam qui aliquid virtute melius putat, aut ullum præter illam bonum, ad hæc quæ a fortuna sparguntur, sinum expandit, et sollicitus missilia ejus exspectat. Hanc imaginem animo tuo propone, ludos facere fortunam, et in hunc mortalium cœtum honores, divitias, gratiam excutere : quorum alia inter diripientium manus scissa sunt; alia infida societate divisa; alia magno detrimento eorum, in quos devenerant, prensa : ex quibus quædam aliud agentibus inciderunt; quædam, quia nimia captabantur,

de leur calme insoucieux, à peu près comme ces tempêtes formées au milieu de la sécurité qu'inspire le calme, ou bien ces coups de tonnerre subits qui font trembler tous les lieux d'alentour. Car, de même que la foudre frappe de stupeur ceux qui l'ont vue tomber, non moins que ceux qu'elle a atteints; de même, dans les catastrophes violentes où un seul est écrasé par le malheur, la crainte et la possibilité d'une pareille souffrance abat les autres et les rend aussi tristes que ceux qui souffrent. Il n'est personne que n'inquiètent les maux qui fondent soudainement sur autrui. Comme on voit les oiseaux s'effrayer du bruit même d'une fronde vide, ainsi, il n'est pas besoin des coups du sort pour nous tourmenter; c'est assez de leur bruit.

Il n'y a donc pas de bonheur possible pour l'homme qui est dominé par cette opinion; car le bonheur ne se trouve que là où il n'y a pas de crainte : on vit mal au milieu des alarmes. Quiconque s'est abandonné aux caprices du hasard, s'est préparé une dédale de troubles : il n'y a qu'un seul moyen d'arriver à la sécurité; il consiste à mépriser tous les objets extérieurs, et à s'en tenir à l'honnête. Car l'homme qui préfère quelque chose à la vertu, ou reconnaît d'autres biens qu'elle, cet homme tend les mains à la fortune, et attend avec anxiété qu'elle lui jette quelqu'une de ses faveurs. Représentez-vous la fortune comme donnant des jeux, et lançant, au milieu de cette immense assemblée de l'humanité, les honneurs, les richesses et le crédit; de ces biens, les uns se déchirent entre les mains de ceux qui s'en disputent le pillage, les autres sont l'objet de partages infidèles; d'autres sont ravis au grand dommage de ceux à qui ils étaient échus en partage; d'autres encore arrivent à des

amissa, et, dum avide rapiuntur, expulsa sunt. Nulli vero, etiam cui rapina feliciter cessit, gaudium rapti duravit in posterum. Itaque prudentissimus quisque, quum primum induci videt munuscula, a theatro fugit, et scit magno parva constare. Nemo manum conserit cum recedente; nemo exeuntem ferit; circa præmium rixa est. Idem in his evenit, quæ fortuna desuper jactat. Æstuamus miseri, distringimur, multas habere cupimus manus; modo in illam respicimus : nimis tarde nobis mitti videntur, quæ cupiditates nostras irritant, ad paucos perventura, exspectata omnibus. Ire obviam cadentibus cupimus; gaudemus, si quid invasimus, invadendique alios spes vana delusit : vilem prædam magno aliquo incommodo luimus, aut inde fallimur. Secedamus itaque ab istis ludis, et demus raptoribus locum! illi spectent bona ista pendentia, et ipsi magis pendeant.

Quicumque beatus esse constituit, unum esse bonum putet, quod honestum est. Nam si ullum aliud existimat, primum male de providentia judicat; quia multa incommoda justis viris accidunt, et quia, quidquid nobis dedit, breve est et exiguum, si compares mundi totius ævo. Ex hac deploratione nascitur, ut ingrati divinorum interpretes simus. Querimur quod non semper, quod

gens qui s'occupaient de tout autre chose ; comme aussi ils échappent à ceux qui ont trop d'ambition, et ils glissent des mains qui les ramassent avec trop d'avidité. Mais ceux-là même à qui le pillage a le mieux réussi, ne jouissent jamais long-temps de leur butin. Ainsi les mieux avisés s'éloignent du théâtre au moment où ils voient apporter les présens ; ils savent que la plus petite part coûte cher. Personne n'a la pensée d'en venir aux mains avec celui qui se retire ; personne ne le poursuit de ses coups au dehors : c'est autour du butin qu'est la mêlée. La même chose arrive pour les biens que la fortune fait tomber d'en haut. Nous suons, nous nous démenons, nous nous désolons de ne pas avoir plus de deux mains, malheureux que nous sommes ! Préoccupés d'une seule pensée, nous trouvons trop lente l'arrivée de ces faveurs qui irritent nos désirs, et qui, attendues de tous, ne doivent advenir qu'à un petit nombre. On voudrait aller au devant de leur chute ; nous triomphons si nous avons attrapé quelque chose, et si d'autres ont perdu l'espoir de rien attraper : cependant cette vile proie, il faudra la payer de quelque grand malheur, ou tout au moins en reconnaître le néant. Quittons donc ces jeux, et laissons le champ libre aux pillards ! Qu'ils attendent ces biens suspendus sur eux, et qui les tiennent en suspens.

Quiconque a formé le projet d'être heureux, ne doit avoir en vue qu'un seul bien, l'honnête ; car s'il en admet quelqu'autre, c'est d'abord faire injure à la providence, attendu que les désagrémens ne sont point épargnés aux hommes vertueux, et que tout ce qu'elle a donné est mesquin et passager comparativement à la durée du monde entier. Ce mécontentement nous conduit à l'ingratitude. Interprètes ingrats des actes de la divinité, nous nous

et pauca nobis, et incerta, et abitura contingant. Inde est quod nec vivere, nec mori volumus : vitæ nos odium tenet, timor mortis. Nutat omne consilium; nec implere nos ulla felicitas potest. Causa autem est, quod non pervenimus ad illud bonum immensum et insuperabile, ubi necesse est resistat voluntas nostra, quia ultra summum non est locus. — Quæris quare virtus nullo egeat? — Præsentibus gaudet; non concupiscit absentia; nihil non illi magnum est, quia satis. Ab hoc discede judicio; non pietas constabit, non fides. Multa utramque præstare cupienti patienda sunt ex his quæ mala vocantur; multa impendenda ex his quibus indulgemus tanquam bonis. Perit fortitudo, quæ periculum facere debet sui : perit magnanimitas, quæ non potest eminere, nisi omnia velut minuta contempserit, quæ pro maximis vulgus optat: perit gratia, et relatio gratiæ æstimatur labor, si quidquam pretiosius fide novimus, si non optima spectamus.

Sed, ut illa prætereram, aut ista bona non sunt quæ vocantur, aut homo felicior Deo est, quoniam quidem quæ parata nobis sunt, non habet in usu Deus; nec enim libido ad illum, nec epularum lautitia, nec opes, nec quidquam ex his hominem inescantibus, et vili voluptate

plaignons de ne posséder jamais ou de n'avoir qu'en petite quantité des avantages incertains et fugitifs. De là vient que nous ne voulons ni vivre ni mourir; la haine de la vie et la crainte de la mort nous dominent à la fois. Nous chancelons dans toute espèce de résolution, et rien de ce qui nous arrive d'heureux ne nous satisfait entièrement. Mais la cause de tout cela, c'est que nous n'avons pas encore atteint ce bien immense et suprême qui doit fixer sans retour notre volonté, parce qu'il n'y a rien au dessus de la perfection. — Vous me demandez pourquoi la vertu n'a besoin de rien? — C'est que, contente de ce qu'elle a, elle ne désire jamais ce qu'elle n'a pas; puis il n'est rien qui n'ait du prix pour elle, parce que tout lui suffit. Écartez-vous de cette opinion, et il n'y a plus ni devoir ni intégrité. Quiconque veut se vouer à l'un et à l'autre, s'expose à souffrir beaucoup de ce qu'on appelle des maux, et est tenu de sacrifier une grande partie de ces jouissances dont nous nous repaissons comme de biens réels. Mais c'en est fait du courage qui doit faire du péril son élément; c'en est fait de la grandeur d'âme, qui ne peut briller qu'en méprisant comme des bagatelles tous les objets que le vulgaire ambitionne comme un si grand avantage; c'en est fait de la reconnaissance et de ses démonstrations qui deviennent une fatigue, du moment où l'on connaît quelque chose de préférable à la vertu, où l'on cesse de viser à la perfection.

Mais pour changer de propos, ou ces biens ne sont pas ce qu'on les fait, ou l'homme est plus heureux que Dieu, qui n'en jouit pas comme nous. En effet, ni la débauche, ni les plaisirs de la table, ni les richesses, ni aucune de ces voluptés qui séduisent l'homme et le portent à de honteux excès, ne sont du domaine

ducentibus, pertinet. Ergo aut credibile est, bona Deo deesse; aut hoc ipsum argumentum est, bona non esse, quæ Deo desunt. Adjice, quod multa, quæ bona videri volunt, animalibus, quam homini, pleniora contingunt. Illa cibo avidius utuntur; venere non æque fatigantur; virium illis major est et æquabilior firmitas : sequitur ut multo feliciora sint homine. Nam sine nequitia, sine fraudibus degunt; fruuntur voluptatibus, quas et magis capiunt, et ex facili, sine ullo pudoris aut pœnitentiæ metu. Considera tu itaque, an id *bonum* vocandum sit, quo Deus ab homine vincitur. Summum bonum in animo contineamus; obsolescit si ab optima nostri parte ad pessimam transit, et transfertur ad sensus, qui agiliores sunt animalibus mutis. Non est summa felicitatis nostræ in carne ponenda.

Bona illa sunt *vera*, quæ ratio dat, solida ac sempiterna; quæ cadere non possunt, nec decrescere quidem aut minui : cetera opinione bona sunt; et nomen quidem habent commune cum veris, proprietas in illis boni non est. Itaque *commoda* vocentur, et, ut nostra lingua loquar, *producta* : ceterum sciamus, mancipia nostra esse, non partes; et sint apud nos, sed ita, ut meminerimus extra nos esse. Etiamsi apud nos sint, inter subjecta numerentur et humilia, propter quæ nemo se attollere debeat. Quid enim stultius quam aliquem eo sibi

de la divinité. Il faut donc, à moins de croire qu'il n'est pas de biens pour Dieu, conclure de là que ce ne sont pas des biens que ceux que Dieu ne possède pas. Ajoutez à cela que, parmi ces prétendus biens, il en est plusieurs dont les animaux jouissent à un plus haut degré que l'homme. Ils mangent avec plus d'appétit; les plaisirs de l'amour les fatiguent moins; ils ont des forces plus grandes et plus soutenues : d'où il suit qu'ils sont plus heureux que l'homme. Ils vivent, en effet, étrangers à la méchanceté et au crime; leurs jouissances, plus multipliées et plus faciles, ne sont troublées par aucun sentiment de pudeur, par aucune crainte de repentir. Jugez maintenant si le nom de *bien* est dû aux voluptés, où l'homme l'emporte sur la divinité. C'est dans l'âme que nous devons renfermer le souverain bien; il se corrompt en passant de la partie la plus noble de notre être à la plus vile, et il tombe dans le domaine des sens qui sont plus actifs chez les animaux privés de la parole. Le but de notre félicité ne doit point être mis dans la chair.

Les *vrais biens* sont ceux que la raison procure : ils sont solides et durables; ils ne peuvent ni périr, ni décroître, ni s'amoindrir. Les autres biens ne sont que de convention : ils n'ont de commun avec les biens que le nom; leur essence est tout autre. Qu'on les appelle donc des *avantages*, ou, si vous le voulez, des *produits;* mais sachons que ce sont des attributs, et non des parties de notre nature; qu'ils soient à nous, mais n'oublions pas qu'ils sont hors de nous. Quelque accès que nous leur laissions, ne les comptons jamais que pour des possessions viles et subalternes, qui ne valent pas qu'on en tire vanité. Quoi de plus fou en effet

placere, quod ipse non fecit? Omnia ista nobis accedant, non hæreant; ut, si abducentur, sine ulla nostri laceratione discedant. Utamur illis, non gloriemur; et utamur parce, tanquam depositis apud nos, et abituris. Quisquis illa sine ratione possedit, non diu tenuit : ipsa enim se felicitas, nisi temperatur, premit. Si fugacissimis bonis credidit, cito deseritur; et, ut non deseratur, affligitur. Paucis deponere felicitatem molliter licuit : ceteri cum his, inter quæ eminuere, labuntur; et illos degravant ipsa quæ extulerant. Ideo adhibeatur prudentia, quæ modum illis ac parcimoniam imponat; quoniam quidem licentia opes suas præcipitat atque urget, nec unquam immodica durarunt, nisi illa moderatrix ratio compescuit. Hoc multarum tibi urbium ostendet eventus, quarum in ipso flore luxuriosa imperia ceciderunt, et, quidquid virtute partum erat, intemperantia corruit. Adversus hos casus muniendi sumus. Nullus autem contra fortunam inexpugnabilis murus est : intus instruamur! Si illa pars tuta est, pulsari homo potest, capi non potest. — Quod sit hoc instrumentum, scire desideras?

Nihil indignetur sibi accidere; sciatque, illa ipsa, quibus lædi videtur, ad conservationem universi pertinere, et ex his esse, quæ cursum mundi officiumque consummant. Placeat homini quidquid Deo placuit : ob hoc se ipsum suaque miretur, quod non potest vinci, quod mala ipsa sub se tenet; quod ratione, qua valentius nihil est,

que de s'applaudir d'une chose dont on n'est pas l'auteur ? Que tous ces biens nous approchent, mais sans s'attacher à nous, afin que, s'il faut les quitter, nous ne souffrions pas de la séparation. Usons-en sans nous en glorifier; usons-en aussi avec discrétion, comme d'un dépôt que nous ne garderons pas toujours. Ne pas en subordonner la possession à la raison, c'est vouloir ne pas les garder long-temps; car le bonheur qui ne sait pas se modérer s'étouffe lui-même. Quiconque met sa confiance dans des biens essentiellement fugitifs en est bientôt abandonné; ou, s'il n'en est pas abandonné, y trouve un sujet de tourment. Il y a peu de gens à qui il ait été donné de se séparer doucement de la prospérité; les autres tombent au milieu des ruines de leur élévation; ils sont écrasés par leur puissance même. C'est pour cela qu'il faut prendre conseil de la prudence, qui en restreindra l'usage dans les limites d'une sage économie : car l'abus des richesses prépare et accélère leur perte, et jamais les grandes fortunes n'ont duré, si la raison n'en modérait l'usage. C'est ce que vous montrera le sort de beaucoup d'états dont la puissance gigantesque est tombée dans sa fleur même, et chez qui le défaut de modération a détruit tout ce qu'avait conquis la valeur. Voilà des évènemens contre lesquels il faut se prémunir. Puisque aucun rempart n'est inexpugnable pour la fortune, c'est dans l'intérieur de la place qu'il faut nous retrancher; si cette retraite est sûre, l'homme peut essuyer des assauts, mais non être pris. — Vous me demandez en quoi consiste cet appareil défensif ? — C'est à ne point s'indigner des évènemens; à comprendre que ces accidens qui nous semblent autant de maux, tendent à la conservation du grand tout, et que ce sont autant d'anneaux de la vaste chaîne du monde. Que

casum doloremque et injuriam subigit. Ama rationem : hujus te amor contra durissima armabit. Feras catulorum amor in venabula impingit, feritasque et inconsultus impetus præstat indomitas : juvenilia nonnunquam ingenia cupido gloriæ in contemptum tam ferri, quam ignium, misit; species quosdam atque umbra virtutis in mortem voluntariam trudit. Quanto his omnibus fortior ratio est, quanto constantior, tanto vehementior per metus ipsos et pericula exibit.

Nihil agitis, inquit, quod negatis ullum esse aliud honesto bonum! non faciet vos hæc munitio tutos a fortuna et immunes. Dicitis enim, inter bona esse liberos pios, et bene moratam patriam, et parentes bonos. Horum pericula non potestis spectare securi; perturbabit vos obsidio patriæ, liberorum mors, parentum servitus. — Quid adversus hos pro nobis responderi soleat, ponam; deinde tunc adjiciam, quid præterea respondendum putem. Alia conditio est in his, quæ ablata in locum suum aliquid incommodi substituunt : tanquam bona valetudo vitiata in malam transfertur; acies oculorum exstincta cæcitate nos afficit; non tantum velocitas periit

l'homme trouve bon tout ce que Dieu a trouvé bon ; et qu'il ne soit fier de lui-même et de ses actions, qu'autant qu'il sera devenu invincible, qu'il tiendra les maux sous ses pieds, et que par la force de sa raison, la plus puissante de toutes les armes, il se sera mis au dessus des caprices du hasard, au dessus de la douleur et des outrages. Aimez la raison, car l'amour de la raison vous défendra contre les plus rudes assauts. L'amour des bêtes féroces pour leurs petits leur fait braver l'épieu du chasseur ; leur fureur et leur emportement aveugle les rendent indomptables : parfois la passion de la gloire emporte les jeunes cœurs au point de leur faire mépriser le fer et la flamme ; parfois aussi la seule apparence, l'ombre de la vertu, pousse les hommes à une mort volontaire. Autant la raison est supérieure par la force et par la constance à ces mouvemens passagers, autant elle l'emportera sur eux par son impétuosité, quand il s'agira de traverser les alarmes et les périls.

Vous n'en êtes pas plus avancé, me disent mes adversaires, pour soutenir qu'il n'y a pas d'autre bien que l'honnête. Ce retranchement ne vous exemptera ni ne vous garantira des coups de la fortune. Vous comptez, dites-vous, comme des biens, d'avoir des enfans attachés à leurs devoirs, une patrie jouissant de bonnes institutions, et des parens vertueux. Cependant vous ne pouvez considérer de sang-froid leurs périls ; vous vous troublerez à la vue de votre patrie assiégée, de la mort de vos enfans, de la servitude de vos parens. — A ce raisonnement j'opposerai d'abord la réponse de nos maîtres ; puis j'ajouterai celle que je pense qu'on devrait faire. Il faut faire une catégorie particulière des avantages qui nous quittent, pour faire place à des inconvéniens ; tels sont la santé que nous

poplitibus incisis, sed debilitas pro illa subiit. Hoc non est periculum in his, quæ paullo ante retulimus. Quare? Si amicum bonum amisi, non est mihi pro illo perfidia patienda; nec, si bonos liberos extuli, in illorum locum impietas succedit. Deinde non amicorum ille aut liberorum interitus, sed corporum est. Bonum autem uno modo perit, si in malum transit; quod natura non patitur, quia omnis virtus et opus omne virtutis incorruptum manet. Deinde, etiamsi amici perierunt, etiamsi probati respondentesque voto patris liberi ; est quod illorum expleat locum.—Quid sit, quæris?—Quod illos quoque bonos fecerat : virtus. Hæc nihil vacare patitur loci ; totum animum tenet, desiderium omnium tollit; sola satis est : omnium enim bonorum vis et origo in ipsa est. Quid refert, an aqua decurrens intercipiatur atque abeat, si fons, ex quo fluxerat, salvus est? Non dices vitam justiorem salvis liberis, quam amissis, nec ordinatiorem, nec prudentiorem, nec honestiorem : ergo ne meliorem quidem. Non facit collectio amicorum sapientiorem, non facit stultiorem detractio : ergo nec beatiorem, aut miseriorem. Quamdiu virtus salva fuerit, non senties quid abscesserit.

perdons pour passer à l'état de maladie; la vue, qui, en s'éteignant, nous plonge dans la cécité; l'affaiblissement des jambes, qui non-seulement ôte toute activité à l'homme, mais encore le rend impotent. Les évènemens dont nous avons parlé tout-à-l'heure, n'ont pas les mêmes suites; vous allez le comprendre : que je perde un ami sincère, je n'ai pas à craindre qu'il soit remplacé par un faux ami; que mes enfans aient répondu à mon affection, il ne s'ensuit pas que des enfans ingrats doivent leur succéder. Puis ce n'est point mes amis ou mes enfans qu'atteint la mort, mais leur corps seulement. Le bien ne peut périr que d'une manière, c'est en se changeant en mal; et c'est ce que ne permet pas la nature, parce que toutes les vertus et toutes les œuvres de la vertu sont à l'abri de la corruption. D'ailleurs, quand il serait vrai que nos amis, et les enfans dont nous avons eu à nous louer, périssent, il y a moyen de les remplacer. — Vous me demandez comment? — Par la vertu qui les avait faits ce qu'ils étaient. La vertu, en effet, ne laisse jamais de vide dans l'âme; elle la remplit tout entière, et dissipe tous les regrets; seule elle suffit, parce qu'elle est le principe, l'origine de tous les biens. Qu'importe qu'une eau courante soit détournée ou se perde, si la source d'où elle est sortie subsiste? Vous ne direz pas qu'un homme soit plus juste, plus rangé, plus sage, plus honnête pour avoir conservé ses enfans que pour les avoir perdus; vous ne trouverez pas non plus qu'il soit meilleur. Un ami de plus ne rend pas un homme plus sensé, un ami de moins ne le rend pas moins sensé; il ne saurait donc être plus heureux ni plus malheureux. Tant que la vertu reste entière, on ne s'aperçoit pas qu'on ait rien perdu.

Quid ergo? non est beatior et amicorum et liberorum turba succinctus? — Quidni non sit? Summum enim bonum nec infringitur, nec augetur; in suo modo permanet, utcumque fortuna se gessit : sive illi senectus longa contigit, sive citra senectutem finitus est, eadem mensura summi boni est, quamvis ætatis diversa sit. Utrum majorem an minorem circulum scribas, ad spatium ejus pertinet, non ad formam : licet alter diu manserit, alterum statim obduxeris, et in eum, in quo scriptus est, pulverem solveris, in eadem uterque forma fuit. Quod rectum est, nec magnitudine æstimatur, nec numero, nec tempore; non magis produci, quam contrahi potest. Honestam vitam ex centum annorum numero in quantum voles corripe, et in unum diem coge; æque honesta est. Modo latius virtus funditur : regna, urbes, provincias temperat, fert leges, colit amicitias, inter propinquos liberosque dispensat officia; modo arcto fine circumdatur paupertatis, exsilii, orbitatis : non tamen minor est, si ex altiore fastigio in privatum, ex regio in humilem subducitur, ex publico et spatioso jure in angustias domus vel anguli coit. Æque magna est, etiamsi in se recessit, undique exclusa; nihilominus enim magni spiritus est et erecti, exactæ prudentiæ, indeclinabilis justitiæ. Ergo æque beata est : beatum enim illud uno loco positum est, in ipsa mente; stabile, grande,

Eh quoi! direz-vous, un sage n'est-il pas plus heureux quand il est environné d'une foule d'amis et d'enfans? — Pourquoi serait-il plus heureux? Le souverain bien ne peut pas plus décroître que s'accroître; il subsiste toujours dans la même proportion, quoi que fasse la fortune; soit que le sage atteigne une longue vieillesse, soit que sa fin devance la vieillesse, la mesure du souverain bien est la même pour lui, quelle que soit la différence d'âge. Que vous ayez décrit un cercle grand ou petit, l'espace varie, mais non la forme : que vous ayez laissé subsister long-temps celui-ci, que vous ayez effacé sur-le-champ celui-là en brouillant la poussière sur laquelle il était tracé, la forme aura été la même pour tous les deux. Le bien ne se mesure ni à la grandeur, ni à la quantité, ni à la durée; il n'est pas plus susceptible d'extension que de contraction. Retranchez d'une vie honnête tout ce que vous voudrez, réduisez-la à un jour, elle est toujours honnête au même degré. Quelquefois la vertu fonctionne sur un plus vaste théâtre : elle administre des empires, des villes, des provinces; elle donne des lois, elle cultive l'amitié, elle se partage entre des proches et des enfans. D'autres fois elle est circonscrite dans les bornes étroites de la pauvreté, de l'exil et de la solitude : elle n'est cependant pas moindre pour être descendue du faîte des grandeurs à la condition privée; du trône à l'état le plus humble; d'une magistrature considérable à l'obscurité d'une cabane ou d'un coin de terre. Elle est tout aussi grande lors même que, repoussée de toutes parts, elle s'est retirée en elle-même : car elle n'en a ni des sentimens moins nobles et moins élevés, ni une prudence moins attentive, ni une justice moins rigoureuse. Elle est donc heureuse au même degré, car son

tranquillum; quod sine scientia divinorum humanorumque non potest effici.

Sequitur illud, quod me responsurum esse dicebam. Non affligitur sapiens liberorum amissione, non amicorum; eodem enim animo fert illorum mortem, quo suam exspectat : non magis hanc timet, quam illam dolet. Virtus enim convenientia constat; omnia opera ejus cum ipsa concordant et congruunt : hæc concordia perit, si animus, quem excelsum esse oportuit, luctu aut desiderio submittitur. Inhonesta est omnis trepidatio, et sollicitudo, et in ullo actu pigritia. Honestum enim securum et expeditum est, interritum est, in procinctu stat. — Quid ergo? non aliquid perturbationi simile patietur? non et color ejus mutabitur, et vultus agitabitur, et artus refrigescent? et quidquid aliud non ex imperio animi, sed inconsulto quodam naturæ impetu geritur? — Fateor : sed manebit illi persuasio eadem, nihil illorum malum esse, nec dignum ad quod mens sana deficiat. Omnia, quæ facienda erunt, audacter facit et prompte. Hoc enim stultitiæ proprium quis non dixerit, ignave et contumaciter facere quæ faciat; et alio corpus impellere, alio animum, distrahique inter diversissimos motus? Jam propter illa ipsa, quibus extollit se miraturque, contempta est; et ne illa quidem, quibus gloriatur, libenter facit. Si vero aliquod timetur malum, eo perinde, dum

bonheur n'a d'autre siège que l'âme elle-même, et ce bonheur est stable, immense, tranquille, ce qui n'est possible qu'avec la connaissance des choses divines et humaines.

Vient à présent ma propre réponse que je vous ai promise. Le sage ne s'afflige point de la perte de ses enfans non plus que de celle de ses amis; il supporte la mort des autres avec le même courage qu'il envisage la sienne; celle-ci ne l'effraie pas plus que l'autre ne le désole. La vertu, en effet, est toute d'harmonie : ses œuvres ne peuvent que concorder et cadrer avec son principe; et cet accord périt quand l'âme, qui doit rester élevée, se laisse abattre par le deuil et par les regrets. La peur, l'inquiétude, la paresse, en quoi que ce soit, sont des faiblesses que l'honnête condamne; car l'honnête est tranquille, libre de souci, intrépide et toujours en haleine. — Quoi, dira-t-on, un sage n'éprouvera-t-il rien qui ressemble à du trouble? ne changera-t-il pas de couleur? ses traits n'éprouveront-ils aucune altération, et ses membres aucun frisson? ne ressentira-t-il enfin aucune de ces sensations qui, sans la participation de l'âme, sont produites par un ébranlement involontaire de notre nature? — Il pourra en être ainsi; mais cette même persuasion lui restera toujours : qu'il n'y a rien dans tout cela qui soit un mal, rien dont une âme saine doive s'affecter. Tout ce qu'il faudra faire, il l'exécutera avec audace et promptitude? Car, qui ne reconnaît que c'est le propre de la folie, de faire avec mollesse et répugnance ce qu'il faut faire, de pousser son corps d'un côté, son âme de l'autre, et d'être partagé entre des mouvemens contradictoires? Ajoutez à cela que la folie est méprisée à cause des actes mêmes dont elle s'applaudit et se félicite

exspectat, quasi venisset urgetur; et, quidquid ne patiatur timet, jam metu patitur. Quemadmodum in corporibus infirmis languorem signa præcurrunt; quædam enim segnitia nervis est, et sine labore ullo lassitudo, et oscitatio, et horror membra percurrens : sic infirmus animus, multo ante, quam opprimatur malis, quatitur; præsumit illa, et ante tempus cadit. Quid autem dementius, quam angi futuris, nec se tormento reservare, sed arcessere sibi miserias et admovere, quas differre optimum est, si discutere non possis? Vis scire, futuro neminem [debere] torqueri? Quicumque audierit, post quinquagesimum annum sibi patienda supplicia, non perturbatur, nisi si medium spatium transilierit, et se in illam sæculo post futuram sollicitudinem immiserit. Eodem modo fit, ut animos libenter ægros, et captantes causas doloris, vetera atque obliterata contristent. Et quæ præterierunt, et quæ futura sunt, absunt : neutra sentimus. Non est autem, nisi ex eo quod sentias, dolor.

le plus ; sans compter qu'elle ne fait même pas de bonne grâce les choses dont elle se glorifie. Si quelque mal est à craindre, l'attente de ce mal la tourmente autant que ferait sa présence ; et la peur lui fait éprouver tout ce qu'elle a peur d'éprouver. De même que chez les sujets faibles, la maladie s'annonce par des signes avant-coureurs : soit un relâchement des nerfs, soit de la lassitude sans fatigue qui l'ait provoquée, soit des bâillemens, soit enfin un frisson qui parcourt les membres ; ainsi une âme faible, long-temps avant d'être attaquée par le mal, en reçoit le choc ; elle souffre par anticipation, et succombe avant le temps. Quoi de plus fou, que de se tourmenter de l'avenir ? que de ne pas se réserver pour la souffrance, mais d'aller au devant de maux qu'il serait plus sage d'ajourner, si on ne peut entièrement les détourner ? Voulez-vous vous convaincre de la nécessité de ne pas se chagriner de l'avenir ? Un homme à qui on aurait annoncé qu'il doit, au bout de cinquante ans, subir de cruels supplices, ira-t-il s'en troubler, à moins que, franchissant tout d'un coup cet intervalle de temps, il ne se plonge à plaisir dans des tourmens ajournés à un siècle ? Il arrive de même que des esprits disposés à se chagriner, et qui quêtent pour ainsi dire des sujets d'affliction, s'attristent de malheurs anciens et dont les traces sont entièrement effacées. Les maux passés et futurs étant des maux absens, nous ne les sentons pas. Nous ne pouvons donc éprouver de douleur que des choses que nous sentons.

LXXV.

Philosophiam non verba captare, animos curare.

Minus tibi accuratas a me epistolas mitti quereris. — Quis enim accurate loquitur, nisi qui vult putide loqui? Qualis sermo meus esset, si una sederemus, aut ambularemus, illaboratus et facilis; tales esse epistolas meas volo, quae nihil habeant arcessitum, nec fictum. Si fieri posset, quid sentiam, ostendere, quam loqui, mallem. Etiam, si disputarem, nec supploderem pedem, nec manum jactarem, nec attollerem vocem : sed ista oratoribus reliquissem, contentus sensus meos ad te pertulisse, quos nec exornassem, nec abjecissem. Hoc unum plane tibi approbare vellem, omnia me illa sentire quae dicerem; nec tantum sentire, sed amare. Aliter homines amicam, aliter liberos osculantur; tamen in hoc quoque amplexu, tam sancto et moderato, satis apparet affectus. Non, mehercules, jejuna esse et arida volo, quae de rebus tam magnis dicentur; neque enim philosophia ingenio renuntiat, multum tamen operae impendi verbis non oportet. Haec sit propositi nostri summa : quod sentimus, loquamur; quod loquimur, sentiamus; concordet sermo cum vita. Ille promissum suum implevit, qui, et quum videas illum, et quum audias, idem est. Videbimus qualis sit, quantus sit : unus sit. Non delectent verba nostra, sed prosint. Si tamen contingere eloquen-

LXXV.

La philosophie ne court pas après les mots, elle s'occupe des âmes.

Vous vous plaignez de ce que mes lettres ne sont plus aussi soignées; mais soigne-t-on sa conversation, à moins qu'on ne veuille parler d'une manière affectée? Si nous étions assis près l'un de l'autre, ou bien que nous nous promenassions, ma parole serait facile et sans art; telles je veux que soient mes lettres, c'est-à-dire étrangères à toute recherche et à tout apprêt. Si la chose était possible, j'aimerais mieux vous faire voir ce que je pense que de vous l'exprimer par la parole. Quand même il m'arriverait de disputer, on ne me verrait, ni frapper du pied, ni agiter mes mains, ni élever la voix; je laisserais ces moyens aux orateurs. Content de vous transmettre mes opinions sans les orner ni les gâter, je m'efforcerais uniquement de vous prouver que je pense tout ce que je dis, et que non-seulement je le pense, mais que j'y suis fortement attaché. On n'embrasse pas ses enfans comme on embrasse sa maîtresse; cependant l'affection perce à travers le baiser paternel, quelque chaste, quelque réservé qu'il soit. A Dieu ne plaise que je veuille condamner à la maigreur et à la sécheresse les discours qui portent sur des sujets aussi élevés; la philosophie ne renonce pas à l'esprit, quoiqu'elle défende de trop s'occuper du choix des mots. Que notre plan de conduite soit celui-ci : dire ce que nous pensons; penser ce que nous disons; faire concorder notre vie avec nos discours. Il a rempli ses engagemens, celui-là qui est toujours le même, à voir ou à entendre. Pour juger ce qu'il est, ce qu'il vaut, voyez s'il est un. Nos discours ne doivent pas chercher

tia non sollicito potest, si aut parata est, aut parvo constat; adsit, et res pulcherrimas prosequatur. Sit talis, ut res potius, quam se, ostendat. Aliæ artes ad ingenium totæ pertinent; hic animi negotium agitur. Non quærit æger medicum eloquentem, [sed sanantem]; sed si ita competit, ut idem ille, qui sanare potest, compte de his, quæ facienda sunt, disserat, boni consulet. Non tamen erit, quare gratuletur sibi, quod inciderit in medicum etiam disertum : hoc enim tale est, quale si peritus gubernator etiam formosus est. Quid aures meas scalpis? quid oblectas? aliud agitur : urendus, secandus, abstinendus sum : ad hæc adhibitus es; curare debes morbum veterem, gravem, publicum : tantum negotii habes, quantum in pestilentia medicus. Circa verba occupatus es? jamdudum gaude, si sufficis rebus. Quando multa disces? quando, quæ didiceris, affiges tibi, ita ut excidere non possint? quando illa experieris? Non enim, ut cetera, memoriæ tradidisse satis est; in opere tentanda sunt. Non est beatus, qui scit illa, sed qui facit.

Quid ergo? infra illum nulli gradus sunt? statim a sapientia præceps est? — Non, ut existimo : nam qui proficit, in numero quidem stultorum est, magno tamen intervallo ab illis diducitur; inter ipsos quoque *profi-*

à plaire, mais à être utiles. Si cependant l'éloquence s'y joint sans affectation, si elle s'offre d'elle-même, ou si elle coûte peu; à la bonne heure, qu'elle se mette à la suite du sujet. Qu'elle soit telle, qu'elle ait plutôt pour but de le faire valoir que de se faire valoir. Il est des arts qui sont uniquement du ressort de l'esprit; celui-là est du domaine de l'âme. Le malade ne cherche point un médecin qui parle bien, mais qui guérisse; mais s'il lui arrive que ce même homme qui est en état de le guérir, disserte habilement sur le traitement à adopter, il n'en sera que plus content. Malgré tout, ce ne sera pas d'avoir trouvé un médecin bien disant qu'il se félicitera; c'est tout comme si un pilote était beau en même temps qu'habile! Pourquoi faire tant de frais pour chatouiller, pour charmer mes oreilles? c'est le feu, c'est le fer, c'est la diète qu'il me faut : c'est pour cela que je vous ai fait venir; vous avez à traiter une maladie invétérée, grave, contagieuse; vous avez autant à faire qu'un médecin en temps de peste. Et vous vous occupez de mots! Ce sera déjà bien assez si vous pouvez suffire aux choses. Quand aurez-vous appris une foule de choses? Quand celles que vous aurez apprises seront-elles gravées dans votre mémoire de telle sorte qu'elles ne puissent s'effacer? Quand les aurez-vous mises en pratique? Car il n'en est pas des sciences philosophiques comme de tant d'autres, qu'il suffit de confier à sa mémoire; il faut aussi en tenter l'application. L'homme heureux en pareille matière, n'est pas celui qui sait, mais celui qui fait.

Quoi! me direz-vous, n'est-il point de degré au dessous de lui? Hors de la sagesse, n'y a-t-il que précipices? — Je ne le pense pas : en effet, celui qui est en progrès, quoiqu'il soit encore au nombre des insensés, en est ce-

cientes sunt magna discrimina. In tres classes, ut quibusdam placet, dividuntur. Primi sunt, qui sapientiam nondum habent, sed jam in vicinia ejus constiterunt. Tamen, etiam quod prope est, extra est. — Qui sint hi, quæris? — Qui omnes jam affectus ac vitia posuerunt; quæ erant complectenda, didicerunt : sed illis adhuc inexperta fiducia est; bonum suum nondum in usu habent. Jam tamen in illa, quæ fugerunt, decidere non possunt; jam ibi sunt, unde non est retro lapsus; sed hoc illis de se nondum liquet : quod in quadam epistola scripsisse me memini, *scire se nesciunt.* Jam contigit illis bono suo frui, nondum confidere. Quidam hoc proficientium genus, de quo locutus sum, ita complectuntur, ut illos dicant jam effugisse morbos animi, affectus nondum, et adhuc in lubrico stare; quia nemo sit extra periculum malitiæ, nisi qui totam eam excussit : nemo autem illam excussit, nisi qui pro illa sapientiam assumpsit.

Quid inter *morbos animi* intersit et *affectus,* sæpe jam dixi; nunc quoque te admonebo. *Morbi* sunt inveterata vitia, et dura; ut avaritia, ut ambitio nimia : hæc quum semel animum ceperunt, implicuerunt, et perpetua ejus mala esse cœperunt. Ut breviter finiam, *morbus* est judi-

pendant séparé par un immense intervalle; et même entre ceux qui sont en progrès, il existe de notables différences. Quelques-uns les ont divisés en trois classes. Les premiers sont ceux qui ne possèdent pas encore la sagesse, mais qui ont pris pied dans son voisinage. Ne perdez pourtant pas de vue que, pour en être près, on n'est pas moins dehors. — Vous me demandez quels sont ceux-là ? — Ce sont les hommes qui se sont dépouillés de toutes les passions et de tous les vices ; qui ont appris tout ce qu'ils devaient savoir, mais que l'expérience n'a pas encore rendus sûrs d'eux-mêmes, et qui n'ont pas encore l'habitude de la vertu. Cependant ils ont déjà gagné de ne pouvoir retomber dans les excès qu'ils ont fuis; ils sont assez avancés pour ne plus rétrograder, mais ils ne sont pas encore suffisamment convaincus de leurs progrès, et comme je vous le disais dans une de mes lettres, *ils ne savent pas qu'ils savent.* Ils en sont à jouir de leur vertu, mais non encore à s'y fier. Il est des philosophes qui désignent cette classe de *progressifs*, en disant qu'ils sont délivrés des maladies, mais non des affections de l'âme, et qu'ils sont encore sur un terrain glissant, parce que personne n'est à l'abri des tentations de la méchanceté, tant qu'il ne l'a pas bannie entièrement ; et qu'on ne l'a entièrement bannie que lorsqu'on l'a remplacée définitivement par la sagesse.

Je vous ai déjà plusieurs fois expliqué la différence qui existe entre les *maladies* et les *affections de l'âme*; pourtant je vais vous la rappeler encore. Les *maladies* de l'âme sont des vices tenaces, invétérés; par exemple l'avarice et l'ambition portées à l'excès, quand elles se sont emparées de l'âme, qu'elles l'ont enlacée et la tiennent

cium in pravo pertinax, tanquam valde expetenda sint, quæ leviter expetenda sunt : vel, si mavis, ita finiamus : nimis imminere leviter petendis, vel ex toto non petendis; aut in magno pretio habere in aliquo habenda, vel in nullo. *Affectus* sunt motus animi improbabiles, subiti et concitati; qui, frequentes neglectique, fecere morbum : sicut distillatio una, nec adhuc in morem adducta, tussim facit; assidua et vetus, phthisin. Itaque, qui plurimum profecere, extra morbos sunt; affectus adhuc sentiunt, perfecto proximi.

Secundum genus est eorum, qui et maxima animi mala et affectus deposuerunt; sed ita, ut non sit illis securitatis suæ certa possessio; possunt enim in eadem relabi.

Tertium illud genus : extra multa et magna vitia est, sed non extra omnia; effugit avaritiam, sed iram adhuc sentit; jam non sollicitatur libidine, etiamnunc ambitione; jam non concupiscit, sed adhuc timet; et in ipso metu, ad quædam satis firmus est, quibusdam cedit; mortem contemnit, dolorem reformidat.

De hoc loco aliquid cogitemus. Bene nobiscum agetur, si in hunc admittimur numerum. Magna felicitate naturæ, magnaque et assidua intentione studii, secundus occupatur gradus : sed ne hic quidem contemnendus est

continuellement en haleine. Pour en finir, la *maladie* est une appréciation opiniâtrément fausse des choses, comme de désirer avec ardeur ce qu'on doit désirer médiocrement; ou bien, si vous l'aimez mieux ainsi, de soupirer avec excès pour des objets qu'on doit rechercher faiblement, sinon ne pas les rechercher du tout; ou d'estimer trop haut des choses auxquelles on doit attacher peu ou point de prix. Les *affections* sont des mouvemens de l'âme, blâmables, subits, impétueux, qui, accumulés et négligés, deviennent une maladie, tout ainsi qu'un rhume, nouveau encore, produit la toux; et la toux, continue et invétérée, la phthisie. Ainsi, ceux qui ont fait le plus de progrès, sont affranchis des maladies; mais sont encore sujets aux affections, tout voisins qu'ils sont de la perfection.

La seconde classe se compose de ceux qui se sont débarrassés des maladies et des affections les plus importantes de l'âme; mais non de telle façon qu'ils soient bien sûrs de leur santé : en effet, les rechutes sont encore possibles.

La troisième classe est délivrée d'un grand nombre de vices, même de vices principaux, mais non de tous; elle a brisé avec l'avarice, mais elle est encore sujette à la colère; elle n'est plus sollicitée par le libertinage, mais toujours par l'ambition; elle ne désire plus, mais elle craint encore; toutefois cette crainte même a ses degrés : on est ferme devant certaines choses, on recule devant d'autres; on méprise la mort, on redoute la douleur.

Arrêtons-nous à cette dernière classe; nous serons encore fort heureux si l'on veut nous y admettre. Un heureux naturel secondé par une application forte et continue conduit à la seconde place; mais la troisième

color tertius. Cogita, quantum circa te [videas] malorum; adspice quam nullum sit nefas sine exemplo, quantum quotidie nequitia proficiat, quantum publice privatimque peccetur : intelliges satis nos consequi, si inter pessimos non sumus.

Ego vero, inquis, spero me posse et amplioris ordinis fieri. — Optaverim hoc nobis magis, quam promiserim. Præoccupati sumus; ad virtutem contendimus, inter vitia districti : pudet dicere, honesta colimus quantum vacat. At quam grande præmium nos exspectat, si occupationes nostras, et mala tenacissima, abrumpimus? Non cupiditas, non timor nos pellet; inagitati terroribus, incorrupti voluptatibus, nec mortem horrebimus, nec deos; sciemus mortem malum non esse, deos malos non esse. Tam imbecillum est, quod nocet, quam cui nocetur : optima vi noxia carent. Exspectant nos, si ex hac aliquando fæce in illud evadimus sublime et excelsum, tranquillitas animi, et, expulsis erroribus, absoluta libertas. — Quæris, quæ sit ista? — Non homines timere, non deos; nec turpia velle, nec nimia; in se ipsum habere maximam potestatem. Inæstimabile bonum est, suum fieri.

nuance elle-même n'est point à dédaigner. Voyez combien de méchans sont autour de vous ; voyez les hommes commettre toutes les espèces de crimes ; voyez combien de progrès fait chaque jour la perversité, combien de désordres publics et privés nous affligent, et vous conviendrez que c'est déjà beaucoup pour nous, que de ne pas être comptés parmi les plus méchans.

Mais, me direz-vous, j'espère pouvoir me classer plus honorablement. — Je le souhaite bien plus que je ne m'en flatte. Nous avons l'esprit préoccupé ; nous tendons à la vertu sans nous être dégagés des liens du vice ; j'ai honte de le dire, nous nous occupons de l'honnête quand nous n'avons rien de mieux à faire. Cependant, quelle belle récompense nous attend, si nous savons rompre avec nos occupations et avec les maux qui nous enchaînent si fortement ! Les désirs et les craintes ne nous ballotteront plus ; inaccessibles aux terreurs, incorruptibles aux voluptés, nous ne redouterons ni la mort, ni les dieux ; nous saurons que la mort n'est pas un mal, et que les dieux ne sont point méchans. Celui qui fait le mal est un être faible, non moins que celui à qui on le fait : les êtres parfaits sont incapables de nuire. Si nous avons la force de dépouiller nos erreurs, si nous parvenons à nous élever, de l'espèce de fange où nous sommes plongés, aux sublimes hauteurs de la sagesse, une parfaite tranquillité d'âme nous attend, et avec elle une liberté absolue. — Mais cette liberté, en quoi consiste-t-elle ? — A ne craindre ni les hommes ni les dieux ; à fuir toute action honteuse, et tout excès ; à jouir d'un pouvoir illimité sur soi-même. C'est un avantage inappréciable d'être maître de soi.

LXXVI.

Se quanquam senem adhuc discere. — Iterum nil bonum, nisi honestum, probat.

Inimicitias mihi denuntias, si quidquam ex his, quæ quotidie facio, ignoraveris. Vide quam simpliciter tecum vivam : hæc quoque tibi committam. Philosophum audio; et quidem quintum jam diem habeo, ex quo in scholam eo, et ab octava disputantem audio. — Bona, inquis, ætate! — Quidni bona? quid autem stultius est, quam, quia diu non didiceris, non discere? — Quid ergo? idem faciam, quod trossuli et juvenes? — Bene mecum agitur, si hoc unum senectutem meam dedecet. Omnis ætatis homines hæc schola admittit : in hoc senes eamus, ut juvenes sequantur. In theatrum senex ibo, et in circum deferar, et nullum par sine me depugnabit? ad philosophum ire erubescam? *Tamdiu discendum est*, quamdiu nescias; si proverbio credimus, *quamdiu vivas*. Nec ulli hoc rei magis convenit, quam huic : tamdiu discendum est quemadmodum vivas, quamdiu vivas. Ego tamen illic aliquid et doceo. — Quæris, quid doceam? — Etiam seni esse discendum. Pudet autem me generis humani, quoties scholam intravi. Præter ipsum theatrum Neapolitanorum, ut scis, transeundum est Metronactis petentibus domum. Illud quidem farctum est; et ingenti studio, quis sit pythaules bonus, judicatur : habet tubicen quoque Græcus et

LXXVI.

Quoique vieux, l'auteur apprend encore. — Il prouve derechef qu'il n'y a de bon que ce qui est honnête.

Vous me menacez de vous brouiller avec moi si je vous laisse ignorer une seule de mes actions journalières. Jugez combien franchement j'en agis avec vous par la nature de la confidence que je vais vous faire. Je suis les leçons d'un philosophe; et voilà cinq jours que je me rends à huit heures à son école pour l'entendre discourir. — Le bel âge pour apprendre! me direz-vous. — Et pourquoi non? Peut-il y avoir rien de plus sot que de ne pas apprendre parce qu'on a long-temps négligé d'apprendre? — Quoi! je prendrais les airs de nos freluquets, de nos jouvenceaux? — Plût au ciel que ce travers fût le seul de ma vieillesse! Mais cette école est faite pour les hommes de tous les âges : vieillards, allons-y, afin que les jeunes gens nous imitent. Quoi! j'irai au théâtre, je me ferai porter au cirque; il ne se donnera pas un combat de gladiateurs sans moi, et je rougirais d'aller entendre un philosophe! Aussi long-temps qu'on ne sait pas, il faut apprendre, et même à en croire le proverbe : « Il faut apprendre toute sa vie. » Ici plus que jamais, il convient de dire : qu'il faut apprendre à vivre aussi long-temps qu'on vit. D'ailleurs, moi aussi, j'enseigne quelque chose en cette école. — Vous me demandez quoi? — J'enseigne que le vieillard même a quelque chose à apprendre. Je n'entre pas de fois dans cette école, que je ne rougisse du genre humain. Vous savez qu'il faut passer devant le théâtre de Naples pour se rendre chez Métronax. Eh bien! ce théâtre regorge de monde : on met beau-

præco concursum. At in illo loco, in quo vir bonus quæritur, in quo vir bonus discitur, paucissimi sedent: et hi plerisque videntur nihil boni negotii habere quod agant; inepti et inertes vocantur. — Mihi contingat iste derisus : æquo animo audienda sunt imperitorum convicia, et ad honesta vadenti contemnendus est ipse contemptus.

Perge, Lucili, et propera, ne tibi accidat, quod mihi, ut senex discas : immo ideo magis propera, quoniam id nunc aggressus es, quod perdiscere vix senex possis. — Quantum, inquis, proficiam ? — Quantum tentaveris. Quid exspectas? nulli sapere casu obtigit. Pecunia veniet ultro; honor offeretur; gratia ac dignitas fortasse ingerentur tibi : virtus in te non incidet : ne levi quidem opera aut parvo labore cognoscitur : sed est tanti laborare, omnia bona semel occupaturo. Unum est enim bonum, quod honestum; in illis nihil invenies veri, nihil certi, quæcumque famæ placent.

Quare hoc unum sit bonum, quod honestum, dicam : quoniam me parum exsecutum priore epistola judicas, magisque hanc rem tibi laudatam quam probatam

coup d'empressement à juger quel est le joueur de flûte le plus habile : un trompette grec et le héraut attirent aussi la foule ; mais le lieu où l'on s'occupe de rechercher quel est l'homme de bien, où l'on apprend à devenir homme de bien, il n'y a que bien peu de monde qui s'y arrête ; et ces auditeurs même sont généralement regardés comme des oisifs qui n'ont rien de mieux à faire : on les traite d'imbéciles et de fainéans. — Qu'ils me poursuivent aussi de leurs railleries, je ne les crains pas ! il faut entendre sans s'émouvoir les injures des ignorans ; et dès-lors qu'on marche à la vertu, il faut savoir mépriser jusqu'au mépris.

Continuez, mon cher Lucilius, hâtez-vous de peur qu'il ne vous arrive, comme à moi, d'être obligé d'apprendre dans la vieillesse ; hâtez-vous d'autant plus que ce que vous étudiez, vous aurez bien de la peine à le savoir à fond dans un âge avancé. — Quels progrès pourrais-je faire? m'objectez-vous. — Tous ceux que vous aurez tentés. Qu'attendez-vous? On n'a jamais vu personne devenir sage par hasard. L'argent pourra venir vous trouver ; les honneurs pourront s'offrir à vous ; on pourra vous prodiguer la faveur et les dignités : la vertu ne se jettera pas à votre tête : il ne suffit même pas de quelques efforts ou d'un léger travail pour en avoir la connaissance ; mais l'espoir de posséder tous les biens à la fois vaut bien qu'on se donne du mal. Car il n'y a d'autre bien que l'honnête : vous ne trouverez rien de réel, rien de stable dans aucun des objets que vante la voix publique.

Je vais vous expliquer encore pourquoi il n'y a d'autre bien que l'honnête : puisque vous pensez que je ne l'ai fait qu'imparfaitement dans ma précédente lettre, et que mon

putas : et in arctum, quæ dicta sunt, contraham. Omnia suo bono constant : vitem fertilitas commendat et sapor vini, velocitas cervum. — Quare fortia dorso jumenta sint, quæris ? — Quia eorum hic unus est usus, sarcinam ferre. In cane sagacitas prima est, si investigare debet feras; cursus, si consequi; audacia, si mordere et invadere. Id in quoque optimum esse debet, cui nascitur, quo censetur. In homine optimum quid est ? Ratio : hac antecedit animalia, deos sequitur. Ratio ergo perfecta, proprium hominis bonum est; cetera illi cum animalibus satisque communia sunt. Valet ? et leones. Formosus est ? et pavones. Velox est ? et equi. Non dico, in his omnibus vincitur. Non quæro, quid in se maximum habeat, sed quid suum. Corpus habet ? sed et arbores. Habet impetum ac motum voluntarium ? et bestiæ, et vermes. Habet vocem ? sed quanto clariorem canes, acutiorem aquilæ, graviorem tauri, dulciorem mobilioremque luscinii! Quid in homine proprium ? Ratio ! Hæc, recta et consummata, felicitatem hominis implevit. Ergo, si omnis res, quum bonum suum perfecit, laudabilis est, et ad finem naturæ suæ pervenit; homini autem suum bonum ratio est : si hanc perfecit, laudabilis est, et finem naturæ suæ attigit. Hæc ratio perfecta *virtus* vocatur; eademque *honestum* est. Id itaque unum bonum est in homine, quod unum hominis est; nunc enim non quærimus, quid sit bonum, sed quod sit *hominis bonum*.

argumentation vous a plutôt semblé une apologie qu'une démonstration; je résumerai même, en peu de mots, ce que j'ai dit précédemment. Tous les êtres ont leur bon côté; la vigne se recommande par la fécondité et par la saveur du vin qu'elle produit; le cerf par sa vitesse. — Si vous me demandez pourquoi la force des bêtes de somme est dans les reins? — Je vous répondrai : Que c'est parce qu'elles sont vouées à porter des fardeaux. La finesse de l'odorat domine chez le chien, s'il est destiné à chercher la trace du gibier; l'agilité, s'il est destiné à le poursuivre; l'audace, s'il est destiné à le mordre et à l'attaquer. La perfection de chaque être est toujours analogue à la mission qu'il a reçue de la nature et qu'on lui a donnée ici-bas. Quel est le côté parfait de l'homme? La raison, qui l'élève au dessus des animaux, et le place après les dieux; le reste lui est commun avec les animaux et les végétaux. Il est fort? les lions aussi. Il est beau? les paons le sont. Il est léger à la course? les chevaux le sont comme lui. J'omets de dire qu'il leur est inférieur sous tous ces rapports. Je ne cherche point en quoi il excelle, mais ce qui lui est propre. Il a un corps? les arbres aussi. Il a de la vivacité et de la spontanéité? la bête, le ver de terre en a aussi. Il a une voix? mais combien celle du chien est plus claire; celle de l'aigle plus perçante; celle du taureau plus grave; celle du rossignol plus douce et plus flexible. Quel est donc le privilège de l'homme? La raison! C'est la raison épurée et consommée qui comble la félicité de l'homme. Si donc une chose n'est louable qu'autant qu'elle a atteint le plus haut degré de perfection, et accompli sa mission, l'homme, dont la qualité distinctive est la raison, deviendra louable, en la perfectionnant et atteignant ainsi le but de sa nature.

Si nullum aliud est hominis quam ratio, hæc erit unum ejus bonum, sed pensandum cum omnibus. Si sit aliquis malus, puto improbabitur; si bonus, puto probabitur : id ergo in homine primum solumque est, quo et probatur et improbatur.

Non dubitas, an hoc sit bonum; dubitas, an solum bonum sit. Si quis omnia alia habeat, valetudinem, divitias, imagines multas, frequens atrium, sed malus ex confesso sit; improbabis illum. Item, si quis nihil quidem illorum, quæ retuli, habeat, deficiatur pecunia, clientum turba, nobilitate, et avorum proavorumque serie, sed ex confesso bonus sit; probabis illum. Ergo hoc unum est bonum hominis : qui habet, etiam si aliis destituitur, laudandus est; quod qui non habet, in omnium aliorum copia damnatur ac rejicitur.

Quæ conditio rerum, eadem et hominum est. Navis bona dicitur, non, quæ pretiosis coloribus picta est, nec cui argenteum aut aureum rostrum est, nec cujus tutela ebore cælata est, nec quæ fiscis ac opibus regiis

Or la raison perfectionnée est ce qu'on appelle la *vertu*, qui à son tour n'est autre chose que l'*honnête*. Le seul bien possible pour l'homme est donc celui qui appartient à l'homme seul; car ce n'est pas du bien en général que nous nous occupons ici, mais de *celui de l'homme* en particulier. S'il n'y a pas d'autres biens pour l'homme que la raison, ce sera son seul bien, mais un bien qui balancera tout au monde. Si un homme est méchant, il sera blâmé; s'il est bon, il sera loué: donc tout ce qu'il y a d'important pour l'homme, c'est ce qui lui fera mériter l'approbation ou la désapprobation.

Vous ne doutez pas que le bien ne soit ce que je le définis, vous doutez seulement que ce soit le seul bien. Si un homme possède tous les autres avantages: santé, richesses, images de ses ancêtres, nombreuse clientèle, et qu'il soit reconnu pour méchant, vous le blâmerez. D'un autre côté, si un homme ne possède aucun des avantages que je viens de détailler; s'il n'a ni argent, ni cortège de cliens, ni noblesse, ni suite d'aïeux et arrières-aïeux, et qu'il soit reconnu pour un homme de bien, vous ne manquerez pas de l'approuver. La vertu est donc le seul bien de l'homme, puisque celui qui la possède est estimé lors même qu'il est privé de tout le reste; et puisque celui qui ne la possède pas, quoiqu'abondamment pourvu de tous les autres avantages, est blâmé et traité avec mépris.

Il en est des hommes comme des choses: on appelle un bon vaisseau, non celui qui est décoré de peintures précieuses, dont l'éperon est étincelant d'or et d'argent, dont la figure est d'ivoire sculpté, ou qui est chargé des trésors d'un prince; mais celui qui est

pressa est ; sed stabilis, et firma, et juncturis aquam excludentibus spissa, ad ferendum incursum maris solida, gubernaculo parens, velox, et non sentiens ventum. Gladium bonum dices, non, cui auratus est balteus, nec cujus vagina gemmis distinguitur; sed cui et ad secandum subtilis acies est, et mucro munimentum omne rupturus. Regula, non quam formosa, sed quam recta sit, quæritur. Eo quidque laudatur, cui comparatur, quod illi proprium est. Ergo in homine quoque nihil ad rem pertinet, quantum aret, quantum fœneret, a quam multis salutetur, quam pretioso incumbat lecto, quam perlucido poculo bibat; sed quam bonus sit : bonus autem est, si ratio explicita et recta est, et ad naturæ suæ voluntatem accommodata. Hæc vocatur *virtus* : hoc est *honestum*, et unicum hominis bonum. Nam quum sola ratio perficiat hominem, sola ratio perfecta beatum facit : hoc autem unum hominis bonum est, quo uno beatus efficitur.

Dicimus et illa bona esse, quæ a virtute profecta contactaque sunt, id est, opera ejus omnia. Sed ideo unum ipsa bonum est, quia nullum sine illa est. Si omne in animo bonum est; quidquid illum confirmat, extollit, amplificat, bonum est : validiorem autem animum, excelsiorem, et ampliorem, facit virtus. Nam cetera, quæ cupiditates nostras irritant, deprimunt quoque animum et labefaciunt; et, quum

ferme et solide, dont les fortes jointures ferment tout accès à l'eau, qui résiste au choc de la mer, qui obéit au gouvernail, qui est bon voilier, qui n'attend pas le vent. Une épée n'est pas bonne, parce que sa garde est dorée et son fourreau orné de pierreries; il lui faut, pour être bonne, avoir un tranchant bien affilé, une pointe qui perce toute espèce d'armes défensives. On exige d'une règle, non qu'elle soit belle, mais qu'elle soit droite. On n'estime les choses qu'en raison de leur mérite relatif et de leur valeur intrinsèque. Ainsi l'important pour l'homme n'est pas d'avoir une grande étendue de terres et de riches revenus, ni de recevoir de nombreux hommages, ni de reposer dans un lit précieux, ni de boire dans une coupe bien transparente, mais d'être bon : or, il est bon, si sa raison est développée, épurée et accommodée au vœu de sa nature. Telle est la *vertu*, tel est l'*honnête*, tel est l'unique bien de l'homme. Car si la seule raison conduit l'homme à la perfection, la seule raison parfaite peut le rendre heureux; par conséquent il n'y a de bien pour l'homme que ce qui le rend heureux.

Nous donnons aussi le nom de biens à tout ce qui émane de la vertu et en porte le cachet; en d'autres termes, à tous les actes de la vertu. Mais la véritable raison pour laquelle la vertu est le seul bien, c'est qu'il n'y en a point sans elle. S'il est reconnu que toute espèce de bien réside dans l'âme; tout ce qui la fortifie, l'élève, l'agrandit, est un bien : or la vertu rend l'âme plus forte, plus élevée, plus grande. Au contraire, tous les autres objets, en irritant nos passions, abaissent et ébranlent notre âme; s'ils paraissent la rehausser, ce n'est qu'une

videntur attollere, inflant, ac multa vanitate deludunt. Ergo unum id bonum est, quo melior animus efficitur. Omnes actiones totius vitæ honesti ac turpis respectu temperantur; ad hæc faciendi et non faciendi ratio dirigitur. Quid sit hoc dicam. Vir bonus, quod honeste se facturum putaverit, faciet, etiam si laboriosum erit; faciet, etiam si damnosum erit; faciet, etiam si periculosum erit : rursus, quod turpe erit, non faciet, etiam si pecuniam afferet, etiam si voluptatem, etiam si potentiam. Ab honesto nulla re deterrebitur, ad turpia nulla [spe] invitabitur. Ergo, si honestum utique secuturus est, turpe utique vitaturus, et in omni actu vitæ spectaturus hæc duo, nullum aliud bonum quam honestum, nec aliud malum quam turpe; si una indepravata virtus est, et sola permanet tenoris sui; unum est bonum virtus : cui jam accidere, ne sit bonum, non potest; mutationis periculum effugit. Stultitia ad sapientiam erepit; sapientia in stultitiam non revolvitur.

Dixi, si forte meministi, concupita vulgo et formidata inconsulto impetu plerosque calcasse. Inventus est, qui flammis imponeret manum, cujus risum non interrumperet tortor; qui in funere liberorum lacrymam non mitteret; qui morti intrepidus occurreret : amor, ira, cupiditas, pericula depoposcerunt. Quod potest brevis obstinatio animi, aliquo stimulo excitata, quanto magis

enflure trompeuse, une vaine illusion. Il n'y a donc de bien que ce qui rend l'âme meilleure. Toutes les actions de la vie sont modifiées par la considération de l'honneur ou de la honte qui en résulte ; telle est la règle de ce qu'il faut faire et ne pas faire. Quelques mots d'explications là dessus. Un homme vertueux fera tout ce qu'il croira pouvoir faire avec honneur, quoiqu'il lui en coûte d'ailleurs ; il le fera, dût-il en souffrir ; il le fera, dût-il courir des dangers ; par contre-coup, il s'abstiendra de toute action honteuse, dût-elle lui procurer des trésors, du plaisir ou de la puissance. Aucune considération ne le détournera de l'honnête ; aucune séduction ne le décidera à un acte déshonorant. Si donc il a pour principe invariable de rester fidèle à l'honnêteté et d'éviter la honte, et que, dans tous les actes de la vie, il ait toujours en vue ce double précepte, qu'il n'y a de bien que ce qui est honnête, et qu'il n'y a de mal que ce qui est honteux ; s'il est vrai que la vertu seule soit incorruptible et inaltérable, il s'ensuit que la vertu est le seul bien, et qu'il ne peut arriver qu'elle cesse d'être bien, elle qui est à l'abri de tout péril. La folie peut s'élever à la sagesse ; la sagesse ne saurait se tourner en folie.

Je vous ai dit, si vous vous en souvenez, qu'il s'est trouvé souvent des hommes qui, dans un entraînement irréfléchi, ont foulé aux pieds les choses que le vulgaire désire ou redoute : on en a vu qui ont plongé leur main dans la flamme ; d'autres dont le bourreau n'a pu interrompre les rires ; d'autres qui n'ont pas versé une larme aux funérailles de leurs enfans ; d'autres qui volaient avec intrépidité au devant de la mort : l'amour, la colère, la cupidité leur ont fait braver les périls. Ce que peut

virtus, quæ non ex impetu, nec subito, sed æqualiter valet; cui perpetuum robur est? Sequitur, ut, quæ ab inconsultis sæpe contemnuntur, a sapientibus semper, ea nec bona sint, nec mala. Unum ergo bonum ipsa virtus est, quæ inter hanc fortunam et illam superba incedit, cum magno utriusque contemptu.

Si hanc opinionem receperis, aliquid bonum esse præter honestum; nulla non virtus laborabit : nulla enim obtineri poterit, si quidquam extra se respexerit. Quod si est, rationi repugnat, ex qua virtutes sunt; et veritati, quæ sine ratione non est : quæcumque autem opinio veritati repugnat, falsa est. Virum bonum concedas necesse est summæ pietatis erga deos esse; itaque, quidquid illi acciderit, æquo animo sustinebit : sciet enim, id accidisse lege divina, qua universa procedunt. Quod si est, unum illi bonum erit, quod honestum : in hoc enim [positum] est et parere diis, nec excandescere ad subita, nec deplorare sortem suam; sed patienter excipere fatum, et facere imperata. Si enim ullum aliud est bonum quam honestum, sequetur nos aviditas vitæ, aviditas rerum vitam instruentium ; quod est intolerabile, infinitum, vagum. Solum ergo bonum est honestum; cui modus est. Diximus, hominum futuram feliciorem vitam quam deorum, si ea bona sunt, quorum nullus diis usus est; tanquam pecunia, et honores.

un moment de résolution excitée par un aiguillon passager, combien plus en sera capable la vertu qui n'agit point par emportement, par caprice, mais d'une manière soutenue et avec une vigueur incessante. Il suit de là que ce qui est méprisé quelquefois par les fous, et toujours par les sages, n'est de fait ni bien ni mal. Il n'y a donc d'autre bien que la vertu ; elle qui traverse fièrement la bonne et la mauvaise fortune, tant elle les méprise toutes deux !

Si vous accueillez cette opinion, qu'il y a d'autre bien que l'honnête, il n'est plus aucune vertu qui ne soit en danger : car il n'en est pas une qui puisse tenir, si elle envisage quelque chose au delà d'elle-même. En même temps, un pareil ordre de choses répugne à la raison, qui est la source de toutes les vertus, à la vérité sans laquelle il n'y a point de raison possible ; et toute opinion qui répugne à la vérité, est naturellement fausse. Vous ne pouvez nier que l'homme de bien ne soit animé du plus vif sentiment de piété à l'égard des dieux ; de là vient que telle chose qui lui arrive, il s'y soumettra avec calme : car il verra là dedans un effet de la volonté divine d'où émanent toutes choses. Cela admis, il n'y aura de bien pour lui que l'honnête : car autrement comment saurait-il obéir aux dieux, ne pas se révolter contre les accidens imprévus, ne pas se désoler de son sort ? Comment saurait-il se résigner à sa destinée et à faire tout ce qui lui est ordonné ? S'il existe quelque autre bien que l'honnête, il en résultera pour nous un amour effréné de la vie et des agrémens de la vie ; passion intolérable, illimitée, incapable de repos. Il n'y a donc d'autre bien que l'honnête, parce que lui seul a des bornes. Nous avons dit que la vie des hommes deviendrait plus heu-

Adjice nunc, quod, si modo solutæ corporibus animæ manent, felicior illis status restat, quam est, dum mersantur in corpore. Atqui, si ista bona sunt, quibus per corpora utimur, emissis erit pejus; quod contra fidem est, feliciores esse liberis et in universum datis clusas et obsessas. Illud quoque dixeram, si bona sunt ea, quæ tam homini contingunt quam mutis animalibus, et muta animalia beatam vitam actura : quod fieri nullo modo potest. Omnia pro honesto patienda sunt; quod non erat faciendum, si esset ullum aliud bonum, quam honestum.

Hæc, quamvis latius exsecutus essem priore epistola, constrinxi, et breviter percurri. Nunquam autem vera tibi opinio talis videbitur, nisi animum alleves, et te ipse interroges : « Si res exegerit, ut pro patria moriaris, et salutem omnium civium tua redimas, an porrecturus sis cervicem, non tantum patienter, sed etiam libenter? » Si hoc facturus es, nullum aliud bonum est : omnia relinquis, ut hoc habeas. Vide, quanta vis honesti sit. Pro republica morieris, etiam si statim facturus hoc eris, quum scieris tibi esse faciendum. Interdum ex re pulcherrima magnum gaudium, etiam tempore exiguo ac brevi, capitur; et, quamvis fructus operis peracti

reuse que celle des dieux, si l'on devait considérer comme des biens les objets dont les dieux n'ont pas la jouissance, tels que l'argent et les honneurs. Ajoutez que, s'il est vrai que les âmes subsistent dégagées de leur enveloppe corporelle, ce doit être pour passer à un état plus heureux que quand elles étaient enfouies dans le corps. Or, si ce sont des biens que les objets dont notre corps nous procure la jouissance, la condition des âmes sorties des corps sera pire; et il en faudra conclure, chose incroyable! que celles-ci, captives et resserrées, sont plus heureuses que libres et rendues à l'espace. J'ai dit aussi que s'il était vrai que les avantages communs aux brutes et à l'homme fussent des biens, les brutes mèneraient une vie heureuse; ce qui ne peut exister en aucune façon. J'ai posé en principe qu'on doit tout braver pour l'honnête; ce qui serait une folie, s'il existait d'autre bien que l'honnête.

Quoique je vous aie présenté fort au long ces raisonnemens dans ma précédente lettre, j'ai cru devoir les resserrer et les remanier en peu de mots. Mais vous ne serez jamais entièrement converti à cette opinion, si vous n'exaltez votre âme, et si vous ne vous faites cette question : « Si les circonstances exigeaient que je mourusse pour la patrie et qu'il fallût racheter la vie de mes concitoyens au prix de la mienne, présenterais-je ma tête, non-seulement avec courage, mais encore avec plaisir? » Si vous êtes capable de faire pareille chose, c'est qu'à vos yeux il n'est pas d'autre bien : vous quittez tout pour le posséder. Admirez le pouvoir de la vertu! vous mourrez pour la patrie, dussiez-vous le faire sur-le-champ, du moment que vous serez convaincu qu'il faut le faire. Souvent une belle action procure une grande joie, bien

nullus ad defunctum exemptumque rebus humanis pertineat, ipsa tamen contemplatio futuri operis juvat : et vir fortis ac justus, quum mortis suæ pretia ante se posuit, libertatem patriæ, salutem omnium, pro quibus dependit animam, in summa voluptate est, et periculo suo fruitur. Sed ille quoque, cui etiam hoc gaudium eripitur, quod tractatio operis maximum et ultimum præstat, nihil cunctatus desiliet in mortem, facere recte pieque contentus. Oppone etiam nunc illi multa, quæ dehortentur. Dic : Factum tuum matura sequetur oblivio, et parum grata existimatio civium; respondebit tibi : « Ista omnia extra opus meum sunt ; ego ipsum contemplor : hoc esse honestum scio ; itaque, quocumque ducit ac vocat, venio. »

Hoc ergo unum bonum est, quod non tantum perfectus animus, sed generosus quoque et indolis bonæ sentit; cetera levia sunt, mutabilia. Itaque sollicite possidentur : etiam si favente fortuna in unum congesta sunt, dominis suis incumbunt gravia, et illos semper premunt, aliquando et elidunt. Nemo ex istis, quos purpuratos vides, felix est, non magis, quam ex illis, quibus sceptrum et chlamydem in scena fabulæ assignant : quum, præsente populo, elati incesserunt et cothurnati ; simul exierunt, excalceantur, et ad staturam suam redeunt. Nemo istorum, quos divitiæ honoresque

que cette joie ne soit que d'un instant; quoiqu'on ne recueille aucun fruit de ce qu'on a fait quand on est mort, et pour jamais retiré de la scène du monde, cependant la contemplation du bien qu'on va faire est une vive jouissance; il n'y a pas à douter non plus que l'homme courageux et juste, quand il se représente les résultats de sa mort, la liberté de sa patrie, la conservation de tous ceux pour lesquels il a sacrifié son existence, ne goûte la volupté la plus pure, et ne trouve du charme au danger. Mais celui même à qui est refusée cette joie suprême, cette joie immense que procure le prélude d'une pareille action, ne s'en élancera pas avec moins d'empressement à la mort, content de pouvoir faire preuve de vertu et de dévoûment. Opposez-lui mille raisons pour le dissuader; dites-lui que son action sera suivie d'un prompt oubli et de l'ingratitude de ses concitoyens; il vous répondra : « Tout cela est étranger à mon action; je ne vois qu'elle; comme je sais qu'elle est honnête, partout où elle me conduit et m'appelle, je m'y rends. »

Le seul bien donc est celui qui se fait sentir, non-seulement aux âmes parfaites, mais aussi aux cœurs généreux et heureusement doués; tous les autres biens prétendus sont futiles et passagers. Voilà pourquoi leur possession est accompagnée d'inquiétudes. Que la fortune les accumule tous sur une même tête, ils deviennent à charge à leur possesseur, l'embarrassent toujours, et parfois l'écrasent. Parmi ces personnages que vous voyez vêtus de pourpre, il n'en est pas un qui soit heureux; ils ne le sont pas plus que ces comédiens que leur rôle oblige à porter le sceptre et la chlamyde : devant le peuple ils ont marché fièrement, élevés sur leurs cothurnes; ils n'ont pas plutôt quitté la scène qu'ils se dé-

in altiore fastigio ponunt, magnus est. Quare ergo magnus videtur? Cum basi illum sua metiris! Non est magnus pumilio, licet in monte constiterit; colossus magnitudinem suam servabit, etiam si steterit in puteo.

Hoc laboramus errore, sic nobis imponitur, quod neminem æstimamus eo quod est, sed adjicimus illi et ea, quibus adornatus est. Atqui quum voles veram hominis æstimationem inire, et scire qualis sit, nudum inspice. Ponat patrimonium, ponat honores, et alia fortunæ mendacia; corpus ipsum exuat: animum intuere, qualis quantusque sit; alieno, an suo, magnus. Si rectis oculis gladios micantes videt, et si scit, sua nihil interesse, utrum anima per os, an per jugulum exeat; beatum voca : si, quum illi denuntiata sunt corporis tormenta, et quæ casu veniunt, et quæ potentioris injuria; si vincula, et exsilia, et vanas humanarum formidines mentium securus audit, et dicit :

> . . . . Non ulla laborum,
> O virgo! nova mi facies inopinave surgit:
> Omnia præcepi, atque animo mecum ante peregi.

« Tu hodie ista denuntias; ego semper denuntiavi mihi, et hominem paravi ad humana. » Præcogitati mali mollis ictus venit. At stultis et fortunæ credentibus

chaussent et redescendent à leur taille naturelle. De tous ces hommes que les richesses et les honneurs ont élevés au premier rang, il n'en est aucun qui soit grand. Pourquoi donc paraissent-ils grands? C'est qu'on les mesure avec le piédestal. Un nain n'en est pas plus grand pour s'être placé sur une montagne; un colosse conserve sa grandeur, eût-il les pieds au fond d'un puits.

Notre erreur, la cause de nos illusions, c'est de ne jamais priser l'homme pour ce qu'il est, et de ne pas savoir le séparer toujours des avantages extérieurs qui brillent autour de lui. Or, quand vous voudrez faire l'appréciation exacte d'un homme, et savoir quel il est, examinez-le nu; qu'il mette de côté son patrimoine, ses honneurs, et tous les oripeaux de la fortune; qu'il se dépouille même de son corps : puis regardez, scrutez bien son âme, voyez si sa grandeur est à lui, ou si elle est d'emprunt. Si des épées menaçantes ne le font point sourciller; s'il est persuadé qu'il importe peu pour lui que son âme sorte par la bouche ou par la gorge, donnez-lui le nom d'*heureux*. Si quand on lui annoncera des tortures corporelles, des revers, les injustices d'un homme puissant, la captivité, l'exil, et tout ce qui frappe d'une vaine épouvante les âmes humaines, il conserve sa sécurité, et s'écrie :

« O prétresse! cette prespective de travaux n'a rien de nouveau et d'inattendu pour moi : mon esprit avait tout prévu, et s'était d'avance préparé à tout. »

« Vous m'annoncez aujourd'hui ces malheurs; mais je me les suis toujours annoncés; j'ai préparé l'homme aux accidens de l'humanité. » Le choc d'un mal prévu a bien

omnis videtur nova rerum et inopinata facies : magna autem pars est apud imperitos mali, novitas. Hoc ut scias, ea quæ putaverunt aspera, fortius, quum assuevere, patiuntur. Ideo sapiens assuescit futuris malis; et, quæ alii diu patiendo levia faciunt, hic levia facit diu cogitando. Audimus aliquando voces imperitorum, dicentium : « Sciebam hoc mihi restare? » Sapiens scit, sibi omnia restare ; quidquid factum est, dicit : « Sciebam. »

LXXVII.

De classe alexandrina. — De morte Marcellini.

SUBITO hodie nobis alexandrinæ naves apparuerunt, quæ præmitti solent et nuntiare secuturæ classis adventum ; *tabellarias* vocant. Gratus illarum Campaniæ aspectus est : omnis in pilis Puteolorum turba consistit, et ex ipso genere velorum alexandrinas, quamvis in magna turba navium, intelligit : solis enim licet siparum intendere, quod in alto omnes habent naves. Nulla enim res æque adjuvat cursum, quam summa pars veli; illinc maxime navis urgetur. Itaque, quoties ventus increbuit, majorque est quam expedit, antenna submitti-

moins de force. Mais pour les insensés et les gens qui ont foi à la fortune, tous les évènemens ont un aspect nouveau et inattendu ; et l'on sait que, pour celui qui n'a pas connu la souffrance, la moitié du mal vient de sa nouveauté. La preuve en est, que l'habitude leur fait endurer avec courage les maux qu'ils considéraient comme les plus cruels. Voilà pourquoi le sage s'accoutume aux maux qui peuvent lui arriver : ce que d'autres apprennent à supporter à force de patience, il apprend, lui, à le supporter à force d'y penser. Nous entendons parfois des gens sans expérience s'écrier : « Pouvais-je m'attendre à ce malheur ! » Le sage s'attend à tout, quoi qu'il lui advienne, et dit : « Je le savais. »

LXXVII.

Sur la flotte d'Alexandrie. — Mort de Marcellinus.

AUJOURD'HUI nous avons vu paraître tout à coup les vaisseaux d'Alexandrie, ceux qui d'ordinaire devancent la flotte et en annoncent l'arrivée : on leur donne le nom de *tabellaires*. Leur vue est une fête pour la Campanie ; la foule se presse sur les jetées de Pouzzoles ; et quel que soit le nombre des vaisseaux en vue, on reconnaît ceux d'Alexandrie à leur voilure : car seuls ils ont le droit de déployer la voile de perroquet dont les autres bâtimens se servent en pleine mer. Il n'est rien, en effet, qui aide la marche du navire comme les hautes voiles : c'est de là surtout qu'il reçoit son impulsion. Aussi, lorsque le vent fraîchit et qu'il est trop violent,

tur; minus habet virium flatus ex humili. Quum intravere Capreas et promontorium ex quo

> Alta procelloso speculatur vertice Pallas,

ceteræ velo jubentur esse contentæ, siparum alexandrinarum insigne est.

In hoc omnium discursu properantium ad litus magnam ex pigritia mea sensi voluptatem, quod, epistolas meorum accepturus, non properavi scire, quis illic esset rerum mearum status, quid afferrent. Olim jam nec perit quidquam mihi, nec acquiritur. Hoc, etiam si senex non essem, fuerat sentiendum; nunc vero multo magis, quia, quantulumcumque haberem, tamen plus jam mihi superesset viatici, quam viæ; præsertim quum eam viam simus ingressi, quam peragere non est necesse. Iter imperfectum erit, si in media parte, aut citra petitum locum steteris; vita non est imperfecta, si honesta est. Ubicumque desines, si bene desinis, tota est. Sæpe autem et fortiter desinendum est, et non ex maximis causis : nam nec maximæ sunt, quæ nos tenent.

Tullius Marcellinus, quem optime noveras, adolescens quietus et cito senex, morbo, et non insanabili, correptus, sed longo et molesto, et multa imperante, cœpit deliberare de morte. Convocavit complures amicos : unusquisque, aut quia timidus erat, id illi suade-

on baisse la vergue pour diminuer sa force. Lorsque les navires sont à la hauteur de Caprée et du promontoire,

« Du haut duquel Pallas contemple la mer agitée par la tempête, »

tous doivent se contenter de la grande voile, à l'exception de ceux d'Alexandrie, dont la voile de perroquet est la marque distinctive.

Tandis que tout le monde se précipitait sur le rivage, j'ai trouvé un plaisir indicible à rester dans l'inertie : au moment de recevoir des lettres de mes correspondans, je ne me suis point pressé de savoir quel était l'état de mes affaires, ce qu'on pourrait me mander de nouveau. C'est que depuis long-temps il n'y a pour moi ni pertes ni profits. Je devrais penser ainsi, quand même je ne serais pas vieux ; mais c'en est plus que jamais le moment maintenant, où, quelque peu que je possédasse, il me resterait toujours plus de provisions que de chemin à faire ; surtout étant sur une route que rien ne me force d'achever. Un voyage est imparfait quand on s'arrête à moitié chemin, ou en deçà du terme qu'on s'était proposé ; mais la vie n'est jamais imparfaite quand elle est honnête. Quelque part que vous la finissiez, si vous la finissez bien, elle est complète. Mais il faut souvent avoir le courage de finir, et, pour cela, il n'est pas besoin de motifs bien puissans ; car les motifs qui nous retiennent, eux aussi ne sont pas bien puissans.

Tullius Marcellinus, cet homme que vous avez fort bien connu, qui eut une jeunesse si tranquille et une vieillesse si précoce, se sentant attaqué d'une maladie qui n'était pas incurable, mais longue et assujétissante, se mit un jour à délibérer sur sa mort. Il convoqua plusieurs de ses amis. Celui-ci, par timidité, lui conseillait ce qu'il se

bat, quod sibi suasisset; aut quia adulator et blandus, id consilium dabat, quod deliberanti gratius fore suspicabatur. Amicus noster stoicus, homo egregius, et, ut verbis illum quibus laudari dignus est laudem, vir fortis ac strenuus, videtur mihi optime illum cohortatus. Sic enim cœpit : « Noli, mi Marcelline, torqueri, tanquam de re magna delibares! Non est res magna, vivere; omnes servi tui vivunt, omnia animalia : magnum est, honeste mori, prudenter, fortiter. Cogita quamdiu jam idem facias : cibus, somnus, libido; per hunc circulum curritur. Mori velle non tantum prudens et fortis, aut miser, sed etiam fastidiosus potest. » Non opus erat suasore illi, sed adjutore : servi parere nolebant. Primum detraxit illis metum, et indicavit, tunc familiam periculum adire, quum incertum esset, an mors domini voluntaria fuisset; alioqui tam mali exempli esset occidere dominum, quam prohibere. Deinde ipsum Marcellinum admonuit, non esse inhumanum, quemadmodum cœna peracta reliquiæ circumstantibus dividuntur, sic peracta vita aliquid porrigi his, qui totius vitæ ministri fuissent. Erat Marcellinus facilis animi, et liberalis, etiam quum de suo fieret : minutas itaque summulas distribuit flentibus servis, et illos ultro consolatus est. Non fuit illi opus ferro, non sanguine : triduo abstinuit, et in ipso cubiculo poni tabernaculum jussit. Solium deinde illatum est, in quo diu jacuit; et, calda subinde suffusa,

serait conseillé à lui-même ; tel autre, par flatterie et par
faiblesse, lui donnait le conseil qu'il soupçonnait devoir
être le plus agréable. Notre ami le stoïcien, homme d'un
mérite rare, ou plutôt, pour le louer en termes dignes de
lui, homme de décision et de cœur, l'exhorta de la manière, selon moi, la plus convenable. « Mon cher Marcellinus, ne vous tourmentez pas comme si vous délibé-
riez d'une affaire bien importante ! Ce n'est pas une si
grande affaire que de vivre ; vos esclaves vivent tous, et
les animaux aussi vivent : une grande affaire, c'est de
mourir honnêtement, sagement et avec courage. Songez
combien il y a de temps que vous faites la même chose :
manger, dormir, se livrer à la débauche, voilà le cercle
d'où l'on ne sort pas. Pour se donner la mort, il n'est
pas nécessaire d'être sage, fort, ou malheureux, il suffit
d'être dégoûté. » Marcellinus n'avait pas besoin d'être conseillé, mais secondé : seulement ses esclaves refusaient de
lui obéir. Notre stoïcien, après avoir dissipé leurs craintes,
leur fit comprendre qu'ils couraient bien plus de danger,
s'il restait incertain que la mort de leur maître eût été
volontaire ; il ajouta qu'il était d'aussi mauvais exemple
d'empêcher leur maître de se tuer que de l'assassiner. Puis
il invita Marcellinus lui-même à ne pas être inhumain ;
de même, lui dit-il, qu'après le repas on partage les re-
liefs à ceux qui ont servi ; ainsi, en terminant sa carrière, il est bien de faire quelque chose pour ceux qui
vous ont servi toute votre vie. Marcellinus était facile et
généreux, alors même qu'il lui en coûtait. Il distribua
donc de petites sommes à ses esclaves, et prit aussi la
peine de les consoler. Il n'eut point recours au fer ; il ne
fit point couler son sang ; il demeura trois jours sans
manger, et fit dresser une tente dans sa chambre à cou-

paulatim defecit, ut aiebat, non sine quadam voluptate, quam afferre solet lenis dissolutio, non inexperta nobis, quos aliquando liquit animus.

In fabellam excessi, non ingratam tibi; exitum enim amici tui cognosces, non difficilem, nec miserum. Quamvis enim mortem sibi consciverit, tamen mollissime excessit, et vita elapsus est. Sed ne inutilis quidem hæc fabella fuerit : sæpe enim talia exempla necessitas exigit. Sæpe debemus mori, nec volumus : morimur, nec volumus. Nemo tam imperitus est, ut nesciat quandoque moriendum; tamen quum prope accessit, tergiversatur, tremit, plorat. Nonne tibi videbitur stultissimus omnium qui fleverit quod ante annos mille non vixerat? Æque stultus est qui flet quod post annos mille non vivet! Hæc paria sunt : non eris, nec fuisti. Utrumque tempus alienum est. In hoc punctum conjectus es, quod, ut extendas, quousque extendes? Quid fles? quid optas? perdis operam!

Desine fata deum flecti sperare precando.

Rata et fixa sunt, et magna atque æterna necessitate ducuntur. Eo ibis, quo omnia eunt. Quid tibi novum

cher. Il fit ensuite apporter une baignoire où il resta longtemps ; et, la faisant remplir petit à petit d'eau chaude, il s'éteignit insensiblement, non sans ressentir quelque plaisir, assez semblable à celui que cause d'ordinaire une douce défaillance, à ceux qui sont sujets à s'évanouir.

Je me suis laissé aller à ce récit, qui sans doute ne vous sera pas désagréable ; il vous apprend la mort d'un ami, et une mort qui n'a rien eu de pénible ni de douloureux. Quoiqu'il se soit détruit lui-même, il s'en est pourtant allé doucement, et s'est comme échappé de la vie. Ce récit d'ailleurs peut ne pas être inutile : parfois la nécessité demande de pareils exemples. Souvent, quand il convient que nous mourions, nous ne le voulons pas, et il arrive que nous mourons, quoique nous ne le voulions pas. Personne n'est assez ignorant pour ne pas savoir qu'il doit mourir un jour ; cependant, quand le moment est venu, on tergiverse, on tremble, on pleure. Ne regarderiez-vous pas comme le plus grand des fous celui qui se lamenterait de n'être pas au monde depuis mille ans ? Non moins fou est celui qui se lamente de ne pas devoir rester au monde mille ans encore. N'être plus ou n'avoir pas été sont même chose ; il s'agit toujours d'un temps qui ne nous appartient pas. Le point d'éternité où vous avez été jeté vous a-t-il été donné pour que vous l'étendiez à volonté ? Eh bien ! pourquoi ces pleurs ? pourquoi ces vœux ? c'est peine perdue.

« Cessez d'espérer que vos prières fassent changer les arrêts des dieux. »

Ces arrêts sont fixes et irrévocables ; ils sont commandés par une nécessité suprême, par une nécessité éternelle.

est? Ad hanc legem natus es ; hoc patri tuo accidit, hoc matri, hoc majoribus, hoc omnibus ante te, hoc omnibus post te. Series invicta, et nulla mutabilis ope, illigat ac trahit cuncta. Quantus te populus mortuorum præcessit! quantus moriturorum sequetur? quantus comitabitur! Fortior, ut opinor, esses, si multa millia tibi commorerentur. Atqui multa millia hominum et animalium hoc ipso momento, quo tu mori dubitas, animam variis generibus emittunt. Tu autem non putabas, te aliquando ad id perventurum, ad quod semper ibas? Nullum sine exitu iter est.

Exempla nunc magnorum virorum me tibi judicas relaturum? puerorum referam. Lacon ille memoriæ traditur impubes adhuc, qui captus clamabat, *Non serviam!* sua illa dorica lingua ; et verbis fidem imposuit. Ut primum jussus est fungi servili et contumelioso ministerio (afferre enim vas obscœnum jubebatur), illisum parieti caput rupit. Tam prope libertas est! et servit aliquis? Ita non sic perire filium tuum malles, quam per inertiam senem fieri? Quid ergo est, cur perturberis, si mori fortiter etiam puerile est? Puta nolle te sequi, duceris. Fac tui juris, quod alieni est. Non sumes pueri spiritum? ut dicas : *Non servio!* Infelix, servis hominibus, servis rebus, servis vitæ. Nam vita, si moriendi virtus abest, servitus est. Et quid habes, propter

Vous irez où vont tous les êtres. Qu'y a-t-il là dedans de nouveau pour vous ? Telle est la loi de votre existence ; ç'a été le sort de votre père, de votre mère, de vos aïeux, de tous ceux qui vous ont précédé ; il en sera ainsi de tous ceux qui viendront après vous. Une chaîne irrésistible, qu'aucun effort ne peut briser, unit et emporte tous les êtres. Considérez combien de générations vous ont précédé, combien vous suivront, combien vous accompagneront ! Vous seriez plus fort, j'imagine, si plusieurs milliers d'hommes mouraient en même temps que vous. Eh bien ! au moment même où vous balancez à mourir, des milliers d'hommes et d'animaux expirent de mille manières différentes. Avez-vous donc espéré ne jamais arriver au but où vous marchiez sans cesse ? Il n'est pas de route qui n'ait un terme.

Vous croyez que je vais vous citer les exemples des grands hommes ? je ne vous citerai que ceux des enfans. On a gardé le souvenir de ce Lacédémonien, encore impubère, qui, ayant été fait prisonnier, s'écriait, dans son langage dorique : *Je ne serai pas esclave !* et tint parole. A la première fonction servile et avilissante qu'on exigea de lui (il s'agissait d'apporter un vase d'usage obscène), il se brisa la tête contre la muraille. Et la liberté est si près de nous ! Et il est des gens qui consentent à servir ! N'aimeriez-vous pas mieux voir votre fils périr de cette manière que vieillir lâchement ? Pourquoi donc vous troubler, lorsque mourir avec courage appartient même aux enfans ? Si vous ne voulez pas suivre, vous serez entraîné. Faites donc de bon gré ce qu'il vous faudra faire de force. N'aurez-vous pas le courage qu'eut un enfant ? ne direz-vous pas comme lui : *Je ne veux pas être esclave !* Hélas ! vous êtes esclave

quod exspectes? Voluptates, quæ te morantur ac retinent, consumpsisti : nulla tibi nova est; nulla non jam odiosa ipsa satietate. Quis sit mulsi, quis vini sapor, scis; nihil interest, centum per vesicam tuam, an mille amphoræ transeant : saccus es. Quid sapiat ostreum, quid mullus, optime nosti; nihil tibi luxuria tua in futuros annos reservavit intactum. Atqui hæc sunt, a quibus invitus divelleris. Quid est aliud quod tibi eripi doleas? Amicos, et patriam? Tanti enim illam putas, ut tardius coenes? Solem quoque? Si posses, exstingueres! Quid enim unquam fecisti luce dignum? Confitere, non curiæ te, non fori, non ipsius rerum naturæ desiderio, tardiorem ad moriendum fieri : invitus relinquis macellum, in quo nihil reliquisti. Mortem times; at quomodo illam in media oblectatione contemnis? Vivere vis : scis enim? Mori times : quid porro? ista vita non mors est? Cæsar quum illum transeuntem per Latinam viam unus ex custodiarum agmine, demissa usque in pectus vetere barba, rogaret mortem : « Nunc enim, inquit, vivis? »

Hoc istis respondendum est, quibus succursura mors est : « Mori times? nunc enim vivis? » — Sed ego, in-

des hommes, vous êtes esclave des choses, vous êtes esclave de la vie! Car la vie, pour qui ne sait pas mourir, n'est autre chose qu'une servitude. Eh! qu'y a-t-il donc que vous attendiez encore? Sont-ce les plaisirs qui vous arrêtent et vous retiennent? Vous les avez épuisés; il n'en est plus pour vous; il n'en est point que la satiété ne vous ait rendus odieux. Vous connaissez la saveur du moût; vous connaissez celle du vin : qu'importe que cent ou mille amphores passent par votre vessie? car vous n'êtes qu'une passoire. Vous savez aussi bien que personne ce que c'est que l'huître et le surmulet : votre sensualité n'a rien mis en réserve pour vos années à venir. Et c'est à de pareils objets qu'il faut qu'on vous arrache malgré vous! En effet, quelles autres choses pouvez-vous regretter? sont-ce vos amis et votre patrie? Pour eux, vous ne retarderiez pas votre souper? Est-ce le soleil aussi? Vous l'éteindriez si vous pouviez! Car qu'avez-vous jamais fait qui soit digne de la lumière? Convenez que ce n'est point l'idée de perdre le sénat, la place publique, le spectacle même de la nature qui vous fait différer de mourir : vous quittez à regret le marché, où vous n'avez rien laissé. Vous craignez la mort? Mais comment se fait-il que vous la braviez au milieu des plaisirs? Vous voulez vivre? Savez-vous seulement pourquoi? Vous craignez de mourir? Savez-vous davantage pourquoi? La vie n'est-elle pas une lente mort? Comme César traversait un jour la voie Latine, un soldat de sa garde, à qui une longue barbe blanche tombait sur la poitrine, l'aborda et lui demanda la mort : *Eh! vis-tu donc?* lui dit ce prince.

On devrait faire la même réponse à tous ces êtres pour qui la mort serait un bienfait. « Tu crains de mou-

quit, vivere volo, qui multa honeste facio : invitus relinquo officia vitæ, quibus fideliter et industrie fungor. — Quid? tu nescis, unum esse ex vitæ officiis, et mori? Nullum officium relinquis : non enim certus numerus, quem debeas explere, finitur. Nulla vita est non brevis : nam si ad naturam rerum respexeris, etiam Nestori et Statiliæ brevis est, quæ inscribi monumento suo jussit, annis se nonaginta novem vixisse. Vides aniculam gloriari senectute longa : quis illam ferre potuisset, si contigisset centesimum implere? Quomodo fabula, sic vita : non, quam diu, sed quam bene acta sit, refert. Nihil ad rem pertinet, quo loco desinas. Quocumque voles, desine : tantum bonam clausulam impone !

LXXVIII.

Non timendos esse morbos.

VEXARI te distillationibus crebris ac febriculis, quæ longas distillationes et in consuetudinem adductas sequuntur, eo molestius mihi est, quia expertus sum hoc genus valetudinis, quod inter initia contempsi. Poterat adhuc adolescentia injurias ferre, et se adversus morbos contumaciter gerere; deinde succubui, et eo perductus sum, ut ipse distillarem, ad summam maciem deductus. Sæpe impetum cepi abrumpendæ vitæ; patris me indul-

rir? mais vis-tu donc!» — Mais je veux vivre, objectera-t-il; car je fais beaucoup de bien : je quitte à regret les fonctions de la vie, dont je m'acquitte avec conscience et discernement. — Eh quoi! ne sais-tu pas que mourir est une des fonctions de la vie? Tu ne quittes aucun devoir; car on ne t'a point fixé un certain nombre de devoirs à remplir. Il n'est pas de vie qui ne soit courte. En effet, comparée avec la durée de l'univers, celle de Nestor est courte, comme aussi celle de Statilia, qui fit graver sur son mausolée qu'elle avait vécu quatre-vingt-dix-neuf ans. Voyez-vous cette vieille qui se glorifie de sa longue vieillesse! Quelle n'eût pas été son arrogance, si elle fût parvenue à accomplir un siècle? La vie est comme un drame : ce n'est pas sa durée qui importe, c'est la manière dont elle est conduite. Il n'est pas question de savoir où vous finirez. Finissez où vous voudrez : seulement, que le dénoûment soit bon.

LXXVIII.

Qu'il ne faut pas craindre les maladies.

Ces pituites et ces petits accès de fièvre dont si fréquemment vous souffrez, et qui proviennent de longs rhumes passés à l'état chronique, me font d'autant plus de peine, que je connais par expérience cette infirmité, à laquelle, dans le principe, j'ai fait peu d'attention. Alors ma jeunesse me permettait encore de supporter le mal et de faire tête aux maladies. Plus tard j'ai succombé, et j'en vins au point qu'il semblait que je fusse tombé en fusion, tant était grande ma maigreur. Souvent j'ai eu la tentation de briser mon existence; la vieillesse d'un père qui me

gentissimi senectus retinuit. Cogitavi enim, non quam fortiter ego mori possem, sed quam ille fortiter desiderare non posset. Itaque imperavi mihi ut viverem : aliquando enim et vivere, fortiter facere est. Quæ mihi tunc fuerint solatio, dicam, si prius hoc dixero, hæc ipsa, quibus acquiescebam, medicinæ vim habuisse. In remedium cedunt honesta solatia : et, quidquid animum erexit, etiam corpori prodest. Studia mihi nostra saluti fuerunt : philosophiæ acceptum fero, quod surrexi, quod convalui; illi vitam debeo, et nihil illi minus debeo. Multum mihi contulerunt ad bonam valetudinem amici, quorum adhortationibus, vigiliis, sermonibus allevabar. Nihil æque, Lucili virorum optime, ægrum reficit atque adjuvat, quam amicorum affectus; nihil æque exspectationem mortis ac metum subripit. Non judicabam me, quum illos superstites relinquerem, mori; putabam, inquam, me victurum, non cum illis, sed per illos; non effundere spiritum mihi videbar, sed tradere. Hæc mihi dederunt voluntatem adjuvandi me, et patiendi omne tormentum : alioqui miserrimum est, quum animum moriendi projeceris, non habere vivendi.

Ad hæc ergo remedia te confer! Medicus tibi, quantum ambules, quantum exercearis, monstrabit, ne indulgeas otio, ad quod vergit iners valetudo; ut legas clarius, et spiritum, cujus iter ac receptaculum laborat, exerceas; ut naviges, et viscera molli jactatione concu-

chérissait m'a retenu. Ce qui m'arrêtait, ce n'était pas la force qu'il fallait pour me donner la mort, mais celle qui lui manquerait pour suffire à sa douleur. Je vais vous dire quelles furent mes consolations, après vous avoir dit toutefois comment les principes mêmes sur lesquels je m'appuyais agirent sur moi à l'égal des médicamens. Des consolations honnêtes tournent en effet en remèdes, et tout ce qui relève l'âme fortifie le corps. Mes études m'ont sauvé : c'est à la philosophie que j'attribue mon rétablissement, mon retour à la santé ; je lui dois la vie, et c'est la moindre des obligations que je lui ai ! Mes amis ont aussi contribué pour beaucoup à ma guérison : leurs exhortations, leurs soins et leur conversation me soulageaient. Il n'est rien, mon cher, mon excellent Lucilius, qui remette et soutienne un malade comme les marques d'affection de ses amis ; il n'est rien de si propre à écarter de sa pensée l'attente et la crainte de la mort. Il me semblait que je ne mourrais point, puisqu'ils me survivaient ; il me semblait que je vivrais, sinon avec eux, du moins par eux ; je ne croyais pas rendre l'âme, mais la leur transmettre. Voilà ce qui m'a décidé à me soigner et à supporter toutes mes souffrances. Autrement ce serait chose bien misérable, après avoir eu le courage de mourir, de n'avoir pas celui de vivre.

Adoptez donc ce genre de traitement ! Le médecin vous recommandera la marche et l'exercice, vous interdira l'inaction à laquelle la mauvaise santé n'incline que trop ; vous prescrira de lire à haute voix et d'exercer la respiration dont le canal et le réservoir sont affectés ; vous dira de naviguer et de secouer vos entrailles par un

tias; quibus cibis utaris; vinum quando virium causa advoces, quando intermittas, ne irritet et asperet tussim. Ego tibi illud præcipio, quod non tantum hujus morbi, sed totius vitæ remedium est : contemne mortem! Nihil triste est, quum hujus metum effugimus.

Tria hæc in omni morbo gravia sunt : metus mortis, dolor corporis, intermissio voluptatum. De morte satis dictum est : hoc unum dicam, non morbi hunc esse, sed naturæ metum. Multorum mortem distulit morbus; et saluti illis fuit, videri perire. Morieris, non quia ægrotas, sed quia vivis. Ista te res et sanatum manet : quum convalueris, non mortem, sed valetudinem effugies. Ad illud nunc proprium incommodum revertamur. Magnos cruciatus habet morbus. Sed hos tolerabiles intervalla faciunt; nam summi doloris intentio invenit finem. Nemo potest valde dolere et diu : sic nos amantissima nostri natura disposuit, ut dolorem aut tolerabilem, aut brevem faceret. Maximi dolores in macerrimis consistunt corporis partibus : nervi, articulique, et quidquid aliud exile est, acerrime sævit, quum in arcto vitia concepit. Sed cito hæ partes obstupescunt, et ipso dolore sensum doloris amittunt; sive quia spiritus, naturali prohibitus cursu et mutatus in pejus, vim suam, qua viget admonetque nos, perdit; sive quia corruptus humor, quum desiit habere quo confluat, ipse se elidit;

doux exercice ; vous indiquera les alimens dont vous devez user, les circonstances où vous devez prendre du vin pour vous donner des forces, ou en suspendre l'usage pour ne pas provoquer ou irriter la toux. Mais moi, ce n'est pas seulement un remède pour votre maladie que je vous donne, c'est un remède pour toute la vie. Méprisez la mort! Rien ne nous afflige plus, quand nous avons cessé de la craindre.

Il y a trois choses graves dans toute maladie : la crainte de la mort, la douleur physique, la suspension des plaisirs. J'en ai dit assez sur la mort, je n'ajouterai qu'un seul mot : c'est que la crainte qu'on en a ne tient pas à la maladie, mais à une disposition naturelle. La maladie de beaucoup de gens a retardé leur mort; et ce qui les a sauvé, ç'a été de se croire aussi près de périr. Ce n'est pas parce qu'on est malade qu'on meurt, mais parce que l'on vit. Vous avez beau être rétabli, la situation est toujours la même; car en guérissant, c'est à la maladie que vous avez échappé, et non à la mort. Revenons maintenant aux désagrémens mêmes de la maladie. Elle est souvent accompagnée de souffrances très-vives; mais les intervalles les rendent supportables; car le plus haut degré d'intensité de la douleur en amène la fin. On ne peut souffrir beaucoup et long-temps : la nature, en mère tendre, nous a organisés de telle manière que nos souffrances fussent toujours, ou courtes ou supportables. Les plus grandes douleurs affectionnent les parties les plus sèches du corps : les nerfs et les articulations, comme tous les autres points délicats, sont sujets à de cruelles attaques, lorsqu'ils sont le centre de la maladie; mais ces mêmes parties s'engourdissent promptement, et la douleur même anéantit leur sensibilité; soit que

et his, quæ nimis implevit, excutit sensum. Sic podagra et chiragra, et omnis vertebrarum dolor nervorumque, interquiescit, quum illa, quæ torquebat, hebetavit : omnium istorum prima verminatio vexat, impetus mora exstinguitur; et finis dolendi est, obtorpuisse. Dentium, oculorum, aurium dolor ob hoc ipsum acutissimus est, quod inter angusta corporis nascitur; non minus, mehercules, quam capitis ipsius : sed si incitatior est, in alienationem soporemque convertitur. Hoc itaque solatium vasti doloris est, quod necesse est desinas illum sentire, si nimis senseris. Illud autem est, quod imperitos in vexatione corporis male habet : non assueverunt animo esse intenti; multum illis cum corpore fuit. Ideo vir magnus ac prudens animum deducit a corpore, et multum cum meliore et divina parte versatur; cum hac querula ac fragili, quantum necesse est.

.O

— Sed molestum est, inquis, carere assuetis voluptatibus, abstinere cibo, sitire, esurire ! — Hæc prima abstinentia gravia sunt; deinde cupiditas relanguescit, ipsis, per quæ cupimus, fatigatis ac deficientibus. Inde morosus est stomachus; inde, quorum fuit aviditas,

les esprits vitaux, détournés de leur cours naturel, et dégénérés, perdent ce principe de vigueur qui nous anime et nous cause des sensations; soit que l'humeur viciée, ne trouvant plus à circuler, se refoule sur elle-même, et frappe d'insensibilité les endroits où elle afflue. C'est ainsi que la goutte aux pieds et aux mains, et, semblablement, toutes les douleurs des vertèbres ou des muscles ont des intermittences lorsqu'elles ont amorti les parties qu'elles tourmentaient : les premiers accès de toutes ces maladies sont douloureux; mais leur violence s'épuise avec le temps, et la souffrance qu'elles causent finit par l'engourdissement. Les maux de dents, d'yeux et d'oreilles ne sont aussi aigus, que parce qu'ils se forment dans les plus petites parties du corps; il en est de même des maux de tête; mais plus ils ont d'intensité, plus aussi ils sont prompts à changer de caractère et à s'assoupir. On a donc pour consolation, au milieu des grandes souffrances, la certitude qu'on cessera bientôt de les sentir, si elles se font sentir trop vivement. Mais ce qui rend les sots malheureux, au milieu des souffrances physiques, c'est qu'ils ne se sont pas habitués à tenir compte de l'âme, trop occupés qu'ils étaient du corps. C'est pour cela que l'homme sage et raisonnable sépare l'âme du corps; il s'occupe le plus possible de la partie la plus noble et la plus parfaite de lui-même, et de la partie fragile et souffrante, autant seulement qu'il est nécessaire.

Mais il est fâcheux, dites-vous, d'être privé des plaisirs auxquels on est accoutumé, de faire diète, de souffrir de la soif et de la faim! — Les premiers jours d'abstinence sont durs, j'en conviens; mais bientôt les désirs se ralentissent à mesure que les organes qui engendrent nos désirs se fatiguent et s'affaiblissent. De là les dé-

odium est ; desideria ipsa moriuntur. Non est autem acerbum, carere eo, quod cupere desieris. Adjice, quod nullus non intermittitur dolor, aut certe remittitur. Adjice, quod licet et cavere venturum, et obsistere imminenti remediis; nullus enim non signa præmittit, utique qui ex solito revertitur. Tolerabilis est morbi patientia, si contempseris id quod extremum minatur.

Noli mala tua facere tibi ipsi graviora, et te querelis onerare. Levis est dolor, si nihil illi opinio adjecerit : contra, si exhortari te cœperis, ac dicere, *nihil est;* aut certe, *exiguum est;* 'duremus! jam desinet: levem illum, dum putas, facies.

Omnia ex opinione suspensa sunt : non ambitio tantum ad illam respicit, et luxuria, et avaritia; ad opinionem dolemus. Tam miser est quisque, quam credidit. Detrahendas præteritorum dolorum conquestiones puto, et illa verba : « Nulli unquam fuit pejus. Quos cruciatus, quanta mala pertuli! nemo me surrecturum putavit. Quoties deploratus sum a meis, quoties a medicis relictus! In equuleum impositi non sic distrahuntur. » Etiamsi sunt vera ista, transierunt. Quid juvat præteritos dolores retractare, et miserum esse, quia fueris? Quid, quod nemo non multum malis suis adjicit, et sibi ipse mentitur ? Deinde, quod acerbum fuit, retulisse jucundum est : naturale est, mali sui fine

goûts de l'estomac; de là une aversion prononcée pour les mets dont nous étions le plus avides, et enfin l'anéantissement de l'appétit même. Or, il n'est nullement pénible d'être privé de ce qu'on a cessé de désirer. Ajoutez qu'il n'est point de douleur qui n'ait de terme, ou du moins de relâche. Ajoutez aussi qu'on peut s'armer de précaution contre le mal, et le combattre par des remèdes, quand il menace : car toujours les maladies s'annoncent par quelques symptômes, surtout celles qui nous sont habituelles. Au reste, les maladies sont supportables quand on méprise la conséquence extrême dont elles vous menacent.

Gardez-vous d'aggraver vous-même vos maux et d'empirer votre position par vos plaintes. La douleur est légère quand l'opinion ne l'exagère point; et si l'on s'encourage en se disant : *Ce n'est rien*, ou du moins *C'est peu de chose; sachons l'endurer! cela va finir* : on rend la douleur légère à force de la croire telle.

Tout dépend de l'opinion : ce ne sont pas seulement l'ambition, la débauche et l'avarice qui se règlent sur elle, la douleur même en subit l'empire. On n'est malheureux qu'autant qu'on le croit. Il faut aussi éviter de se plaindre de ses douleurs passées, et laisser à d'autres ces expressions : « Jamais on n'a été plus mal! Quelles souffrances, quels tourmens j'ai endurés! Personne ne croyait que j'en revinsse! Combien de fois mes parens m'ont pleuré comme perdu! combien de fois les médecins m'ont abandonné! on n'éprouve pas de pareilles tortures sur le chevalet! » Quand tout ce que vous diriez là serait vrai, c'est chose passée. Pourquoi remanier des douleurs qui ne sont plus, et vous rendre malheureux de ce que vous l'avez été? Pourquoi? c'est qu'il n'est personne qui n'exagère ses maux, et qui ne se mente à

gaudere. Circumcidenda ergo duo sunt, et futuri timor, et veteris incommodi memoria : hoc ad me jam non pertinet, illud nondum. In ipsis positus difficultatibus dicat

. . . . . .Forsan et hæc olim meminisse juvabit!

Toto contra illum pugnet animo : vincetur, si cesserit; vincet, si se contra dolorem suum intenderit. Nunc hoc plerique faciunt, attrahunt in se ruinam, cui obstandum est. Istud, quod premit, quod impendet, quod urget, si subducere te cœperis, sequetur, et gravius incumbet; si contra steteris, et obniti volueris, repelletur. Athletæ quantum plagarum ore, quantum toto corpore excipiunt? ferunt tamen omne tormentum, gloriæ cupiditate; nec tantum, quia pugnant, ista patiuntur, sed ut pugnent : exercitatio ipsa tormentum est. Nos quoque evincamus omnia, quorum præmium non corona, nec palma est, nec tubicen prædicationi nominis nostri silentium faciens ; sed virtus, et firmitas animi, et pax in ceterum parta, si semel in aliquo certamine debellata fortuna est.

Dolorem gravem sentio ! — Quid ergo? non sentis, si illum muliebriter tuleris? Quemadmodum perniciosior est hostis fugientibus; sic omne fortuitum incommodum

soi-même. Puis on aime à raconter ses peines ; sans compter qu'il est naturel de se réjouir de la fin de ses maux ! Il faut donc extirper deux habitudes pernicieuses : la crainte du mal à venir, le souvenir du mal qui n'est plus : l'un ne me touche déjà plus ; l'autre ne me touche pas encore ; c'est au fort de la souffrance qu'on doit dire :

« Peut-être aurai-je du plaisir, un jour, à me le rappeler. »

Combattons le mal de toutes nos forces ; car nous serons vaincus, si nous lâchons pied ; nous le vaincrons, si nous nous raidissons contre lui. Mais la plupart des hommes font ceci : ils attirent sur eux le coup qu'ils devraient éloigner. La masse qui pèse sur vous, qui menace de vous écraser, si vous essayez de vous retirer de dessous elle, vous suivra et tombera avec plus de force ; tandis que, si vous vous tenez ferme, et que vous luttiez contre son poids, vous la repousserez en arrière. Combien de coups ne reçoivent pas les athlètes sur le visage et sur le corps ? Cependant la passion de la gloire leur fait supporter toutes ces douleurs : ce n'est pas seulement parce qu'ils combattent, mais aussi pour combattre qu'ils souffrent. Nous aussi, sachons triompher de tous les maux : le prix de notre victoire ne sera ni une couronne, ni une palme, ni la voix d'un crieur qui imposera silence pour proclamer notre nom ; ce sera la vertu, la fermeté d'âme et un calme qui s'appliquera à toutes les circonstances, si nous savons repousser les assauts de la fortune.

J'éprouve une douleur cruelle. — Qu'y a-t-il d'étonnant, si vous la supportez comme une femme ? De même que l'ennemi est surtout fatal aux fuyards ; de même, toute attaque de la maladie a plus de prise sur ceux qui cèdent

magis instat cedenti et averso.— Sed grave est! — Quid? nos ad hoc fortes sumus, ut levia portemus? Utrum vis longum esse morbum, an coarctatum et brevem? Si longus est, habet intercapedinem, dat refectioni locum; multum temporis donat : necesse est, ut exsurgat et desinat. Brevis morbus ac præceps alterutrum faciet, aut exstinguetur, aut exstinguet. Quid autem interest, non sit, an non sim ? in utroque finis dolendi est.

Illud quoque proderit, ad alias cogitationes avertere animum, et a dolore discedere. Cogita, quid honeste, quid fortiter feceris; bonas partes tecum ipse tracta : memoriam in ea, quæ maxime miratus es, sparge. Tunc tibi fortissimus quisque, et victor doloris, occurrat : ille, qui, dum varices exsecandas præberet, legere librum perseveravit; ille, qui non desiit ridere, quum, hoc ipsum irati, tortores omnia instrumenta crudelitatis experirentur. Non vincetur dolor ratione, qui victus est risu? Quidquid vis nunc licet dicas, distillationes, et vim continuæ tussis egerentem viscerum partes, et febrem præcordia ipsa torrentem, et sitim, et artus in diversum articulis exeuntibus tortos : plus est flamma, et equuleus, et lamina, et vulneribus ipsis intumescentibus, quod illa renovaret et altius urgeret, [ferrum] impressum. Inter hæc tamen aliquis non gemuit : parum est; non rogavit : parum est; non respondit : parum est; risit, et quidem ex animo. Vis tu post hæc dolorem deridere?

et qui reculent. — Mais le mal est grave! — Quoi! la nature ne nous a-t-elle donné des forces que pour porter de légers fardeaux? Lequel aimez-vous mieux, que la maladie soit longue, ou qu'elle soit courte et rapide? Si elle est longue, elle a des interruptions; elle vous laisse respirer; elle vous donne du temps : à moins de s'aggraver, il faut qu'elle finisse. Une maladie courte et précipitée fait de deux choses l'une : ou elle succombe, ou elle fait succomber. Or, qu'importe que ce soit elle ou moi qui finisse, puisque dans tous les cas je cesse de souffrir?

Il est utile aussi de donner une autre direction à sa pensée et la détourner de la douleur. Repassez dans votre esprit tout ce que vous avez fait de bien, considérez-vous par votre beau côté; promenez votre mémoire sur ce qui a le plus excité votre admiration. Évoquez devant vous tous les hommes énergiques qui ont su triompher de la douleur; celui qui, pendant qu'on faisait l'incision de ses varices, continuait paisiblement sa lecture; celui qui ne cessa pas de rire, tandis que les bourreaux irrités épuisaient sur lui tous les raffinemens de la cruauté. La raison sera-t-elle impuissante à vaincre la douleur, lorsque le rire a su la vaincre? Parlez-moi de toutes les maladies que vous voudrez : des rhumes, d'une toux continuelle dont la violence vous arrache les poumons; d'une fièvre qui dévore votre sein; de la soif, et de vos membres tordus par une déviation générale des articulations : qu'est-ce que tout cela auprès de la flamme, du chevalet, des lames ardentes, du fer qu'on imprime sur des plaies gonflées d'irritation pour les rouvrir et les rendre plus profondes? Cependant, au milieu de ces tortures, il s'est trouvé un homme qui n'a point poussé un gémissement; que dis-je? qui n'a point

Sed nihil, inquit, agere sinit morbus, qui me omnibus abduxit officiis. — Corpus tuum valetudo tenet, non et animum. Itaque cursoris moratur pedes, sutoris ac fabri manus impediet. Si animus tibi esse in usu solet, suadebis, docebis, audies, disces, quæres, recordaberis. Quid porro? nihil agere te credis, si temperans æger sis? Ostendes, morbum posse superari, vel certe sustineri. Est, mihi crede, virtuti etiam in lectulo locus. Non tantum arma et acies dant argumenta alacris animi indomitique terroribus: et in vestimentis vir fortis apparet. Habes quod agas: bene luctare cum morbo: si nihil te coegerit, si nihil exoraverit, insigne prodis exemplum. — O quam magna erat gloriæ materia, si spectaremur ægri! — Ipse te specta; ipse te lauda!

Præterea duo sunt genera voluptatum: corporales morbus inhibet, non tamen tollit; immo, si verum æstimes, incitat. Magis juvat bibere sitientem; gratior est esurienti cibus; quidquid ex abstinentia contigit, avidius excipitur. Illas vero animi voluptates, quæ majores certioresque sunt, nemo medicus ægro negat; has quisquis sequitur et bene intelligit, omnia sensuum blandimenta contemnit. O infelicem ægrum! Quare? quia

fait la moindre prière ; c'est peu : qui n'a pas répondu ; c'est encore trop peu : qui a ri, et ri du fond de l'âme ! En faut-il davantage pour vous faire mépriser la douleur ?

Mais la maladie ne me permet de rien faire ; elle a suspendu toutes mes fonctions. — C'est votre corps qui est pris, et non votre âme. Ainsi la maladie retient-elle les pieds du coureur, et lie-t-elle les mains du cordonnier et de l'artisan. Mais si vous avez coutume de faire usage de votre âme, vous continuerez de conseiller, d'enseigner, d'entendre, d'apprendre, d'interroger et de vous ressouvenir. Quoi donc ? pensez-vous que vous n'auriez rien fait en devenant un malade raisonnable ? Vous montrerez qu'on peut surmonter, ou du moins supporter la maladie. Il y a, croyez-moi, place pour la vertu jusque dans le lit. Ce ne sont pas seulement les armes et le champ de bataille qui font briller les âmes énergiques et invincibles à la terreur ; l'homme de cœur se montre jusque sous la couverture. Vous avez de l'occupation : luttez courageusement contre votre mal : si ce mal ne vous maîtrise pas, ne vous arrache aucune prière, vous donnez un grand exemple. — Oui, ce serait un beau sujet de gloire pour un malade, s'il avait des spectateurs ! — Faites-vous spectateur, applaudissez-vous vous-même.

Il nous reste d'ailleurs des plaisirs de deux espèces : ceux du corps, la maladie les suspend à la vérité, mais elle ne les enlève pas ; loin de là, pour qui juge les choses sainement, elle les rend plus vifs. On trouve plus de plaisir à boire quand on a soif ; la nourriture est plus savoureuse quand on a faim ; tout ce qui vient après l'abstinence est reçu avec plus d'avidité. Mais les plaisirs de l'âme, qui sont plus grands et plus sûrs, quel médecin les interdit à son malade ? Quiconque les recherche et

non vino nivem diluit; quia non rigorem potionis suæ, quam capaci scypho miscuit, renovat fracta insuper glacie; quia non ostrea illi lucrina in ipsa mensa aperiuntur; quia non circa coenationem ejus tumultus coquorum est, ipsos cum obsoniis focos transferentium. Hoc enim jam luxuria commenta est : ne quis intepescat cibus, ne quid palato jam calloso parum ferveat, coenam culina prosequitur. O infelicem ægrum! Edet quantum concoquat; non jacebit in conspectu aper, ut vilis caro, a mensa relegatus; nec in repositorio ejus pectora avium (totas enim videre fastidium est) congesta ponentur! Quid tibi mali factum est? coenabis tanquam æger, immo aliquando tanquam sanus.

Sed omnia ista facile perferemus, sorbitionem, aquam calidam, et quidquid aliud intolerabile videtur delicatis et luxu fluentibus, magisque animo quam corpore morbidis : tantum mortem desinamus horrere. Desinemus autem, si fines bonorum ac malorum cognoverimus; ita demum nec vita tædio erit, nec mors timori. Vitam enim occupare satietas sui non potest, tot res varias, magnas, divinas percensentem : in odium illam sui adducere solet iners otium. Rerum naturam peragranti nunquam in fastidium veritas veniet; falsa satiabunt.

les comprend, méprise les jouissances des sens. Ce pauvre malade ! Pourquoi ? Il ne peut étendre son vin avec de la neige ! il ne peut renouveler la fraîcheur de la boisson qu'il s'est versée dans une vaste coupe, avec de la glace pilée ! on ne lui ouvre pas sur sa table même des huîtres du lac Lucrin ! il n'entend pas résonner, autour de la salle à manger, le pas tumultueux des cuisiniers qui apportent les fourneaux même avec les plats ! Car notre luxe en est arrivé à ce degré de raffinement, que, dans la crainte que les mets ne se refroidissent, ou qu'ils ne chauffent pas suffisamment notre palais endurci, la cuisine accompagne désormais le souper. Ce pauvre malade ! il ne mangera qu'autant qu'il pourra digérer ; il ne verra plus figurer devant lui un sanglier tout entier : cette viande est bannie de sa table, comme si elle en était indigne ! des estomacs d'oiseaux (car on est fatigué de les servir entiers) ne s'entasseront plus dans son garde-manger ! Quel si grand mal vous en revient-il ? Vous souperez comme un malade, et même, comme devrait le faire souvent l'homme en bonne santé.

Mais nous supporterons facilement tout cela ; et la tisane, et l'eau chaude, et ces remèdes que repoussent avec horreur des êtres mous et énervés par le luxe, chez qui l'âme est bien plus malade que le corps : oublions seulement la peur de la mort. Or, nous y parviendrons, quand nous aurons reconnu les limites du bien et du mal ; alors, vraiment, la vie ne nous causera plus d'ennui, ni la mort d'effroi. En effet, il ne saurait y avoir place pour la satiété dans une vie occupée de tant d'objets sublimes et divins ; tandis que la paresse et l'oisiveté ont pour effet de la rendre à charge à elle-même. Le philosophe, qui parcourt le domaine de la nature, ne se

Rursus, si mors accedit et vocat, licet immatura sit, licet mediam praecidat aetatem, perceptus longissime fructus est : cognita est illi ex magna parte natura; scit tempore honesta non crescere. His necesse est videri omnem vitam brevem, qui illam voluptatibus vanis, et ideo infinitis, metiuntur.

His te cogitationibus recrea, et interim epistolis nostris vacando. Veniet aliquod tempus, quod nos iterum jungat ac misceat : quantulumlibet sit illud, longum faciet scientia utendi. Nam, ut Posidonius ait, « unus dies hominum eruditorum plus patet, quam imperitis longissima aetas. » Interim hoc tene, hoc morde : adversis non succumbere, laetis non credere, omnem fortunae licentiam in oculis habere, tanquam, quidquid potest facere, factura sit. Quidquid exspectatum est diu, levius accedit.

LXXIX.

De Charybdi, Scylla et Aetna. — Sapientes inter se pares esse.

Exspecto epistolas tuas, quibus indices mihi, circumitus Siciliae totius quid tibi novi ostenderit, et omnia de ipsa Charybdi certiora. Nam Scyllam saxum esse, et quidem non terribile navigantibus, optime

lassera jamais de la vérité; l'erreur seule le dégoûtera. Puis, si la mort approche, quoiqu'elle soit prématurée, quoiqu'elle coupe sa carrière par la moitié, il y a longtemps qu'il a cueilli les fruits de la vie : la nature lui est en grande partie connue; il sait que le temps n'ajoute rien à la vertu. Ceux-là doivent nécessairement trouver la vie courte, qui la mesurent sur des plaisirs sans consistance, et par conséquent sans bornes.

Fortifiez votre courage par de semblables pensées, et parfois aussi, par la lecture de mes lettres. Un temps viendra où nous serons réunis de nouveau, et même confondus; quelque voisin qu'il soit, il n'arrivera pas trop tôt, si vous savez le mettre à profit. Car Posidonius a dit vrai : « Un seul jour contient plus de temps pour l'homme instruit, que la plus longue vie pour l'ignorant. » Jusque-là attachez-vous, cramponez-vous à ce principe : « De ne pas vous laisser abattre par l'adversité; de ne pas vous fier à la prospérité, et de ne pas plus perdre de vue les caprices de la fortune que si elle devait faire sur vous tous les essais dont elle est capable. » Un malheur long-temps attendu se fait bien moins sentir quand il arrive.

LXXIX.

Après s'être occupé de Charybde, de Scylla et de l'Etna, Sénèque établit que les sages sont égaux entre eux.

J'ATTENDS chaque jour la lettre par laquelle vous devez m'apprendre ce que votre tournée en Sicile vous a fait voir de nouveau, et ce qu'on sait de positif au sujet de Charybde. Pour ce qui est de Scylla, je sais fort bien

scio ; Charybdis an respondeat fabulis , perscribi mihi desidero. Et, si forte observaveris (dignum est autem, quod observes), fac nos certiores, utrum uno tantum vento agatur in vortices, an omnis tempestas æque mare illud contorqueat ; et an verum sit, quidquid illo freti turbine arreptum est, per multa millia trahi conditum, et circa tauromenitanum littus emergere. Si hæc mihi perscripseris, tunc tibi audebo mandare, ut in honorem meum Ætnam quoque ascendas; quam consumi, et sensim subsidere , ex hoc colligunt quidam , quod aliquando longius navigantibus solebat ostendi. Potest hoc accidere, non quia montis altitudo descendit, sed quia ignis evanuit et minus vehemens ac largus effertur; ob eamdem causam fumo quoque per diem segnior. Neutrum autem incredibile est, nec montem, qui devoretur quotidie , minui, nec ignem non manere eumdem : qui non ipse ex se est, sed in aliqua inferna valle conceptus exæstuat, et aliis pascitur; in ipso monte non alimentum habet, sed viam. In Lycia regio notissima est, *Hephæstion* incolæ vocant, foratum pluribus locis solum, quod sine ullo nascentium damno ignis innoxius circumit. Læta itaque regio est, et herbida , nil flammis adurentibus, sed tantum vi remissa ac languida refulgentibus.

Sed reservemus ista, tunc quæsituri, quum tu mihi

que ce n'est qu'un rocher, et un rocher peu redouté des navigateurs ; Charybde est-il ce que l'a représenté la fable ? voici ce que je désire savoir au juste. Si vos observations ont porté là dessus (car ce n'est pas chose que l'observateur doive dédaigner), dites-nous s'il est un vent en particulier qui soulève cette mer ; ou bien si toute espèce de mauvais temps la met en convulsions ; dites-nous s'il est vrai que tout corps solide qu'a saisi le courant soit entraîné sous les flots à une distance de plusieurs milles, et ne reparaisse que vers la côte de Tauromenium. Quand vous m'aurez donné réponse sur tout cela, j'oserai alors vous prier de gravir, en ma faveur, l'Etna ; quelques-uns prétendent qu'il s'affaisse et se consume insensiblement, parce qu'autrefois il se montrait de plus loin aux navigateurs. Ceci peut provenir, non de ce que son sommet a diminué de hauteur, mais de ce que la flamme disparaît souvent et s'élance avec moins de force et d'abondance ; ce qui ferait aussi que la fumée serait moins active pendant le jour. Au reste, il est également possible que la montagne, journellement dévorée, diminue, et que le volume de la flamme varie : car la flamme qui ne se forme pas d'elle-même, mais qui s'élabore au fond de quelque vallée souterraine, et se nourrit de matières hétérogènes, ne trouve point d'alimens dans la montagne, mais un simple passage. Il y a dans la Lycie un endroit fort connu, que les habitans appellent *Hephestion*; c'est un terrain percé de plusieurs excavations, que parcourt la flamme sans endommager aucune des productions du sol. Aussi ce pays est-il riant et plantureux ; les feux n'y font aucun ravage, mais répandent seulement une lumière douce et languissante.

Mais je me réserve de vous demander tout cela quand

scripseris, quantum ab ipso ore montis nives absint: quas ne aestas quidem solvit; adeo tutae sunt ab igne vicino. Non est autem quod istam curam imputes mihi: morbo enim tuo daturus eras, etiamsi nemo quidem mandaret tibi, donec Aetnam describas in tuo carmine : nec pudor obstet ne hunc solemnem omnibus poetis locum attingas; quem quominus Ovidius tractaret, nihil obstitit quod jam Virgilius impleverat : ne Severum quidem Cornelium uterque deterruit. Omnibus praeterea feliciter hic locus se dedit; et, qui praecesserant, non praeripuisse mihi videntur quae dici poterant, sed aperuisse. Sed multum interest, utrum ad consumptam materiam, an ad subactam accedas : crescit in dies, et inventuris inventa non obstant. Praeterea, conditio optima est ultimi : parata verba invenit, quae aliter instructa novam faciem habent; nec illis manus injicit, tanquam alienis, sunt enim publica : jurisconsulti negant, quidquam publicum usucapi. Aut ego te non novi, aut Aetna tibi salivam movet. Jam cupis grande aliquid, et par prioribus, scribere. Plus enim sperare modestia tibi tua non permittit; quae tanta in te est, ut videaris mihi retracturus ingenii tui vires, si vincendi periculum sit : tanta tibi priorum reverentia est.

Inter cetera, hoc habet boni sapientia : nemo ab altero potest vinci, nisi dum ascenditur; quum ad summum perveneris, paria sunt; non est incremento locus;

vous m'aurez écrit à quelle distance du cratère du volcan sont ces neiges que la chaleur de l'été même ne fait pas fondre, bien loin qu'elles aient à redouter le voisinage du feu. Du reste, ne m'imputez pas le mal que vous vous donnerez pour tout ceci ; quand personne ne vous en prierait, votre enthousiasme vous porterait à donner une description poétique de l'Etna. Et qu'une mauvaise honte ne vous empêche pas de traiter ce sujet familier à tous les poètes : quoique Virgile en ait tiré bon parti, Ovide n'a pas craint de le traiter ; et le succès de ces deux grands maîtres n'a pas retenu Cornelius Severus. Ce lieu a d'ailleurs heureusement inspiré tout le monde, et ceux qui sont venus les premiers ont, à mon avis, plutôt indiqué qu'épuisé ce qu'il y avait à dire. Il est bien différent d'aborder un sujet usé ou un sujet préparé ; d'ailleurs la position du dernier venu est plus avantageuse ; il trouve des mots tout prêts, qui, différemment employés, ont un nouvel aspect ; et il n'y a pas à dire qu'il s'empare du bien d'autrui ; ce qu'il prend est du domaine public, qui, selon les jurisconsultes, ne subit jamais la loi de l'usucapion. Ou je ne m'y connais, ou l'Etna échauffera votre verve. Déjà vous songez à produire quelque chose de grand et qui vous place à côté des anciens : car votre modestie ne vous permet pas de former de plus hautes espérances ; elle est telle, qu'au moindre péril d'éclipser vos devanciers, vous imposeriez silence à votre génie : tant vous avez de respect pour les anciens !

La sagesse, entre autres avantages, offre celui-ci, que ses sectateurs ne peuvent se devancer les uns les autres qu'en chemin ; quand ils sont arrivés au sommet, ils sont égaux ; faute de pouvoir s'élever davantage, ils s'arrêtent. Le soleil

statur. Numquid sol magnitudini suæ adjicit? numquid ultra, quam solet, luna procedit? maria non crescunt; mundus eumdem habitum ac modum servat. Extollere se, quæ justam magnitudinem implevere, non possunt. Quicumque fuerint sapientes, pares erunt et æquales; habebit unusquisque ex his proprias dotes; alius erit affabilior, alius expeditior, alius promptior in eloquendo, alius facundior : illud, de quo agitur, quod beatum facit, æquale erit in omnibus. An Ætna tua possit sublabi et in se ruere ; an hoc excelsum cacumen, et conspicuum per vasti maris spatia, detrahat assidua vis ignium, nescio : virtutem non flamma, non ruina, inferius adducet. Hæc una majestas deprimi nescit; nec proferri ultra, nec referri potest. Sic hujus, ut cœlestium, statuta magnitudo est. Ad hanc nos conemur educere! Jam multum operis effecti est : immo, si verum fateri volo, non multum. Nec enim bonitas est, pessimis esse meliorem. Quis oculis glorietur, qui suspicetur diem, cui sol per caliginem splendet? Licet contentus interim sit effugisse tenebras, adhuc non fruitur bono lucis. Tunc animus noster habebit quod gratuletur sibi, quum, emissus his tenebris, in quibus volutatur, non tenui visu clara prospexerit, sed totum diem admiserit, et cœlo redditus suo fuerit; quum receperit locum, quem occupavit sorte nascendi. Sursum illum vocant initia sua. Erit autem illic etiam antequam hac

peut-il rien ajouter à sa grandeur? La lune montre-t-elle jamais un disque plus étendu que de coutume? La mer ne connaît pas d'accroissemens; et le monde conserve toujours la même forme et la même marche. Toute chose qui a atteint son développement ne saurait grandir. Quels qu'aient été les sages, ils seront égaux et pareils; chacun aura les qualités qui lui sont propres : celui-ci sera plus affable, celui-là plus actif; l'un aura la parole plus facile, l'autre l'aura plus éloquente; mais la qualité essentielle, celle qui donne le bonheur, existera au même degré chez tous. Votre Etna peut-il s'affaisser et s'écrouler sur lui-même? Cette montagne élevée, que l'on découvre à une grande distance en mer, est-elle minée par l'action continuelle du feu? Je l'ignore : mais ce que je sais bien, c'est qu'il n'est ni flamme ni écroulement qui puissent faire déchoir la vertu. C'est la seule grandeur qui ne connaisse pas d'abaissement : elle ne peut pas plus se porter au delà que se retirer en deçà. De même que les corps célestes, elle a une hauteur invariable. Faisons donc tous nos efforts pour nous élever à elle. Nous avons déjà beaucoup fait; ou plutôt, si nous voulons être sincères, nous avons fait bien peu. En effet, c'est un bien petit mérite que de valoir mieux que les plus mauvais. Tirera-t-on vanité de sa vue, parce qu'on entrevoit le jour, parce qu'on distingue le soleil à travers le brouillard? Dans cet état, on peut se réjouir d'échapper parfois aux ténèbres, mais on ne jouit pas encore des bienfaits de la lumière. Notre âme aura sujet de se féliciter, alors que, sortie de l'obscurité qui l'enveloppe, elle ne verra plus la lumière confusément; alors qu'elle percevra toute la clarté du jour, et que, rendue au ciel, elle recouvrera la place qui lui est assignée par sa naissance. C'est en haut que l'appelle

custodia exsolvatur, quum vitia disjecerit, purusque ac levis in cogitationes divinas emicuerit.

Hoc nos agere, Lucili carissime, in hoc ire impetu toto, licet pauci sciant, licet nemo, juvat. Gloria umbra virtutis est; etiam invita comitabitur. Sed quemadmodum aliquando umbra antecedit, aliquando sequitur, vel a tergo est : ita gloria aliquando ante nos est, visendamque se præbet; aliquando in averso est; majorque, quo serior, ubi invidia secessit. Quamdiu videbatur furere Democritus? Vix recepit Socratem fama. Quamdiu Catonem civitas ignoravit? respuit; nec intellexit, nisi quum perdidit. Rutilii innocentia ac virtus lateret, nisi accepisset injuriam : dum violatur, effulsit. Numquid non sorti suæ gratias egit, et exsilium suum complexus est? De his loquor, quos illustravit fortuna, dum vexat. Quam multorum profectus in notitiam evasere post ipsos! quam multos fama non excepit, sed eruit! Vides, Epicurum quantopere non tantum eruditiores, sed hæc quoque imperitorum turba miretur. Hic ignotus ipsis Athenis fuit, circa quas delituerat. Multis itaque jam annis Metrodoro suo superstes, in quadam epistola, quum amicitiam suam et Metrodori grata commemoratione cecinisset, hoc novissime adjecit : « Nihil sibi et Metrodoro inter bona tanta nocuisse, quod ipsos illa nobilis Græcia non ignotos so-

son origine. Or, il y a possibilité pour elle d'y arriver avant d'être sortie de sa terrestre prison : ce sera lorsqu'elle se sera débarrassée des vices, lorsque, pure et légère, elle se sera élancée dans la sphère des célestes pensées.

Voilà ce dont nous devons nous occuper, mon cher Lucilius ; voilà le but où nous devons tendre de tous nos efforts, quand même peu de gens le sauraient, quand même le monde entier l'ignorerait. La gloire est l'ombre de la vertu ; elle l'accompagne même malgré elle. Mais de même que notre ombre, tantôt nous précède, tantôt nous suit : ainsi la gloire tantôt devant nous se montre à découvert, tantôt derrière nous se dérobe aux yeux ; et elle est d'autant plus grande, qu'elle est plus tardive lorsque l'envie l'a forcée à se cacher. Combien de temps Démocrite a-t-il passé pour un fou? A peine si la renommée a rendu justice à Socrate. Combien de temps Caton n'a-t-il pas été méconnu de ses concitoyens? On le repoussait ; on ne l'a apprécié qu'après l'avoir perdu. L'innocence et la vertu de Rutilius seraient ignorées, sans l'injustice qu'il a subie ; on veut le déshonorer, on le couvre de gloire. Ne dut-il pas remercier le destin, et chérir son exil comme un bienfait? Je ne parle encore que des hommes que la fortune a illustrés en voulant les abaisser. Combien en est-il dont les perfections ne se sont révélées qu'après leur mort? combien en est-il que la renommée a dû déterrer? Voyez Épicure, si fort admiré, non-seulement des gens instruits, mais encore de la foule des ignorans. Eh bien! il était inconnu, même à Athènes, aux environs de laquelle il vivait dans l'obscurité. Aussi, ayant survécu de plusieurs années à Métrodore, termina-t-il par ces mots une lettre où il rappelait avec plaisir l'amitié qui l'avait uni à ce philosophe :

lum habuisset, sed pæne inauditos. » Numquid ergo non postea, quam esse desierat, inventus est? numquid non opinio ejus emicuit? Hoc Metrodorus quoque in quadam epistola confitetur « se et Epicurum non satis eminuisse; sed post, se et Epicurum magnum paratumque nomen habituros, et qui voluissent per eadem ire vestigia. »

Nulla virtus latet; et latuisse, non ipsius est damnum. Veniet, qui conditam, et sæculi sui malignitate compressam, dies publicet. Paucis natus est qui populum ætatis suæ cogitat. Multa annorum millia, multa populorum supervenient; ad illa respice! Etiamsi omnibus tecum viventibus silentium livor indixerit, venient qui sine offensa, sine gratia, judicent. Si quod est pretium virtutis ex fama, nec hoc interit. Ad nos quidem nihil pertinebit posterorum sermo; tamen etiam non sentientes colet ac frequentabit. Nulli non virtus, et vivo et mortuo, retulit gratiam; si modo illam bona sequutus est fide, si se non exornavit et pinxit, sed idem fuit, sive ex denuntiato videbatur, sive imparatus ac subito. Nihil simulatio proficit : paucis imponit leviter extrinsecus inducta facies; veritas in omnem sui partem [semper] eadem est. Quæ decipiunt, nihil habent solidi. Tenue est mendacium ; perlucet, si diligenter inspexeris.

« Qu'au milieu de tant de jouissances, ils ne s'étaient pas mal trouvés d'être demeurés inconnus et comme ignorés parmi les Grecs. » Eh bien ! n'a-t-on pas su le découvrir après sa mort ? son nom a-t-il eu moins d'éclat ? Métrodore, lui-même, s'exprimait de même dans une de ses lettres ; il disait : « Qu'Épicure et lui n'avaient pas été suffisamment appréciés ; mais que, par la suite, la célébrité de leurs noms ferait regretter à plusieurs de ne pas avoir suivi la même carrière. »

La vertu ne reste pas enfouie, mais ce n'est pas un mal pour elle de l'avoir été. Un jour viendra qui la tirera de l'oubli où l'avait plongée l'injustice de son siècle. C'est être né pour bien peu de monde que de ne s'occuper que de ses contemporains. Des milliers d'années, des peuples nouveaux viendront après vous ; ayez-les en vue. Quand même l'envie imposerait silence à tous vos contemporains, il viendra des juges qui vous apprécieront sans animosité ni faveur. Si la gloire est le prix de la vertu, elle doit, comme elle, ne jamais périr. Les éloges de la postérité ne nous toucheront point sans doute ; mais, malgré notre insensibilité, nous n'en serons pas moins honorés et célébrés. Il y a des hommes que la vertu a récompensés de leur vivant et après leur mort ; ce sont ceux qui l'ont suivie de bonne foi ; qui ne se sont ni embellis, ni fardés ; qu'on a toujours vus les mêmes, soit qu'ils fussent sur leurs gardes, soit qu'on les eût pris au dépourvu et à l'improviste. La dissimulation ne sert de rien ; la teinte légère d'un enduit extérieur ne trompe que peu de monde : la vérité, de quelque côté qu'on la regarde, est toujours la même. Les faux-semblans n'ont point de consistance ; le mensonge est transparent ; avec un peu d'attention, on peut voir au travers.

LXXX.

Quam commoda sit paupertas.

Hodierno die non tantum meo beneficio mihi vaco, sed spectaculi, quod omnes molestos ad sphæromachiam avocavit. Nemo irrumpit, nemo cogitationem meam impediet, quæ hac ipsa fiducia procedit audacius. Non crepuit subinde ostium, non allevabitur velum, licebit uno vadere, quod magis necessarium est per se eunti et suam sequenti viam. Non ergo sequor priores? Facio; sed permitto mihi et invenire aliquid, et mutare, et relinquere. Non servio illis, sed assentio.

Magnum tamen verbum dixi, qui mihi silentium promittebam, et sine interpellatione secretum; ecce ingens clamor ex stadio profertur, et me non excutit mihi, sed in hujus ipsius rei contentionem transfert. Cogito mecum, quam multi corpora exerceant, ingenia quam pauci; quantus ad spectaculum non fidele et lusorium fiat concursus, quanta sit circa artes bonas solitudo; quam imbecilli animo sint, quorum lacertos humerosque miramur. Illud maxime revolvo mecum : si corpus perduci exercitatione ad hanc patientiam potest, qua et pugnos pariter et calces non unius hominis ferat, qua solem ardentissimum in ferventissimo pulvere sustinens aliquis, et sanguine suo madens, diem ducat; quanto

LXXX.

Des avantages de la pauvreté.

Je m'appartiens aujourd'hui ; mais c'est moins à moi que j'en suis redevable, qu'au spectacle de la sphéromachie, qui m'a débarrassé de tous les importuns. Personne ne fera irruption chez moi ; personne ne viendra troubler mes pensées ; cette assurance leur donne plus de hardiesse. Je n'entends pas crier ma porte ; je ne vois pas soulever la tapisserie ; je pourrai me promener seul, précieux avantage pour un homme qui marche par lui-même, et ne suit d'autre route que celle qu'il s'est tracée ! — Donc vous ne suivez pas les traces des anciens ? — Si fait ; mais sous la réserve de pouvoir ajouter, changer, quitter quand je veux. Je suis leur sectateur, mais non leur esclave.

Mais j'ai été bien téméraire de me promettre du silence et une solitude sans distraction. Voilà que de bruyantes clameurs partent du cirque ; elles ne rompent pas le cours de mes idées, mais les détournent de ce côté. Je songe combien il y a de gens qui exercent leur corps, et combien peu qui exercent leur esprit ; quelle foule se porte à un spectacle mensonger et frivole, et quelle solitude règne autour de la science ; quelle faiblesse d'âme il y a chez ces hommes dont nous admirons les bras et les épaules. Mais ceci m'occupe surtout : si l'exercice peut endurcir le corps au point de lui faire endurer les coups de pieds et de poings de plusieurs assaillans ; s'il lui donne la force de braver tout un jour le soleil le plus ardent au milieu d'une poussière brûlante, et tout un jour aussi de rester inondé de son propre sang, combien n'est-il pas plus facile de fortifier l'âme et de l'amener au point de

facilius animus corroborari possit, ut fortunæ ictus invictus excipiat, ut projectus, ut conculcatus exsurgat? Corpus enim multis eget rebus, ut valeat; animus ex se crescit, se ipse alit, se exercet. Illi multo cibo, multa potione opus est, multo oleo, longa denique opera; tibi continget virtus sine apparatu, sine impensa. Quidquid facere te potest bonum, tecum est. Quid tibi opus est ut sis bonus? Velle! Quid autem melius potes velle, quam eripere te huic servituti, quæ omnes premit; quam mancipia quoque conditionis extremæ, et in his sordibus nata, omni modo exuere conantur? Peculium suum, quod comparaverunt ventre fraudato, pro capite numerant; tu non concupisces quanticumque ad libertatem pervenire, qui in illa te putas natum? Quid ad arcam tuam respicis? emi non potest. Itaque in tabellas vanum conjicitur nomen libertatis; quam nec qui emerunt habent, nec qui vendiderunt. Tibi des oportet istud bonum, a te petas. Libera te primum metu mortis; illa nobis primum jugum imponit : deinde metu paupertatis. Si vis scire quam nihil in illa mali sit, compara inter se pauperum et divitum vultus. Sæpius pauper et fidelius ridet; nulla sollicitudo in alto est; etiamsi qua incidit cura, velut nubes levis transit. Horum, qui felices vocantur, hilaritas ficta est, aut gravis et suppurata tristitia; eo quidem gravior, quia interdum non licet palam esse miseros, sed inter ærumnas, cor ipsum

supporter, sans en être abattue, les coups de la fortune; de se relever, quoiqu'abattue et foulée aux pieds? Le corps, en effet, a besoin de bien des choses pour se soutenir; tandis que l'âme croît, se nourrit et s'exerce d'elle-même. Au corps, il faut force nourriture, force boisson, force huile, enfin des soins de tous les instans; et pour que la vertu nous vienne, il n'est besoin ni d'appareil, ni de frais. Vous avez en vous tout ce qu'il faut pour devenir homme de bien. Que nous faut-il pour être hommes de bien? Vouloir! Et que peut-on désirer de plus avantageux que de se soustraire à cette servitude qui pèse sur l'humanité, dont les derniers des esclaves, dont les êtres les plus obscurs s'efforcent continuellement de s'affranchir. Ils se dessaisissent, pour la liberté, du pécule qu'ils ont amassé au détriment de leur estomac; et vous, qui vous croyez né pour la liberté, vous ne désirerez pas l'obtenir à tout prix! Pourquoi regarder votre caisse? Il ne s'agit pas d'une liberté qui puisse s'acheter. C'est une chimère que cette liberté qui s'inscrit sur les registres publics : ni ceux qui l'ont achetée, ni ceux qui l'ont vendue, ne la possèdent réellement. C'est à vous de vous procurer ce bien, c'est à vous-même qu'il faut le demander. Affranchissez-vous d'abord de la crainte de la mort; c'est la première de nos servitudes; puis ensuite de la crainte de la pauvreté. Voulez-vous savoir combien il s'en faut que la pauvreté soit un mal? Comparez les visages des pauvres et des riches. Le pauvre rit plus souvent et plus franchement; s'il lui survient quelque souci, il passe comme un nuage. Mais ceux auxquels on donne le nom d'heureux, leur gaîté est un faux-semblant, leur tristesse un mal affreux qui les dévore : mal d'autant plus grave qu'il ne leur est pas permis de paraître mal-

exedentes, necesse est agere felicem. Sæpius hoc exemplo mihi utendum est; nec enim ullo efficacius exprimitur hic humanæ vitæ mimus, qui nobis partes has, quas male agamus, assignat. Ille qui in scena elatus incedit, et hæc resupinus dicit :

> En impero Argis! regna mihi liquit Pelops,
> Qua Ponto ab Helles atque ab Ionio mari
> Urgetur Isthmos;

servus est; quinque modios accipit, et quinque denarios. Ille qui superbus, atque impotens, et fiducia virium tumidus ait :

> Quod nisi quieris, Menelae, hac dextra occides!

diurnum accipit, in centunculo dormit. Idem de istis licet omnibus dicas, quos, supra capita hominum supraque turbam, delicatos lectica suspendit; omnium istorum personata felicitas est. Contemnes illos, si despoliaveris. Equum empturus, solvi jubes stratum; detrahis vestimenta venalibus, ne qua vitia corporis lateant : hominem involutum æstimas? Mangones, quidquid est quod displiceat, aliquo lenocinio abscondunt; itaque ementibus ornamenta ipsa suspecta sunt : sive crus alligatum, sive brachium aspiceres, nudari juberes, et ipsum tibi corpus ostendi. Vides illum Scythiæ Sarmatiæve regem, insigni capitis decorum? si vis illum æstimare, totumque scire qualis sit, fasciam solve! mul-

heureux, et qu'au milieu des chagrins qui leur rongent le cœur, il leur faut jouer le contentement. C'est une comparaison dont j'use fréquemment ; mais elle me paraît, plus qu'aucune autre, propre à caractériser ce drame de la vie humaine, où nous sommes chargés si souvent du rôle pour lequel nous sommes le moins faits. Cet acteur qui marche fièrement sur la scène, et dit en se rengorgeant :

« Me voici maître d'Argos ! Pélops m'a laissé ses états, m'a laissé toute la partie de l'Isthme que bornent l'Hellespont et la mer Ionienne ; »

n'est qu'un esclave qui reçoit cinq mesures de froment et cinq deniers. Cet autre qui, superbe et tout gonflé du fol orgueil que lui inspire sa puissance, s'écrie :

« Si tu ne restes en repos, Ménélas, tu périras de cette main ! »

reçoit un salaire journalier, et couche dans un galetas. Vous pouvez dire la même chose de ces efféminés qui, du haut de leur litière, planent sur nos têtes et sur la foule : leur bonheur n'est qu'un déguisement. Vous n'aurez plus que du mépris pour eux, si vous leur arrachez le masque. Quand vous voulez acheter un cheval, vous le faites dépouiller de son harnais ; vous faites déshabiller les esclaves qui sont en vente, dans la crainte de quelque difformité cachée ; et pourtant vous appréciez l'homme avec son enveloppe. Les marchands ont toujours quelque ornement pour dissimuler les défauts qui éloigneraient l'acheteur ; aussi tout ajustement nous est-il suspect : qu'une jambe, qu'un bras soient enveloppés, nous les faisons découvrir, et voulons voir à nu tout le corps. Regardez ce roi de Scythie ou de Sarmatie, dont la tête est si bien parée. Si vous voulez le bien juger, si vous

tum mali sub illa latet. Quid de aliis loquor? si perpendere te voles, sepone pecuniam, domum, dignitatem; intus te ipse considera. Nunc, qualis sis, aliis credis.

LXXXI.
An grati esse debeamus in illum qui, postquam beneficium contulerat, nocuit?

QUERERIS incidisse te in hominem ingratum. Si hoc nunc primum, age aut fortunæ, aut diligentiæ tuæ gratias. Sed nihil facere hoc loco diligentia potest, nisi te malignum : nam, si hoc periculum vitare volueris, non dabis beneficia; ita, ne apud alium pereant, apud te peribunt. Non respondeant potius, quam non dentur : et post malam segetem serendum est. Sæpe, quidquid perierat assidua infelicis soli sterilitate, unius anni restituit ubertas. Est tanti, ut gratum invenias, experiri et ingratos. Nemo habet tam certam in beneficiis manum, ut non sæpe fallatur : aberrent, ut aliquando hæreant. Post naufragium maria tentantur; fœneratorem non fugat a foro coactor. Cito inerti otio vita torpebit, si relinquendum est quidquid offendit. Te vero benigniorem hæc ipsa res faciat : nam cujus rei eventus incertus est, id, ut aliquando procedat, sæpe tentandum est.

voulez le voir tel qu'il est, déliez son diadème. Combien de mal là dessous! Mais que parlé-je des autres? Si vous voulez vous apprécier vous-même, mettez de côté votre argent, votre propriété, vos honneurs, et regardez en vous-même. Pour le présent, c'est d'après l'opinion des autres que vous vous estimez.

LXXXI.

Devons-nous de la reconnaissance à celui qui, après nous avoir fait du bien, nous fait du mal?

Vous vous plaignez d'avoir rencontré un ingrat. Si c'est pour la première fois, remerciez-en la fortune ou votre circonspection. Pourtant, en pareil cas, la circonspection ne sert qu'à rendre parcimonieux ; car, pour échapper à l'ingratitude, vous cesserez de faire bien : et la crainte de perdre le fruit de vos bienfaits vous fera perdre votre bienfaisance. Renoncez à recueillir plutot qu'à donner ; ne faut-il pas semer à la suite d'une mauvaise année? Souvent les longues pertes causées par la stérilité d'un sol ingrat, sont réparées par une année d'abondance. La découverte d'un homme reconnaissant vaut bien qu'on courre parfois les chances de l'ingratitude. Personne n'a la main assez sûre dans la distribution de ses bienfaits, pour ne pas être souvent trompé : consentons à nous tromper pour rencontrer quelquefois juste. On retourne à la mer après un naufrage; les avanies ne font pas déserter la place aux usuriers. La vie languirait dans une inertie continuelle, s'il fallait abandonner tout ce qui présente des obstacles. Mais voici une considération qui vous fera revenir à des sentimens plus

Sed de isto satis multa in his *libris* loquuti sumus, qui *de Beneficiis* inscribuntur; illud magis quærendum videtur, quod non satis (ut existimo) explicatum est; an is, qui profuit nobis, si postea nocuit, paria fecerit, et nos debito solverit? Adjice, si vis, et illud : Multo plus postea nocuit, quam ante profuerat. Si rectam illam rigidi judicis sententiam quæris, alterum ab altero absolvet, et dicet : Quamvis injuriæ præponderent, tamen beneficiis donetur, quod ex injuria superest. Plus nocuit? sed prius profuit! itaque habeatur et temporis ratio. Jam illa manifestiora sunt, quam ut admoneri debeas, quærendum esse : quam libenter profuerit, quam invitus nocuerit; quoniam animo et beneficia et injuriæ constant. Nolui beneficium dare : victus sum aut verecundia, aut instantis pertinacia, aut spe. Eo animo quidque debetur, quo datur; nec, quantum sit, sed a quali profectum voluntate, perpenditur. Nunc conjectura tollatur. Et illud beneficium fuit; et hoc, quod modum beneficii prioris excessit, injuria est. Vir bonus utrosque calculos sic ponit, ut se ipse circumscribat; beneficio adjicit, injuriæ demit : alter ille remissior judex, quem esse me malo, injuriæ oblivisci debebit, officii meminisse. — Hoc certe, inquit, justitiæ convenit, suum cuique reddere, beneficio gratiam, injuriæ talionem, aut certe malam gratiam. — Verum erit istud,

généreux : quand le succès d'un évènement est incertain, pour l'avancer, il faut multiplier ses efforts.

Mais j'en ai dit assez long sur ce sujet dans mon *Traité des Bienfaits;* il me semble plus à propos d'examiner une question que je ne crois pas avoir suffisamment développée, à savoir : si un homme qui nous a rendu service, et qui ensuite nous a fait du mal, a balancé la première action par l'autre, et nous a fait quittes envers lui? Admettez même, si vous voulez, qu'il nous ait fait plus de mal qu'il ne nous avait fait de bien. Si vous en appelez à l'opinion consciencieuse d'un juge rigide, il compensera l'un par l'autre, et vous dira : « Bien que le mal l'emporte, les services reçus doivent vous en faire oublier l'excès. Le tort a été plus grand, mais le service a été le premier : il faut donc tenir compte même du temps. » C'est chose trop évidente de soi, pour que j'aie besoin de vous la recommander : qu'il faut examiner jusqu'à quel point le bienfait n'a pas été spontané, et l'injure involontaire : car c'est toujours par l'intention qu'on doit juger les bienfaits et les injures. Je ne voulais pas faire le bien; mais la honte, l'importunité, ou le calcul, m'ont vaincu, ont triomphé de ma résistance. Les sentimens de celui qui donne doivent régler ceux de celui qui reçoit; ce n'est pas l'importance du bienfait qu'il faut peser, mais l'intention qui la produit. Mais trêve de conjectures. Il y a eu d'abord un bienfait, puis ce bienfait a été surpassé en valeur par une injure. L'homme de bien fait son calcul de manière à s'abuser lui-même : il ajoute au bienfait et retranche à l'offense; mais un juge moins rigoureux, comme je préférerais l'être, se fera un devoir d'oublier l'injure pour ne se souvenir que du service. — Pourtant, objectera-t-on, il est conforme à la justice de

quum alius injuriam fecerit, alius beneficium dederit : nam, si idem est, beneficio vis injuriæ extinguitur. Nam cui, etiamsi merita non antecessissent, oportebat ignosci, post beneficia lædenti plus quam venia debetur. Non pono utrique par pretium : pluris æstimo beneficium, quam injuriam.

Non omnes grati debere sciunt beneficium : potest etiam imprudens, et rudis, et unus e turba, utique dum prope est ab accepto; ignorat autem, quantum debeat : uni sapienti notum est, quanti res quæque taxanda sit. Nam ille, de quo loquebar modo, stultus, etiamsi bonæ voluntatis est, aut minus quam debet, aut tempore, aut, quo non debet, loco reddit; id quod referendum est, effundit atque abjicit.

Mira in quibusdam rebus verborum proprietas est; et consuetudo sermonis antiqui quædam efficacissimis, et officia docentibus notis signat. Sic certe solemus loqui : « Ille illi gratiam retulit. » *Referre*, est ultro, quod debeas, afferre. Non dicimus *gratiam reddidit* : reddunt enim, et qui reposcuntur, et qui inviti, et qui ubilibet, et qui per alium. Non dicimus *reposuit beneficium*, aut *solvit* : nullum nobis placuit, quod æri alieno convenit, verbum. *Referre*, est ad eum, a quo acceperis, ferre :

rendre à chacun ce qui lui est dû ; de payer un bienfait par la reconnaissance, une offense par le talion, ou tout au moins par le ressentiment. — Cela peut être vrai, si l'offense est venue d'une personne, et le bienfait d'une autre personne ; car si nous avons affaire à la même personne, le bienfait doit effacer l'offense. Quand même notre offenseur ne nous aurait pas obligé antérieurement, il eût fallu lui pardonner ; on doit donc plus que le pardon à celui qui nous a nui après nous avoir fait du bien. Ce n'est pas, du reste, que j'attache le même prix à l'une et l'autre action : il va sans dire que j'estime le bienfait plus que l'offense.

Tout le monde ne sait pas être reconnaissant d'un bienfait : il peut arriver qu'un fou, qu'un homme grossier, ou sorti de la foule, le devienne sous l'impression du moment ; mais il ignore jusqu'à quel point il est redevable : il est donné au sage seul de savoir apprécier chaque chose à sa juste valeur. Car le fou dont je parlais tout-à-l'heure, quelque bonne intention qu'il ait, ou rend moins qu'il ne doit, ou ne rend pas à propos : le bienfait qu'il devrait vous rapporter, il vous le renvoie, vous le rejette.

Il y a des cas où nos expressions sont admirables de propriété : on voit que notre vieux langage avait pris à tâche d'en faire comme autant de symboles efficaces qui instruisissent l'homme de ses devoirs. Ainsi nous disons : *Ille illi gratiam retulit,* « un tel a rapporté son bienfait à un tel. » *Referre* veut dire apporter de soi-même ce qu'on doit. Nous ne disons pas *gratiam reddidit,* « il a rendu le bienfait, » car nous rendons les choses, ou parce qu'on nous les a redemandées, ou malgré nous, ou à notre volonté, ou par les mains d'un autre. Nous ne disons pas non plus *reposuit beneficium,* « il a remis le bienfait qu'il

hæc vox significat voluntariam relationem : qui retulit, ipse se appellavit. Sapiens omnia examinabit secum; quantum acceperit, a quo, quando, ubi, quemadmodum. Itaque negamus, quemquam scire *gratiam referre*, nisi sapientem : non magis quam beneficium dare quisquam scit, nisi sapiens; hic scilicet, qui magis dato gaudet, quam alius accepto.

Hoc aliquis inter illa numerat, quæ videmur *inopinata* omnibus dicere (παράδοξα Græci vocant), et ait : « Nemo ergo scit præter sapientem referre gratiam? ergo nec, quod debet creditori suo, reponere quisquam scit alius? nec, quum emit aliquam rem, pretium venditori persolvere? » — Ne nobis fiat invidia, scito idem dicere Epicurum. Metrodorus certe ait, « solum sapientem referre gratiam scire. » Deinde idem admiratur, quum dicimus : « Solus sapiens scit amare; solus sapiens amicus est. » Atqui et amoris, et amicitiæ pars est, referre gratiam; immo hoc magis vulgare est, et in plures cadit, quam vera amicitia.

Deinde idem admiratur, quod dicimus, « fidem nisi in sapiente non esse; » tanquam non ipse idem dicat. An tibi videtur fidem habere, qui referre gratiam nescit? Desinant itaque infamare nos, tanquam incredibilia jactantes; et sciant, apud sapientem esse ipsa honesta, apud vulgum simulacra rerum honestarum et effigies.

« reçu, » ni *solvit*, « il l'a acquitté : » nous n'avons point voulu de mot qui indique une dette. Le mot *referre* veut dire rapporter à celui qui a donné : il exprime un acte volontaire ; celui qui a rapporté s'est sommé lui-même. Le sage pèsera au dedans de lui-même toutes les circonstances d'un bienfait, son importance et son auteur ; quand, où et comment il a été offert. Voilà pourquoi nous prétendons qu'il n'y a que le sage qui sache *referre gratiam*, reconnaître le bienfait. Lui seul aussi sait distribuer ses bienfaits, mais il n'est sage qu'autant qu'il trouve plus de plaisir à donner, que celui qu'il oblige, à recevoir.

Il me semble entendre quelqu'un dire que cette proposition est du nombre de ces assertions hasardées que les Grecs ont appelées *paradoxes*, puis ajouter : « Personne que le sage ne sait donc reconnaître un bienfait ? Il n'y a donc que lui qui sache restituer à un créancier ce qu'il lui doit ? Il n'y a donc que lui qui, lorsqu'il achète un objet, en sache payer le prix au marchand ? » — Or, pour qu'on ne nous querelle point, sachez qu'Épicure soutient la même chose : du moins, Métrodore dit « que le sage seul sait reconnaître un bienfait. » Puis il s'étonne que nous disions : « Le sage seul sait aimer, le sage seul est bon ami. » Pourtant la reconnaissance est un acte d'amour et d'amitié ; il y a mieux, elle est plus ordinaire, et s'adresse à plus de monde que l'amitié véritable.

Il s'étonne encore de nous entendre dire « que la probité n'existe que chez le sage, » comme s'il ne le confessait pas lui-même. La probité est-elle donc possible chez l'homme qui ne sait pas reconnaître un bienfait ? Qu'on cesse donc de nous décrier comme débitant des maximes incroyables ; et qu'on sache que le sage possède l'honnêteté même, tandis que le vulgaire n'en a que l'image et

Nemo referre gratiam scit, nisi sapiens : stultus quoque, utcumque sit, et quemadmodum potest, referat; scientia illi potius, quam voluntas desit. Velle non discitur. Sapiens inter se omnia comparabit : majus enim aut minus fit (quamvis idem sit) tempore, loco, causa. Sæpe enim hoc non potuere divitiæ in domum infusæ, quod opportune dati mille denarii. Multum enim interest, donaveris, an succurreris; servaverit illum tua liberalitas, an instruxerit. Sæpe, quod datur, exiguum est; quod sequitur ex eo, magnum. Quantum autem existimas interesse, utrum aliquis de arca, quod præstaret, sumpserit; an beneficium acceperit, ut daret?

Sed ne in eadem, quæ satis scrutati sumus, revolvamur; in hac comparatione beneficii et injuriæ vir bonus judicabit quidem, quod erit æquissimum; sed beneficio favebit : in hanc erit partem proclivior. Plurimum autem momenti persona solet afferre in rebus ejusmodi. Dedisti mihi beneficium in servo; injuriam fecisti in patre; servasti mihi filium, sed patrem abstulisti. Alia deinceps, per quæ procedit omnis collatio, prosequetur : et, si pusillum erit, quod intersit, dissimulabit : etiam, si multum fuerit, [sed] si id donari salva pietate ac fide poterit, remittet; id est, si ad ipsum tota pertinebit injuria. Summa rei hæc est : facilis erit in commutando; patietur plus imputari sibi. Invitus beneficium per com-

l'apparence. Il n'y a que le sage qui sache reconnaître un bienfait : cela n'empêche pas que l'insensé ne puisse le reconnaître, tellement, quellement, et du mieux qu'il peut ; le discernement lui manquera plutôt que la volonté, car on n'a pas besoin d'apprendre à vouloir. Mais le sage rapprochera toutes les circonstances du bienfait ; car, bien que ce soit toujours une même chose, il a plus ou moins d'importance selon le temps, le lieu et la cause. Souvent des trésors répandus sur une famille, n'ont pas fait autant de bien que mille deniers donnés à propos. Il y a bien de la différence, en effet, entre donner et secourir, entre sauver un homme par ses libéralités ou lui procurer l'aisance. Souvent la chose donnée est modique et ses suites importantes. Quelle différence ne trouverez-vous pas encore, entre l'homme qui a puisé dans sa bourse pour vous donner, et celui qui a reçu un bienfait pour vous en faire part?

Mais pour ne pas retomber toujours dans des détails que nous avons suffisamment approfondis : l'homme de bien, dans cette comparaison du bienfait et de l'injure, portera sans doute le jugement le plus conforme à l'équité ; toutefois il sera plus favorable au bienfait, ce sera de ce côté qu'il inclinera. La considération de la personne influe encore beaucoup dans les affaires de cette nature. Vous m'avez obligé dans la personne de mon esclave, mais vous m'avez outragé dans celle de mon père ; vous avez sauvé mon fils, mais vous avez fait périr mon père. Viennent ensuite les autres considérations qui sont les élémens de toute comparaison : si la différence est peu sensible, on n'en tiendra pas compte ; fût-elle même considérable, on pardonnera si on peut le faire sans blesser le devoir et l'honneur, c'est-à-dire dans le cas où l'of-

pensationem injuriæ solvet : in hanc partem inclinabit, huc verget, ut cupiat debere gratiam, cupiat referre. Errat enim, si quis beneficium accipit libentius, quam reddit. Quanto hilarior est qui solvit quam qui mutuatur, tanto debet lætior esse qui se maximo ære alieno accepti beneficii exonerat quam qui quum maxime obligatur. Nam in hoc quoque falluntur ingrati, quod creditori quidem, præter sortem, extra ordinem numerant; beneficiorum autem usum esse gratuitum putant. Et illa crescunt mora; tantoque plus solvendum est, quanto tardius. Ingratus est, qui beneficium reddit sine usura. Itaque hujus quoque rei habebitur ratio, quum conferentur accepta et expensa.

Omnia facienda sunt, ut quam gratissimi simus; nostrum enim hoc bonum est : quemadmodum justitia non est, ut vulgo creditur, ad alios pertinens; maxima pars ejus in se redit. Nemo non, quum alteri prodest, sibi profuit. Non eo nomine dico, quod volet adjuvare adjutus, protegere defensus, quod bonum exemplum circuitu ad facientem revertitur; sicut mala exempla recidunt in auctores, nec ulla miseratio contingit his qui patiuntur injurias, quas posse fieri, faciendo docuerunt; sed quod virtutum omnium pretium in ipsis est. Non enim exercentur ad præmium : recte facti, fecisse merces est. Gratus sum, non ut alius mihi libentius præstet, priori

fense serait tout-à-fait personnelle. En résumé, l'homme de bien se montrera facile dans cette compensation, il se laissera plutôt surcharger. Ce ne sera que malgré lui qu'il balancera le bienfait par l'offense ; il inclinera, il tendra toujours à être en reste et à s'acquitter. On est dans l'erreur quand on trouve plus de plaisir à recevoir un bienfait qu'à le rendre. S'il est plus agréable de rembourser que d'emprunter, ne doit-on pas également éprouver plus de plaisir à se décharger de la dette d'un bienfait reçu qu'à la contracter ? Car, c'est encore une erreur des ingrats, de payer à leur créancier des intérêts indépendamment du capital, et de croire que l'usage des bienfaits doive être gratuit. Au contraire, le temps augmente la valeur des bienfaits, et on doit les payer d'autant plus chèrement qu'on les paie plus tard. C'est le fait d'un ingrat de ne pas rendre un bienfait avec usure. Aussi faut-il avoir égard à cette dernière circonstance, quand on fait le compte de ce qu'on a reçu et ce qu'on doit payer.

Il faut faire en sorte de nous montrer reconnaissans le plus possible : on ne peut qu'y gagner ; car la justice ne profite pas seulement aux autres, comme on le croit vulgairement, il lui revient une très-grande partie du bien qu'elle fait ; et de même, on ne rend pas service à un autre qu'on ne se rende service à soi-même. Je ne veux pas dire par là que celui que vous aurez aidé vous aidera, que celui que vous aurez protégé vous défendra, que le bon exemple décrira un cercle pour revenir au point où il est parti ; tout ainsi que les mauvais exemples retombent sur leurs auteurs, et qu'on n'a point de pitié pour les gens qui éprouvent des injustices dont ils ont montré la possibilité en les commettant eux-mêmes ; ce que je veux établir, c'est que toutes les vertus por-

irritatus exemplo, sed ut rem jucundissimam ac pulcherrimam faciam. Gratus sum, non quia expedit, sed quia juvat. Hoc ut scias ita esse : si gratum esse non licebit, nisi ut videar ingratus; si reddere beneficium non aliter quam per speciem injuriæ potero; æquissimo animo ad honestum consilium, per mediam infamiam, tendam. Nemo mihi videtur pluris æstimare virtutem, nemo illi magis esse devotus, quam qui boni viri famam perdidit, ne conscientiam perderet. Itaque, ut dixi, majore tuo, quam alterius bono, gratus es. Illi enim vulgaris et quotidiana res contigit, recipere quod dederat; tibi magna, et ex beatissimo animi statu profecta, gratum fuisse. Nam si malitia miseros facit, virtus beatos, gratum autem esse virtus est; rem usitatam reddidisti, inæstimabilem consequutus es, conscientiam grati; quæ, nisi in animum divinum fortunatumque, non pervenit.

In contrarium autem huic affectum summa infelicitas urget. Nemo, si ingratus est, non miser erit : non differo illum, statim miser est. Itaque ingrati esse vitemus,

tent leur récompense en elles-mêmes. On ne les pratique point par intérêt ; la récompense d'une bonne action, c'est de l'avoir faite. Si je suis reconnaissant, ce n'est pas pour que mon bienfaiteur, encouragé par une première épreuve, m'oblige avec plus de plaisir une autre fois, mais pour faire une chose qui m'est agréable en même temps qu'elle est honorable. Si je suis reconnaissant, ce n'est pas que j'y trouve du profit, mais bien du plaisir; et, pour vous convaincre de ce que j'avance, si je ne pouvais prouver ma reconnaissance qu'en paraissant ingrat; si je ne pouvais payer un bienfait que par une injure apparente, je ne balancerais pas à marcher vers ce but honorable par le chemin de l'infamie. Personne, à mes yeux, ne fait plus de cas de la vertu, personne ne lui est plus dévoué que celui qui compromet sa réputation d'homme de bien pour ne pas compromettre sa conscience. Vous serez donc, comme je vous le disais, reconnaissant plutôt pour votre intérêt que pour celui des autres. C'est une chose ordinaire, et de tous les jours, de recouvrer ce qu'on avait donné; mais c'est une action honorable pour vous, et qui annonce une âme heureusement douée, que d'avoir été reconnaissant. Car si la méchanceté rend l'homme malheureux ; si la vertu fait des heureux, et si c'est une vertu d'être reconnaissant, vous avez rendu une chose fort commune pour en acquérir une inestimable, je veux dire la conscience d'avoir été reconnaissant, plaisir qui n'est le partage que d'une âme divine et bienheureuse.

Des sentimens contraires nous plongent dans le malheur. Quiconque est ingrat, sera malheureux; je dis plus, l'est dès l'instant même. Évitons donc d'être ingrats, pour nous-mêmes, si ce n'est pour les autres. Ce n'est que

non aliena causa, sed nostra. Minimum ex nequitia levissimumque ad alios redundat; quod pessimum ex illa est, et (ut ita dicam) spississimum, domi remanet, et premit habentem : quemadmodum Attalus noster dicere solebat : « Malitia ipsa maximam partem veneni sui bibit. » Illud venenum, quod serpentes in alienam perniciem proferunt, sine sua continent, non est huic simile; hoc, habentibus pessimum est. Torquet ingratus se, et macerat; odit quæ accepit, quia redditurus est, et extenuat; injurias vero dilatat atque auget. Quid autem eo miserius, cui beneficia excidunt, hærent injuriæ? At contra sapientia exornat omne beneficium ac sibi ipsa commendat, et se assidua ejus commemoratione delectat. Malis una voluptas est, et hæc brevis, dum accipiunt beneficia; ex quibus sapienti longum gaudium manet ac perenne. Non enim illum *accipere*, sed *accepisse* delectat; quod immortale est et assiduum. Illa contemnit, quibus læsus est; nec obliviscitur per negligentiam, sed volens. Non vertit omnia in pejus, nec quærit cui imputet casum; et peccata hominum ad fortunam potius refert. Non calumniatur verba, nec vultus; quidquid accidit, benigne interpretando levat; non offensæ potius, quam beneficii meminit. Quantum potest, in priore ac meliore se memoria detinet; nec mutat animum adversus bene meritos, nisi multum male facta præcedunt, et manifestum etiam conniventi discrimen est : tunc

la partie la plus petite et la plus légère de la méchanceté qui rejaillit sur les autres ; ce qu'elle a de pis, et pour ainsi dire de plus compact, reste à la source et pèse sur son auteur. A ce sujet notre cher Attale avait coutume de dire : « La méchanceté boit elle-même la plus grande partie de son venin. » Le venin avec lequel le serpent fait tant de mal aux autres, sans qu'il s'en ressente lui-même, est bien différent de celui dont nous parlons : ce dernier est terrible surtout pour ceux qui le portent. L'ingrat se tourmente et se ronge lui-même ; il hait les bienfaits qu'il a reçus, parce qu'il faut les rendre ; il les rabaisse continuellement ; tandis qu'il augmente et exagère les torts. Or, est-il un homme plus malheureux que celui qui oublie les services et ne se rappelle que les injures ? La sagesse, au contraire, embellit tous les bienfaits reçus, les relève à ses propres yeux, et se plaît à en garder un continuel souvenir. Les méchans n'ont qu'un moment de plaisir, et il est bien court, celui où ils reçoivent le bienfait ; mais pour le sage, ce même bienfait est un sujet de joie durable et sans fin. Ce n'est pas de le *recevoir*, mais de l'*avoir reçu*, qu'il est heureux, et de là vient la continuité, la perpétuité de son bonheur. Il ne fait pas attention aux offenses ; non par insouciance et par oubli, mais parce qu'il le veut ainsi. Il ne met pas toutes les choses au pis, et ne cherche pas à qui s'en prendre de ses malheurs ; il aime mieux imputer à la fortune les torts que les hommes ont avec lui. Il ne calomnie pas les discours ni les visages ; toutes les contrariétés qu'il éprouve, il les interprète de manière à les adoucir ; il ne préfère pas le souvenir d'une offense à celui d'un bienfait. Autant que possible, il garde la première impression et la meilleure ; il ne change de sen-

quoque in hoc duntaxat, ut talis sit post majorem injuriam, qualis ante beneficium. Nam quum beneficio par est injuria, aliquid in animo benevolentiæ remanet. Quemadmodum reus sententiis paribus absolvitur, et semper, quidquid dubium est, humanitas inclinat in melius; sic animus sapientis, ubi paria maleficiis merita sunt, desinet quidem debere, sed non desinet velle debere; et hoc facit, quod qui post tabulas novas solvunt.

Nemo autem gratus esse potest, nisi contempserit ista, propter quæ vulgus insanit. Si referre vis gratiam, et in exsilium eundum est, et effundendus sanguis, et suscipienda egestas, et ipsa innocentia sæpe maculanda, indignisque objicienda rumoribus. Non parvo sibi constat homo gratus. Nihil carius æstimamus, quam beneficium, quamdiu petimus; nihil vilius, quum accepimus. Quæris quid sit, quod oblivionem acceptorum nobis faciat? Cupiditas accipiendorum. Cogitamus, non quid impetratum, sed quid impetrandum sit. Abstrahunt a recto divitiæ, honores, potentia, et cetera, quæ opinione nostra cara sunt, pretio suo vilia. Nescimus æstimare res de quibus non cum fama, sed cum rerum natura deliberandum est. Nihil habent ista magnificum, quo mentes in se nostras trahant, præter hoc, quod mirari illa consuevimus. Non enim, quia concupiscenda sunt, laudantur; sed concupiscuntur, quia laudata sunt:

timens à l'égard de ceux qui lui ont rendu service, qu'après des outrages réitérés, et palpables même pour les juges les plus partiaux ; encore son changement se réduit-il à être après l'injure, si grande qu'elle soit, ce qu'il était avant le bienfait. En effet, quand l'injure est seulement égale au bienfait, il lui reste encore quelque bienveillance dans l'âme. Un accusé est absous quand il y a égalité de voix, et dans les cas douteux, l'humanité incline toujours pour la douceur ; de même le sage, si les services et les torts sont égaux, pourra bien cesser de devoir, mais ne cessera pas de vouloir être redevable ; il fera comme ceux qui paient après l'abolition des dettes.

Il est impossible d'être reconnaissant, si l'on ne méprise les objets dont le vulgaire raffole. Si vous voulez être reconnaissant, il faut savoir au besoin aller en exil, répandre votre sang, vous résigner à la pauvreté, souvent même exposer votre innocence flétrie aux rumeurs les plus infâmantes. L'homme reconnaissant ne se regarde pas facilement comme quitte. Le bienfait est pour nous au dessus de toute autre chose, quand nous le sollicitons ; il n'est plus rien pour nous, quand nous l'avons obtenu. Voulez-vous savoir ce qui nous fait oublier les bienfaits ; c'est l'avidité d'en recevoir de nouveaux. Ce qui nous occupe alors, ce n'est point ce que nous avons obtenu, mais ce que nous espérons obtenir encore. Nous sommes détournés du devoir par les richesses, les honneurs, la puissance ; enfin, par tous les avantages qui ont du prix à nos yeux, mais qui, intrinsèquement, n'ont aucune valeur. Nous ne savons pas apprécier des choses pour lesquelles il faudrait consulter la nature plutôt que l'opinion des hommes. Tous ces objets n'ont rien de merveilleux, et qui soit fait pour captiver nos âmes, si ce

et, quum singulorum error publicum fecerit, singulorum errorem facit publicus. Sed quemadmodum illa credimus, sic et hoc fidei populi credamus, nihil esse grato animo honestius. Omnes hoc urbes, omnes etiam ex barbaris regionibus gentes conclamabunt; in hoc bonis malisque conveniet. Erunt qui voluptates laudent; erunt qui labores malint; erunt qui dolorem maximum malum dicant; erunt qui ne malum quidem appellent. Divitias aliquis ad summum bonum admittet; alius illas dicet malo humanæ vitæ repertas; nihil esse eo locupletius, cui, quod donet, fortuna non invenit. In tanta judiciorum diversitate, referendam bene merentibus gratiam, omnes uno tibi, quod aiunt, ore affirmabunt; in hoc tam discors turba consentiet, quum interim injurias pro beneficiis reddimus. Et prima causa est, cur quis ingratus sit, si satis gratus esse non potuit. Eo perductus est furor, ut periculosissima res sit beneficia in aliquem magna conferre : nam, quia putat turpe non reddere, non vult esse, cui reddat. Tibi habe, quod accepisti; non repeto, non exigo : profuisse tutum sit. Nullum est odium perniciosius, quam ex beneficii violati pudore.

n'est l'habitude où nous sommes de les admirer. Ce n'est point parce qu'ils sont désirables qu'on les loue, mais on les désire parce qu'ils sont loués; et comme l'erreur est passée des individus au public, l'erreur passe maintenant du public aux individus. Mais si nous nous en rapportons au peuple sur tout le reste, partageons donc aussi la croyance où il est, qu'il n'y a rien de plus honorable que la reconnaissance. Il n'y aura pas de ville, il n'y aura pas de pays, si barbare qu'il soit, qui ne vous crie cette vérité; les bons et les méchans seront d'accord sur ce point. Il y aura des gens qui loueront la volupté; d'autres qui préféreront le travail; certains hommes regarderont la douleur comme le plus grand des maux; d'autres ne l'appelleront même pas un mal; celui-ci considérera les richesses comme le premier de tous les biens; celui-là vous dira qu'elles ont été inventées pour le malheur des humains, et que le plus riche des hommes est celui à qui la fortune n'a rien à donner. Mais, au milieu de cette diversité de jugemens, tout le monde vous répétera ce qui se dit partout : qu'on doit être reconnaissant des services rendus. La foule, partagée sur toute autre chose, sera d'accord sur ce point; et pourtant nous rendons le mal pour le bien. C'est souvent aussi une cause d'ingratitude que ne pouvoir se montrer assez reconnaissant. La démence en est même venue au point qu'il y a le plus grand danger à obliger certaines gens : dans la persuasion où ils sont qu'il est honteux de ne pas rendre, ils ne peuvent plus supporter ceux à qui ils ont à rendre. Gardez pour vous ce que vous avez reçu ; je ne vous demande rien, je n'exige rien en échange, seulement ne me punissez pas du bien que je vous ai fait. Il n'y a pas de haine plus terrible que celle que produit la honte d'un bienfait méconnu.

LXXXII.

Contra mollitiem; deinde contra dialecticorum argutias.

Desii jam de te esse sollicitus. — Quem, inquis, deorum sponsorem accepisti? — Eum scilicet, qui neminem fallit, animum recti ac boni amatorem. In tuto pars tui melior est. Potest fortuna tibi injuriam facere : quod ad rem magis pertinet, non timeo ne tu facias tibi. I qua cœpisti : et in isto te vitæ habitu compone, placide, non molliter. Male mihi esse malo, quam molliter. *Male* nunc sic accipe, quemadmodum a populo solet dici, dure, aspere, laboriose. Audire solemus sic quorumdam vitam laudari, quibus invidetur : Molliter vivit! hoc dicunt, malus est! Paullatim enim effeminatur animus, atque in similitudinem otii sui et pigritiæ, in qua jacet, solvitur. Quid ergo? viro non vel obrigescere satius est? Deinde delicati timent mortem, cui vitam suam fecere similem. Multum interest inter otium, et conditivum. — Quid ergo? inquis : non satius est vel sic jacere, quam istis officiorum vorticibus volutari? — Utraque res letalis est, et contractio, et torpor. Puto, æque, qui in odoribus jacet, mortuus est, quam qui rapitur unco. Otium sine litteris mors est, et hominis vivi sepultura. Quid denique prodest secessisse? tanquam non trans maria nos sollicitudinum causæ prosequantur. Quæ latebra est, in quam non intret metus mortis? quæ tam

LXXXII.

L'auteur s'élève à la fois contre la mollesse et contre les subtilités des dialecticiens.

Je ne suis plus inquiet de vous. — Mais quel dieu s'est fait mon garant? me demandez-vous. — Celui qui ne trompe jamais : un esprit ami de la droiture et de la vertu. La meilleure partie de votre être est en sûreté. La fortune peut vous faire tort, mais je ne crains pas que vous vous fassiez tort à vous-même, et c'est l'important. Continuez comme vous avez commencé; maintenez-vous dans votre genre de vie; vivez paisiblement, mais sans mollesse. J'aime mieux être mal que d'être mollement. Ici le mot *mal* a la signification que lui donne le peuple; il veut dire durement, incommodément, péniblement. Pour louer le genre d'existence de certaines gens à qui l'on porte envie, on a coutume de dire : Il mène une vie douce! C'est comme si l'on disait : C'est mauvais un homme. L'âme s'amollit insensiblement, et prend le pli de l'oisiveté et de la paresse dans laquelle elle s'est endormie. Vraiment, une existence rude n'est-elle pas plus avantageuse à l'homme? Outre cela, les délicats craignent la mort dont leur vie est devenue l'image. Comme s'il y avait une grande différence entre l'inaction et le cercueil. — Mais, direz-vous, ne vaut-il pas mieux languir ainsi, que de tournoyer dans le tourbillon des affaires? — L'engourdissement et la contention sont également dangereux. Qu'un cadavre soit embaumé ou traîné aux Gémonies, c'est toujours un cadavre? Le repos sans les lettres est une vraie mort; c'est la sépulture d'un homme vivant. A quoi sert d'ailleurs la retraite? Les

munita, et in altum subducta vitæ quies, quam non dolor territet? Quocumque te abdideris, mala humana circumstrepent. Multa extra sunt, quæ circumeunt nos, quo aut fallant, aut urgeant; multa intus, quæ in media solitudine exæstuant.

Philosophia circumdanda est, inexpugnabilis murus, quem fortuna multis machinis lacessitum non transit. Insuperabili loco stat animus, qui externa descruit, et arce se sua vindicat : infra illum omne telum cadit. Non habet, ut putamus, fortuna longas manus ; neminem occupat, nisi hærentem sibi. Itaque, quantum possumus, ab illa resiliamus; quod sola præstabit sui naturæque cognitio. Sciat quo iturus sit, unde ortus; quod illi bonum, quod malum sit ; quid petat, quid devitet ; quæ sit illa ratio, quæ appetenda ac fugienda discernat, qua cupiditatum mansuescit insania, timorum sævitia compescitur. Hæc quidam putant ipsos, etiam sine philosophia, repressisse : sed, quum securos aliquis casus expertus est, exprimitur sera confessio; magna verba excidunt, quum tortor poposcit manum, quum mors propius accessit. Possis illi dicere : Facile provocabas mala absentia; ecce dolor, quem tolerabilem esse dice-

causes de nos inquiétudes ne nous poursuivent-elles pas au delà des mers? Est-il un lieu sacré où ne pénètre pas la crainte de la mort? Est-il un lieu de repos assez fortifié, placé assez haut, pour que la douleur n'y vienne pas jeter l'épouvante? Où que vous vous cachiez, les misères humaines vous menaceront. Au dehors, nous sommes environnés d'ennemis qui cherchent à nous surprendre ou à nous écraser; au dedans, ce sont les passions qui fermentent dans le silence même de la solitude.

Il faut donc nous faire un rempart de la philosophie, mur impénétrable que la fortune, quelques machines qu'elle fasse jouer, ne peut emporter. Elle s'est placée dans un lieu imprenable, l'âme qui a renoncé aux objets extérieurs et qui s'est fait une forteresse en elle-même : toute espèce de trait vient s'abattre à ses pieds. La fortune n'a pas les bras aussi longs qu'on le pense; elle ne saisit que ceux qui s'attachent à elle. Éloignons-nous donc autant que nous le pouvons; mais on n'y réussit que par la connaissance de soi-même et de la nature. Il faut savoir où l'on ira et d'où l'on vient; en quoi consistent le bien et le mal; ce qu'on doit fuir et ce qu'on doit rechercher; quel est le moyen de distinguer ce qu'on doit éviter de ce qu'on doit désirer; quel est aussi le moyen de triompher de la furie des passions, et de réprimer les cruels tourmens de la crainte. Il est des gens qui se figurent qu'ils viendront à bout de tout cela sans le secours de la philosophie; mais le moindre malheur vient-il troubler leur tranquillité, il leur arrache l'aveu tardif de leur faiblesse : leurs grands mots s'évanouissent quand le bourreau leur demande la main, quand la mort se présente à eux face à face. On pourrait dire à un de ces fanfarons :

bas! ecce mors, quam contra multa animose loquutus es! sonant flagella, gladius micat :

Nunc animis opus, Ænea, nunc pectore firmo!

Faciet autem illud firmum assidua meditatio, si non verba exercueris, sed animum; si contra mortem te præparaveris, adversus quam non exhortabitur, nec attollet, qui cavillationibus tibi persuadere tentaverit, mortem malum non esse. Libet enim, Lucili virorum optime, ridere ineptias græcas, quas nondum, quamvis mirer, excussi. Zenon noster hac collectione utitur : « Nullum malum gloriosum est : mors autem gloriosa est : mors ergo non est malum. » Profecisti! liberatus sum metu; post hæc non dubitabo porrigere cervicem! Non vis severius loqui, nec morituro risum movere? Non mehercule facile tibi dixerim, utrum ineptior fuerit, qui se hac interrogatione judicavit mortis metum exstinguere, an qui hoc, tanquam ad rem pertineret, conatus est solvere. Nam et ipse interrogationem contrariam opposuit, ex eo natam, quod mortem inter indifferentia ponimus, quæ ἀδιάφορα Græci vocant. « Nihil, inquit, indifferens gloriosum est : mors autem gloriosum est · ergo mors non est indifferens. » Hæc interrogatio vides ubi obrepat. Mors non est gloriosa; fortiter mori gloriosum est : et, quum dicit « indifferens nihil glorio-

Tu bravais bien à ton aise les maux absens. La voilà cette douleur que tu disais si facile à supporter! La voilà cette mort dont tu parlais avec tant de mépris! Le fouet siffle, le glaive a brillé :

« C'est maintenant, Énée, qu'il faut du courage; c'est maintenant qu'il faut un cœur ferme! »

Cette fermeté, elle s'acquiert à force de méditation, en exerçant son âme bien plus que sa langue; elle s'acquiert en se préparant à la mort, contre laquelle on ne trouve ni courage ni force dans les rodomontades de ceux qui cherchent à vous persuader qu'elle n'est point un mal. Qu'il me soit permis à ce sujet, mon excellent Lucilius, de rire des inepties de la Grèce dont je ne me suis pas encore entièrement détaché, quoique j'en sente le ridicule. Voici le raisonnement qu'emploie Zénon, notre oracle : « Il n'est pas de maux glorieux; la mort est glorieuse; donc la mort n'est pas un mal. » Me voilà bien avancé! Plus de crainte désormais; après un si beau raisonnement je n'hésiterai plus à tendre le cou. Ne me parlerez-vous pas plus sérieusement? Cherchez-vous à faire rire un pauvre mourant? Je serais, sur ma foi, bien embarrassé de vous dire s'il y a eu plus de folie à se flatter de guérir de la crainte de la mort par ce syllogisme, ou à chercher à le réfuter comme s'il en valait la peine. Car Zénon a répondu lui-même à cet argument par un argument contraire tiré de ce que nous mettons la mort au nombre des choses indifférentes, ἀδιάφορα, comme disent les Grecs. « Une chose indifférente ne peut être glorieuse, a-t-il dit; la mort est glorieuse : donc elle n'est pas indifférente. » Vous voyez où tend ceci. La mort n'est pas glorieuse, mais il est glorieux de mourir

sum est,» concedo tibi ita, ut dicam, nihil gloriosum esse, nisi circa indifferentia. Tanquam indifferentia esse dico (id est, nec bona, nec mala) morbum, dolorem, paupertatem, exsilium, mortem. Nihil horum per se gloriosum est, nihil tamen sine his : laudatur enim non paupertas, sed quem non submittit, non incurvat; laudatur non exsilium, sed qui hoc non doluit; laudatur non dolor, sed ille, quem nihil coegit dolor; nemo mortem laudat, sed eum, cui mors ante abstulit animum, quam conturbavit. Omnia ista per se non sunt honesta, nec gloriosa : sed, quidquid ex illis virtus adiit tractavitque, honestum et gloriosum facit. Illa in medio posita sunt; interest, utrum malitia illis, an virtus, manum admoverit. Mors enim illa, quæ in Catone gloriosa est, in Bruto statim turpis est et erubescenda. Hic est enim Brutus, qui, quum periturus mortis moras quæreret, ad exonerandum ventrem secessit, et, evocatus ad mortem jussusque præbere cervicem : *Præbebo*, inquit, *ita vivam!* Quæ dementia est fugere, quum retro ire non possis? *Præbebo*, inquit, *ita vivam!* pæne adjecit, *vel sub Antonio!* O hominem dignum, qui vitæ dederetur!

Sed, ut cœperam dicere, vides ipsam mortem nec malum esse, nec bonum : Cato illa honestissime usus est, turpissime Brutus. Omnis res, quod non habuit

courageusement; et lorsque notre philosophe dit : « Une chose indifférente ne peut être glorieuse, » j'accorde cette proposition, mais à condition d'ajouter qu'on ne peut acquérir de la gloire que par des choses indifférentes. Or, j'appelle indifférentes, des choses qui ne sont ni bonnes ni mauvaises, comme la maladie, la douleur, la pauvreté, l'exil, la mort. Aucune de ces choses n'est glorieuse, mais pourtant il n'y a pas de gloire sans elles. En effet, ce n'est pas la pauvreté qu'on loue, mais celui qu'elle n'abat point, qu'elle ne fait point plier; on ne loue pas l'exil, mais celui qui ne s'en est point affligé; on ne loue pas la douleur, mais celui qu'elle n'a point vaincu; on n'a jamais loué la mort, mais celui à qui elle a ravi son âme avant de l'avoir troublée. Aucune de ces choses n'est honnête ou glorieuse en elle-même; mais si la vertu vient à se mettre en rapport, en contact avec elles, elles le deviennent l'une et l'autre : elles ne sont, proprement dit, à personne; elles prennent couleur, selon qu'elles se trouvent sous l'influence de la méchanceté ou de la vertu. La mort si glorieuse chez Caton, devient chez Brutus honteuse et déshonorante. Je parle de ce Brutus qui, cherchant à gagner du temps au moment de mourir, se retira à l'écart sous prétexte d'un besoin, et qui, rappelé pour subir la mort et présenter son cou, répondit : *Je le présenterai; que ne suis-je aussi sûr de vivre!* Quelle folie de vouloir fuir, quand on ne peut rétrograder! *Je le présenterai*, a-t-il dit; *que ne suis-je aussi sûr de vivre;* peu s'en fallut qu'il n'ajoutât *et de vivre même sous Antoine*. Oh! l'homme vraiment digne d'être livré à la vie!

Vous voyez donc, comme j'ai commencé par vous le dire, que la mort n'est en soi ni bonne ni mauvaise : Caton en a tiré un parti honorable, Brutus un

decus, virtute addita sumit. Cubiculum lucidum dicimus; hoc idem obscurissimum est nocte : dies illi lucem infundit, nox eripit. Sic istis, quæ a nobis *indifferentia* ac *media* dicuntur, divitiis, viribus, formæ, honoribus, regno; et contra, morti, exsilio, malæ valetudini, doloribus, quæque alia aut minus aut magis pertimuimus, aut malitia aut virtus dat *boni* vel *mali* nomen. Massa per se nec calida, nec frigida est : in fornacem conjecta concaluit; in aquam remissa refrixit. Mors honesta est per illud, quod honestum est; id est virtus, et animus externa contemnens.

Est et horum, Lucili, quæ appellamus *media* grande discrimen. Non enim sic mors indifferens est, quomodo utrum capillos pares habeas, necne : mors inter illa est, quæ mala quidem non sunt, tamen habent mali speciem. Sui amor est, et permanendi conservandique se insita voluntas, atque aspernatio dissolutionis; quia videtur multa nobis bona eripere, et nos ex hac, cui assuevimus, rerum copia educere. Illa quoque res morti nos alienat, quod hæc jam novimus; illa, ad quæ transituri sumus, nescimus qualia sint, et horremus ignota. Naturalis præterea tenebrarum metus est, in quas adductura mors creditur. Itaque etiam si indifferens mors

parti honteux. Les choses qui n'ont nulle beauté, en reçoivent des approches de la vertu. Nous disons une chambre claire, cependant elle est obscure pendant la nuit; c'est que le jour lui donne sa clarté, et la nuit la lui ôte. De même, ces choses que nous appelons *indifférentes* et *neutres*, telles que la richesse, la force, la beauté, les honneurs, la puissance; et leurs contraires, c'est-à-dire la mort, l'exil, la mauvaise santé, les souffrances, et d'autres disgrâces que nous craignons plus ou moins, toutes ces choses prennent le nom de *bonnes* ou de *mauvaises*, selon qu'elles ont affaire à la perversité ou à la vertu. Une masse de fer n'est par elle-même ni chaude ni froide : qu'on la jette dans la fournaise, elle s'échauffe; plongée dans l'eau, elle se refroidit. La mort est honorable quand elle se trouve en rapport avec ce qui est honorable; je veux dire la vertu, et une âme détachée des objets extérieurs.

Il y a pourtant, mon cher Lucilius, de grandes différences, même entre les objets que nous appelons *neutres* : ainsi il n'est pas indifférent au même degré, de mourir et d'avoir des cheveux coupés également ou non ; la mort est de ces choses qui, sans être des maux réels, ont pourtant l'apparence du mal. L'amour de soi, l'instinct de conservation et de durée, l'horreur de la dissolution sont naturels à l'homme, parce que la mort semble nous ravir une foule de biens, et nous tirer de la sphère d'action où nous sommes habitués à nous mouvoir. Une autre raison qui nous donne de l'éloignement pour la mort, c'est que nous connaissons le monde où nous sommes, tandis que nous ignorons celui où nous devons passer, et que nous avons peur de tout ce qui est inconnu. Ajoutez l'effroi des

est, non tamen inter ea est quæ facile negligi possint : magna exercitatione durandus est animus, ut conspectum ejus accessumque patiatur. Mors contemni debet magis, quam solet : multa enim de illa credimus, multorum ingeniis certatum est ad augendam ejus infamiam; descriptus est carcer infernus, et perpetua nocte oppressa regio, in qua ingens janitor Orci,

> Ossa super recubans antro semesa cruento,
> Æternum latrans exsangues *territat* umbras.

Sed, etiam quum persuaseris istas fabulas esse, nec quidquam defunctis superesse quod timeant, subit alius metus : æque enim timent, ne apud inferos sint, quam ne nusquam. His adversantibus, quæ nobis offundit longa persuasio, fortiter pati mortem quidni gloriosum sit, et inter maxima opera mentis humanæ? quæ nunquam ad virtutem exsurget, si mortem malum esse crediderit; exsurget, si putabit indifferens esse. Non recipit rerum natura, ut aliquis magno animo accedat ad id quod malum judicat; pigre veniet, et cunctanter : non est autem gloriosum, quod ab invito et tergiversante fit. Nihil facit virtus, quia necesse est. Adjice nunc, quod nihil honeste fit, nisi cui totus animus incubuit atque affuit, cui nulla parte sui repugnavit. Ubi autem ad malum acceditur, aut pejorum metu, aut spe bonorum, ad

ténèbres dans lesquelles on suppose que la mort doit nous plonger. Ainsi, quelque indifférente qu'elle soit, la mort n'est point du nombre des choses dont on puisse ne pas se soucier; il faut que l'âme se soit endurcie par un long exercice, pour en soutenir la vue et les approches. On devrait mépriser davantage la mort; nous nous en rapportons trop à ce qu'on en a dit, et trop de grands génies ont pris à tâche d'en augmenter l'horreur : on en fait une prison souterraine, une région ensevelie dans une éternelle nuit, dans laquelle le portier de l'enfer,

« Couché dans son antre sur un amas d'os à demi rongés, effraie les Ombres éperdues par ses aboiemens éternels. »

Mais quand vous en serez venu à prouver que toutes ces descriptions sont autant de fables, et que les morts n'ont réellement plus rien à craindre, une autre crainte surgira : on a autant de peur de n'être nulle part, que d'être dans les enfers. Avec toutes ces préventions qu'a enracinées en nous une longue croyance, n'est-ce pas un acte des plus glorieux, un des plus grands efforts de l'âme humaine, que de souffrir la mort avec courage? L'homme ne pourra jamais s'élever à la vertu, tant qu'il regardera la mort comme un mal; il s'y élèvera, quand il la considérera comme indifférente. Il n'est pas dans la nature qu'on marche avec entraînement vers ce qu'on regarde comme un mal; on ne va que lentement et avec hésitation : or, il n'y a point d'action glorieuse quand elle nous coûte, quand on tergiverse. La vertu ne fait rien par force. Ajoutez qu'il n'y a point d'action honnête, si l'âme ne s'y est livrée et adonnée tout entière, si quelqu'une de ses facultés y a répugné. Celui qui s'expose à un mal, y est dé-

quæ pervenire tanti sit devorata unius mali patientia; dissident inter se judicia facientis : hinc est quod jubeat proposita perficere, illinc quod retrahat et ab re suspecta ac periculosa fugiat : igitur in diversa distrahitur. Si hoc est, perit gloria. Virtus enim concordi animo decreta peragit; non timet quod facit.

>Tu ne cede malis, sed contra audentior ito
>Qua tua te fortuna sinet!

Non ibis audentior, si mala illa esse credideris. Eximendum hoc e pectore est : alioquin hæsitabit impetum moratura suspicio; trudetur in id quod invadendum est.

Nostri quidem videri volunt Zenonis interrogationem veram esse, fallacem autem alteram et falsam, quæ illi opponitur. Ego non redigo ista ad legem dialecticam, et ad illos artificii veternosissimi nodos : totum genus istud exturbandum judico, quo circumscribi se, qui interrogatur, existimat, et ad confessionem perductus aliud respondet, aliud putat. Pro veritate simplicius agendum est; contra metum fortius. Hæc ipsa, quæ volvuntur ab illis, solvere malim et expandere, ut persuadeam, non ut imponam. In aciem educturus exercitum, pro conjugibus ac liberis mortem obiturum, quomodo exhortabi-

terminé soit par la crainte d'un plus grand mal, soit par l'espoir d'un état meilleur, qu'il juge assez important pour endurer patiemment la souffrance qui en est la condition ; les jugemens de cet homme sont alors peu d'accord : il voit d'un côté des motifs qui le poussent à accomplir son dessein ; il en voit de l'autre qui le détournent et l'éloignent d'une démarche incertaine et périlleuse : il reste donc en suspens, et dès-lors plus de gloire possible. La vertu en effet n'accomplit ses résolutions que de l'accord de toutes les facultés de l'âme ; elle n'a pas peur de ce qu'elle fait :

« Loin de céder à ces maux, ne marchez qu'avec plus de fermeté dans la route que vous permet la fortune ! »

Adieu l'audace, si vous voyez des maux devant vous. Bannissons cette idée de notre esprit, sans quoi le soupçon arrêtera notre essor ; il faudra que nous soyons poussés là où nous aurions dû courir.

Les stoïciens regardent généralement comme vrai l'argument de Zénon, et comme faux et captieux celui qu'on lui oppose. A Dieu ne plaise que je soumette la question aux règles de la dialectique, et que je m'engage dans les sinuosités de cet art souverainement ennuyeux ! On devrait, une fois pour toute, proscrire ce procédé perfide, à l'aide duquel on embrouille son antagoniste, et l'amène à des aveux tels qu'il répond tout autre chose que ce qu'il pense. Il faut y aller avec plus de simplicité dans la recherche de la vérité, et avec plus d'énergie contre la crainte. Si je voulais résoudre et éclaircir les difficultés entassées par nos adversaires, ce serait plutôt pour persuader que pour en imposer. Comment un général, prêt à marcher au combat,

tur? Do tibi Fabios, totum reipublicæ bellum in unam transferentes domum. Laconas tibi ostendo, in ipsis Thermopylarum angustiis positos : nec victoriam sperant, nec reditum; ille locus illis sepulcrum futurus est. Quemadmodum exhortaris, ut totius gentis ruinam objectis corporibus excipiant, et vita potius, quam loco, cedant? Dices? « Quod malum est, gloriosum non est; mors gloriosa est; mors ergo non malum. » O efficacem concionem! Quis post hanc dubitet se infestis ingerere mucronibus, et stans mori? At ille Leonidas quam fortiter illos allocutus est! « Sic, inquit, commilitones, prandete, tanquam apud inferos coenaturi! » Non in ore crevit cibus, non hæsit in faucibus, non elapsus est manibus; alacres illi et ad prandium promiserunt, et ad coenam. Quid? dux ille romanus, qui ad occupandum locum milites missos, quum per ingentem hostium exercitum ituri essent, sic allocutus est : « Ire, commilitones, illo necesse est, unde redire non est necesse. » Vides quam simplex et imperiosa virtus sit. Quem mortalium circumscriptiones vestræ fortiorem facere, quem erectiorem possunt? Frangunt animum, qui nunquam minus contrahendus est, et in minuta ac spinosa cogendus, quam quum aliquid grande componitur. Non trecentis, sed omnibus mortalibus mortis timor detrahi debet. Quomodo illos doces, malum non esse? quomodo opiniones totius ævi, quibus protinus infantia imbuitur,

exhortera-t-il des soldats qui vont mourir pour leurs femmes et leurs enfans? Je vous mets en présence des Fabius, faisant d'une guerre nationale une guerre de famille, ou bien des Spartiates engagés dans les gorges des Thermopyles, qui n'espèrent ni victoire ni retour, et n'ont que la perspective d'un tombeau. Comment les exhorterez-vous à s'immoler pour le salut de leur pays, à défendre leur poste au péril de leur vie? Leur direz-vous: « Un mal n'est pas glorieux; la mort est glorieuse; donc la mort n'est pas un mal. » Ce sera vraiment un discours bien efficace! Quel homme, après cela, hésitera à se précipiter sur les épées ennemies et à mourir sur la place? Au contraire, quelle énergie dans les paroles de Léonidas : « Camarades ! dînez comme des gens qui doivent souper aux enfers. » Les morceaux ne leur restèrent pas dans la bouche, ne s'arrêtèrent point au passage, ne leur tombèrent pas des mains : le dîner et le souper furent acceptés avec un égal empressement. Et ce général romain, qui envoyait ses soldats à travers une armée ennemie pour s'emparer d'une position, comment leur parlait-il? : « Il faut aller là, camarades, mais il n'est pas nécessaire d'en revenir. » Vous voyez combien le courage est simple, et quel est son empire. Mais vos sophismes, à quel homme donneront-ils de l'énergie, de l'enthousiasme? Ils paralysent l'âme, qui n'a jamais moins besoin d'être comprimée, d'être mise à l'étroit et à la gêne que lorsqu'il s'agit de quelque grand effort? Ce n'est pas à trois cents guerriers seulement, c'est à tous les mortels qu'il faut ôter la crainte de la mort? Comment leur apprendrez-vous qu'elle n'est point un mal? comment déracinerez-vous des opinions anciennes comme le monde, et dont nous fûmes imbus dès l'enfance! quel expédient imagi-

evinces? quod auxilium invenies? quid dices imbecillitati humanæ? quid dices, quo inflammati in media pericula irruant? Qua oratione hunc timendi consensum, quibus ingenii viribus, obnixam contra te persuasionem humani generis avertis? Verba mihi captiosa componis, et interrogatiunculas nectis? Magnis telis magna portenta feriuntur. Serpentem illam in Africa sævam, et romanis legionibus bello ipso terribiliorem, frustra sagittis fundisque petierunt; ne pilo quidem vulnerabilis erat, quum ingens magnitudo, pro vastitate corporis solida, ferrum, et quidquid humanæ torserant manus, rejiceret : molaribus demum fracta saxis est. Et adversus mortem tu tam minuta jacularis? subula leonem excipis? Acuta sunt ista quæ dicis : nihil est acutius arista. Quædam inutilia et inefficacia ipsa subtilitas reddit.

LXXXIII.

Deum inspicere hominum animos. — Amico suum vivendi modum describet. — Revertitur ad stoicorum argutias, præsertim de ebrietate.

SINGULOS dies tibi meos, et quidem totos, indicari jubes. Bene de me judicas, si nihil esse in illis putas, quod abscondam. Sic certe vivendum est, tanquam in conspectu vivamus; sic cogitandum, tanquam aliquis in pectus intimum inspicere possit. Et potest! Quid enim

nerez-vous? Comment parlerez-vous à la faiblesse humaine? Que lui direz-vous pour qu'elle s'élance avec ardeur au milieu des périls? Cette unanimité de crainte, cette résistance universelle du genre humain, par quelle harangue, par quel effort de génie en triompherez-vous? Je vous vois d'ici assembler des paroles captieuses, lier de misérables syllogismes. Il faut des armes puissantes pour frapper des monstres puissans. Ce serpent, qui désolait l'Afrique, et qui était plus redoutable aux légions romaines que la guerre même, en vain l'attaqua-t-on avec des flèches et des frondes; le javelot lui-même ne pouvait le blesser : dure en raison de la grosseur de son corps, sa vaste enveloppe repoussait également le fer et toute arme lancée par un bras humain; il fallut pour l'écraser des rochers entiers. Et contre la mort vous employez des armes aussi faibles? Vous attaquez un lion avec une alène? Ce que vous dites est subtil : mais la barbe d'un épi est subtile aussi. Il est des armes que leur subtilité même rend inutiles et inefficaces.

LXXXIII.

Dieu veille sur nos pensées. — Sénèque décrit à son ami sa manière de vivre. — Il revient sur les sophismes des stoïciens, notamment au sujet de l'ivresse.

Vous me demandez de vous rendre compte de l'emploi de mes journées, et même de tous mes instans. C'est avoir bien bonne opinion de moi, de croire qu'il ne s'y trouve rien que je voulusse cacher. Sans doute l'homme devrait toujours se conduire comme s'il avait des témoins; toujours penser comme si quelqu'un pouvait lire au fond

prodest ab homine aliquid esse secretum ? nihil Deo clusum est : interest animis nostris, et cogitationibus mediis intervenit. Sic, intervenit, dico ? tanquam aliquando discedat! Faciam ergo quod jubes, et, quid agam, et quo ordine, libenter tibi scribam. Observabo me protinus; et, quod est utilissimum, diem meum recognoscam. Hoc nos pessimos facit, quod nemo vitam suam respicit. Quid facturi simus, cogitamus, et id raro; quid fecerimus, non cogitamus : atqui consilium futuri ex præterito venit.

Hodiernus dies solidus est; nemo ex illo quidquam mihi eripuit; totus inter stratum lectionemque divisus est; minimum exercitationi corporis datum. Et hoc nomine ago gratias senectuti : non magno mihi constat; quum me movi, lassus sum : hic autem exercitationis, etiam fortissimis, finis est. Progymnastas meos quæris? unus mihi sufficit. Earinus, puer, ut scis, amabilis : sed mutabitur. Jam aliquem teneriorem quæro. Hic quidem ait, nos eamdem crisim habere, quia utrique dentes cadant; sed jam vix illum assequor currentem, et intra paucissimos dies non potero : vide quid exercitatio quotidiana proficiat. Cito magnum intervallum fit inter duos itinere diverso euntes : eodem tempore ille ascendit, ego descendo; nec ignoras, quanto ex his velocius alterum fiat. Mentitus sum : jam enim ætas nostra non descendit, sed cadit. Quomodo tamen

de son cœur; et c'est vraiment chose possible. Que sert-il en effet de se cacher des hommes? Il n'est rien de fermé pour Dieu; il est présent dans nos âmes; il intervient dans nos pensées. Je dis *intervient*, comme s'il s'en éloignait jamais! Vous serez satisfait, Lucilius; je vous rendrai compte volontiers de toutes mes actions, suivant leur ordre. Je vais donc me mettre à m'observer, et, pour plus de sûreté, je ferai le soir la revue de ma journée. Ce qui nous endurcit dans le mal, c'est de ne jamais ramener nos regards sur notre vie passée. On songe à ce qu'on fera, quoique rarement; on ne s'occupe nullement de ce qu'on a fait. Cependant c'est le passé qui doit conseiller l'avenir.

Ma journée d'aujourd'hui a été complète : personne ne m'en a rien dérobé; elle a été partagée tout entière entre le lit et la lecture; à peine ai-je donné quelques instans aux exercices corporels. Sous ce rapport, j'ai des obligations à la vieillesse : elle me coûte peu; le moindre mouvement me fatigue; ce qui arrive du reste aux vieillards même les plus robustes. Vous voulez savoir quels sont mes compagnons d'exercice? Un seul me suffit : c'est Earinus, mon jeune esclave, aimable garçon, comme vous le savez; mais je le changerai, il me faut quelqu'un de plus délicat. Il prétend que nous sommes l'un et l'autre dans la même crise, parce que les dents nous tombent à tous deux; mais déjà je ne puis qu'avec peine l'atteindre à la course, et dans peu je ne le pourrai plus du tout. Voyez quel est l'effet de l'exercice journalier. Une grande distance s'établit bientôt entre deux personnes qui suivent deux routes opposées; tandis que je descends, il monte, et vous comprenez combien l'un va plus vite que l'autre.

hodiernum certamen nobis cesserit, quæris? quod raro cursoribus evenit, hieran fecimus. Ab hac fatigatione magis, quam exercitatione, in frigidam descendi : hoc apud me vocatur parum calda. Ille tantus Psychrolutes, qui calendis januariis Euripum salutabam, qui anno novo, quemadmodum legere, scribere, dicere aliquid, sic auspicabar in virginem desilire, primum ad Tiberim transtuli castra, deinde ad hoc solium, quod, quum fortissimus sum, et omnia bona fide fiunt, sol temperat. Non multum mihi ad balneum superest. Panis deinde siccus, et sine mensa prandium, post quod non sunt lavandæ manus. Dormio minimum. Consuetudinem meam nosti : brevissimo somno utor, et quasi interjungo. Satis est mihi, vigilare desiisse; aliquando dormisse me nescio, aliquando suspicor.

Ecce circensium obstrepit clamor; subita aliqua et universa voce feriuntur aures meæ, nec cogitationem meam excutiunt, nec interrumpunt quidem. Fremitum patientissime fero; multæ voces, et in unum confusæ, pro fluctu mihi sunt aut vento silvam verberante, et ceteris sine intellectu sonantibus.

Quid ergo est, nunc cui animum adjecerim? Dicam. Superest ex hesterno mihi cogitatio, quid sibi voluerint prudentissimi viri, qui rerum maximarum probationes

Mais je me flatte ; à mon âge on ne descend plus, on décline. Vous êtes curieux de connaître le succès de notre course d'hier ? Nous avons été vainqueurs tous deux, ce qui arrive rarement aux coureurs. Après cet exercice, ou plutôt cette fatigue, je me suis mis dans l'eau froide : ainsi appelle-t-on chez moi l'eau à peine échauffée. Moi, baigneur à froid, qui, aux calendes de janvier, visitais l'Euripe, et qui, non content de lire, d'écrire, de discourir un peu, fêtais la nouvelle année en me plongeant dans l'eau vierge, je me suis d'abord rabattu sur le Tibre ; puis maintenant j'ai recours à mon bassin que le soleil réchauffe, lorsque je me sens en force, et que tout est en équilibre chez moi. Encore un pas, et je suis au régime des bains. Vient ensuite le pain sec, mon dîner sur le pouce ; repas qui m'épargne la peine de me laver les mains. Je dors très-peu : vous connaissez ma coutume ; je ne prends que de courts instans de sommeil que je suspends pour ainsi dire à volonté. Il me suffit de cesser de veiller : quelquefois je ne sais si j'ai dormi, d'autres fois je n'en ai qu'un sentiment confus.

Voici les clameurs du Cirque qui retentissent autour de moi ; mes oreilles sont subitement frappées d'une acclamation universelle ; pourtant mes pensées ne sont ni troublées ni interrompues dans leur cours. Je supporte très-patiemment le bruit ; une multitude de voix, qui se confondent en une seule, ne me font pas plus d'effet que les flots de la mer, que le vent qui fouette la forêt, ou que tout autre son inarticulé.

Vous me demandez quels objets ont occupé mon esprit ? Je vais vous le dire. J'en suis encore où j'en étais hier : je me demande quelle raison peuvent avoir eue des hommes pleins de sagesse, pour appuyer les vérités les

levissimas et perplexas fecerunt; quæ, ut sint veræ, mendacio tamen similes sunt. Vult nos ab ebrietate deterrere Zenon, vir maximus, hujus sectæ fortissimæ ac sanctissimæ conditor. Audi ergo quemadmodum colligat, virum bonum non futurum ebrium : « Ebrio secretum sermonem nemo committit; viro autem bono committit; ergo vir bonus ebrius non erit. » Quemadmodum opposita interrogatione simili derideatur, attende; satis enim est, unam ponere ex multis : Dormienti nemo secretum sermonem committit; viro bono autem committit; ergo vir bonus non dormit. Quo uno modo potest, Posidonius Zenonis nostri causam agit; sed ne sic quidem, ut existimo, agi potest. Ait enim, « ebrium duobus modis dici : altero, quum aliquis vino gravis est et impos sui; altero, si solet ebrius fieri, et huic obnoxius vitio est. Hunc a Zenone dici, qui soleat fieri ebrius, non qui sit : huic autem neminem commissurum arcana, quæ per vinum eloqui possit. » Quod est falsum. Prima enim illa interrogatio complectitur eum, qui est ebrius, non eum qui futurus est. Plurimum enim interesse concedes inter ebrium et ebriosum : potest et qui ebrius est, tunc primum esse, nec habere hoc vitium; et qui ebriosus est, sæpe extra ebrietatem esse. Itaque id intelligo, quod significari verbo isto solet; præsertim quum ab homine diligentiam professo ponatur et verba examinante. Adjice nunc, quod, si hoc intellexit Zenon,

plus importantes de preuves aussi futiles et aussi équivoques, de preuves qui, en supposant qu'elles soient vraies, ont toute l'apparence du mensonge. Zénon, ce grand homme, qui fonda la courageuse et respectable secte des stoïciens, veut nous détourner de l'ivresse. Écoutez comment il s'y prend pour établir que l'homme de bien ne doit pas s'enivrer. « On ne confie pas, dit-il, son secret à l'homme qui s'enivre ; on le confie à l'homme de bien ; donc l'homme de bien ne s'enivre pas. » Maintenant veuillez remarquer par quelles propositions du même genre on parodie celle-ci ; il suffit d'en citer une entre bien d'autres : « On ne confie pas un secret à un homme qui dort, on le confie à l'homme de bien ; donc l'homme de bien ne dormira pas. » Posidonius défend la cause de Zénon par le seul moyen qui puisse l'appuyer ; mais je ne crois pas qu'elle puisse l'être raisonnablement, même de cette façon. Il prétend que cette expression « l'homme qui s'enivre » a deux sens : l'un s'appliquant à l'homme pris de vin et privé de sa raison ; l'autre à celui qui a l'habitude de s'enivrer et qui est sujet à ce vice. « Zénon, ajoute-t-il, a voulu parler de celui qui a l'habitude d'être ivre, et non de celui qui l'est momentanément ; il a entendu qu'on ne confierait point son secret à celui que le vin peut faire parler. » Cette explication est fausse. En effet, le premier terme de la proposition a pour objet l'homme qui est ivre, non celui qui le sera. Or vous conviendrez qu'il y a une grande différence entre le mot *ivre* et le mot *ivrogne*. On peut être ivre sans être ivrogne, comme par exemple quand on l'est pour la première fois ; et de même un ivrogne peut, dans certains momens, ne pas être ivre. Je prends donc le mot dans sa signification habituelle ; d'autant plus qu'il est employé par un homme

et nos intelligere voluit, ambiguitate verbi quæsivit locum fraudi : quod faciendum non est, ubi veritas quæritur. Sed sane hoc senserit; quod sequitur, falsum est. ei, qui soleat ebrius fieri, non committi sermonem secretum. Cogita enim, quam multis militibus, non semper sobriis, et imperator, et tribunus, et centurio, tacenda mandaverit. De illa C. Cæsaris cæde (illius dico, qui superato Pompeio rempublicam tenuit) tam creditum est Tillio Cimbro, quam C. Cassio : Cassius tota vita aquam bibit; Tillius Cimber et nimius erat in vino, et scordalus. In hanc rem jocatus est ipse : « Ego, inquit, quemquam feram, qui vinum ferre non possum? » Sibi quisque nunc nominet eos, quibus scit et vinum male credi, et sermonem bene ; unum tamen exemplum, quod occurrit mihi, referam, ne intercidat : instruenda est enim vita exemplis illustribus ; non semper confugiamus ad vetera. L. Piso, Urbis custos, ebrius, ex quo semel factus est, fuit : majorem partem noctis in convivio exigebat; usque in horam sextam fere dormiebat : hoc ejus erat matutinum. Officium tamen suum, quo tutela urbis continebatur, diligentissime administravit. Huic et divus Augustus dedit secreta mandata, quum illum præponeret Thraciæ, quam perdomuit; et Tiberius, proficiscens in Campaniam, quum multa in Urbe et suspecta relinqueret et invisa. Puto, quia illi bene cesserat Pisonis ebrietas, postea Cossum fecit Urbis præ-

qui faisait profession d'exactitude et qui pesait tous ses mots. Ajoutez que Zénon, s'il avait entendu et voulu nous faire entendre ce que soutient Posidonius, aurait cherché à nous tromper par l'ambiguité de son expression ; chose qu'on doit s'interdire quand on cherche la vérité. Mais que Zénon ait eu ce sens en vue ou non, la suite de la proposition est également erronnée quand elle dit qu'on ne confie pas son secret à l'homme qui a l'habitude de s'enivrer. Examinez, en effet, à combien de soldats, gens fort peu sobres de leur nature, des généraux, des tribuns et des centurions ont confié des ordres secrets. Lors de l'assassinat de César (je parle de celui qui, après la défaite de Pompée, fut à la tête de la république), on ne montra pas moins de confiance à Tillius Cimber qu'à C. Cassius ; or Cassius avait bu de l'eau toute sa vie, et Cimber se distinguait par son amour pour le vin et son intempérance de langue. A ce sujet, il disait de lui-même en plaisantant : « Quoi ! je supporterais un maître, moi qui ne puis supporter le vin ! » Maintenant, combien de gens chacun de nous pourrait-il nommer à qui il y aurait du danger à confier son vin, mais non son secret ? Quoi qu'il en soit, j'en veux citer un exemple qui me revient, de peur qu'il ne tombe dans l'oubli : car il est bon d'approvisionner sa vie d'exemples illustres ; puis il ne faut pas toujours puiser dans l'antiquité. Lucius Pison, gouverneur de Rome, ne cessa pas d'être ivre à partir de son entrée en fonctions ; il passait à table la plus grande partie de la nuit, et dormait à peu près jusqu'à la sixième heure, époque où commençait sa matinée. Cependant il remplissait avec une parfaite exactitude les devoirs de sa place, qui avaient pour objet la sûreté de la ville. Auguste le chargea même d'ordres se-

fectum, virum gravem, moderatum, sed mersum vino et madentem; adeo ut ex senatu aliquando, in quem e convivio venerat, oppressus inexcitabili somno, tolleretur. Huic tamen Tiberius multa sua manu scripsit, quæ committenda ne ministris quidem suis judicabat. Nullum Cosso aut privatum secretum, aut publicum elapsum est.

Itaque declamationes istas de medio removeamus : « Non est animus in sua potestate, ebrietate devinctus : quemadmodum musto dolia ipsa rumpuntur, et omne quod in imo jacet, in summam partem vis caloris ejectat; sic vino exæstuante, quidquid in imo jacet abditum, effertur, et prodit in medium : onerati mero quemadmodum non continent cibum, vino redundante, ita ne secretum quidem; quod suum alienumque est, pariter effundunt. » — Sed quamvis hoc soleat accidere, ita et illud solet, ut cum his, quos sciamus libentius bibere, de rebus necessariis deliberemus. Falsum est ergo hoc, quod patrocinii loco ponitur, ei qui soleat ebrius fieri, non dari tacitum.

Quanto satius est, aperte accusare ebrietatem, et

crets, quand il lui donna le gouvernement de la Thrace dont il venait de faire la conquête. Tibère fit de même : comme, à son départ pour la Campanie, il laissait derrière lui beaucoup de gens qui lui étaient odieux et suspects, ce prince, qui s'était bien trouvé de l'ivresse de Pison, lui donna pour successeur, dans le commandement de la ville, Cossus, homme de poids et de sens ; mais tellement plongé dans le vin, que souvent on l'emportait endormi, du sénat où il s'était rendu en sortant de table. Cependant Tibère écrivit souvent de sa propre main à cet homme des choses qu'il ne jugeait pas à propos de confier même à ses ministres ; et Cossus ne laissa échapper aucun secret qui touchât à des intérêts publics ou privés.

Écartons donc les déclamations comme celles-ci : « Une âme enchaînée par l'ivresse n'est pas maîtresse d'elle-même ; de même que le vin nouveau fait éclater les tonneaux, et, par son effervescence, fait incessamment monter à la surface le liquide qui est au fond ; ainsi les bouillonnemens de l'ivresse font sortir et paraître au grand jour tout ce qui est caché au fond de l'âme. L'homme pris de vin n'est pas plus maître de garder un secret que de garder des alimens chassés par le vin ; qu'il s'agisse de lui ou des autres, même effusion de discours. » — Quelque communs que soient ces accidens, il n'en est pas moins ordinaire que nous causions de nos affaires les plus importantes avec des gens que nous savons adonnés au vin. Le raisonnement employé pour la défense de Zénon est donc faux, quand il nous dit qu'on ne confie point ses secrets à un homme qui a l'habitude de s'enivrer.

Combien ne vaut-il pas mieux attaquer de front

vitia ejus exponere? quæ etiam tolerabilis homo vitaverit, nedum perfectus ac sapiens, cui satis est sitim exstinguere; qui, etiam si quando hortata est hilaritas, aliena causa producta longius, tamen citra ebrietatem resistit. Nam de illo videbimus, an sapientis animus nimio vino turbetur, et faciat ebriis solita. Interim, si hoc colligere vis, « virum bonum non debere ebrium fieri, » cur syllogismis agis? Dic, quam turpe sit, plus sibi ingerere quam capiat, et stomachi sui non nosse mensuram; quam multa ebrii faciant, quibus sobrii erubescant; nihil aliud esse ebrietatem, quam voluntariam insaniam. Extende in plures dies illum ebrii habitum, numquid de furore dubitabis? nunc quoque non est minor, sed brevior. Refer Alexandri Macedonis exemplum, qui Clitum, carissimum sibi ac fidelissimum, inter epulas transfodit; et intellecto facinore, mori voluit, certe meruit. Omne vitium ebrietas et incendit, et detegit; obstantem malis conatibus verecundiam removet. Plures enim pudore peccandi, quam bona voluntate, prohibitis abstinent. Ubi possedit animum nimia vis vini, quidquid mali latebat, emergit. Non facit ebrietas vitia, sed protrahit : tunc libidinosus ne cubiculum quidem exspectat, sed cupiditatibus suis, quantum petierint, sine dilatione permittit; tunc impudicus morbum confitetur ac publicat; tunc petulans non linguam, non manum continet. Crescit insolenti superbia, crude-

l'ivresse et lui présenter le tableau de ses désordres! Pour éviter ce vice, il n'est besoin ni d'être parfait, ni d'être sage, il suffit d'être un homme passable : car au sage, il suffit d'étancher sa soif; et si quelquefois, par des circonstances étrangères à sa volonté, sa gaîté a été excitée et poussée trop loin, il sait toujours s'arrêter en deçà de l'ivresse. Nous examinerons plus tard si l'excès du vin peut troubler la raison du sage, et le jeter dans les écarts ordinaires aux gens ivres. En attendant, si vous voulez prouver que l'homme de bien ne doit pas s'enivrer, qu'est-il besoin de procéder par syllogismes? Représentez combien il est honteux de prendre plus qu'on ne peut contenir, et de ne pas connaître la mesure de son estomac! Combien de choses on fait dans l'ivresse dont on rougit à jeun! dites que l'ivresse est une démence volontaire; que l'état d'un homme ivre, prolongé plusieurs jours, n'a plus rien qui le distingue de la folie; et que cette folie, pour avoir eu moins de durée, n'en est pas moins réelle. Rappelez l'exemple d'Alexandre qui, au milieu d'une orgie, perça le sein de Clitus, le plus cher, le plus fidèle de ses amis, et qui, après avoir reconnu son crime, voulut mourir, et, certes, c'eût été un acte de justice. L'ivresse exalte et met au jour tous les vices; elle écarte la honte qui est le principal obstacle aux tentatives criminelles. En effet plus de gens s'abstiennent du mal par la honte du péché, que par amour de la vertu. Quand la violence du vin a pris le dessus dans notre âme, elle en fait sortir tout ce qu'elle recélait de mauvaises passions. L'ivresse ne crée pas les vices, elle les fait éclater; alors le libertin n'attend pas qu'il soit dans sa chambre à coucher, mais il accorde sans délai à ses désirs tout ce qu'ils lui demandent; alors l'impudique

litas sævo, malignitas livido; omne vitium laxatur et prodit. Adjice illam ignorationem sui; dubia et parum explanata verba; incertos oculos; gradum errantem; vertiginem capitis; tecta ipsa mobilia, velut aliquo turbine circumagente totam domum; stomachi tormenta, quum effervescit merum, ac viscera ipsa distendit. Tunc tamen utcumque tolerabile est, dum illi vis sua est : quid, quum somno vitiatur, et quæ ebrietas fuit, cruditas facta est?

Cogita, quas clades ediderit publica ebrietas. Hæc acerrimas gentes bellicosasque hostibus tradidit; hæc multorum annorum pertinaci bello defensa mœnia patefecit; hæc contumacissimos, et jugum recusantes, in alienum egit arbitrium; hæc invictos acie mero domuit.

Alexandrum, cujus modo feci mentionem, tot itinera, tot prœlia, tot hiemes, per quas, victa temporum locorumque difficultate, transierat, tot flumina ex ignoto cadentia, tot maria, tutum dimiserunt; intemperantia bibendi, et ille Herculaneus ac fatalis scyphus condidit. Quæ gloria est, capere multum? Quum penes te palma fuerit, et propinationes tuas strati somno ac vomitantes recusaverint; quum superstes toti convivio fueris; quum omnes viceris virtute magnifica, et nemo tam vini capax

découvre et publie hautement sa maladie; alors l'homme violent ne retient ni sa langue ni sa main. On voit alors l'orgueil croître chez le glorieux, la cruauté chez le méchant, la méchanceté chez l'envieux; toute espèce de vice se met à l'aise et se montre à nu. Ajoutez-y l'oubli de soi; la parole incertaine et mal articulée; les yeux égarés; la démarche vacillante; les vertiges; les plafonds qui tournent comme si un tourbillon emportait la maison; les tortures de l'estomac au moment où le vin fermente et distend les viscères. Cependant tout cela est supportable tant que le corps résiste : mais que sera-ce si un sommeil fatal change l'ivresse en indigestion?

Rappelez-vous combien de désastres a produits l'ivrognerie devenue générale. C'est elle qui souvent a livré à leurs ennemis les populations les plus énergiques et les plus belliqueuses; c'est elle qui a ouvert les portes de plus d'une ville qu'un courage opiniâtre avait défendues pendant des années; c'est elle qui a fait subir le joug étranger aux peuples les plus indépendans et les plus ennemis de la servitude; c'est elle qui, par le vin, a dompté des peuples invincibles dans les combats.

Alexandre, dont je parlais tout-à-l'heure, qui résista à tant de marches, à tant de combats, à tant d'hivers, durant lesquels, surmontant la rigueur des saisons et la difficulté des lieux, il traversa tant de mers, et tant de fleuves aux sources inconnues; eh bien! il dut sa mort à son intempérance, à cette fatale coupe d'Hercule. La belle gloire, en effet, de contenir beaucoup de vin! Quand vous aurez gagné la palme, et que vos compagnons de table, ceux-ci plongés dans le sommeil, ceux-là, vomissant, auront refusé vos défis; lorsque seul vous serez resté debout; lorsque vous l'aurez emporté sur tous les autres

fuerit; vinceris a dolio. M. Antonium, magnum virum et ingenii nobilis, quæ alia res perdidit, et in externos mores ac vitia non romana transjecit, quam ebrietas, nec minor vino Cleopatræ amor? Hæc illum res hostem reipublicæ, hæc hostibus suis imparem reddidit; hæc crudelem fecit, quum capita principum civitatis cœnanti referrentur; quum inter apparatissimas epulas luxusque regales ora ac manus proscriptorum recognosceret; quum vino gravis, sitiret tamen sanguinem. Intolerabile erat, quod ebrius fiebat; quanto intolerabilius, quod hæc in ipsa ebrietate faciebat? Fere vinolentiam crudelitas sequitur : violatur enim exasperaturque sanitas mentis. Quemadmodum difficiles faciunt oculos diutini morbi, etiam ad minimam radii solis offensionem; ita ebrietates continuæ efferant animos. Nam quum sæpe apud se non sint, consuetudine insaniæ durata vitia, vino concepta, etiam sine illo valent.

Dic ergo, quare sapiens non debeat ebrius fieri; deformitatem rei et importunitatem ostende rebus, non verbis; quod facillimum est. Proba, istas quæ voluptates vocantur, ubi transcenderint modum, pœnas esse. Nam, si illud argumentaberis, sapientem multo vino ine-

par le mérite sublime de tenir le plus de vin; un tonneau, à son tour, l'emportera sur vous. Savez-vous ce qui perdit Marc-Antoine, grand homme certes et distingué par son esprit? savez-vous ce qui le porta à adopter les coutumes étrangères, et avec elles des vices indignes des Romains? Ce fut l'ivrognerie, et sa passion non moins forte pour Cléopâtre. C'est l'ivrognerie qui le rendit l'ennemi de la république; par elle il succomba à ses ennemis; par elle il devint cet homme cruel qui se faisait apporter à souper les têtes des principaux citoyens de la république; qui prenait plaisir, au milieu des repas les plus somptueux et d'une magnificence toute royale, à reconnaître les figures et les mains de ceux qu'il avait proscrits, et qui, soûl de vin, avait encore soif de sang! S'il était intolérable qu'un tel personnage devînt ivre, combien plus intolérable encore n'était pas sa conduite pendant l'ivresse; la cruauté suit presque toujours l'abus du vin : il porte le désordre dans l'âme; il l'aigrit. Les yeux, après une longue maladie, deviennent sensibles au point de ne pouvoir supporter le moindre rayon de soleil; de même la continuité de l'ivresse produit une extrême irascibilité chez l'homme. L'âme étant souvent hors d'elle-même, il arrive que ses vices, fortifiés par l'habitude, n'ont plus besoin, pour subsister, du vin qui les a engendrés.

Exposez donc nettement les raisons pour lesquelles le sage ne doit point s'enivrer; montrez la laideur et les dangers de ce vice par des faits plutôt que par des mots; et c'est chose très-facile. Prouvez que les plaisirs, ceux du moins que vante le monde, deviennent de véritables peines quand ils sortent des bornes. Car si vous allez éta-

briari, et retinere rectum tenorem, etiam si temulentus sit; licet colligas, nec veneno poto moriturum, nec sopore sumpto dormiturum, nec elleboro accepto, quidquid in visceribus hærebit, ejecturum dejecturumque. Sed, si tentantur pedes, lingua non constat; quid est, quare illum existimes in parte sobrium esse, in parte ebrium?

LXXXIV.

Alternis legendum et scribendum; quis fructus e lectione sit colligendus.

ITINERA ista, quæ segnitiem mihi excutiunt, et valetudini meæ prodesse judico et studiis. Quare valetudinem adjuvent, vides : quum pigrum me et negligentem corporis litterarum amor faciat, aliena opera exerceo. Studio quare prosint, indicabo. A lectionibus non recessi. Sunt autem, ut existimo, necessariæ; primum, ne sim me uno contentus; deinde, ut, quum ab aliis quæsita cognovero, tum et de inventis judicem, et cogitem de inveniendis. Alit lectio ingenium, et studio fatigatum, non sine studio tamen reficit. Nec scribere tantum, nec tantum legere debemus : altera res contristabit, et vires exhauriet; de stilo dico; altera solvet ac diluet. Invicem hoc et illo commeandum est, et alterum altero tempe-

blir, par des raisonnemens, que le sage peut être enivré par l'excès du vin, mais qu'il conservera toujours sa raison malgré l'état d'ivresse, vous pourrez, de la même manière, soutenir que le poison ne le fera pas mourir; qu'un narcotique ne l'endormira pas; que l'ellébore ne lui fera pas rendre, par en haut et par en bas, tout ce qu'il aura dans son estomac. Mais si les jambes vacillent, si la langue balbutie, quel motif avez-vous de supposer qu'il soit ivre dans une partie de son être, et ne le soit pas dans l'autre ?

LXXXIV.

Il est bon de lire et d'écrire alternativement. Quel fruit on peut retirer de la lecture.

Je m'aperçois que mes excursions, tout en secouant ma paresse, sont utiles à ma santé et à mes études. Pourquoi elles profitent à ma santé, vous le devinez : comme l'amour des lettres m'a rendu paresseux et insouciant pour mon corps, elles me font prendre de l'exercice sans que j'y mette du mien. Comment elles favorisent mes études, le voici : elles ne me privent pas de mes lectures. Or, pour moi, les lectures sont de première nécessité : d'abord parce qu'elles me préservent d'être content de moi seul ; ensuite parce qu'en me mettant au fait des recherches des autres, elles me permettent de constater les découvertes déjà faites, et celles qui restent à faire. La lecture, d'ailleurs, alimente l'esprit et le délasse de l'étude, non toutefois sans quelqu'étude. Il ne faut pas plus se borner à écrire qu'il ne faut se borner à lire; car la première chose fatigue et épuise l'esprit, je

randum; ut, quidquid lectione collectum est, stilus redigat in corpus. Apes, ut aiunt, debemus imitari; quæ vagantur, et flores ad mel faciendum idoneos carpunt; deinde, quidquid attulere, disponunt ac per favos digerunt; et, ut Virgilius noster ait,

>. . . . . Liquentia mella
> Stipant, et dulci distendunt nectare cellas.

De illis non satis constat, utrum succum ex floribus ducant, qui protinus mel sit; an, quæ collegerunt, in hunc saporem mixtura quadam et proprietate spiritus sui mutent. Quibusdam enim placet, non faciendi mellis scientiam esse illis, sed colligendi. Aiunt inveniri apud Indos mel in arundinum foliis, quod aut ros illius cœli, aut ipsius arundinis humor dulcis et pinguior gignat; in nostris quoque herbis vim eamdem, sed minus manifestam et notabilem poni, quam prosequatur et contrahat animal huic rei genitum. Quidam existimant, conditura et dispositione in hanc qualitatem verti, quæ ex tenerrimis virentium florentiumque decerpserint : non sine quodam, ut ita dicam, fermento, quo in unum diversa coalescunt.

Sed, ne ad aliud, quam de quo agitur, abducar, nos quoque apes debemus imitari; et, quæcumque ex diversa lectione congessimus, separare : melius enim distincta

parle de la composition; la seconde l'énerve et le relâche. Il faut que ces deux exercices se relaient, servent de correctif l'un à l'autre : ce que la lecture a recueilli, la composition doit le mettre en œuvre. Nous devons imiter ce qu'on raconte des abeilles, qui, dans leurs excursions, sucent les fleurs propres à faire le miel, et qui ensuite disposent et arrangent en rayons tout le butin qu'elles ont ramassé. A ce propos, Virgile a dit :

« Elles distillent un miel pur, et de ce doux nectar remplissent les alvéoles. »

Il n'est pas encore décidé si le suc qu'elles tirent des fleurs devient aussitôt miel, ou bien s'il n'acquiert cette saveur que par quelque mélange et par l'effet de leur haleine. Quelques-uns prétendent qu'elles ne possèdent pas la faculté de faire le miel, mais seulement de le recueillir. Ils se fondent sur ce qu'on trouve chez les Indiens, sur les feuilles des roseaux, un miel produit, soit par la rosée de ce climat, soit par une sécrétion douce et grasse de la plante même; ils induisent de là que nos plantes peuvent avoir la même vertu, quoique à un degré moins éminent et moins sensible, et qu'ainsi l'insecte, à ce destiné par la nature, n'aurait qu'à recueillir et à sucer. D'autres pensent qu'il faut une préparation et une sorte d'assaisonnement pour opérer la transformation des molécules qu'elles ont extraites des fleurs et des végétaux les plus délicats; indépendamment de l'espèce de levain dont la fermentation lie tant d'élémens divers.

Mais, pour ne pas me laisser entraîner hors de mon sujet, je répète que nous devons imiter les abeilles, et séparer les résultats de nos différentes lectures : ce

servantur : deinde, adhibita ingenii nostri cura et facultate, in unum saporem varia illa libamenta confundere; ut, etiam si apparuerit, unde sumptum sit, aliud tamen esse, quam unde sumptum est, appareat : quod in corpore nostro videmus sine ulla opera nostra facere naturam. Alimenta, quæ accepimus, quamdiu in sua qualitate perdurant et solida innatant stomacho, onera sunt; at quum ex eo, quod erant, mutata sunt, tunc demum in vires et in sanguinem transeunt. Idem in his, quibus aluntur ingenia, præstemus; ut, quæcumque hausimus, non patiamur integra esse, nec aliena. Concoquamus illa : alioqui in memoriam ibunt, non in ingenium Assentiamus illis fideliter, et nostra faciamus, ut unum quiddam fiat ex multis; sicut unus numerus fit ex singulis, quum minores summas et dissidentes computatio una comprehendit. Hoc faciat animus noster : omnia, quibus est adjutus, abscondat; ipsum tantum ostendat, quod effecit. Etiam si cujus in te comparebit similitudo, quem admiratio tibi altius fixerit; similem esse te volo quomodo filium, non quomodo imaginem : imago res mortua est.

Quid ergo? non intelligetur, cujus imiteris orationem? cujus argumentationem? cujus sententias? — Puto aliquando ne intelligi quidem posse; si magni viri ingenium omnibus, quæ ex quo voluit exemplari adstruxit, formam suam impressit, ut in unitatem illa competant.

procédé aide singulièrement la mémoire ; ensuite, autant que notre attention et notre capacité le permettent, il faut, à tous ces élémens divers, donner un même goût, afin que, dans nos emprunts même, on reconnaisse pourtant autre chose que des emprunts. C'est ce que fait tous les jours la nature dans notre corps, sans que nous nous en mêlions. Aussi long-temps que les alimens que nous avons pris conservent leur qualité, et nagent dans l'estomac à l'état solide, ils nous pèsent : mais après qu'ils se sont décomposés, ils passent dans le sang, et accroissent nos forces. Suivons le même procédé pour les alimens de l'esprit, faisons en sorte que tous ceux que nous avons pris, se dissolvent et ne nous soient plus étrangers. Digérons-les, sans quoi ils profiteront à notre mémoire, mais non à notre esprit : sachons-nous identifier avec eux, nous les approprier, afin que tant de parties diverses se fondent en un corps unique. Ainsi le calcul, en rassemblant plusieurs sommes inégales et différentes, arrive à en faire une somme totale. Que notre esprit observe cette marche : qu'il cache tous ses emprunts pour ne laisser voir que ce qu'il en a fait. Quand même on trouverait chez vous une ressemblance que vous aurait empreinte l'admiration pour votre modèle, ce doit être la ressemblance d'un père avec son fils, et non un portrait, car un portrait est sans vie.

Mais ne reconnaîtra-t-on pas, tout d'abord, de qui vous imitez le style, le raisonnement, les pensées ? — Je crois la chose tout-à-fait impossible, si c'est un grand homme qui imite, et qu'il mette en œuvre ses matériaux, de telle façon qu'il leur imprime son cachet et les amène à former une unité. Ne voyez-vous pas de combien de voix

Non vides, quam multorum vocibus chorus constet? unus tamen ex omnibus sonus redditur; aliqua illic acuta est, aliqua gravis, aliqua media; accedunt viris feminæ, interponuntur tibiæ; singulorum illic latent voces, omnium apparent. De choro dico, quem veteres philosophi noverant. In commissionibus nostris plus cantorum est, quam in theatris olim spectatorum fuit : quum omnes vias ordo canentium implevit, et cavea æneatoribus cincta est, et ex pulpito omne tibiarum genus organorumque consonuit, fit concentus ex dissonis. Talem animum esse nostrum volo, ut multæ in illo artes, multa præcepta sint, multarum ætatum exempla, sed in unum conspirata.

Quomodo, inquis, hoc effici poterit?—Assidua intentione; si nihil egerimus, nisi ratione suadente. Hanc si audire volueris, dicet tibi : «Relinque ista jamdudum, ad quæ discurritur! relinque divitias, aut periculum possidentium, aut onus! relinque corporis atque animi voluptates! molliunt et enervant : relinque ambitum! tumida res est, vana, ventosa; nullum habet terminum; tam sollicita est ne quem ante se videat, quam ne post se alium; laborat invidia, et quidem duplici : vides autem, quam miser sit, si is, cui invidetur, invidet. Intueris illas potentium domos, illa tumultuosa rixa salutantium limina? multum habent contumeliarum, ut intres; plus,

différentes un chœur est composé ? Cependant, de tant de sons divers, il n'en résulte qu'un seul : il y a des voix aiguës, il y en a de graves, il y en a de moyennes ; aux accens des hommes et des femmes se mêlent ceux de la flûte : quoiqu'on ne saisisse aucun effet en particulier, il n'en est pourtant pas un seul qui soit perdu. Je parle des chants tels que les anciens philosophes les ont connus ; car, dans nos concerts d'aujourd'hui, il y a plus de chanteurs qu'il n'y avait autrefois de spectateurs dans les théâtres. Et cependant, quoique le parquet soit encombré par les chanteurs, l'amphithéâtre bordé de trompettes, et l'avant-scène remplie du bruit des flûtes et des instrumens de tous genres, tous ces sons se fondent en un accord général. Tels je veux que soient nos esprits : que des connaissances et des préceptes de toute espèce, que des exemples de tous les âges y prennent place, mais pour tendre à un seul et même but.

Comment y parvenir ? dites-vous. — Par une attention continuelle, en ne faisant rien que d'après les conseils de la raison. Si vous voulez lui prêter l'oreille, elle vous dira : « Laissez-là tous les objets après lesquels on court ! laissez-là les richesses, qui sont un danger ou un fardeau pour ceux qui les possèdent ! laissez-là les voluptés du corps et de l'âme ! elles énervent et amollissent ; laissez-là l'ambition toute gonflée de vent et de fumée ! elle ne connaît point de bornes ; elle a également peur de ceux qui sont devant et derrière elle ; elle est tourmentée par l'envie, par les deux sortes d'envie : et vous savez combien l'homme est à plaindre d'être à la fois envié et envieux. Vous voyez ces palais des grands, ces antichambres où se pressent des flots de courtisans rivaux ? Combien d'affronts pour y entrer ! combien d'autres à subir quand on y est

quum intraveris. Præteri istos gradus divitum et magno aggestu suspensa vestibula : non in prærupto tantum istic stabis, sed in lubrico. Huc potius te, ad sapientiam, dirige; tranquillissimasque res ejus, et simul amplissimas, pete! Quæcumque videntur eminere in rebus humanis, quamvis pusilla sint, et comparatione humillimorum exstent, per difficiles tamen et arduos tramites adeuntur. Confragosa in fastigium dignitatis via est. At si conscendere hunc verticem libet, cui se fortuna submisit; omnia quidem sub te, quæ pro excelsissimis habentur, aspicies, sed tamen venies ad summa per planum. »

LXXXV.

Ne moderatos quidem affectus in sapiente tolerandos.

Peperceram tibi, et quidquid nodosi adhuc supererat, præterieram, contentus quasi gustum tibi dare eorum, quæ a nostris dicuntur, ut probetur « virtus ad explendam beatam vitam sola satis efficax. » Jubes me, quidquid est interrogationum aut nostrarum, aut ad traductionem nostram excogitatarum, comprendere : quod si facere voluero, non erit epistola, sed liber. Illud toties testor, hoc me argumentorum genere non delectari. Pudet in aciem descendere, pro diis hominibusque susceptam, subula armatum.

entré! Franchissez ces degrés qui vous séparent de la richesse, parvenez à ces vestibules soutenus par d'énormes terrasses, le sol où vous vous trouverez ne sera pas seulement élevé, il sera glissant aussi. Ah! dirigez-vous plutôt du côté de la sagesse; recherchez plutôt ses biens tranquilles et inépuisables. Tout ce qui paraît s'élever au dessus des choses humaines, quoique chétif, et n'ayant qu'une grandeur relative, ne laisse pas d'être d'un accès pénible et difficile. On ne s'élève aux honneurs que par un sentier escarpé. Mais si vous voulez vous transporter dans cette sublime région d'où l'on domine la fortune, vous verrez au dessous de vous tout ce qu'on regarde comme haut placé; et cependant c'est par un chemin uni que vous serez arrivé à un point aussi élevé. »

LXXXV.

Les passions même les plus modérées sont interdites au sage.

Je vous avais ménagé, j'avais écarté tout ce qu'il restait de difficultés réelles, me contentant de vous donner un avant-goût des preuves employées par nos stoïciens, pour établir « que la vertu seule est capable de compléter le bonheur de la vie. » Vous voulez maintenant que je rassemble tous les argumens imaginés pour ou contre notre opinion; vous obéir, ce ne serait plus faire une lettre, ce serait faire un livre. Puis, n'ai-je pas protesté cent fois que je n'aimais pas cette façon d'argumenter? Je rougis de me présenter, armé d'une alène, dans un combat qui intéresse les hommes et les dieux.

« Qui prudens est, et temperans est ; qui temperans est, et constans ; qui constans est, et imperturbatus est ; qui imperturbatus est, sine tristitia est ; qui sine tristitia est, beatus est : ergo prudens beatus est, et prudentia ad beatam vitam satis est. » Huic collectioni hoc modo peripateticorum quidam respondent, ut imperturbatum, et constantem, et sine tristitia, sic interpretentur, tanquam *imperturbatus* dicatur, qui raro perturbatur et modice, non qui nunquam : item *sine tristitia* eum dici aiunt, qui non est obnoxius tristitiæ, nec frequens nimiusve in hoc vitio : illud enim humanam naturam negare, alicujus animum immunem esse tristitia ; sapientem non vinci mœrore, ceterum tangi ; et cetera in hunc modum, sectæ suæ respondentia. Non hi tollunt affectus, sed temperant.

Quantulum autem sapienti damus, si imbecillissimis fortior est, et mœstissimis lætior, et effrenatissimis moderatior, et humillimis major ? Quid ? si miretur velocitatem suam laudans, ad claudos debilesque respiciens ?

> Illa vel intactæ segetis per summa volaret
> Gramina, nec cursu teneras læsisset aristas ;
> Vel mare per medium, fluctu suspensa tumenti,
> Ferret iter, celeres nec tingeret æquore plantas.

Hæc est pernicitas per se æstimata ; non quæ tardissimorum collatione laudatur. Quid, si sanum voces leviter febricitantem ? non est bona valetudo mediocritas morbi.

« L'homme prudent est tempérant ; aussi l'homme tempérant est constant ; l'homme constant est imperturbable ; l'homme imperturbable est exempt de tristesse ; l'homme exempt de tristesse est heureux ; donc l'homme prudent est heureux, et la prudence suffit pour donner le bonheur. » Il y a des péripatéticiens qui répondent à ce sorite en définissant ainsi les mots constant, imperturbable et exempt de tristesse : *imperturbable*, disent-ils, s'applique à l'homme qui n'est troublé que rarement ou modérément ; *exempt de tristesse*, à celui qui n'est pas sujet à la tristesse, qui ne s'y livre ni fréquemment ni avec excès : car prétendre qu'il y ait des âmes inaccessibles à la tristesse, ce serait nier la nature humaine ; mais si le sage peut être atteint par le chagrin, jamais il n'est vaincu par lui ; et ainsi de suite des autres affections, toujours les expliquant selon l'esprit de leur secte. Vous le voyez, ils n'excluent pas les passions, mais les atténuent.

C'est accorder bien peu au sage que de le représenter comme plus fort que les plus faibles, plus content que les plus affligés, plus modéré que les plus fougueux, plus grand que les plus petits. Quoi ! si l'on veut vanter son agilité, la louera-t-on relativement à des boiteux et à des infirmes ? Quand Virgile dit :

« Elle eût volé dans la plaine sans effleurer la tête des moissons, sans blesser de sa course les plus tendres épis : à travers l'Océan, suspendue au dessus de la vague bondissante, elle eût franchi l'espace sans mouiller la pointe de son pied léger. »

Voilà l'agilité appréciée par elle-même, et non par comparaison avec ce qu'il y a de plus pesant. Appellerez-vous bien portant un homme qui a un peu de fièvre ? comme si une maladie légère était la bonne santé !

Sic, inquit, sapiens *imperturbatus* dicitur, quomodo *apyrina* dicuntur, non quibus nulla inest duritia granorum, sed quibus minor. — Falsum est. Non enim deminutionem malorum in bono viro intelligo, sed vacationem : nulla debent esse; non parva : nam si ulla sunt, crescent, et interim impedient. Quomodo oculos major et perfecta suffusio excæcat, sic modica turbat. Si das aliquos affectus sapienti, impar illis erit ratio, et velut torrente quodam auferetur; præsertim quum illi non unum affectum, sed universum affectuum cœtum relinquis, cum quo colluctetur. Sed omnis plus potest quamvis mediocrium turba, quam posset unius magni violentia. Habet pecuniæ cupiditatem, sed modicam; habet ambitionem, sed non concitatam; habet iracundiam, sed placabilem; habet inconstantiam, sed minus vagam ac mobilem; habet libidinem, sed non insanam. Melius cum illo ageretur, qui unum vitium integrum haberet, quam cum eo, qui leviora quidem, sed omnia. Deinde nihil interest, quam magnus sit affectus; quantuscumque est, parere nescit, consilium non accipit. Quemadmodum rationi nullum animal obtemperat, non ferum, non domesticum et mite (natura enim illorum est surda suadenti) : sic non sequuntur, non audiunt affectus, quantulicumque sint. Tigres, leonesque nunquam feritatem exuunt, aliquando submittunt; et, quum minime exspectaveris, exasperatur torvitas mitigata : nunquam bona

« Nous disons du sage, ajoutent-ils, qu'il est *imperturbable*, comme nous appelons *apyrina* (sans noyaux) certains fruits, non parce qu'ils ne contiennent point de parties ligneuses, mais parce qu'ils en ont moins que les autres. » — Erreur! ce n'est pas la diminution, c'est l'absence des vices qui constitue l'homme vertueux ; ce qu'il faut, ce n'est pas qu'il n'ait que de légers défauts, mais qu'il n'en ait pas du tout : car, s'il en a, ils grandiront, et, en attendant, ils seront autant d'obstacles à la perfection. Si une cataracte rend aveugle, une simple fluxion ne laisse pas de troubler la vue. Si vous accordez quelque passion au sage, sa raison ne sera plus de force, et sera emportée comme par un torrent ; d'autant plus que ce n'est pas avec une seule passion, mais avec toute la foule des passions que vous le laissez aux prises. Or, il vaudrait mieux avoir à lutter contre la force d'un seul ennemi, si grande qu'elle fût, que contre la faiblesse de tant d'ennemis conjurés. Il a la passion de l'argent, mais modérée ; il a de l'ambition, mais sans fougue ; il est sujet à la colère, mais on l'apaise facilement ; il est inconstant, mais sans être aussi changeant et aussi versatile que bien d'autres ; il est adonné aux femmes, mais non jusqu'à la folie. Mieux vaudrait avoir affaire à un homme qui n'aurait qu'un seul vice bien complet, qu'à celui qui les a tous, quoique moins prononcés. D'ailleurs, il est indifférent que la passion ait plus ou moins d'intensité ; quelle qu'elle soit, elle ne sait pas obéir, elle n'admet aucun conseil. Comme on voit tous les animaux sauvages, domestiques ou apprivoisés, ne point écouter la raison, parce qu'il est dans leur nature d'être sourds à sa voix ; de même les passions, même les plus bénignes, n'entendent et ne cèdent à rien au monde. Les

fide vitia mansuescunt. Deinde, si ratio proficit, ne incipient quidem affectus : si invita ratione cœperint, invita perseverabunt. Facilius est enim initia illorum prohibere, quam impetum regere.

Falsa est itaque ista *mediocritas* et inutilis, eodem loco habenda, quo, si quis diceret, modice insaniendum, modice ægrotandum. Sola virtus habet, non recipiunt animi mala, temperamentum : facilius sustuleris illa, quam rexeris. Numquid dubium est, quin vitia mentis humanæ inveterata et dura, quæ *morbos* vocamus, immoderata sint; ut avaritia, ut crudelitas, ut impotentia, impietas? Ergo immoderati sunt et affectus; ab his enim ad illa transitur. Deinde, si das aliquid juris tristitiæ, timori, cupiditati, ceterisque motibus pravis, non erunt in nostra potestate. Quare? quia extra nos sunt, quibus irritantur. Itaque crescent, prout magnas habuerint minoresve causas, quibus concitentur. Major erit timor, si plus, quo exterreatur, aut propius aspexerit; acrior cupiditas, quo illam amplioris rei spes evocaverit. Si in nostra potestate non est an sint affectus, ne illud quidem est, quanti sint : si ipsis permisisti incipere, cum causis suis crescent, tantique erunt, quanti fient. Adjice nunc, quod ista, quamvis exigua sint, in

tigres et les lions peuvent être parfois domptés, mais il est sans exemple qu'ils dépouillent leur férocité ; au moment où on s'y attend le moins, se rallume leur furie qu'on croyait éteinte. Ainsi des vices : ils ne s'apprivoisent jamais de bonne foi. Ajoutez que si la raison fait des progrès, les passions n'auront même pas de commencement; tandis que si elles commencent malgré la raison, elles continueront en dépit d'elle. Il est plus facile de les arrêter à leur naissance, que de maîtriser leurs emportemens.

Cette *médiocrité de mal* est donc mensongère autant qu'elle serait inutile ; c'est comme si l'on disait qu'il faut être insensé avec modération, malade avec mesure. La vertu seule est susceptible de modération, mais non les passions; on les détruit plus facilement qu'on ne les maîtrise. Doutez-vous un instant que ces vices invétérés et endurcis qu'on appelle *maladies de l'âme*, l'avarice, la cruauté, l'emportement, l'impiété par exemple, ne soient ingouvernables? Les passions ne sont pas plus faciles à gouverner, car d'elles on passe aux vices. De plus, pour peu que vous fassiez de concessions à la tristesse, à la crainte, à la cupidité et aux autres affections dépravées, elles ne seront plus en votre pouvoir. Pourquoi? parce que les objets qui les irritent sont extérieurs. Ainsi elles se développeront en proportion de la force ou de la faiblesse des causes agissantes. La crainte sera plus vive lorsque le danger qui l'émeut sera plus grand et plus prochain ; la cupidité plus ardente, quand elle aura été excitée par l'espérance d'un profit plus considérable. S'il n'est pas en notre pouvoir de n'avoir pas de passions, il ne l'est pas davantage d'en avoir de modérées. Si nous leur permettons de commencer, elles s'accroîtront avec les causes qui les ont fait naître, elles auront dès ce moment au-

majus excedunt : nunquam perniciosa servant modum. Quamvis levia initia morborum serpunt; et ægra corpora minima interdum mergit accessio. Illud vero cujus dementiæ est, credere, quarum rerum extra nostrum arbitrium posita principia sunt, earum nostri esse arbitrii terminos? Quomodo ad id finiendum satis valeo, ad quod prohibendum parum valui? quum facilius sit excludere, quam admissa comprimere.

Quidam ita distinxerunt, ut dicerent : « Temperans ac prudens positione quidem mentis et habitu tranquillus est, eventu non est. Nam, quantum ad habitum mentis suæ, non perturbatur, nec contristatur, nec timet ; sed multæ extrinsecus causæ incidunt, quæ illi perturbationem afferant. » Tale est quod volunt dicere : iracundum quidem illum non esse, irasci tamen aliquando; et timidum quidem non esse, timere tamen aliquando; id est, vitio timoris carere, affectu non carere. Quod si recipitur, usu frequenti timor transibit in vitium; et ira in animum admissa habitum illum ira carentis animi retexet. Præterea, si non contemnit venientes extrinsecus causas, et aliquid timet; quum fortiter eundum erit adversus tela, ignes, pro patria, legibus, libertate; cunctanter exibit, et animo recedente. Non cadit autem in sapientem hæc diversitas mentis.

tant de gravité que jamais. Ajoutez que les affections de l'âme, si petites qu'elles soient d'abord, ne peuvent que grandir : car le mal ne connaît pas de mesure. Quelque légères qu'elles soient au début, les maladies font du chemin ; et parfois il suffit du moindre paroxysme pour abattre un corps malade. C'est vraiment une grande folie de croire que des choses qui ne dépendent pas de nous pour le commencement, en dépendent pour la fin. Comment aurais-je la force de faire cesser ce que je n'ai pas eu le pouvoir d'empêcher ; surtout quand il s'agit de maux qu'il est plus facile de chasser que de les comprimer dans leur cours ?

D'autres ont établi cette distinction : « L'homme sage et tempérant, disent-ils, est tranquille par disposition et par habitude ; mais il ne l'est point de fait. Car, si en général son âme n'est point sujette au trouble, à la tristesse ni à la crainte, il survient cependant un grand nombre de causes extérieures qui excitent en lui du trouble. » Ainsi leur explication se réduit à ceci : que le sage n'est point colère, mais qu'il se met pourtant quelquefois en colère ; qu'il n'est point craintif, mais qu'il lui arrive pourtant d'avoir peur ; en d'autres termes, que si la peur n'existe pas chez lui comme vice, elle existe comme sentiment. En admettant ceci, les accès de la peur souvent répétés la feraient dégénérer en vice ; et la colère une fois introduite dans l'âme, y détruirait cette absence habituelle de colère. En outre, s'il n'est point au dessus des influences extérieures, s'il est susceptible de crainte, cet homme, quand il faudra marcher à travers les traits ou la flamme pour défendre la patrie, les lois et la liberté, ne marchera que lentement et avec répugnance. Or, l'âme du sage n'est pas sujette à de pareilles discordances.

Illud præterea judico observandum, ne duo, quæ separatim probanda sunt, misceamus. Per se enim colligitur, unum bonum esse, quod honestum; per se rursus, ad vitam beatam satis esse virtutem. Si unum bonum est, quod honestum, omnes concedunt ad beate vivendum sufficere virtutem : e contrario non remittetur, si beatum sola virtus facit, unum bonum esse quod honestum est. Xenocrates et Speusippus putant « beatum vel sola virtute fieri posse; non tamen unum bonum esse, quod honestum est. » Epicurus quoque judicat, « quum virtutem habeat, beatum esse; sed ipsam virtutem non satis esse ad beatam vitam, quia beatum efficiat voluptas, quæ ex virtute est, non ipsa virtus. » — Inepta distinctio! Idem enim negat, « unquam virtutem esse sine voluptate. » Ita, si ei juncta semper est atque inseparabilis, et sola satis est : habet enim secum voluptatem, sine qua non est, etiam quum sola est. Illud autem absurdum est, quod dicitur, *beatum* quidem futurum vel sola virtute, non futurum autem *perfecte beatum* : quod quemadmodum fieri possit, non reperio.

Beata enim vita bonum in se perfectum habet, inexsuperabile : quod si est, perfecte beata est. Si deorum vita nihil habet majus aut melius; beata autem vita divina est; nihil habet, in quod amplius possit attolli. Præterea, si beata vita nullius est indigens, omnis beata vita perfecta est, eademque est et beata, et beatissima. Num-

Observons encore, qu'il ne faut pas confondre deux faits qui ont besoin d'être prouvés séparément. On conclut de la nature même de la chose, qu'il n'y a de bien que ce qui est honnête, et, de même, que la vertu suffit au bonheur de la vie. S'il n'y a de bien que ce qui est honnête, tout le monde conviendra que la vertu suffit pour rendre la vie heureuse; et, d'un autre côté, si la vertu seule donne le bonheur, on ne disconviendra pas qu'il n'y ait de bien que ce qui est honnête. Xénocrate et Speusippe pensent « que la vertu seule suffit pour rendre heureux; mais non qu'il n'y ait de bien que l'honnête. » Épicure aussi est d'avis « qu'on est heureux avec la vertu; mais il ajoute que la vertu seule ne suffit point pour le bonheur, parce que le bonheur est produit par le plaisir, lequel, s'il découle de la vertu, n'est pourtant pas la vertu même. » — Distinction puérile ! car lui-même convient « que la vertu ne se trouve jamais sans le plaisir. » Or, si la vertu est toujours unie au plaisir, si elle en est inséparable, il est évident que seule elle suffit, car elle apporte avec elle la volupté, sans laquelle elle n'est jamais, alors même qu'elle est toute seule. C'est avancer une absurdité que dire qu'on sera *heureux* avec la seule vertu, mais non *parfaitement heureux*. Je ne vois pas en effet comment cela serait possible.

La vie heureuse renferme un bien parfait, et que rien ne peut surpasser. Cela posé, elle est parfaitement heureuse. Si la vie des dieux est telle qu'il n'y ait rien de meilleur et qui soit au dessus, et que la vie heureuse soit par cela même la vie des dieux, il n'y a pas pour elle d'amélioration possible. En outre, si la vie heureuse est telle qu'il ne lui manque rien, la vie heureuse ne peut être que par-

quid dubitas, quin beata vita summum bonum sit? ergo, si summum bonum habet, summe beata est. Quemadmodum summum [bonum] adjectionem non recipit (quid enim supra summum erit?), ita ne beata quidem vita, quæ sine summo bono non est. Quod si aliquem magis beatum induxeris, induces et multo magis innumerabilia discrimina summi boni; quum *summum bonum* intelligam, quod supra se gradum non habet. Si est aliquis minus beatus, quam alius, sequitur, ut hic alterius vitam beatioris magis concupiscat, quam suam. Beatus autem nihil suæ præfert. Utrumlibet ex his incredibile est : aut aliquid beato restare, quod esse, quam quod est, malit; aut id illum non malle, quod illo melius est. Utique enim, quo prudentior est, hoc magis se ad id, quod est optimum, extendet, et id omni modo consequi cupiet. Quomodo autem beatus est, qui cupere etiamnunc potest, immo qui debet?

Dicam quid sit, ex quo veniat hic error. Nesciunt, beatam vitam unam esse. In optimo illam statu ponit qualitas sua, non magnitudo. Itaque in æquo est longa, et brevis; diffusa, et angustior; in multa loca, multasque partes distributa, et in unum coacta. Qui illam numero æstimat, et mensura, et partibus; id illi quod habet eximium, eripit. Quid autem est in beata vita eximium? quod plena est. Finis, ut puto, edendi bibendi-

faite; et qu'on l'appelle heureuse ou très-heureuse, c'est toujours la même chose. Doutez-vous encore que la vie heureuse soit le souverain bien? J'ajoute que si elle renferme le souverain bien, elle est souverainement heureuse. Le souverain bien ne souffrant pas d'accroissement (car du moment qu'il est souverain, que peut-il y avoir au dessus?), il en est de même de la vie heureuse qui n'est possible qu'avec le souverain bien. Si vous supposez un homme plus heureux que l'homme heureux, à plus forte raison admettrez-vous à l'infini des subdivisions du souverain bien; quoique l'on entende par souverain bien celui qui n'a pas de degrés au dessus de lui. Si un homme heureux l'est moins qu'un autre, il s'ensuit qu'il doit désirer la vie de cet autre de préférence à la sienne. Or, il n'est point de sort que l'homme heureux préfère au sien. Il est également incroyable qu'il y ait une situation que l'homme heureux puisse préférer à la sienne, et qu'il ne préférât pas la situation qui serait meilleure que la sienne. Car plus il sera sage, plus assurément il désirera une condition meilleure et fera d'efforts pour y parvenir. Le moyen d'ailleurs d'être heureux quand on peut, je dis plus, quand on doit désirer de l'être davantage?

Je dois vous dire d'où provient cette erreur. On ignore que le bonheur est un. C'est sa qualité, et non sa grandeur qui constitue son excellence. Ainsi, qu'il soit long ou court, étendu ou resserré, divisé en plusieurs lieux et plusieurs parties, ou réuni en un tout compact, c'est toujours la même chose. L'apprécier par la quantité, les dimensions et les parties, c'est lui ôter ce qu'il a de plus exquis. Or, en quoi consiste l'excellence de la vie heureuse? Dans sa plénitude. La fin du boire et du man-

que satietas est. Hic plus edit, ille minus; quid refert? uterque jam satur est : hic plus bibit, ille minus; quid refert? uterque non sitit: hic pluribus annis vixit, hic paucioribus; nihil interest, si tam illum multi anni beatum fecerunt, quam hunc pauci. Ille, quem tu minus beatum vocas, non est beatus : non potest nomen imminui.

« Qui fortis est, sine timore est; qui sine timore est, sine tristitia est; qui sine tristitia est, beatus est. » Nostrorum hæc interrogatio est. Adversus hanc sic respondere conantur : Falsam nos rem et controversiosam pro confessa vindicare; eum, qui fortis est, sine timore esse. Quid ergo? inquit, fortis imminentia mala non timebit? istud dementis alienatique, non fortis, est. — Ille vero, inquit, moderatissime timet; sed in totum extra metum non est. — Qui hæc dicunt, rursus in idem revolvuntur, ut illis virtutum loco sint minora vitia. Nam qui timet quidem, sed rarius et minus, non caret malitia, sed leviore vexatur. — At enim dementem puto, qui mala imminentia non extimescit. — Verum est, quod dicis, si mala sunt; sed si scit, mala illa non esse, et unam tantum turpitudinem malum judicat; debebit secure pericula aspicere, et aliis timenda contemnere : aut, si stulti et amentis est, mala non timere, quo quis prudentior est, hoc timebit magis. — Ut vobis, inquit, videtur, præbebit se periculis fortis. — Minime! non timebit illa,

ger, c'est la satiété, il me semble. L'un mange plus, l'autre moins ; qu'importe ? ils sont rassasiés tous deux. Celui-ci boit plus, celui-là moins ; qu'importe ? tous deux ils n'ont plus soif. Tel a vécu plus d'années, tel autre moins ; il n'importe, si l'un a été aussi heureux dans sa longue, que l'autre dans sa courte existence. Celui que vous appelez moins heureux ne l'est pas du tout ; car le mot *heureux* ne comporte pas de diminutif.

« L'homme courageux est sans crainte ; l'homme sans crainte est sans chagrin ; l'homme sans chagrin est heureux. » Tel est l'argument de nos stoïciens. On s'efforce de le combattre en disant : Que nous considérons comme accordé un fait faux et controversable, à savoir : Que l'homme courageux est sans crainte. — Quoi ! dit-on, l'homme courageux ne craindra pas les maux prêts à fondre sur lui ? Ce serait le fait d'un fou, d'un aliéné, et non d'un homme courageux. Sans doute il sera modéré dans la crainte ; mais il n'en sera pas complètement exempt. — Ceux qui parlent ainsi, retombent dans le système de ceux qui prennent pour vertus les vices les plus petits. En effet, craindre moins et plus rarement, ce n'est pas être sans faiblesse, c'est en avoir une plus légère. — Mais il n'y a qu'un insensé qui ne redoute pas les maux prêts à fondre sur lui ? — Vous avez raison, si ce sont des maux ; mais s'il est persuadé que ce n'en sont pas, et qu'il ne voie de mal que dans la honte, il devra envisager les périls de sang-froid et mépriser ce qui fait peur aux autres ; ou bien, si c'est le propre d'un insensé de ne pas craindre les maux, on les craindra d'autant plus qu'on sera plus sage. — Ainsi donc, selon vous, l'homme courageux s'exposera aux périls. — Nullement ! il ne les

sed vitabit : cautio illum decet, timor non decet. — Quid ergo? inquit : mortem, vincula, ignes, alia tela fortunæ, non timebit? — Non! scit enim, illa non esse mala, sed videri; omnia ista humanæ vitæ formidines putat. Describe captivitatem, verbera, catenas, egestatem, et membrorum lacerationes, vel per morbum, vel per injuriam, et quidquid aliud attuleris; inter lymphaticos metus numerat. Ista timidis timenda sunt. An id existimas malum, ad quod aliquando nobis nostra sponte veniendum est?

Quæris, quid sit malum? — Cedere his, quæ mala vocantur, et illis libertatem suam dedere, pro qua cuncta patienda sunt. Perit libertas, nisi illa contemnimus, quæ nobis jugum imponunt. Non dubitarent, quid conveniret forti viro, si scirent, quid esset *fortitudo.* Non est enim inconsulta temeritas, nec periculorum amor, nec formidabilium appetitio; scientia est distinguendi, quid sit malum, et quid non sit. Diligentissima in tutela sui fortitudo est, et eadem patientissima eorum, quibus falsa species malorum est. — Quid ergo? si ferrum intentatur cervicibus viri fortis; si pars subinde alia atque alia suffoditur; si viscera sua in sinu suo vidit; si ex intervallo, quo magis tormenta sentiat, repetitur, et per assiccata viscera recens dimittitur sanguis; non timere istum tu dices, non dolere? — Iste vero dolet; sensum enim hominis nulla exuit virtus : sed non timet : invictus ex alto

craindra pas, mais il les évitera. Autant lui sied peu la crainte, autant lui sied la précaution. — Quoi! la mort, le feu, la flamme et les autres armes de la fortune, il ne les craindra pas? — Non, assurément! car il sait que ce ne sont pas des maux, quoiqu'ils paraissent tels; et ce ne sont, à ses yeux, que de vains épouvantails. Parlez-lui de la captivité, du fouet, des chaînes, de la pauvreté, du déchirement des membres, soit par la maladie, soit par la violence, et de tout ce que vous voudrez d'horrible; craintes selon lui bonnes pour les visionnaires! Ce sont les peureux qui ont peur de tout cela. Regardez-vous comme des maux, des dangers auxquels il faut quelquefois s'exposer volontairement?

Voulez-vous savoir quel est le vrai mal? — C'est de céder à ce qu'on appelle des maux, de leur sacrifier sa liberté, pour l'amour de laquelle on devrait tout endurer. C'en est fait de la liberté, si nous ne méprisons pas tout ce qui peut nous asservir. On comprendrait mieux les devoirs de l'homme courageux, si l'on savait ce que c'est que le courage. Or, ce n'est pas une aveugle témérité, ce n'est pas l'amour du danger, non plus que la manie de courir après ce qui épouvante les autres; c'est la science de distinguer ce qui est mal de ce qui ne l'est pas. Le courage est très-soigneux de sa propre conservation; mais, en même temps, il sait souffrir tout ce qui n'a que l'apparence du mal. — Quoi! si le fer est levé sur la tête de l'homme courageux; si on lui perce tantôt une partie du corps, tantôt une autre; s'il voit ses entrailles à découvert; si l'on recommence par intervalles la torture pour la lui faire sentir davantage, et que l'on tire de ses veines mises à sec le sang à mesure qu'il se reforme, vous oserez dire qu'il n'éprouve ni crainte ni

dolores suos spectat. Quæris, quis tunc animus illi sit? Qui ægrum amicum adhortantibus.

Quod malum est, nocet; quod nocet, deteriorem facit; dolor et paupertas deteriorem non faciunt : ergo mala non sunt. — « Falsum est, inquit, quod proponitis : non enim, si quid nocet, etiam deteriorem facit. Tempestas et procella nocet gubernatori, non tamen illum deteriorem facit. » — Quidam stoici ita adversus hoc respondent : Deteriorem fieri gubernatorem tempestate ac procella, quia non possit id, quod proposuit, efficere, nec tenere cursum suum : deteriorem illum in arte sua non fieri, in opere fieri. Quibus peripateticus : Ergo, inquit, et sapientem deteriorem faciet paupertas, dolor, et quidquid aliud tale fuerit : virtutem [enim] illi non eripiet, sed opera ejus impediet. Hoc recte diceretur, nisi dissimilis esset gubernatoris conditio, et sapientis. Huic enim propositum est, in vita agenda non utique, quod tentat, efficere, sed omnia recte facere; gubernatori propositum est utique navem in portum perducere. Artes ministræ sunt; præstare debent, quod promittunt : sapientia domina rectrixque est. Artes serviunt vitæ, sapientia imperat.

Ego aliter respondendum judico : nec artem gubernatoris deteriorem ulla tempestate fieri, nec ipsam admi-

douleur? — Pour la douleur, il en éprouve : car il n'est pas de courage qui ôte à l'homme sa sensibilité physique ; mais il est sans crainte : victorieux, il plane en quelque sorte au dessus de ses souffrances. Vous demandez quels sont alors ses sentimens ? Ceux d'un ami exhortant son ami malade.

Ce qui est mal est nuisible ; ce qui est nuisible porte préjudice ; la douleur et la pauvreté ne portent pas préjudice à l'homme ; donc ce ne sont pas des maux. — « Votre proposition est fausse, me dites-vous ; car pour être nuisible, une chose n'occasione pas toujours de préjudice. La tempête et l'orage sont nuisibles au pilote ; cependant elles ne le rendent pas pire. » — Quelques stoïciens opposent à ceci : Que le pilote devient pire au milieu de la tempête et de l'orage, sous ce rapport qu'il ne peut pas exécuter ce qu'il s'était proposé, ni suivre sa route ; qu'il n'y a pas préjudice à son savoir faire, mais au résultat de ses efforts. A quoi les péripatéticiens répondent : Donc la pauvreté et la douleur, et tous les autres maux de ce genre, rendront le sage pire ; car si ces maux ne lui enlèvent pas sa vertu, ils la gênent dans son action. Cette objection serait excellente, si la condition du pilote ne différait essentiellement de celle du sage. En effet, le but de ce dernier, dans la conduite de sa vie, n'est pas d'accomplir tout ce qu'il entreprend, mais de faire bien toute chose ; tandis que le but du pilote est de conduire son navire dans le port. Les arts sont des instrumens, ils doivent tenir tout ce qu'ils promettent ; la sagesse est maîtresse et régulatrice suprême. Les arts sont au service de la vie ; la sagesse commande.

Il y a une autre réponse à faire, ce me semble ; savoir : que ni l'art du pilote, ni l'application de son savoir faire

nistrationem artis. Gubernator tibi non felicitatem promisit, sed utilem operam, et navis regendæ scientiam : hæc eo magis apparet, quo illi magis aliqua fortuita vis obstitit. Qui hoc potuit dicere : « Neptune, nunquam hanc navem, nisi rectam! » arti satisfecit : tempestas non opus gubernatoris impedit, sed successum. — Quid ergo? inquit, non nocet gubernatori ea res, quæ illum tenere portum vetat? quæ conatus ejus irritos efficit? quæ aut refert illum, aut detinet et exarmat? — Non tanquam gubernatori, sed tanquam naviganti nocet. Alioqui gubernatoris artem adeo non impedit, ut ostendat; tranquillo enim, ut aiunt, quilibet gubernator est. Navigio ista obsunt; non rectori ejus, qua rector est. Duas personas habet gubernator : alteram communem cum omnibus, qui eamdem conscenderunt navem, in qua ipse quoque vector est; alteram propriam, qua gubernator est. Tempestas tanquam vectori nocet, non tanquam gubernatori. Deinde gubernatoris ars alienum bonum est; ad eos, quos vehit, pertinet; quomodo medici ars ad eos, quos curat. Sapientia commune bonum est, et eorum, cum quibus vivit, et proprium ipsius. Itaque gubernatori fortasse noceatur; cujus ministerium, aliis promissum, tempestate impeditur : sapienti non nocetur a paupertate, non a dolore, non ab aliis tempestatibus vitæ. Non enim prohibentur opera ejus omnia, sed tantum ad alios pertinentia : ipse semper in

ne se détériorent durant la tempête. Le pilote ne vous a pas promis une heureuse traversée, mais des services utiles et la science nécessaire pour conduire un vaisseau; science qui se manifeste d'autant plus, que des obstacles imprévus la contrarient davantage. Celui qui a pu dire jadis : « Neptune, jamais tu n'engloutiras mon vaisseau que droit! » a satisfait aux règles de l'art. Car la tempête n'empêche pas la manœuvre du pilote, mais seulement le succès de la manœuvre. — Quoi! me dit-on, ce n'est pas nuire au pilote que de l'empêcher de gagner le port, de paralyser ses efforts, de faire reculer son navire, de le retenir, de le démâter? — Ce n'est pas au pilote, c'est au navigateur que tout cela fait tort. Loin de nuire à l'habileté du pilote, ces évènemens la font ressortir; car, « dans le calme, tout le monde est pilote, » dit-on. La tempête nuit au bâtiment, mais non au pilote en tant que pilote. Il y a deux caractères dans le pilote; l'un qui lui est commun avec tous ceux qui sont sur le vaisseau, où il figure lui-même comme passager; l'autre qui lui est particulier, c'est-à-dire celui de pilote. La tempête lui fait tort en tant que passager, mais non en tant que pilote. Ajoutez que l'art du pilote est un bien qui appartient à autrui : il est aux passagers comme l'art du médecin à ceux qu'il traite. La sagesse, au contraire, est un bien particulier au sage, en même temps que commun à ceux avec qui il vit. Aussi que la tempête nuise au pilote en le gênant dans les fonctions auxquelles il est obligé vis-à-vis des autres, la pauvreté, la douleur, ni aucun autre des orages de la vie ne porteront préjudice au sage. Ces maux pourront entraver ses œuvres, mais seulement en ce qui concerne autrui; car, pour lui, il est toujours en action; jamais plus grand que quand il a la fortune contre lui. C'est

actu est [et in effectu]; tunc maximus, quum illi fortuna se opposuit : tunc ipsius sapientiæ negotium agit, quam diximus et alienum bonum esse, et suum.

Præterea, ne aliis quidem tunc prodesse prohibetur, quum illum aliquæ necessitates premunt. Propter paupertatem prohibetur docere, quemadmodum tractanda respublica sit; at illud docet, quemadmodum tractanda sit paupertas; per totam vitam opus ejus extenditur. Ita nulla fortuna, nulla res, actus sapientis excludit : id enim ipsum agit, quo alia agere prohibetur. Ad utrosque casus aptus est, bonorum rector, et malorum victor. Sic, inquam, se exercuit, ut virtutem tam in secundis, quam in adversis, exhiberet; nec materiam ejus, sed ipsam intueretur. Itaque nec paupertas illum, nec dolor, nec quidquam aliud, quod imperitos avertit et præcipites agit, prohibet. Tu illum premi putas malis? Utitur. Non ex ebore tantum Phidias sciebat facere simulacra; faciebat ex ære : si marmor illi, si adhuc viliorem materiam obtulisses, fecisset, quale ex illa fieri optimum posset. Sic sapiens virtutem, si licebit, in divitiis explicabit; si minus, in paupertate : si poterit, in patria; si minus, in exsilio : si poterit, imperator; si minus, miles : si poterit, integer; si minus, debilis. Quamcumque fortunam acceperit, aliquid ex illa memorabile efficiet. Certi sunt domitores ferarum, qui sævissima animalia, et ad occursum expavefacientia hominem, cogunt pati

alors surtout qu'il accomplit sa mission de sagesse qui, ainsi que nous l'avons dit, profite aux autres comme à lui.

D'ailleurs, il n'est pas hors d'état d'être utile aux autres, lors même que pèse sur lui la plus cruelle détresse. La pauvreté l'empêche d'enseigner comme il faut gouverner l'état; mais il enseigne comment on doit gouverner la pauvreté; sa tâche s'applique à toutes les circonstances de la vie. Ainsi donc, il n'y a point de fortune, point d'évènemens qui empêchent l'action du sage; car il tire parti, pour agir, des choses même qui l'ont empêché d'agir autrement. Habile à supporter l'une et l'autre fortune, il gouverne la bonne et domine la mauvaise. Il s'est étudié à faire preuve de vertu dans l'adversité comme dans la prospérité; à n'avoir en vue que la vertu, et non le sujet sur lequel elle s'exerce. Aussi il n'est arrêté ni par la pauvreté, ni par la douleur, ni par rien de ce qui détourne et fait succomber les ignorans. Vous le croyez accablé par le malheur? il en profite. Phidias ne savait pas faire seulement des statues d'ivoire, il en faisait aussi d'airain. Si vous lui aviez présenté du marbre ou tout autre matière plus commune, il en eût tiré le meilleur parti possible. De même le sage déploiera sa vertu, s'il le peut, au sein de la richesse; faute de mieux, dans la pauvreté: s'il le peut, dans sa patrie; faute de mieux, dans l'exil: s'il le peut, comme général; faute de mieux, comme soldat: s'il le peut, dans la bonne santé; faute de mieux, dans la maladie. Quelque sort qui lui tombe en partage, il en fera quelque chose de mémorable. Certaines gens domptent les bêtes féroces, et amènent à porter le joug les animaux les plus cruels et dont l'abord inspire le

jugum; nec asperitatem excussisse contenti, usque in contubernium mitigant. Leonibus magister manum insertat; osculatur tigrim suus custos; elephantem minimus Æthiops jubet subsidere in genua, et ambulare per funem. Sic sapiens artifex est domandi mala. Dolor, egestas, ignominia, carcer, exsilium, ubique horrenda, quum ad hunc pervenere, mansueta sunt.

LXXXVI.

De villa Africani ejusque balneo : de oleis serendis.

In ipsa Scipionis Africani villa jacens hæc tibi scribo, adoratis manibus ejus et ara, quam sepulcrum esse tanti viri suspicor. Animum quidem ejus in cœlum, ex quo erat, redisse persuadeo mihi; non quia magnos exercitus duxit (hos enim et Cambyses furiosus, ac furore feliciter usus, habuit), sed ob egregiam moderationem pietatemque, magis in illo admirabilem, quum reliquit patriam, quam quum defendit. Aut Scipio Romæ deesse debebat, aut Roma libertati. « Nihil, inquit, volo derogare legibus, nihil institutis; æquum inter omnes cives jus sit; utere sine me beneficio meo, patria! causa tibi libertatis fui, ero et argumentum. Exeo, si plus, quam tibi expedit, crevi. » — Quidni ego admirer hanc magnitudinem animi, qua in exsilium voluntarium secessit, et

plus d'épouvante à l'homme : non contens d'avoir dompté leur férocité, ils les apprivoisent au point de les rendre familiers. Le lion reçoit dans sa gueule le bras de son maître ; le tigre se laisse embrasser par son gardien ; le plus petit Éthiopien fait mettre à genou et marcher sur la corde un éléphant. De même le sage est habile à dompter les maux. La douleur, la pauvreté, l'ignominie, la prison, l'exil, partout ailleurs sujets d'épouvante, s'adoucissent auprès de lui.

LXXXVI.

De la maison de campagne de Scipion l'Africain et de ses bains.
Sur la plantation des oliviers.

C'est de la maison de campagne de Scipion que je vous écris aujourd'hui, après avoir rendu hommage aux mânes de ce grand homme et à un monument que je présume être son tombeau. Je ne doute pas que l'âme de ce héros ne soit remontée au ciel dont elle était descendue ; non parce qu'il a commandé de grandes armées (car autant en advint à ce furieux de Cambyse, si heureux dans ses fureurs), mais à cause de sa rare modération et de sa piété, cent fois plus admirable quand il quitta sa patrie que quand il la défendit. Il fallait que Rome perdît Scipion, ou Scipion sa liberté. « Je ne veux pas, dit-il, déroger à nos lois ni à nos institutions ; la justice doit être égale pour tous les citoyens. Jouis sans moi, ô ma patrie ! du bien que je t'ai fait. J'ai été l'instrument de ta liberté, je veux en être aussi la preuve. Je pars, puisque je suis devenu plus grand que ton intérêt ne le com-

civitatem exoneravit? Eo perducta res erat, ut aut libertas Scipioni, aut Scipio libertati faceret injuriam. Neutrum fas erat; itaque dedit locum legibus, et se Liternum recepit, tam suum exsilium reipublicæ imputaturus, quam Annibal.

Vidi villam structam lapide quadrato; murum circumdatum silvæ; turres quoque in propugnaculum villæ utrimque subrectas; cisternam ædificiis ac viridibus subditam, quæ sufficere in usum vel exercitus posset; balneolum angustum, tenebricosum, ex consuetudine antiqua: non videbatur majoribus nostris caldum, nisi obscurum. Magna ergo me voluptas subiit, contemplantem mores Scipionis ac nostros. In hoc angulo ille Carthaginis horror, cui Roma debet, quod tantum semel capta est, abluebat corpus laboribus rusticis fessum; exercebat enim opere se, terramque (ut mos fuit priscis) ipse subigebat. Sub hoc ille tecto tam sordido stetit; hoc illum pavimentum tam vile sustinuit! At nunc quis est, qui sic lavari sustineat? pauper sibi videtur ac sordidus, nisi parietes magnis et pretiosis orbibus refulserunt; nisi alexandrina marmora numidicis crustis distincta sunt; nisi illis undique operosa et in picturæ modum variata circumlitio prætexitur; nisi vitro absconditur camera; nisi thasius lapis, quondam rarum in aliquo spectaculum templo, piscinas nostras circumdedit, in

porte. » — Le moyen de ne pas admirer cette grandeur d'âme qui lui donne la force de s'exiler volontairement, et de soulager Rome de ses inquiétudes? Tel était l'état des choses qu'il fallait, ou que la liberté fît outrage à Scipion, ou que Scipion outrageât la liberté : l'un et l'autre était un crime ; il céda donc la place aux lois et se retira à Literne, pouvant, comme Annibal, imputer son exil à la république.

J'ai vu sa maison de campagne bâtie en pierre de taille, avec un mur entouré de bois ; avec des tours élevées pour sa défense ; avec une citerne creusée au pied des bâtimens, au milieu de la verdure, et suffisante pour l'usage d'une armée entière ; avec son bain étroit et obscur, selon l'usage de nos ancêtres, qui croyaient n'avoir chaud que là où il ne faisait pas clair. J'éprouvais un grand plaisir à comparer les mœurs de Scipion avec les nôtres. C'est dans ce réduit que la terreur de Carthage, ce héros à qui Rome doit de n'avoir été prise qu'une seule fois, baignait son corps fatigué des travaux de la campagne : car il s'exerçait à un pareil labeur, et, selon la coutume antique, cultivait son champ lui-même. Ainsi cette misérable demeure a été habitée par Scipion ! ainsi ce grossier pavé a soutenu ses pas ! Et maintenant qui daignerait se baigner-là ? On se regarde comme pauvre et misérable, quand les murs ne brillent pas de belles pièces de marqueterie achetées à grands frais et arrondies par le ciseau ; si au marbre d'Alexandrie ne se mêlent point des incrustations de marbre de Numidie ; si à l'entour ne règne pas un cordon de mosaïque dont les couleurs, à grand'peine assemblées, imitent la peinture ; si le plafond n'est lambrissé de verre ; si la pierre de Thasus, ornement jadis rare dans les temples, ne garnit

quas multa sudatione corpora exinanita demittimus; nisi aquam argentea epistomia fuderunt. Et adhuc plebeias fistulas loquor : quid, quum ad balnea libertinorum pervenero? quantum statuarum, quantum columnarum est nihil sustinentium, sed in ornamentum positarum, impensæ causa! quantum aquarum per gradus cum fragore labentium! Eo deliciarum pervenimus, ut nisi gemmas calcare nolimus.

In hoc balneo Scipionis minimæ sunt, rimæ magis, quam fenestræ, muro lapideo exsectæ, ut sine injuria munimenti lumen admitterent : at nunc blattaria vocant balnea, si qua non ita aptata sunt, ut totius diei solem fenestris amplissimis recipiant; nisi et lavantur simul et colorantur, nisi ex solio agros et maria prospiciunt. Itaque, quæ concursum et admirationem habuerant quum dedicarentur, in antiquorum numerum rejiciuntur, quum aliquid novi luxuria commenta est, quo ipsa se obrueret. At olim et pauca erant balnea, nec ullo cultu exornata : cur enim ornaretur res quadrantaria, et in usum, non oblectamentum, reperta? Non suffundebatur aqua, nec recens semper velut ex calido fonte currebat; nec referre credebant, in quam perlucida sordes deponerent. Sed, dii boni, quam juvat illa balnea intrare obscura, et gregali tectorio inducta, quæ scires Catonem tibi ædilem, aut Fabium Maximum, aut ex Corneliis aliquem, manu sua temperasse? Nam hoc quoque nobilissimi ædi-

les piscines où nous étendons nos corps épuisés par une excessive transpiration ; enfin si l'eau ne s'échappe pas de robinets d'argent. Et je ne parle encore que des bains du peuple : que sera-ce si je viens à décrire ceux des affranchis ? Combien de statues, combien de colonnes qui ne soutiennent rien, et que le luxe a prodiguées pour un vain ornement ! Quelles masses d'eau tombant en cascades avec fracas ! Nous en sommes venus à un tel point de délicatesse que nos pieds ne veulent plus fouler que des pierres précieuses.

Dans ce bain de Scipion, on trouve de petites fentes, bien plutôt que des fenêtres, pratiquées dans un mur de pierre, pour introduire la lumière, sans nuire à la solidité. Maintenant on appelle des cachots les bains qui ne sont pas disposés de telle façon, que le soleil y pénètre toute la journée par de vastes fenêtres : il faut qu'on se hâle en même temps qu'on se baigne ; il faut que de sa cuve on aperçoive les champs et la mer. Aussi les bains qui, à leur ouverture, avaient excité l'admiration et attiré la foule, sont rejetés comme des antiquailles, aussitôt que le luxe a imaginé quelque chose de nouveau pour s'écraser lui-même. Autrefois, il n'y avait qu'un petit nombre de bains sans aucune décoration ; qu'était-il besoin en effet de décorer des établissemens où l'on entrait pour trois deniers, et qui avaient pour objet l'utilité et non l'agrément. L'eau n'était pas versée comme aujourd'hui, et ne se renouvelait pas à chaque instant comme celle d'une fontaine chaude : on ne regardait pas à la transparence d'une eau où l'on venait déposer sa malpropreté. Mais, grands dieux ! quel plaisir d'entrer dans ces bains ténébreux et grossièrement lambrissés, avec la pensée qu'un édile comme Caton, comme Fabius Maximus, ou l'un des Cor-

les fungebantur officio, intrandi ea loca, quæ populum receptabant, exigendique munditias, et utilem ac salubrem temperaturam; non hanc, quæ nuper inventa est, similis incendio; adeo quidem, ut convictum in aliquo scelere servum vivum lavari oporteat. Nihil mihi videtur jam interesse, ardeat balneum, an caleat. Quantæ nunc aliqui rusticitatis damnant Scipionem, quod non in caldarium suum latis specularibus diem admiserat! quod non in multa luce decoquebatur, et exspectabat ut in balneo coqueretur! O hominem calamitosum! nesciit vivere! Non saccata aqua lavabatur, sed sæpe turbida, et, quum plueret vehementius, pæne lutulenta! Nec multum ejus intererat, an sic lavaretur; veniebat enim, ut sudorem illic ablueret, non ut unguentum. Quas nunc quorumdam futuras voces credis? « Non invideo Scipioni: vere in exsilio vixit, qui sic lavabatur. » Immo, si scias, non quotidie lavabatur! Nam, ut aiunt qui priscos mores Urbis tradiderunt, brachia et crura quotidie abluebant, quæ scilicet sordes opere collegerant; ceterum toti nundinis lavabantur. Hoc loco dicet aliquis : « Liquet immundissimos fuisse. Quid putas illos oluisse? » Militiam, laborem, virum! Postquam munda balnea inventa sunt, spurciores sunt. Descripturus infamem et nimis notabilem deliciis Horatius Flaccus, quid ait?

Pastillos Rufillus olet!........

nelius, en a jadis eu la police : car ces édiles respectables regardaient comme un des devoirs de leur charge d'entrer dans les lieux fréquentés par le peuple, de veiller à leur propreté, et d'y maintenir une température utile et salubre. Il va sans dire que ce n'était pas celle qu'on imagine de nos jours : température d'incendie, et telle qu'un esclave convaincu de quelque crime, devrait être condamné à être baigné vif. Je ne vois plus de différence entre un bain chaud et un bain brûlant. Combien ne trouve-t-on pas Scipion grossier, de n'avoir pas introduit la lumière dans son étuve par de larges vitres? de ne s'être pas fait cuire au grand soleil, et d'avoir laissé agir son bain seul! Oh! le pauvre homme, qu'il savait peu vivre! L'eau dans laquelle il se baignait n'était point filtrée, souvent même elle était trouble; et, lorsqu'il pleuvait, peu s'en fallait qu'elle ne fût bourbeuse. Mais que lui faisait tout cela? il venait laver sa sueur, et non les parfums de la veille. Que pensez-vous qu'on va dire en apprenant ceci ? « Je n'envie guère le sort de Scipion, c'était bien l'exil que de se baigner de la sorte? » Sachez donc, de plus, qu'il ne se baignait pas tous les jours ; car, au dire des écrivains qui nous ont transmis les anciens usages de Rome, on ne se lavait tous les jours que les bras et les jambes, que le travail avait salis ; et quant au corps, on ne le lavait que les jours de marché. Ici j'entends quelqu'un s'écrier : « Ils étaient donc bien sales! Que devaient-ils sentir? » — Ils sentaient la guerre, le travail, l'homme enfin! Depuis l'invention des bains de propreté, on est plus sale. Que dit Horace, pour peindre un personnage perdu de réputation, et noté par l'excès de son luxe? Il dit :

« Rufillus sent les parfums. »

Dares nunc Rufillum; perinde esset, ac si hircum oleret et Gorgonii loco esset, quem idem Horatius Rufillo opposuit. Parum est, sumere unguentum; ni bis die terque renovetur, ne evanescat in corpore. Quid, quod iidem hoc odore, tanquam suo, gloriantur?

Hæc si tibi nimium tristia videbuntur, villæ imputabis; in qua didici ab Ægialo, diligentissimo patrefamiliæ (is enim hujus agri nunc possessor est), quamvis vetus arbustum posse transferri. Hoc nobis senibus discere necessarium est, quorum nemo non olivetum alteri ponit : quod vidi illum arborum trimum aut quadrimum fastidiendi fractus autumno deponere. Te quoque proteget illa, quæ

> Tarda venit, seris factura nepotibus umbram,

ut ait Virgilius noster; qui non, quid verissime, sed quid decentissime diceretur, aspexit; nec agricolas docere voluit, sed legentes delectare. Nam (ut omnia alia transeam) hoc, quod mihi hodie necesse fuit deprehendere, adscribam :

> Vere fabis satio est: tunc te quoque, medica, putres
> Accipiunt sulci, et milio venit annua cura.

An uno tempore ista ponenda sint, et an utriusque verna sit satio, hinc æstimes licet.

Si ce Rufillus revenait à présent, on lui trouverait une odeur de bouc, et il serait pour nous ce qu'était de son temps Gorgonius, qu'Horace lui a opposé. C'est peu de se parfumer, il faut renouveler les odeurs deux ou trois fois par jour, pour que le corps ne les absorbe pas. Et l'on se glorifie de ces odeurs comme si elles étaient naturelles !

Si vous trouvez la matière un peu triste, prenez-vous-en à la maison de campagne de Scipion : Égialus, qui en est propriétaire, et qui l'exploite en père de famille intelligent, m'a appris qu'on peut transplanter un arbre, même vieux. C'est, pour nous autres vieillards, qui avons tous la manie de faire des plantations d'oliviers pour nos successeurs, une chose bonne de pouvoir, comme je l'ai vu faire à cet homme, transplanter des arbres de trois et quatre ans, dont les fruits étaient encore désagréables en automne. Vous aussi, vous trouverez un abri sous cet arbre

« Qui vient lentement, et ne doit donner son ombre que fort tard à nos neveux, »

comme dit Virgile, qui s'occupait bien plus de dire avec élégance, que de dire vrai ; et qui s'occupait de plaire à ses lecteurs, plutôt que d'instruire les laboureurs. Sans parler de bien d'autres erreurs, je vous citerai celle-ci que je n'ai pu m'empêcher de reconnaître aujourd'hui :

« La fève se sème au printemps : alors aussi la terre, devenue friable, reçoit le sainfoin, et le millet réclame sa culture annuelle. »

Vous allez juger si ces trois objets doivent être réunis sous la même époque, et si c'est dans le printemps qu'on doit les semer.

Junius mensis est, quo tibi scribo, jam proclivus in julium : eodem die vidi fabam metentes, milium serentes.

Ad olivetum revertor, quod vidi duobus modis depositum. Magnarum arborum truncos, circumcisis ramis et ad unum redactis pedem, cum rapo suo transtulit, amputatis radicibus, relicto tantum capite ipso, ex quo illæ pependerant. Hoc fimo tinctum in scrobem demisit; deinde terram non aggessit tantum, sed calcavit et pressit. Negat quidquam esse hac, ut ait, spissatione efficacius; videlicet frigus excludit et ventum : minus præterea movetur; et ab hoc nascentes radices prodire patitur, ac solum apprehendere, quas necesse est cereas adhuc, et precario hærentes, levis quoque revellat agitatio. Parum autem arboris, antequam obruat, radit. Ex omni enim materia quæ nudata est, ut ait, exeunt radices novæ. Non plures autem super terram eminere debet truncus, quam tres aut quatuor pedes ; statim enim ab imo vestietur, nec magna pars, quemadmodum in olivetis veteribus, arida et retorrida erit.

Alter ponendi modus hic fuit : ramos fortes, nec corticis duri, quales esse novellarum arborum solent, eodem genere deposuit. Hi paulo tardius surgunt; sed, quum tanquam a planta processerint, nihil habent in se aut horridum aut triste. Illud etiamnunc vidi, vitem ex arbusto sto

Nous sommes à présent dans le mois de juin, tout près d'entrer en juillet; cependant je viens de voir, le même jour, moissonner les fèves et semer le millet.

Je reviens aux oliviers, que j'ai vu planter de deux manières. Il transportait les troncs des grands arbres avec leurs pieds, après en avoir réduit les branches émondées, à un pied de longueur, et en avoir coupé les racines, à l'exception de la souche principale à laquelle elles tenaient : cette souche, il la plaçait dans un trou garni de fumier, puis il la recouvrait de terre, qu'il ne se contentait pas d'amonceler, mais qu'il foulait et pressait de ses pieds. Il prétend que ce mode de pression est ce qu'il y a de plus efficace : il a pour effet de neutraliser l'action du froid et du vent; il garantit, en outre, l'arbre de tout ébranlement, et lui permet ainsi d'étendre et de fixer au sol ses racines naissantes, lesquelles, dans leur état de faiblesse et d'adhésion précaire, seraient infailliblement arrachées par la moindre agitation. Avant d'enterrer l'arbre, il a soin aussi de râcler un peu la souche; afin, dit-il, que de nouvelles racines sortent des parties qu'il a ainsi mises à nu. De plus, le tronc ne doit pas être élevé de plus de trois ou quatre pieds au dessus du sol; car, de cette façon, il se couvrira sur-le-champ de rejetons par en bas, et il ne sera pas sec et rabougri comme le sont les vieux oliviers.

Il m'a encore montré un autre mode de plantation, consistant à prendre de fortes branches, mais dont l'écorce soit tendre comme celle des jeunes arbres, et à les fixer en terre comme les troncs. L'arbre grandit moins vite; mais comme sa pousse commence au pied même, il n'a rien de rude ni d'âpre. Je l'ai vu trans-

annosam transferri : hujus capillamenta quoque, si fieri potest, colligenda sunt; deinde liberalius sternenda vitis, ut etiam ex corpore radicescat. Et vidi non tantum mense februario positas; sed jam martio exacto tenent et complexæ sunt non suas ulmos. Omnes autem istas arbores, quæ, ut ita dicam, grandiscopiæ sunt, ait aqua adjuvandas cisternina : quæ si prodest, habemus pluviam in nostra potestate. Plura te docere non cogito: ne, quemadmodum Ægialus noster me sibi adversarium paravit, sic ego parem te mihi.

LXXXVII.

De frugalitate et luxu : an divitiæ bonum sint?

Naufragium, antequam navem ascenderem, feci : quomodo acciderit, non adjicio, ne et hoc putes inter stoica paradoxa ponendum; quorum nullum esse falsum, nec tam mirabile, quam prima facie videtur, quum volueris approbabo, immo etiam si nolueris. Interim hoc me iter docuit, quam multa haberemus supervacua, et quam facili judicio possemus deponere, quæ, si quando necessitas abstulit, non sentimus ablata. Cum paucissimis servis, quos unum capere vehiculum potuit, sine ullis rebus, nisi quæ corpore nostro continebantur, ego et Maximus meus biduum jam beatissimum agimus. Culcita in terra jacet, ego in culcita. Ex duabus penulis,

planter même une vigne fort âgée : à cet effet, il faut réunir en faisceaux les filamens des racines, puis étendre le plant dans toute sa longueur, afin que le cep même jette des racines. Non-seulement j'ai vu, au mois de février, des vignes ainsi plantées; mais j'en ai vu aussi à la fin de mars, qui tenaient déjà et s'attachaient aux ormeaux voisins. Tous ces arbres à haute tige veulent, selon mon auteur, être arrosés avec de l'eau de citerne; s'il est vrai qu'elle soit profitable, la pluie prend soin de nous en approvisionner. Je ne veux pas vous en apprendre davantage, de peur de me donner un adversaire redoutable, comme l'a fait Égialus, en vous rendant aussi savant que moi.

LXXXVII.

De la frugalité et du luxe. — Les richesses sont-elles un bien ?

J'ai fait naufrage avant de m'embarquer : comment? Je ne vous le dis pas, de peur que vous ne voyiez là dedans un de ces paradoxes des stoïciens, dont aucun n'est ni aussi faux ni aussi merveilleux qu'ils le paraissent au premier aspect, ainsi que je vous le prouverai quand vous le voudrez, et même quand vous ne le voudriez pas. Quoi qu'il en soit, mon voyage m'a appris combien nous possédons de choses superflues, et combien facilement nous pourrions nous passer de toutes ces choses, puisque nous n'en sentons pas l'absence, quand il arrive que la nécessité nous en prive. Voilà deux jours que nous vivons fort heureux, mon ami Maximus et moi, sans d'autres effets que ceux que nous portons sur nous. Mon matelas est par terre, et moi sur mon matelas. De deux manteaux

altera stragulum, altera opertorium facta est. De prandio nihil detrahi potuit : paratum fuit non magna hora, nusquam sine caricis, nusquam sine pugillaribus. Illæ, si panem habeo, pro pulmentario sunt; si non, pro pane; quotidie mihi annum novum faciunt, quem ego faustum et felicem reddo bonis cogitationibus, et animi magnitudine; qui nunquam major est, quam ubi aliena seposuit, et fecit sibi pacem, nihil timendo; fecit sibi divitias, nihil concupiscendo. Vehiculum, in quo positus sum, rusticum est. Mulæ, vivere se, ambulando testantur; mulio excalceatus, non propter æstatem. Vix a me obtineo, ut hoc vehiculum velim videri meum : durat adhuc perversa recti verecundia. Quoties in aliquem comitatum lautiorem incidimus, invitus erubesco; quod argumentum est, ista, quæ probo, quæ laudo, nondum habere certam fidem et immobilem. Qui sordido vehiculo erubescit, pretioso gloriabitur. Parum adhuc profeci; nondum audeo frugalitatem palam ferre; etiam nunc curo opiniones viatorum.

Contra totius generis humani opiniones mittenda vox erat : « Insanitis, erratis, stupetis ad supervacua, neminem æstimatis suo! Quum ad patrimonium ventum est, diligentissimi computatores, sic rationem ponitis singu-

que j'ai, l'un me sert de robe de nuit, l'autre de couverture. Quant à mon dîner, on ne saurait rien en retrancher : et il n'est pas besoin de beaucoup de temps pour le préparer, car nulle part je ne suis sans figues sèches ni sans mes tablettes. Mes figues me tiennent lieu de bonne chère quand j'ai du pain, et de pain quand j'en manque : elles me font de chaque jour, un jour de nouvel an, que je rends heureux et fortuné par d'honnêtes pensées, et par les sentimens élevés auxquels je laisse aller mon âme. Car l'âme ne s'élève jamais plus que lorsqu'elle s'est entièrement isolée des objets extérieurs, que lorsqu'elle s'est procuré la paix en ne craignant rien, la richesse en ne désirant rien. La voiture dans laquelle je voyage est grossière : il faut voir les mules cheminer pour s'apercevoir qu'elles sont vivantes ; et quant au muletier, s'il est sans chaussure, ce n'est certes pas à cause de la chaleur. J'ai peine à gagner sur moi de laisser croire que cette voiture est à moi, tant me domine encore la sotte honte que j'ai de bien faire. Toutes les fois que nous rencontrons des voyageurs plus opulens, je rougis malgré moi : ce qui prouve que les vertus, objets de mes applaudissemens et de mes éloges, ne sont pas encore fermement et irrévocablement établies dans mon âme. Qui rougit d'une voiture commune, se glorifiera d'une voiture de prix. Je suis vraiment bien peu avancé : je n'ose pas encore laisser voir ma frugalité ; je m'inquiète encore de l'opinion des passans.

J'aurais dû au contraire m'élever contre les préjugés du genre humain, et m'écrier : « Vous êtes des fous et des extravagans ; vous n'avez d'admiration que pour les superfluités ; vous ne savez pas estimer les gens pour ce qu'ils valent ! Quand votre patrimoine est en jeu, vous

lorum, quibus aut pecuniam credituri estis, aut beneficia (nam hæc quoque jam expensa fertis) : « Late possi-
« det, sed multum debet; habet domum formosam, sed
« alienis nummis paratam; familiam nemo cito specio-
« siorem producet, sed nominibus non respondet; si
« creditoribus solverit, nihil illi supererit. » Idem in reliquis quoque facere debebatis, excutere quantum proprii quisque habeat! » Divitem illum putas, quia aurea supellex etiam in via eum sequitur; quia in omnibus provinciis arat; quia magnus kalendarii liber volvitur; quia tantum suburbani agri possidet, quantum invidiose in desertis Apuliæ possideret. Quum omnia dixeris, pauper est. — Quare? — Quia debet. — Quantum? inquis. — Omnia. Nisi forte judices interesse, utrum aliquis ab homine, an a fortuna mutuum sumpserit. Quid ad rem pertinent mulæ saginatæ, unius omnes coloris? Quid ista vehicula cælata?

>......Instrati ostro alipedes, pictisque tapetis;
> Aurea pectoribus demissa monilia pendent;
> Tecti auro, fulvum mandunt sub dentibus aurum.

Ista nec dominum meliorem possunt facere, nec malam. M. Cato censorius (quem tam reipublicæ fuit nasci, quam Scipionem; alter enim cum hostibus nostris bellum, alter cum moribus gessit) canterio vehebatur, et hippoperis quidem impositis, ut secum utilia portaret.

êtes de grands calculateurs ; vous raisonnez ainsi sur le compte de ceux aux mains desquels il s'agit de placer votre argent ou vos bienfaits (car vos bienfaits même, vous les portez en compte). « Il a de grands biens, dites-vous, mais « il doit beaucoup ; il a une belle maison, mais achetée des « deniers d'autrui ; personne n'a un domestique plus nom- « breux, mais il ne fait pas honneur à ses engagemens : ses « créanciers payés, il ne lui restera rien. » Vous devriez bien en user de même pour toutes les autres choses, examiner ce que chacun possède en propre. » Vous regardez cet homme comme riche, parce que son riche mobilier le suit même en voyage ; parce qu'il a des biens dans toutes les provinces ; parce qu'il a un énorme livre d'échéances ; parce que la quantité de terres qu'il possède dans les faubourgs, fussent-elles situées même dans les déserts de l'Apulie, seraient un objet de jalousie. Eussiez-vous encore autre chose à ajouter, il n'en sera pas moins pauvre. — Pourquoi ? C'est qu'il doit. — Combien ? — Tout ce qu'il a. Que ce soit aux hommes ou à la fortune qu'on ait emprunté, c'est même chose à vos yeux, j'espère. Qu'importent ces mules brillantes d'embonpoint, et toutes d'une même couleur ? Qu'importent ces voitures bien sculptées ?

« Ses coursiers sont couverts de pourpre et de riches tapis ; le long de leurs poitrails descendent des ornemens d'or, et partout sur eux brille l'or, jusque dans le frein qu'ils rongent de leurs dents impatientes. »

Tout cela ne rend ni le maître ni la mule meilleurs. Caton le censeur (dont la naissance fut un aussi grand bonheur pour la république que celle de Scipion : car il fit la guerre aux mauvaises mœurs, comme l'autre la faisait aux ennemis de l'état) voyageait sur un cheval hongre, sa valise devant lui, afin d'avoir avec soi le néces-

O quam cuperem illi nunc occurrere aliquem ex his trosulis in via divitibus, cursores et Numidas et multum ante se pulveris agentem! Hic sine dubio cultior comitatiorque, quam M. Cato, videretur; hic, qui inter illos apparatus delicatus quummaxime dubitat, utrum se ad gladium locet, an ad cultrum. O quantum erat sæculi decus, imperatorem triumphalem, censorium, et, quod super omnia hæc est, Catonem, uno caballo esse contentum, et ne toto quidem! partem enim sarcinæ, ab utroque latere dependentes, occupabant. Ita non omnibus obesis mannis, et asturconibus, et tollutariis præferres unicum illum equum, ab ipso Catone defrictum?

Video non futurum finem in ista materia ullum, nisi quem ipse mihi fecero. Hic itaque conticescam, quantum ad ista; quæ sine dubio talia divinavit futura, qualia nunc sunt, qui primus appellavit *impedimenta.* Nunc volo paucissimas adhuc interrogationes nostrorum tibi reddere, ad virtutem pertinentes, quam satisfacere vitæ beatæ contendimus. « Quod bonum est, bonos facit; nam et in arte musica, quod bonum est, facit musicum : fortuita bonum non faciunt; ergo non sunt bona. » — Adversus hoc sic respondent peripatetici, ut, quod primum proponimus, falsum esse dicant. « Ab eo, inquiunt, quod est bonum, non utique fiunt boni. In musica est aliquod bonum, tanquam tibia, aut chorda, aut orga-

saire. Que je voudrais qu'il rencontrât aujourd'hui un de ces élégans voyageurs, faisant voler sur la route ses coureurs, ses cavaliers numides et avec eux des tourbillons de poussière! Cet homme, sans aucun doute, écraserait Caton par son luxe et par sa brillante escorte; et pourtant, au milieu de tout cet appareil somptueux, il délibère s'il se louera pour l'épée ou pour le couteau. Quelle gloire pour un siècle, qu'un général honoré du triomphe, qu'un censeur, et, ce qui est encore plus, un Caton, se soit contenté d'un cheval de rebut; cheval qu'il n'avait même pas à lui seul, car son bagage, pendant à droite et à gauche, en occupait une partie. De bonne foi, ne préféreriez-vous pas, à nos bidets potelés, à nos genêts d'Espagne, à nos haquenées, cet unique cheval que Caton étrillait lui-même?

Je vois qu'il n'y a moyen d'en finir là dessus, qu'en changeant de discours. Je n'en dirai donc pas davantage sur ces équipages de route, dont on devinait sans doute le futur accroissement, quand on leur donna le nom d'*impedimenta*. En revanche, je veux vous faire part de trois ou quatre propositions avancées par les stoïciens au sujet de la vertu, que nous prétendons suffire au bonheur de la vie. « Ce qui est bon rend les hommes bons; ainsi, ce qu'il y a de bon dans l'art musical, fait le musicien : les choses fortuites ne rendent pas les hommes bons; donc elles n'ont rien de bon. » — Les péripatéticiens répondent à cet argument, en niant le premier terme de notre proposition. « Tout ce qui est bon, disent-ils, ne rend pas les hommes bons. Dans la musique, par exemple, il y a de bonnes choses, comme la flûte, les cordes et les instrumens propres à accompagner le chant;

num aliquod aptatum ad usus canendi ; nihil tamen horum facit musicum.» — Hic respondebimus : Non intelligitis quomodo posuerimus, « quod bonum est in musica.» Non enim id dicimus, quod instruit musicum, sed quod facit : tu ad supellectilem artis, non ad artem venis. Si quid autem in ipsa arte musica bonum est, id utique musicum faciet. Etiamnunc facere id planius volo. Bonum in arte musica duobus modis dicitur : altero, quo effectus musici adjuvatur; altero, quo ars. Ad effectum pertinent instrumenta, tibiæ, et organa, et chordæ; ad, artem ipsam non pertinent. Est enim artifex etiam sine istis ; uti forsitan non potest arte. Hoc non est æque duplex in homine : idem enim bonum et hominis, et vitæ.

« Quod contemptissimo cuique contingere ac turpissimo potest, bonum non est : opes autem et lenoni, et lanistæ contingunt : ergo non sunt bona. » — Falsum est, inquiunt, quod proponitis. Nam et in grammatica, et in arte medendi, aut gubernandi, videmus humillimis quibusque bona contingere. — Sed istæ artes non sunt magnitudinem animi professæ, non consurgunt in altum, nec fortuita fastidiunt. Virtus extollit hominem, et supra cara mortalibus collocat : nec ea, quæ bona, nec ea, quæ mala vocantur, aut cupit nimis, aut expavescit. Chelidon, unus ex Cleopatræ mollibus, patrimonium grande possedit. Nuper Natalis, tam improbæ lin-

cependant rien de tout cela ne fait le musicien. » — A cela nous répondons : « Vous ne comprenez pas le sens de ces mots : *ce qu'il y a de bon dans la musique*. En effet, nous ne parlons pas de ce qui sert au musicien, mais de ce qui le fait : vous vous occupez de l'attirail de l'art, non de l'art lui-même. Or, s'il y a quelque chose de bon dans l'art musical, c'est ce qui fait le musicien. Je vais parler plus clairement. Le mot *bon* a deux sens en musique : l'un qui s'applique à l'exécution, l'autre à l'art. A l'exécution appartiennent les flûtes, les instrumens, les cordes, mais tout cela est étranger à l'art. En effet, sans instrument, on peut être artiste, quoique, difficilement, on puisse faire preuve de son savoir faire. Mais cette dualité n'existe pas à l'égard de l'homme; ce qui est bon quant à lui, l'est aussi quant à sa vie.

« Ce qui peut échoir à l'homme le plus vil et le plus méprisable n'est pas un bien : les richesses échoient journellement à des maquignons et à des maîtres d'escrime, donc elles ne sont pas un bien. » — Cette proposition est fausse, nous objecte-t-on, car on voit des biens tomber en partage à ce qu'il y a de plus bas parmi les grammairiens, les médecins ou les pilotes. — Mais ces professions n'affichent pas la grandeur d'âme, ne se posent pas au dessus de l'humanité, ne méprisent pas les dons de la fortune. La vertu élève l'homme, et le place au dessus des objets chers aux autres mortels : ce qu'on appelle biens, elle ne le désire pas; ce qu'on appelle maux, elle ne le craint pas immodérément. Chélidon, un des eunuques de Cléopâtre, fut possesseur d'un patrimoine considérable. On a vu, de nos jours, un être à la langue

guæ, quam impuræ, in cujus ore feminæ purgabantur, et multorum heres fuit, et multos habuit heredes. Quid ergo? utrum illum pecunia impurum effecit, an ipse pecuniam inspurcavit?

Quæ sic in quosdam homines, quomodo denarius in cloacam cadit. Virtus super ista consistit; suo ære censetur; nihil ex istis quomodolibet incurrentibus bonum judicat. Medicina, et gubernatio, non interdicit sibi ac suis admirationem talium rerum. Qui non est vir bonus, potest nihilominus medicus esse; potest gubernator, potest grammaticus, tam mehercules, quam coquus. Cui contingit habere non quælibet, hunc non quemlibet dixeris. Qualia quisque habet, talis est. Fiscus tanti est, quantum habet; immo in accessionem ejus venit quod habet. Quis pleno sacculo ullum pretium ponit, nisi quod pecuniæ in eo conditæ numerus effecit? Idem evenit magnorum dominis patrimoniorum; accessiones illorum et appendices sunt. Quare ergo sapiens magnus est? quia magnum animum habet. Verum est ergo, « quod contemptissimo cuique contingit, bonum non esse. » Itaque indolentiam nunquam bonam dicam : habet illam cicada, habet pulex. Ne quietem quidem, et molestia vacare bonum dicam : quid est otiosius verme?

Quæris, quæ res sapientem faciat? — Quæ Deum. Des oportet illi divinum aliquid, cœleste, magnificum.

aussi impure que méchante, un être dont la bouche se prêtait aux plus sales libations, Natalis, après avoir recueilli beaucoup d'héritages, avoir à son tour beaucoup d'héritiers. Que pensez-vous, ou qu'il ait été souillé par son argent, ou qu'il ait souillé son argent?

L'argent, quand il va trouver certaines gens, est comme une pièce de monnaie qui tombe dans un cloaque. La vertu est au dessus de toutes ces vanités; toute sa valeur est en elle-même; ce ne sont pas des biens à ses yeux que tous ces objets qui fondent au hasard sur nous. La médecine et l'art du pilote n'interdisent pas à leurs adeptes l'admiration de ces choses-là. On peut, sans être vertueux, être médecin, pilote, grammairien, tout aussi bien, ma foi, que cuisinier. Celui qui n'a rien doit s'attendre à n'être compté pour rien. Tant on a, tant on vaut. Un coffre-fort ne vaut que par ce qu'il contient; je me trompe, il n'entre qu'accessoirement en ligne de compte avec ce qu'il contient. A-t-on jamais attaché à un sac plein, d'autre prix que celui de l'argent qui s'y trouve renfermé? Il en est de même des possesseurs de grandes fortunes; ils ne sont que des accessoires, des appendices de leurs richesses. Mais le sage, pourquoi est-il si grand? C'est que son âme est grande. Il est donc vrai de dire «qu'un bien qui échoit à des hommes méprisables n'est pas un bien.» Je ne regarderai donc pas l'*insensibilité* comme un bien : la cigale la possède et le puceron aussi. Je n'appellerai pas non plus un bien *le repos* ni *l'absence d'inquiétudes* : car, quoi de plus tranquille qu'un vermisseau?

Vous me demandez quelle chose constitue le sage? — La même qui constitue la divinité. Il faut que vous sup-

Non in omnes bonum cadit, nec quemlibet possessorem patitur. Vide,

> Et quid quæque ferat regio, et quid quæque recuset.
> Hic segetes, illic veniunt felicius uvæ;
> Arborei fœtus alibi, atque injussa virescunt
> Gramina. Nonne vides, croceos ut Tmolus odores,
> India mittit ebur, molles sua thura Sabæi?
> At Chalybes nudi ferrum. . . . .

Ista in regiones descripta sunt, ut necessarium mortalibus esset inter ipsos commercium, si invicem alius aliquid ab alio peteret. Summum illud bonum habet et ipsum suam sedem; non nascitur ubi ebur, nec ubi ferrum. Quis sit summi boni locus, quæris? Animus! Hic, nisi purus ac sanctus est, Deum non capit.

« Bonum ex malo non fit : divitiæ autem fiunt ex avaritia : divitiæ ergo non sunt bonum. » — Non est, inquit, verum, bonum ex malo non nasci; ex sacrilegio enim et furto pecunia nascitur. Itaque malum quidem est sacrilegium et furtum; sed ideo, quia plura mala facit, quam bona : dat enim lucrum, sed cum metu, sollicitudine, tormentis et animi et corporis. — Quisquis hoc dicit, necesse est recipiat, sacrilegium sicut malum sit, quia multa mala facit, ita bonum quoque ex aliqua parte esse, quia aliquid boni facit: quo quid fieri portentosius potest? quanquam, sacrilegium, furtum et adulterium inter bona haberi, prorsus persuasimus. Quam multi furto non erubescunt, quam multi adul-

posiez en lui quelque chose de divin, de céleste, de sublime. Car le bien n'est pas le partage de tout le monde; il ne se donne pas au premier venu : examinez

« Quelles productions accorde ou refuse chaque terrain. Ici les moissons, ici les vignes viennent avec plus de succès; ailleurs les arbres et les prairies se couvrent naturellement de verdure. Ainsi, le Tmolus nous envoie son safran parfumé, l'Inde son ivoire, les plaines de Saba leurs encens, et le Chalybe aux membres nus son fer. »

Ces productions ont été distribuées entre divers pays, afin que le besoin qu'ils auraient les uns des autres, établît entre les mortels un commerce nécessaire. Le souverain bien a aussi son siège particulier; on ne le trouve pas aux mêmes lieux que l'ivoire ou le fer. — Mais quel lieu le recèle? — L'âme! Cependant si elle n'est pure et sainte, il n'y a pas en elle place pour la Divinité.

« Le bien ne peut naître du mal; les richesses naissent de l'avarice; donc elles ne sont pas un bien. » — Il n'est pas vrai, objecte-t-on, que le bien ne puisse pas naître du mal : en effet, le sacrilège et le vol procurent de l'argent. Aussi le sacrilège et le vol ne sont des maux, que parce qu'ils font plus de mal que de bien : car si on y trouve du profit, il est accompagné de craintes, d'inquiétudes, de tourmens du corps et de l'âme. — Tenir ce langage, c'est admettre nécessairement que, si le sacrilège est un mal, en tant qu'il produit beaucoup de maux, il est, sous d'autres rapports, un bien, en tant qu'il produit quelque bien. Or, je le demande, est-il rien de plus monstrueux que ce raisonnement, quoique nous soyons à une époque où on est venu à considérer le sacrilège, le vol et l'adultère comme des biens absolus? Combien de gens en effet ne rougissent pas du vol, combien se glorifient de l'adultère? Et pour

terio gloriantur? Nam sacrilegia minuta puniuntur, magna in triumphis feruntur. Adjice nunc, quod sacrilegium, si omnino ex aliqua parte bonum est, etiam honestum erit, et recte factum vocabitur; nostra enim actio est : quod nullius mortalium cogitatio recipit. Ergo bona nasci ex malo non possunt. Nam si, ut dicitis, ob hoc unum sacrilegium malum est, quia multum mali affert; si remiseritis illi supplicia, si securitatem spoponderitis, ex toto bonum erit. Atqui maximum scelerum supplicium in ipsis est. Erras, inquam, si illa ad carnificem aut ad carcerem differs : statim puniuntur quum facta sunt, immo dum fiunt. Non nascitur itaque ex malo bonum, non magis quam ficus ex olea. Ad semen nata respondent : bona degenerare non possunt. Quemadmodum ex turpi honestum non nascitur, ita ne ex malo quidem bonum : nam idem est honestum et bonum.

Quidam ex nostris adversus hoc sic respondent : « Putemus pecuniam bonum esse, undecumque sumptam; non tamen ideo ex sacrilegio pecunia est, etiam si ex sacrilegio sumitur. » Hoc sic intellige. In eadem urna et aurum est, et vipera : si aurum ex urna sustuleris, quia illic et vipera est, non ideo (inquam) mihi urna aurum dat, quia viperam habet; sed aurum dat, quum et viperam habeat. Eodem modo ex sacrilegio lucrum fit; non quia turpe et sceleratum est sacrilegium, sed quia et lucrum habet. Quemadmodum in illa urna

ce qui est des sacrilèges, on punit les petits, on jette des couronnes aux grands. Ajoutez que, si le sacrilège est sous quelque rapport un bien réel, il sera honnête aussi, et sera qualifié de bonne action : car c'est un acte tout-à-fait à nous ; et c'est ce que ne peut admettre l'opinion d'aucun homme. Ainsi le bien ne peut naître du mal. Si le sacrilège est, comme vous l'avancez, un mal pour ce seul motif qu'il est la source de beaucoup de mal ; aussitôt qu'on lui aura fait grâce des supplices, aussitôt qu'on lui aura garanti l'impunité, il deviendra un bien sous tous les rapports. Or le plus grand supplice des crimes est en eux-mêmes. C'est une erreur, je le soutiens, de croire que la punition des crimes dépende du bourreau ou de la prison ; elle commence aussitôt qu'on les a commis ; que dis-je? au moment même où on les commet. Le bien ne peut donc pas plus naître du mal, que la figue de l'olivier. Le fruit répond toujours à la semence : le bien ne peut pas dégénérer. De même que l'honnête ne peut naître de ce qui est honteux, de même le bien ne peut naître du mal : car l'honnête et le bien sont tout un.

Quelques-uns de nos stoïciens répondent à ces argumens de la manière suivante : « Supposons que l'argent soit un bien de quelque côté qu'il vienne, il ne pourra s'appeler argent sacrilège, alors même qu'il viendra d'un sacrilège. » Voici qui vous fera mieux saisir leurs pensées : Un même vase contient de l'or et une vipère ; si vous en retirez l'or parce que la vipère s'y trouve, ce n'est point à raison de ce qu'il contient une vipère que ce vase vous offre de l'or, mais quoiqu'il contienne une vipère. Ainsi du sacrilège : il devient profitable, non parce qu'il est honteux et criminel, mais parce qu'il est accompagné de profits. De même que dans ce vase, c'est la vipère qui est

vipera malum est, non aurum, quod cum vipera jacet; sic in sacrilegio malum est scelus, non lucrum. A quibus dissentio : dissimillima utriusque rei conditio est. Illic aurum possum sine vipera tollere; hic lucrum sine sacrilegio facere non possum. Lucrum istud non est appositum sceleri, sed immixtum.

« Quod dum consequi volumus, in multa mala incidimus, id bonum non est : dum divitias autem consequi volumus, in multa mala incidimus : ergo divitiæ bonum non sunt. » — Duas, inquit, significationes habet propositio vestra : unam, « dum divitias consequi volumus, in multa nos mala incidere; » in multa autem mala incidimus et dum virtutem consequi volumus. Aliquis, dum navigat studii causa, naufragium fecit; aliquis captus est. Altera significatio talis est : « Per quod in mala incidimus, bonum non est. » Huic propositioni non erit consequens, per divitias nos, aut per voluptates, in mala incidere : aut, si per divitias in multa mala incidimus, non tantum bonum divitiæ non sunt, sed malum sunt. Vos autem tantum *illas* dicitis *bonum non esse.* Præterea, inquit, conceditis divitias habere aliquid usus : inter *commoda* illas numeratis. Atqui eadem ratione ne commodum quidem erunt; per illas enim multa nobis incommoda eveniunt.

His quidam hoc respondent : Erratis, qui incommoda divitiis imputatis. Illæ neminem lædunt : aut nocet sua

le mal, et non l'or qui est avec la vipère : de même dans le sacrilège, c'est le crime qui est le mal, et non le profit. Je ne partage pas cet avis : il n'y a nullement analogie entre les deux cas. Dans le premier, je ne puis prendre l'or sans la vipère; dans l'autre, il n'y a pas de profit possible sans le sacrilège. Le profit n'est pas à côté du crime, il ne fait qu'un avec lui.

« Ce qu'on ne peut acquérir sans s'attirer beaucoup de maux n'est pas un bien. En voulant acquérir la richesse, on s'attire beaucoup de maux; les richesses ne sont donc pas un bien. » — On répond que notre proposition a deux sens : le premier qui est celui-ci : « En voulant acquérir la richesse, nous attirons sur nous beaucoup de maux. » Or, c'est ce qui nous arrive aussi en voulant acquérir la vertu. En naviguant pour leur instruction, les uns ont fait naufrage, les autres ont été capturés. Le second sens est que : « Ce qui attire des maux sur nous n'est pas un bien. » Il ne suit pas de cette proposition que les richesses ou les voluptés attirent des maux sur nous; ou si les richesses étaient pour nous une source de maux, non-seulement elles ne seraient pas un bien, mais même elles seraient un mal. Pourtant vous vous bornez à dire qu'*elles ne sont pas un bien*. D'ailleurs, ajoute-t-on, vous convenez que les richesses sont de quelque utilité, vous les mettez au rang des *avantages de la vie*. Or, toujours d'après votre raisonnement, elles ne seraient pas même un avantage, puisque vous prétendez qu'elles sont la source de mille inconvéniens.

Voici ce que répondent plusieurs philosophes : C'est une erreur d'attribuer des inconvéniens aux richesses.

cuique stultitia, aut aliena nequitia; sic, quemadmodum gladius, qui neminem occidit, occidentis telum est. Non ideo divitiæ tibi nocent, si propter divitias tibi nocetur. Posidonius (ut ego existimo) melius : qui ait, « divitias esse causam malorum, non quia ipsæ faciant aliquid, sed quia facturos irritant. » Alia est enim causa efficiens, quæ protinus necesse est noceat; alia præcedens : hanc præcedentem causam divitiæ habent. Inflant animos, superbiam pariunt, invidiam contrahunt, et usque eo mentem alienant, ut fama pecuniæ nos, etiam nocitura, delectet. Bona autem omni carere culpa decet : pura sunt, non corrumpunt animos, non sollicitant; extollunt quidem et dilatant, sed sine tumore. Quæ bona sunt, fiduciam faciunt; divitiæ audaciam : quæ bona sunt, magnitudinem animi dant; divitiæ insolentiam. Nihil autem aliud est insolentia, quam species magnitudinis falsa. — Isto modo, inquit, etiam malum sunt divitiæ, non tantum bonum non sunt. — Essent malum, si per se nocerent; si, ut dixi, haberent efficientem causam : nunc præcedentem habent, et quidem non irritantem tantum animos, sed attrahentem. Speciem enim boni ostendunt verisimilem, ac plerisque credibilem. Habet virtus quoque præcedentem causam ad invidiam; multis enim propter sapientiam, multis propter justitiam invidetur : sed nec ex se hanc causam habet, nec verisimilem.

Elles ne font de mal à personne; on ne souffre jamais que par sa propre folie ou par la méchanceté des autres : ainsi ce n'est pas l'épée qui tue, elle n'est que l'instrument de l'assassin. Parce qu'on vous fait du mal à cause de vos richesses, ce ne sont pas elles qui vous font du mal. La réponse de Posidonius me satisfait davantage. « Les richesses, dit-il, sont une cause de maux, non qu'elles nuisent par elles-mêmes, mais parce qu'elles excitent à mal faire. » En effet, il y a une grande différence entre la cause efficiente, qui nuit immédiatement et nécessairement, et la cause précédente, laquelle est ici l'attribut des richesses. Les richesses tournent la tête, enfantent l'orgueil, font naître l'envie, égarent l'esprit au point que nous aimons à passer pour riches, quelque dommage qui puisse en résulter pour nous. Les vrais biens, au contraire, doivent être exempts de tout coupable alliage; ils sont purs, ne souillent pas l'âme, ne la troublent pas, mais l'élèvent et la dilatent sans l'enfler. Les vrais biens inspirent de la confiance; les richesses de l'audace : les vrais biens donnent de la grandeur d'âme; les richesses de l'insolence. Or, l'insolence n'est autre chose qu'un faux-semblant de grandeur. — Ainsi, les richesses, non-seulement ne sont pas un bien, mais encore sont un mal. — Elles seraient un mal, si elles nuisaient par elles-mêmes; si, comme je l'ai déjà dit, elles agissaient comme cause efficiente : mais elles n'agissent que comme cause précédente, qui, loin d'exciter, ne provoque même pas. Elles ont une apparence de bien, faite pour convaincre le commun des hommes, tant elle est vraisemblable. Il existe aussi dans la vertu une cause précédente de l'envie; car il est beaucoup de gens à la sagesse et à l'équité desquels on porte envie. Cependant

Contra enim verisimilior illa species hominum animis objicitur a virtute, quæ illos in amorem et admirationem vocet. Posidonius sic interrogandum ait : « Quæ neque magnitudinem animo dant, nec fiduciam, nec securitatem, non sunt bona : divitiæ autem, et bona valetudo, et similia his, nihil horum faciunt : ergo non sunt bona. » Hanc interrogationem magis etiamnunc hoc modo intendit : « Quæ neque magnitudinem animo dant, nec fiduciam, nec securitatem, contra autem insolentiam, tumorem, arrogantiam creant, mala sunt : a fortuitis autem in hæc impellimur : ergo non sunt bona. » — Hac, inquit, ratione ne commoda quidem ista erunt. — Alia est commodorum conditio, alia bonorum. Commodum est, quod plus usus habet quam molestiæ; bonum sincerum esse debet, et ab omni parte innoxium. Non est id bonum, quod plus prodest; sed quod tantum prodest. Præterea commodum et ad animalia pertinet, et ad imperfectos homines, et ad stultos. Itaque potest ei esse incommodum mixtum ; sed commodum dicitur, a majore sua parte æstimatum. Bonum ad unum sapientem pertinet; inviolatum esse oportet. Bonum animum habe! Unus tibi nodus, sed Herculaneus, restat.

« Ex malis bonum non fit : ex multis paupertatibus divitiæ fiunt; ergo divitiæ bonum non sunt. » — Hanc interrogationem nostri non agnoscunt : peripatetici et

cette cause ne tient pas à elle, pas même d'une manière vraisemblable.

Au contraire, c'est un effet plus vraisemblable de la vertu d'éveiller l'amour et l'admiration dans les esprits des hommes. Posidonius prétend qu'on doit ainsi poser la question : « Les objets qui ne donnent ni la grandeur d'âme, ni la confiance, ni la sécurité, ne sont pas des biens; les richesses, la bonne santé, et tous les avantages de même espèce ne donnent rien de tout cela; donc ce ne sont pas des biens. » Il exprime encore plus nettement sa pensée par ce qui suit : « Les objets qui, loin de donner la grandeur d'âme, la confiance et la sécurité, engendrent l'insolence, la vanité, l'arrogance, sont des maux; les dons de la fortune nous poussent à ces excès; donc ils ne sont pas des biens. » — A ce compte, nous objecte-t-on, ils ne seront même pas des avantages. — Il y a une grande différence entre les avantages et les biens. On entend par avantage ce qui procure plus d'utilité que de désagrémens. Or, le bien doit être pur et sans mélange d'inconvéniens. Le bien n'est pas ce qui est d'une utilité relative; mais ce qui est d'une utilité absolue. Remarquez en outre que les avantages peuvent être le partage des animaux, des hommes imparfaits, des insensés. Les avantages peuvent donc être mêlés d'inconvéniens; mais on les appelle ainsi, parce qu'on prend la plus grande partie pour le tout. Le bien, au contraire, n'appartient qu'au sage : son caractère est d'être sans alliage. Ayez une âme vertueuse! c'est là toute la difficulté; mais cette difficulté, c'est le nœud d'Hercule.

« Plusieurs maux réunis ne peuvent former un bien; plusieurs pauvretés réunies peuvent former la richesse; donc les richesses ne sont pas un bien. » Nos stoïciens ne

fingunt illam, et solvunt. Ait autem Posidonius, hoc sophisma, per omnes dialecticorum scholas jactatum, sic ab Antipatro refelli. «Paupertas non per possessionem dicitur; sed per detractionem, vel, ut antiqui dixerunt, per orbationem (Græci κατὰ στέρησιν dicunt): non, quod habeat, dicta, sed quod non habeat. Itaque ex multis inanibus nihil impleri potest; divitias multæ res faciunt, non multæ inopiæ. Aliter, inquit, quam debes, paupertatem intelligis. Paupertas est, non quæ pauca possidet, sed quæ multa non possidet. Ita non ab eo dicitur, quod habet; sed ab eo, quod ei deest.» Facilius, quod volo, exprimerem, si latinum verbum esset, quod ἀνυπαρξία significatur. Hanc paupertati Antipater assignat. — Ego non video, quid aliud sit paupertas, quam parvi possessio. De isto videbimus, si quando valde vacabit, quæ sit divitiarum, quæ paupertatis substantia : sed tunc quoque considerabimus, numquid satius sit paupertatem permulcere, divitiis demere supercilium, quam litigare de verbis, quasi jam de rebus judicatum sit. Putemus nos ad concionem vocatos. Lex de abolendis divitiis fertur : his interrogationibus suasuri aut dissuasuri sumus? his effecturi, ut populus romanus paupertatem, fundamentum et causam imperii sui, requirat ac laudet; divitias autem suas timeat? ut cogitet, has se apud victos reperisse; hinc ambitum, et largitiones, et tumultus, in urbem sanctissimam tem-

reconnaissent point cette proposition : ce sont les péripatéticiens qui l'ont imaginée et qui la résolvent. Voici comment Posidonius dit qu'Antipater réfutait ce sophisme célèbre dans toutes les écoles des dialecticiens. Le mot *pauvreté* n'exprime pas la possession positive, mais la possession négative : on l'emploie dans le sens privatif; ou, comme disaient les Grecs, κατὰ στέρησιν : en un mot, il ne désigne pas ce qu'on a, mais ce qu'on n'a pas. Plusieurs vides réunis ne peuvent pas opérer la plénitude; de même, pour former la richesse, il faut toute autre chose que des pauvretés réunies. Vous n'entendez pas comme il faut le mot *pauvreté* : il se dit, non du peu qu'on a, mais de la quantité des choses qu'on n'a pas; il se dit, non de ce qu'on possède, mais de ce dont on manque. » Je rendrais plus facilement ma pensée, si notre mot latin répondait au mot grec ἀνυπαρξία (non existence). C'est le sens qu'Antipater donne au mot *pauvreté*. — Pour moi, je ne vois pas ce que c'est que la pauvreté, hormis la possession de peu de chose. Quand nous en aurons le temps, nous rechercherons ce qui constitue la richesse et la pauvreté; et, en même temps, nous examinerons s'il ne vaudrait pas mieux adoucir les souffrances de la pauvreté, et ôter à la richesse son orgueil, que de disputer sur les mots, comme si l'on avait tout fait pour les choses. Supposons-nous mandés à une assemblée. On propose une loi pour l'abolition des richesses. Sera-ce avec de pareils argumens que nous pourrons convaincre ou dissuader? que nous pourrons amener le peuple romain à rechercher et à honorer la pauvreté, qui fut le fondement et la cause de sa puissance; à craindre ses richesses; à considérer qu'il les a trouvées chez les peuples qu'il a vaincus; que c'est par

perantissimamque irrupisse; nimis luxuriose ostentari gentium spolia; quod unus populus eripuerit omnibus, facilius ab omnibus uni eripi posse? — Hæc satius est suadere; et expugnare affectus, non circumscribere. Si possumus, fortius loquamur : si minus, apertius.

LXXXVIII.

Artes liberales in bonis non esse, nihil ad virtutem conferre.

DE *liberalibus studiis* quid sentiam, scire desideras. — Nullum suspicio, nullum in bonis numero, quod ad æs exit. Meritoria artificia sunt; hactenus utilia, si præparent ingenium, non detineant. Tamdiu enim istis immorandum est, quamdiu nihil animus agere majus potest; rudimenta sunt nostra, non opera. Quare *liberalia studia* dicta sint, vides : quia homine libero digna sunt. Ceterum unum studium vere liberale est, quod liberum facit; hoc sapientiæ, sublime, forte, magnanimum; cetera pusilla et puerilia sunt. An tu quidquam in istis esse credis boni, quorum professores turpissimos omnium ac flagitiosissimos cernis? Non discere debemus ista, sed didicisse.

elles que l'ambition, la vénalité et le désordre ont pénétré dans la cité la plus vertueuse et la plus austère; que nous étalons avec trop de faste les dépouilles des nations; que ce qu'un peuple a ravi à tous, il est plus facile à tous de le ravir à un seul?—Voilà ce qu'il importe bien davantage de démontrer; voilà comme il faut attaquer les passions au lieu de les définir. Parlons avec plus de force, si nous pouvons : dans le cas contraire, avec plus de clarté.

LXXXVIII.

Que les arts libéraux ne font pas partie des biens, et ne sont d'aucun profit pour la vertu.

Vous voulez savoir ce que je pense des *arts libéraux*. Je n'en estime aucun ; je n'en place aucun parmi les biens réels, parce que tous se résolvent en argent. Ce sont des industries intéressées; ils peuvent servir à préparer l'esprit, mais non à l'occuper. Il ne faut s'y arrêter que lorsque l'âme n'est capable de rien de plus élevé; regardons-les comme des exercices élémentaires, jamais comme des travaux. Je n'ai pas besoin de vous dire qu'on les a appelés *études libérales*, parce qu'ils sont censés convenir à l'homme libre. Mais il n'y a qu'une seule étude qui soit vraiment libérale et digne de l'homme; c'est celle de la sagesse, cette étude noble, courageuse et sublime; les autres sont mesquines et puériles. Quel bien pensez-vous attendre de ces sciences professées par les hommes les plus immoraux et les plus dégradés? Contens de ce que nous en savons, il ne faut pas perdre notre temps à les apprendre.

Quidam illud de liberalibus studiis quærendum judicaverunt, an virum bonum facerent. Ne promittunt quidem, nec hujus rei scientiam affectant. *Grammaticus* circa curam sermonis versatur; et, si latius evagari vult, circa historias; jam, ut longissime fines suos proferat, circa carmina. Quid horum ad virtutem viam sternit? syllabarum enarratio, et verborum diligentia, et fabularum memoria, et versuum lex ac modificatio? Quid ex his metum demit, cupiditatem eximit, libidinem frenat? Ad geometriam transeamus, et ad musicam : nihil apud illas invenies, quod vetet timere, vetet cupere. Quisquis hæc ignorat, alia frustra scit.

Videndum utrum doceant isti virtutem, an non : si non docent, ne tradunt quidem; si docent, philosophi sunt. Vis scire, quam non ad docendam virtutem consederint? aspice quam dissimilia inter 'se omnium studia sint : atqui similitudo esset idem docentium. Nisi forte tibi Homerum philosophum fuisse persuadent; quum his ipsis, quibus colligunt, negent. Nam modo stoicum illum faciunt, virtutem solam probantem, et voluptates refugientem, et ab honesto ne immortalitatis quidem pretio recedentem; modo epicureum, laudantem statum quietæ civitatis, et inter convivia cantusque vitam exigentis; modo peripateticum, bonorum tria genera inducentem; modo academicum, incerta omnia dicentem. Apparet nihil horum esse in illo, quia omnia sunt : ista

Quelques-uns se sont occupés de rechercher si les arts libéraux rendent l'homme vertueux. Ils ne l'annoncent même pas, loin d'y prétendre. Le *grammairien* s'occupe de la langue; s'il veut se donner plus de carrière, il va jusqu'à l'histoire : mais si loin qu'il pousse, il ne s'avance jamais au delà de la poésie. Or, qu'y a-t-il qui aplanisse le chemin de la vertu dans l'arrangement des syllabes, dans le choix des mots, dans la connaissance des traditions et dans les règles ou la construction des vers? Qu'y a-t-il là qui affranchisse de la crainte, qui extirpe les passions, qui réprime le libertinage? Passons à la géométrie et à la musique : vous n'y trouverez rien qui empêche de craindre, rien qui empêche de désirer. Et pourtant, sans cela, à quoi bon la science?

Il faut examiner si ces professeurs enseignent la vertu ou non; s'ils ne l'enseignent pas, ils ne la communiquent même pas; s'ils l'enseignent, alors ce sont des philosophes. Voulez-vous vous convaincre que ce n'est pas pour enseigner la vertu qu'ils montent dans leur chaire? Remarquez combien sont divers les enseignemens de chacun; or, si le but était le même, l'enseignement serait partout le même. Il se peut qu'ils veuillent vous persuader qu'Homère a été philosophe; mais les preuves même qu'ils donnent sont autant de démentis à leur opinion. Tantôt on en fait un stoïcien, n'estimant que la vertu, ayant la volupté en horreur, et qui ne s'écarterait pas de l'honnête au prix même de l'immortalité; tantôt on en fait un épicurien, louant l'état d'une cité paisible, et passant sa vie au milieu des festins et des chants d'allégresse; tantôt un péripatéticien admettant trois espèces de biens; tantôt un académicien dou-

enim inter se dissident. Demus illis Homerum philosophum fuisse. Nempe sapiens factus est, antequam carmina ulla cognosceret: ergo illa dicamus, quæ Homerum fecere sapientem. Hoc quidem me quærere, utrum major ætate fuerit Homerus, an Hesiodus, non magis ad rem pertinet, quam scire, an minor Hecuba fuerit, quam Helena; et quare tam male tulerit ætatem. Quid, inquam, annos Patrocli et Achillis inquirere ad rem existimas pertinere? Quæris, Ulysses ubi erraverit, potius, quam efficias, ne nos semper erremus? Non vacat audire utrum inter Italiam et Siciliam jactatus sit, an extra notum nobis orbem : neque enim potuit in tam angusto error esse tam longus. Tempestates nos animi quotidie jactant, et nequitia in omnia Ulyssis mala impellit. Non deest forma, quæ sollicitet oculos, non hostis; hinc monstra effera et humano cruore gaudentia; hinc insidiosa blandimenta aurium; hinc naufragia, et tot varietates malorum. Hoc me doce, quomodo patriam amem, quomodo uxorem, quomodo patrem, quomodo ad hæc tam honesta vel naufragus navigem! Quid inquiris, an Penelope impudica fuerit, an verba sæculo suo dederit? an Ulyssem illum esse, quem videbat, antequam sciret, suspicata sit? Doce me, quid sit pudicitia, et quantum in ea bonum; in corpore, an in animo posita sit!

Ad *musicam* transeo. Doces me, quomodo inter se

tant de tout. Il est évident qu'il n'était rien de tout cela, s'il était tout cela à la fois ; car ces doctrines sont incompatibles. Accordons qu'Homère ait été philosophe ; il aura été sage avant de rien connaître à la poésie. Voyons donc ce qui a pu le rendre sage. Rechercher si Homère était antérieur à Hésiode est tout aussi étrange à notre sujet, que de savoir si Hécube était plus jeune qu'Hélène, et pourquoi elle paraissait plus âgée qu'elle n'était ? De quoi nous servirait-il de rechercher l'âge de Patrocle et d'Achille ? Serez-vous plus empressé de savoir dans quels lieux a erré Ulysse, que de trouver le moyen pour nous de ne pas errer toujours ? Je ne perdrai pas mon temps à apprendre s'il a été ballotté entre l'Italie et la Sicile, ou hors des limites du monde connu ; vu qu'il n'était pas possible qu'il errât si long-temps dans un espace aussi resserré. Les tempêtes de l'âme nous ballottent chaque jour, et la méchanceté nous expose aux mêmes dangers qu'Ulysse. Nous ne sommes à l'abri ni des attaques de la beauté ardente à solliciter nos regards, ni des ennemis qui menacent notre vie : ici sont des monstres farouches altérés de sang humain ; là des séductions dangereuses pour nos oreilles ; là encore des naufrages et toutes les variétés de maux qui assiégeaient Ulysse errant. Apprenez-moi comment je dois aimer ma patrie, ma femme, mon père ; comment je dois, même après le naufrage, naviguer encore à la recherche de la vertu ! mais à quoi bon s'enquérir si Pénélope a été peu chaste, et si elle en a imposé à son siècle ? si elle soupçonnait, avant d'en être sûre, que celui qu'elle voyait était Ulysse. Apprenez-moi ce que c'est que la pudeur et ce qu'elle a de bon ; si elle tient à l'âme ou au corps !

Je passe à la *musique*. Vous m'enseignez comment

acutæ ac graves voces consonent, quomodo nervorum disparem reddentium sonum fiat concordia; fac potius, quomodo animus secum meus consonet, nec consilia mea discrepent! Monstras mihi, qui sint modi flebiles : monstra potius, quomodo inter adversa non emittam flebilem vocem!

Metiri me *geometria* docet latifundia : potius doceat quomodo metiar quantum homini sit satis! Numerare docet me *arithmetica*, et avaritiæ commodare digitos : potius doceat, nihil ad rem pertinere istas computationes! non esse feliciorem, cujus patrimonium tabularios lassat; immo, quam supervacua possideat qui infelicissimus futurus est, si, quantum habeat, per se computare cogatur. Quid mihi prodest, scire agellum in partes dividere, si nescio cum fratre dividere? Quid prodest, colligere subtiliter pedes jugeri, et comprehendere etiam si quid decempedam effugit, si tristem me facit vicinus potens et aliquid ex meo abradens? Docet me, quomodo nihil perdam ex finibus meis : at ego doceri volo, quomodo totos hilaris amittam. — Paterno agro, inquit, et avito expellor. — Quid? ante avum tuum quis istum agrum tenuit? Cujus, non dico hominis, sed populi fuerit, expedire potes? Non dominus isto, sed colonus intrasti. Cujus colonus es? si bene tecum agitur, heredis. Negant jurisconsulti quidquam publicum usucapi : publicum est hoc quod tenes; quod tuum dicis, publi-

des voix graves et des voix aiguës parviennent à s'accorder ; comme, avec des cordes aiguës rendant des sons différens, on produit l'harmonie. Ah! faites plutôt que mon âme s'accorde avec elle-même ; que mes résolutions ne soient plus en dissonance! Vous me montrez quels sont les tons plaintifs; montrez-moi plutôt comment je dois faire pour ne pas laisser échapper d'accens plaintifs au milieu de l'adversité.

La *géométrie* m'enseigne à mesurer les grandes propriétés ; qu'elle m'enseigne plutôt à mesurer ce qui suffit à l'homme! L'*arithmétique* m'apprend à compter et à faire de mes doigts des instrumens d'avarice; qu'elle m'apprenne plutôt la vanité de tous ces calculs ; qu'elle m'apprenne qu'on n'est pas heureux pour avoir un patrimoine qui fatigue vingt receveurs; qu'elle m'apprenne surtout combien il y a de superflu dans les possessions de cet homme qui gémirait de son malheur, s'il lui fallait faire le calcul de tout ce qu'il a. Que me sert de savoir partager un champ en plusieurs portions, si je ne sais partager avec mon frère? Que me sert de savoir rapprocher avec adresse les pieds qui composent un arpent, et reconnaître au besoin la moindre erreur du toisé, si le voisinage d'un grand, qui empiète sur mon bien, me plonge dans la tristesse? Vous m'apprenez à ne rien perdre de mon terrain; mais je veux que vous m'appreniez à le perdre tout entier de bonne grâce. — Mais, dites-vous, c'est du champ de mon père et de mon aïeul qu'on me chasse. — Répondez-moi : qui, avant votre aïeul, possédait ce champ? Saurez-vous découvrir seulement quel était, je ne dis pas l'homme, mais le peuple à qui il appartenait? Ce n'est pas comme propriétaire, mais seulement comme fermier que vous y êtes entré. Mais fer-

cum est, et quidem generis humani. O egregiam artem ! scis rotunda metiri; in quadratum redigis quamcumque acceperis formam; intervalla siderum dicis, nihil est quod in mensuram tuam non cadat. Si artifex es, metire hominis animum ! dic quam magnus sit, dic quam pusillus sit. Scis, quæ recta sit linea : quid tibi prodest, si, quid in vita rectum sit, ignoras?

Venio nunc ad illum, qui *cœlestium notitia* gloriatur :

> Frigida Saturni sese quo stella receptet,
> Quos ignis cœli Cyllenius erret in orbes.

Hoc scire quid proderit? ut sollicitus sim, quum Saturnus et Mars ex contrario stabunt, aut quum Mercurius vespertinum faciet occasum vidente Saturno? Potius hoc discam, ubicumque sunt ista, propitia esse, non posse mutari. Agit illa continuus ordo fatorum et inevitabilis cursus; per statutas vices remeant. — Effectus rerum omnium aut movent, aut notant! — Sed sive, quidquid evenit, faciunt; quid immutabilis rei notitia proficiet? sive significant; quid refert providere, quod effugere non possis? Scias ista, nescias, fient.

mier de qui? de votre héritier, si le sort vous favorise. Les jurisconsultes n'admettent pas que les propriétés publiques soient jamais passibles de la prescription par l'usage : or, ce que vous possédez est propriété publique; ce que vous prétendez être à vous est du domaine public et même à tout le genre humain. O le bel art vraiment! vous savez mesurer toute espèce de contour; quelque figure qu'on vous présente, vous savez la réduire au carré; vous déterminez la distance des astres; il n'est rien qui ne soit soumis à votre compas! Si vous êtes si habile, mesurez donc l'âme des hommes, apprenez-nous combien elle est grande ou petite! Vous savez ce que c'est qu'une ligne droite : qu'importe, si vous ignorez ce que c'est que le droit chemin dans la vie?

Je passe maintenant à celui qui se glorifie de la connaissance du ciel, qui sait

« dans quelle région se retire le froid Saturne; dans quels cercles errent les feux de Mars. »

A quoi me servira cette connaissance? A me tourmenter lorsque Mars et Saturne seront en opposition, ou quand Mercure se couchera en présence de Saturne? Apprenez-moi plutôt que ces astres, quelle que soit leur position, sont toujours propices et immuables. Dirigés par l'ordre inaltérable du destin, par un mouvement irrésistible, ils reviennent au même point avec une régularité constante. — Mais, dites-vous, ils déterminent ou annoncent toute espèce d'évènemens. — S'ils règlent tout ce qui arrive, que vous servira la connaissance d'une chose que rien ne peut changer? S'ils ne font que l'annoncer, que vous importe de constater d'avance ce que vous ne pouvez éviter? Que vous sachiez ou non les évènemens, ils n'en adviendront pas moins.

> Si vero solem ad rapidum lunasque sequentes
> Ordine respicies, nunquam te crastina fallet
> Hora, nec insidiis noctis capiere serenæ.

Satis abundeque provisum est, ut ab insidiis tutus essem. Numquid me crastina non fallit hora? fallit enim, quod nescienti evenit. Ego, quid futurum sit, nescio; quid fieri possit, scio. Ex hoc nihil desperabo; totum exspecto : si quid remittitur, boni consulo. Fallit me hora, si parcit; sed ne sic quidem fallit. Nam quemadmodum scio omnia accidere posse, sic scio et non utique casura. Itaque secunda exspecto; malis paratus sum.

In illo feras me necesse est non per præscriptum cuntem. Non enim adducor, ut in numerum liberalium artium *pictores* recipiam, non magis quam *statuarios*, aut marmorarios, aut ceteros luxuriæ ministros. Æque luctatores, et totam oleo ac luto constantem scientiam, expello ex his studiis liberalibus; aut et unguentarios recipiam, et coquos, et ceteros voluptatibus nostris ingenia accommodantes sua. Quid enim, oro te, liberale habent isti jejuni vomitores, quorum corpora in sagina, animi in macie et veterno sunt? An liberale studium istud esse juventuti nostræ credimus, quam majores nostri rectam exercuerunt hastilia jacere, sudem torquere, equum agitare, arma tractare? Nihil liberos suos doce-

« Si tu suis le soleil dans sa marche rapide, la lune dans ses phases diverses, jamais le lendemain tu ne te tromperas, et tu ne te laisseras pas prendre aux pièges d'une belle nuit. »

J'ai pris toutes mes précautions pour me garantir des pièges. Mais comment se peut-il que le lendemain ne me trompe pas? c'est qu'on n'est jamais trompé que par ce qu'on ne sait pas d'avance. Et moi, si je ne sais pas ce qui doit m'arriver, je sais du moins ce qui peut m'arriver. Je ne me désespérerai pas pour cela, car je m'attends à tout; si le sort me fait grâce de quelque chose, ce sera autant de gagné. L'heure qui m'épargne me trompe : mais non, elle ne me trompe même pas alors; car, du moment que je sais qu'il n'y a rien qui ne puisse m'arriver, je sais implicitement que tout cela peut aussi ne pas m'arriver. Ainsi, tout en attendant la prospérité, je suis préparé à l'adversité.

J'ai grand besoin que vous me pardonniez de ne point partager les idées reçues à cet égard. Je ne puis en effet me résoudre à admettre, au nombre des arts libéraux, la peinture, la statuaire ou l'art de tailler le marbre, non plus que toutes les autres professions qui ont le luxe pour objet. Je bannis encore de la classe des arts libéraux les exercices des lutteurs, et cette science qui n'est faite que d'huile et de poussière; ou bien, j'y admettrai l'art du parfumeur, du cuisinier et de tous ces gens qui ont mis leur capacité au service de nos plaisirs. Que trouvez-vous en effet de libéral dans la profession de ces gens qui vomissent à jeun, dont le corps est tout graisse, et dont l'âme exténuée est dans une continuelle léthargie? Trouvez-vous que ce soient des études libérales pour une jeunesse que nos ancêtres ont exercée à lancer debout le javelot, à brandir le pieu, à lancer un coursier, à ma-

bant, quod discendum esset jacentibus. Sed nec hæ [artes,] nec illæ, docent aluntve virtutem. Quid enim prodest equum regere, et cursum ejus freno temperare, affectibus effrenatissimis abstrahi? Quid prodest multos vincere luctatione vel cæstu, ab iracundia vinci?

Quid ergo? nihil liberalia nobis conferunt studia? — Ad alia multum, ad virtutem nihil! Nam et hæ viles ex professo artes, quæ manu constant, ad instrumenta vitæ plurimum conferunt, tamen ad virtutem non pertinent. Quare ergo liberalibus studiis filios erudimus? Non quia virtutem dare possunt, sed quia animum ad accipiendam virtutem præparant. Quemadmodum *prima* illa, ut antiqui vocabant, *litteratura*, per quam pueris elementa traduntur, non docet liberales artes, sed mox præcipiendis locum parat; sic liberales artes non perducunt animum ad virtutem, sed expediunt.

Quatuor ait esse Posidonius artium genera : « sunt vulgares et sordidæ, sunt ludicræ, sunt pueriles, sunt liberales. » *Vulgares* opificum, quæ manu constant, et ad instruendam vitam occupatæ sunt; in quibus nulla decoris, nulla honesti simulatio est. *Ludicræ* sunt, quæ ad voluptatem oculorum atque aurium tendunt. His annumeres licet machinatores, qui pegmata per se surgentia excogitant, et tabulata tacite in sublime crescentia,

nier les armes? Les anciens Romains n'enseignaient rien à leurs enfans qu'ils pussent apprendre couchés. Mais ces exercices, non plus que les autres, ne sont propres à faire connaître ni à entretenir la vertu. Que sert en effet de savoir guider un cheval, de modérer sa course avec le mors, quand on est emporté par des passions effrénées? Que sert de vaincre une foule de concurrens à la lutte et au ceste, quand on est vaincu par la colère?

Ainsi donc les arts libéraux ne sont bons à rien?—Ils sont utiles à bien d'autres égards, mais nullement à la vertu. En effet, ces arts vulgaires, qui se réduisent à un travail manuel, contribuent beaucoup au bien-être matériel de la vie, et cependant n'ont rien de commun avec la vertu. Pourquoi donc faisons-nous entrer les arts libéraux dans l'éducation de nos enfans? Ce n'est pas parce qu'ils donnent le moins du monde la vertu, mais parce qu'ils disposent l'âme à la recevoir. De même que la *première littérature*, pour me servir de l'expression des anciens, c'est-à-dire les notions élémentaires données aux enfans, ne leur enseignent pas les arts libéraux, mais les y préparent; de même les arts libéraux, sans conduire l'âme à la vertu, lui en fraient la route.

Posidonius distingue quatre espèces d'arts : « les arts vulgaires, et qui ont le gain pour objet; les arts agréables; les arts instructifs et les arts libéraux. » Les arts vulgaires, attribut des artisans, consistent en un travail mécanique, et ont pour unique but les besoins de la vie; rien en eux qui ait un rapport apparent avec l'honneur et la vertu. Les arts agréables sont ceux qui tendent au plaisir des yeux et des oreilles. On peut comprendre dans cette classe les machinistes à qui nous devons ces théâtres qui semblent sortir de terre, ces décorations qui

et alias ex inopinato varietates, aut dehiscentibus, quæ cohærebant; aut his, quæ distabant, sua sponte coeuntibus; aut his, quæ eminebant, paullatim in se residentibus : his imperitorum feriuntur oculi, omnia subita (quia causas non novere) mirantium. *Pueriles* sunt, et aliquid habentes liberalibus simile, hæ artes, quas ἐγκυκλίους Græci, nostri *liberales* vocant. Solæ autem *liberales* sunt, immo, ut dicam verius, *liberæ*, quibus curæ virtus est.

Quemadmodum, inquit, est aliqua pars philosophiæ naturalis, est aliqua moralis, est aliqua rationalis; sic et hæc quoque liberalium artium turba locum sibi in philosophia vindicat. Quum ventum est ad naturales quæstiones, *geometriæ* testimonio statur. Ergo, quam adjuvat, pars ejus est. — Multa adjuvant nos, nec ideo partes nostræ sunt; immo, si partes essent, non adjuvarent. Cibus adjutorium corporis est, non tamen pars est. Aliquid nobis præstat geometriæ ministerium. Sic philosophiæ necessaria est, quomodo ipsi faber : sed nec hic geometriæ pars est, nec illa philosophiæ. Præterea utraque fines suos habet. Sapiens enim causas naturalium et quærit, et novit, quorum numeros mensurasque geometer persequitur et supputat. Qua ratione constent cœlestia, quæ illis sit vis, quæve natura, sapiens scit : cursus et recursus, et quasdam observationes, per quas descendunt et allevantur, ac speciem in-

s'élèvent d'elles-mêmes en l'air, et tous ces procédés divers au moyen desquels on voit tout à coup une masse compacte s'entr'ouvrir, deux points séparés par une grande distance se rapprocher, ou bien une éminence s'abaisser insensiblement : changemens à vue qu'admire un public ébahi, faute de connaître les causes qui les produisent. Les arts instructifs, qui paraissent avoir quelque chose de libéral, sont ceux que les Grecs appellent *encycliques*, et nous libéraux. Mais les seuls arts libéraux, ou pour parler plus exactement, les seuls arts *libres*, sont ceux qui ont la vertu pour objet.

Mais, observe-t-on, par le même motif que la philosophie comprend, dans ses subdivisions, l'étude de la nature, la morale et l'art du raisonnement; les arts libéraux ne sont-ils pas en droit d'y réclamer une place ? Quand on traite les questions naturelles, on s'en tient aux décisions de la géométrie. Elle fait donc partie d'une science qui se sert d'elle. — Il est bien des choses dont nous nous aidons, et qui pourtant ne font pas partie de nous; je dis plus, qui ne nous serviraient plus, si elles faisaient partie de nous. Les alimens sont utiles à notre corps, cependant ils n'en font point partie. Le secours de la géométrie, j'en conviens, nous est de quelque utilité. Elle est nécessaire à la philosophie, comme le mécanicien l'est au géomètre; mais elle ne fait pas partie de la philosophie, ni la mécanique de la géométrie. D'ailleurs ces deux sciences ont leurs limites marquées. Le sage recherche et connaît les causes des phénomènes de la nature; le géomètre en étudie et en suppute le nombre et l'étendue. Le sage connaît les conditions d'existence des corps célestes, il sait le secret de leur force et leur nature; le mathématicien calcule leur cours et leur retour,

terdum stantium præbent, quum cœlestibus stare non liceat, colligit *mathematicus.* Quæ causa in speculo imagines exprimat, sciet sapiens : illud tibi geometer potest dicere, quantum abesse debeat corpus ab imagine, et qualis forma speculi, quales imagines reddat. Magnum esse solem philosophus probabit; quantus sit, mathematicus; qui usu quodam et exercitatione procedit : sed, ut procedat, impetranda illi quædam principia sunt. Non est autem ars sui juris, cui precarium fundamentum est. Philosophia nil ab alio petit, totum opus a solo excitat. *Mathematica*, ut ita dicam, superficiaria est, in alieno ædificat; accipit prima, quorum beneficio ad ulteriora perveniat : si per se iret ad verum, si totius mundi naturam posset comprehendere, dicerem multum collaturam mentibus nostris, quæ tractatu cœlestium crescunt trahuntque aliquid ex alto.

Una re consummatur animus, *scientia bonorum ac malorum* immutabili, quæ soli *philosophiæ* competit : nulla autem ars alia de bonis ac malis quærit. Singulas lubet circumire virtutes. Fortitudo contemptrix timendorum est; terribilia, et sub jugum libertatem nostram mittentia, despicit, provocat, frangit : numquid ergo hanc liberalia studia corroborant? Fides sanctissimum humani pectoris bonum est, nulla necessitate ad fallen-

et, au moyen de certaines observations, leur apogée, leur périgée et les apparentes interruptions de leur cours : car on sait que les corps célestes ne peuvent s'arrêter. Le sage saura la cause qui produit la réflexion des objets par le miroir ; le géomètre vous expliquera quelle doit être la distance des corps à l'objet réfléchi ; quelle est la forme du miroir, et quels sont les objets qu'il réfléchit. Le philosophe prouvera que le soleil est grand ; le mathématicien en déterminera la grandeur, d'après certaines données, que lui ont fournies l'habitude et la pratique : mais, pour opérer, il faut qu'il ait acquis certains principes. Or, un art n'est pas indépendant quand ses bases sont d'emprunt. La philosophie n'emprunte rien ; son édifice sort tout entier de dessous terre. Les mathématiques, qui ne possèdent pour ainsi dire que des surfaces, bâtissent sur le sol d'autrui ; ce n'est qu'au moyen des matériaux qu'on leur fournit qu'elles arrivent à produire des résultats. Si les mathématiques marchaient d'elles-mêmes à la vérité, si elles pouvaient embrasser la nature du monde entier, je reconnaîtrais qu'elles promettent de grands avantages à nos âmes ; car l'étude des astres communique à l'âme une grandeur qu'elle semble puiser d'en haut.

Il n'y a qu'une chose qui conduise l'âme à la perfection ; c'est la science du bien et du mal, science immuable qui appartient à la seule philosophie : car c'est le seul art qui s'occupe de la recherche du bien et du mal. Passons en revue toutes les vertus. Le courage, supérieur aux objets de nos craintes, méprise, défie et foule aux pieds ces vaines terreurs qui pèsent, comme un joug, sur notre liberté : les arts libéraux fortifient-ils le moins du monde cette vertu ? La bonne foi est le plus noble privilège de l'âme humaine ; nulle nécessité ne peut l'engager

dum cogitur, nullo corrumpitur præmio. Ure, inquit, cæde, occide ; non prodam : sed, quo magis secreta quæret dolor, hoc illa altius condam ! Numquid liberalia studia hos animos facere possunt ? Temperantia voluptatibus imperat; alias odit atque abigit, alias dispensat, et ad sanum modum redigit, nec unquam ad illas propter ipsas venit. Scit optimum esse modum cupitorum, non quantum velis, sed quantum debeas, sumere. Humanitas vetat superbum esse adversus socios, vetat avarum ; verbis, rebus, affectibus, comem se facilemque omnibus præstat; nullum alienum malum putat; bonum autem suum ideo maxime, quod alicui bono futurum est, amat. Numquid liberalia studia hos mores præcipiunt? Non magis quam simplicitatem, quam modestiam ac moderationem; non magis quam frugalitatem ac parcimoniam; non magis quam clementiam, quæ alieno sanguini tanquam suo parcit, et scit homini non esse homine prodige utendum.

Quum dicatis, inquit, sine liberalibus studiis ad virtutem non perveniri, quemadmodum negatis illa nihil conferre virtuti ? — Quia nec sine cibo ad virtutem pervenitur, cibus tamen ad virtutem non pertinet. Ligna nihil navi conferunt, quamvis non fiat navis nisi ex lignis. Non est, inquam, cur aliquid putes ejus adjutorio fieri, sine quo non potest fieri. Potest quidem etiam illud dici, sine liberalibus studiis veniri ad sapientiam

à tromper, aucune offre ne peut la séduire. Brûlez, dit-elle, frappez, tuez, je ne trahirai pas mon secret; plus la douleur ira le chercher profondément, plus profondément je l'enfouirai. Sont-ce les arts libéraux qui peuvent inspirer de pareils sentimens? La tempérance fait la loi aux plaisirs; elle abhorre et repousse les uns, règle les autres, et les soumet à une mesure raisonnable, sans jamais en rechercher aucun pour lui-même : on sait que les bornes de nos désirs sont nos devoirs, et non pas nos volontés. L'humanité nous défend l'arrogance, elle nous défend l'avarice; ses paroles, ses actions, ses sentimens ne respirent que la douceur et la bienveillance; aucun malheur ne lui est étranger, et le bonheur qui lui arrive ne lui est cher que par l'avantage qu'en peuvent recueillir les autres. Sont-ce les arts libéraux qui enseignent une pareille conduite? Ils ne l'enseignent pas plus que la simplicité, la modestie, la modération; pas plus que la frugalité et l'économie; pas plus que la clémence qui épargne le sang d'autrui comme le sien propre, et qui sait que c'est ne pas être homme que de prodiguer la vie des hommes.

Puisque vous reconnaissez que, sans les arts libéraux, on ne saurait parvenir à la vertu, comment pouvez-vous nier qu'ils y contribuent? — C'est qu'on ne peut parvenir à la vertu sans manger, et que pourtant le manger n'a aucun rapport avec la vertu. Le bois ne fait rien au vaisseau, quoiqu'on ne puisse faire un vaisseau qu'avec du bois. En un mot, une chose sans laquelle on n'en peut obtenir une autre, n'aide pas pour cela à l'obtenir. On pourrait même dire que, sans les arts libéraux, il est possible d'arriver à la vertu; car encore que la vertu s'apprenne,

posse ; quamvis enim virtus discenda sit, tamen non per haec discitur. Quid est autem, quare existimem, non futurum sapientem eum, qui litteras nescit, quum sapientia non sit in litteris? Res tradit, non verba : et nescio, an certior memoria sit, quae nullum extra se subsidium habet. Magna et spatiosa res est, sapientia : vacuo illi loco opus est : de divinis humanisque discendum est, de praeteritis, de futuris, de caducis, de aeternis, de tempore ; de quo uno vide quam multa quaerantur! Primum, an ipsum sit aliquid? deinde, an aliquid ante tempus sit sine tempore? cum mundo coeperit? an etiam ante mundum, quia fuerit aliquid, fuerit et tempus? Innumerabiles quaestiones sunt de animo tantum : unde sit? qualis sit? quando esse incipiat? quamdiu sit? aliunde alio transeat, et domicilia mutet, ad alias animalium formas aliasque conjectus? an non amplius quam semel serviat, et emissus vagetur in toto? utrum corpus sit, an non sit? quid sit facturus, quum per nos aliquid facere desierit? quomodo libertate sua usurus, quum ex hac effugerit cavea? an obliviscatur priorum, et illic nosse se incipiat, postquam de corpore abductus in sublime secessit?

Quamcumque partem rerum humanarum divinarumque comprehenderis, ingenti copia quaerendorum ac discendorum fatigaberis. Haec, tam multa, tam magna, ut habere possint liberum hospitium, supervacua ex

ce n'est point par eux qu'elle s'apprend. Pourquoi me figurerais-je qu'on ne peut être sage sans le secours des lettres, lorsqu'il est constant que ce n'est pas en elles que consiste la sagesse? Ce sont des faits, non des mots qu'elle enseigne; je ne sais d'ailleurs si la mémoire n'est pas plus sûre quand elle ne s'aide d'aucun secours extérieur. La sagesse est une grande et vaste chose à qui on ne saurait faire trop de place : les cieux et la terre, le passé et l'avenir, les choses périssables et éternelles, le temps enfin, il faut qu'elle s'occupe de tout cela; et pour ne parler que du temps, voyez à combien de questions il prête. D'abord existe-t-il par lui-même? Ensuite est-il quelque chose qui ait existé avant lui et sans lui? a-t-il commencé avant le monde? ou bien, s'il y a eu des choses avant le monde, le temps était-il du nombre? Que de questions à résoudre sur l'âme seulement! D'où vient-elle? quelle est-elle? quand commence-t-elle? combien dure-t-elle? passe-t-elle d'un lieu à un autre, et change-t-elle de domicile pour animer alternativement des êtres de diverses espèces? Ne sert-elle qu'une fois, et retourne-t-elle ensuite errer dans l'espace? Est-elle un corps ou non? Que fera-t-elle, quand elle aura cessé d'agir par notre entremise? Comment usera-t-elle de sa liberté, quand elle sera sortie de cette prison? Oubliera-t-elle le passé, et commencera-t-elle à se connaître, alors que, séparée du corps, elle sera montée aux célestes régions?

Quelque partie des choses humaines ou divines que vous embrassiez, vous serez accablé par la multitude de faits qu'il vous faudra expliquer et apprendre. Pour que ces objets si nombreux et si importans puissent être logés à l'aise, il faut bannir de votre âme toutes les superfluités.

animo tollenda sunt. Non dabit se in has angustias virtus; laxum spatium res magna desiderat. Expellantur omnia! totum pectus illi vacet!

« At enim delectat artium notitia multarum. » — Tantum itaque ex illis retineamus, quantum est necessarium. An tu existimas reprehendendum, qui supervacua usu sibi comparat, et pretiosarum rerum pompam in domo explicat; non putas eum, qui occupatus est in supervacua litterarum supellectile? Plus scire velle, quam sit satis, intemperantiæ genus est. Quid? quod ista liberalium artium consectatio molestos, verbosos, intempestivos, sibi placentes facit, et ideo non discentes necessaria, quia supervacua didicerunt. Quatuor millia librorum Didymus grammaticus scripsit; miser, si tam multa supervacua legisset! In his libris de patria Homeri quæritur, in his de Æneæ matre vera; in his, libidinosior Anacreon, an ebriosior vixerit? in his, an Sapho publica fuerit? et alia, quæ erant dediscenda, si scires. I nunc, et longam esse vitam nega!

Sed ad nostros quoque quum perveneris, ostendam multa securibus recidenda. Magno impendio temporum, magna alienarum aurium molestia, laudatio hæc constat, *O hominem litteratum!* Simus hoc titulo rusticiore contenti, *O virum bonum!* Itane est? annales evolvam

La vertu ne peut demeurer à l'étroit ; grande comme elle est, il lui faut un vaste espace. Écartons tout le reste : que notre âme soit entièrement à elle.

« Mais la connaissance des arts est une source de plaisir. » — C'est une raison pour n'en retenir que ce qui nous est nécessaire. Ne regarderiez-vous pas comme répréhensible un homme qui ferait collection d'objets tout-à-fait inutiles, et qui étalerait avec pompe dans sa maison le spectacle de ces coûteuses superfluités ? Eh bien ! quel est-il cet homme, si ce n'est celui qui amasse un fonds inutile de littérature ? Il y a une sorte d'intempérance à vouloir savoir plus qu'il n'est besoin. Ajoutez que l'étude des beaux-arts poussée trop loin, rend les hommes fastidieux, bavards, importuns, suffisans, et d'autant plus impropres à apprendre le nécessaire, qu'ils ont tout sacrifié au superflu. Le grammairien Didyme a écrit quatre mille volumes : bien à plaindre eût-il été, s'il lui eût fallu lire autant de volumes inutiles ! Dans un de ces livres, il s'occupe de rechercher quelle fut la patrie d'Homère ; dans d'autres, quelle fut la véritable mère d'Énée ; dans ceux-ci, si Anacréon était plus adonné aux femmes qu'au vin ; dans ceux-là, si Sapho se livrait au public ; et cent autres choses qu'il faudrait désapprendre si on les savait. Venez maintenant nous dire que la vie n'est pas assez longue !

Si votre examen se porte sur ceux de notre école, vous verrez aussi bien des superfluités à élaguer. Il faut dépenser bien du temps, il faut avoir fait fuir bien des oreilles, avant de mériter cet éloge : *Voilà un homme bien savant !* Contentons-nous de cette qualification plus vulgaire : *Voilà un homme de bien !* Quoi ! je passerais

omnium gentium, et, quis primus carmina scripserit, quæram; quantum temporis inter Orphea intersit et Homerum, quum fastos non habeam, computabo; et Aristarchi ineptias quibus aliena carmina compinxit, recognoscam; et ætatem in syllabis conteram? Itane in geometriæ pulvere hærebo? Adeo mihi præceptum illud salutare excidit, *Tempori parce!* Hæc sciam? et quid ignorem?

Appion grammaticus, qui sub C. Cæsare tota circulatus est Græcia, et in nomen Homeri ab omnibus civitatibus adoptatus, aiebat, « Homerum, utraque materia consummata, et Odyssea, et Iliade, principium adjecisse operi suo, quo bellum trojanum complexus est : » hujus rei argumentum afferebat, « quod duas litteras in primo versu posuisset ex industria, librorum suorum numerum continentes. » — Talia sciat oportet, qui multa vult scire.

Non vis cogitare, quantum temporis tibi auferat mala valetudo, quantum occupatio publica, quantum occupatio privata, quantum occupatio quotidiana, quantum somnus? Metire ætatem tuam! tam multa non capit. De *liberalibus studiis* loquor; *philosophi* quantum habent supervacui? quantum ab usu recedentis? Ipsi quoque ad syllabarum distinctiones, et conjunctionum ac præpositionum proprietates descenderunt, et invidere grammaticis, invidere geometris. Quidquid in illorum arti-

mon temps à parcourir les annales de tous les peuples de la terre, pour savoir le premier qui a composé des vers? je m'amuserais à calculer combien de temps s'est écoulé entre Orphée et Homère, et cela en l'absence de tout document? je pâlirais sur les inepties dont Aristarque a inondé les poésies des autres; et toute ma vie se consumerait sur des syllabes? Quoi! je m'ensevelirais sous la poussière de la géométrie? Ai-je donc oublié ce précepte si salutaire : *Épargnez le temps!* Et, pour savoir tout cela, que ne faut-il pas que j'ignore?

Le grammairien Appion, qui, sous Caïus César, fut promené en triomphe dans toute la Grèce, et connu dans chaque ville sous le nom d'Homère, disait « qu'Homère, après avoir achevé ses deux poëmes de l'Iliade et l'Odyssée, ajouta un commencement à celui de ses ouvrages qui contient la guerre de Troie. » Il alléguait pour preuve « que ce poète avait mis à dessein dans le premier vers deux lettres indiquant le nombre de ses livres. » — Il faut savoir ces inutilités quand on veut beaucoup savoir.

Songez donc à la perte de temps que vous occasionent les maladies, les affaires publiques, vos affaires personnelles, ces occupations qui reviennent chaque jour, enfin le sommeil? Et après avoir mesuré votre vie, voyez s'il y a place pour tout cela. Je parle des *études libérales;* combien de superfluités et de choses sans application réelle ne trouve-t-on pas chez les *philosophes?* Eux aussi se sont abaissés à compasser des syllabes, à disserter sur les propriétés des conjonctions et des prépositions, à courir sur les brisées des grammairiens et des géomètres. Tout ce qu'il y avait de superflu dans ces sciences, ils l'ont intro-

bus supervacuum erat, transtulere in suam. Sic effectum est, ut diligentius scirent loqui, quam vivere. Audi, quantum mali faciat nimia subtilitas, et quam infesta veritati sit! Protagoras ait, « de omni re in utramque partem disputari posse ex æquo, et de hac ipsa, an omnis res in utramque partem disputabilis sit. » Nausiphanes ait, « ex his, quæ videntur esse, nihil magis esse, quam non esse. » Parmenides ait, « ex his, quæ videntur, nihil esse ab uno diversum. » Zenon Eleates omnia negotia de negotio dejecit : ait, *Nihil esse*. Circa eadem fere pyrrhonii versantur, et megarici, et eretrici, et academici, qui novam induxerunt scientiam, *nihil scire*.

Hæc omnia in illum supervacuum studiorum liberalium gregem conjice. Illi mihi non profuturam scientiam tradunt; hi spem omnis scientiæ eripiunt : satius est supervacua scire, quam nihil. Illi non præferunt lumen, per quod acies dirigatur ad verum; hi oculos mihi effodiunt. Si Protagoræ credo, nihil in rerum natura est, nisi dubium; si Nausiphani, hoc unum certum est nihil esse certi ; si Parmenidi, nihil est præter unum; si Zenoni, ne unum quidem. Quid ergo nos sumus? quid ista, quæ nos circumstant, alunt, sustinent? Tota rerum natura umbra est, aut inanis, aut fallax. Non facile dixerim, utrum magis irascar illis, qui nos nihil scire voluerunt; an illis, qui ne hoc quidem nobis reliquerunt, nihil scire.

duit dans la leur. Il est résulté de là qu'ils savaient mieux parler que vivre. Apprenez combien la subtilité, poussée à l'excès, fait de mal et devient nuisible à la vérité. Protagoras dit « qu'on peut, dans toute question, soutenir également le pour et le contre, même dans celle-ci : « Peut-on, dans toute question, soutenir le pour et le contre ? » Nausiphanes prétend « que la non-existence des objets qui paraissent exister, est tout aussi soutenable que leur existence. » Parménide assure « qu'il n'y a aucune différence entre tous les objets que nous avons sous les yeux. » Enfin, Zénon d'Élée nous a débarrassé de toute espèce d'embarras, en disant *Qu'il n'existe rien*. Tels sont à-peu-près les sentimens des pyrrhoniens, des mégariens, des érétriens et des académiciens, inventeurs de la nouvelle science, qui se réduit *à ne rien savoir*.

Reléguez toutes ces questions dans la foule inutile des arts libéraux. Ceux-ci m'enseignent des connaissances superflues, ceux-là m'ôtent tout espoir de rien savoir : mieux vaut encore savoir des riens, que de ne rien savoir. Les uns ne m'offrent aucune lumière qui me guide dans la recherche de la vérité; les autres me crèvent les yeux. Si je m'en rapporte à Protagoras, il n'y a que matière à doute dans la nature ; à Nausiphanes, tout ce qu'il y a de sûr, c'est qu'il n'y a rien de sûr ; à Parménide, il n'y a qu'une chose au monde ; à Zénon, il n'y en a pas même une. Que sommes-nous donc ? que sont tous ces objets qui nous entourent, nous alimentent, nous soutiennent ? La nature n'est-elle qu'une ombre vaine et trompeuse ? Je ne saurais vraiment dire lesquels me mettent le plus en colère, de ceux qui ne veulent pas que nous sachions quelque chose, ou de ceux qui ne nous permettent même pas de rien savoir.

LXXXIX.

Philosophiæ divisio : de luxu et avaritia suæ ætatis.

Rem utilem desideras, et ad sapientiam properanti utique necessariam, *dividi philosophiam*, et ingens corpus ejus in membra disponi. Facilius enim per partes in cognitionem totius adducimur. Utinam quidem, quemadmodum universa mundi facies in conspectum venit, ita philosophia tota nobis posset occurrere; simillimum mundo spectaculum! Profecto enim omnes mortales in admirationem sui raperet, relictis his, quæ nunc magna, magnorum ignorantia, credimus. Sed, quia contingere hoc non potest, sic erit a nobis aspicienda, quemadmodum mundi secreta cernuntur. Sapientis quidem animus totam molem ejus amplectitur, nec minus illam velociter obit, quam cœlum acies nostra : nobis autem, quibus perrumpenda caligo est, et quorum visus in proximo deficit, singula quæque ostendi facilius possunt, universi nondum capacibus.

Faciam ergo quod exigis, et philosophiam in partes, non in frusta, dividam : dividi enim illam, non concidi, utile est; nam comprehendere, quemadmodum maxima, ita minima, difficile est. Describitur in tribus populus, in centurias exercitus. Quidquid in majus crevit, facilius agnoscitur, si discessit in partes; quas, ut dixi, innumerabiles esse et parvulas non oportet. Idem

LXXXIX.

Divisions de la philosophie. Sur le luxe et l'avarice de l'époque.

Vous me demandez une chose utile en même temps que nécessaire à qui veut parvenir à la sagesse; vous voulez que je divise la philosophie, que je dessine à vos yeux les membres de ce vaste corps. En étudier les parties, est en effet le meilleur moyen d'arriver à la connaissance du tout. Plût au ciel que la philosophie, ce spectacle grand comme l'univers, pût, de même que lui, se présenter tout à la fois à nos regards : à son aspect tous les mortels seraient transportés d'admiration, et déserteraient, je n'en doute pas, ces objets que nous croyons grands, dans notre ignorance des choses vraiment grandes. Mais, puisqu'il n'en peut être ainsi, il faut nous résigner à une exploration de détail, comme ceux qui observent les phénomènes de l'univers. Il est vrai que l'âme du sage sait en embrasser tout l'ensemble à la fois, aussi rapidement même que notre œil parcourt le ciel ; mais nous qui sommes obligés de percer un épais brouillard, nous qui ne voyons pas même à deux pas de nous, dans l'impossibilité où nous sommes d'embrasser l'ensemble, nous aurons plus de facilité à saisir les détails.

Je ferai donc ce que vous exigez de moi, et je diviserai la philosophie en diverses parties, mais non pas en morceaux. S'il est utile de la diviser, il faut se garder de la morceler, car il est aussi difficile de saisir les objets trop petits que les objets trop grands. Un peuple se partage en tribus, une armée en centuries. Quand un corps prend un grand accroissement, l'étude en devient plus facile au moyen de la division ; cependant, je le répète, il ne faut

enim vitii habet nimia, quod nulla divisio; simile confuso est, quidquid usque in pulverem sectum est.

Primum itaque, sicut videtur, tibi dicam, inter sapientiam et philosophiam quid intersit. *Sapientia* perfectum bonum est mentis humanæ, *philosophia* sapientiæ amor est et affectatio. Hæc ostendit, quo illa pervenit. Philosophia unde dicta sit, apparet; ipso enim nomine fatetur. Quidam *sapientiam* ita finierunt, ut dicerent eam « divinorum et humanorum scientiam. » Quidam ita : « Sapientia est, nosse divina et humana, et horum causas. » Supervacua mihi videtur hæc adjectio, quia *causæ* divinorum humanorumque partes sunt. *Philosophiam* quoque fuerunt qui aliter atque aliter finirent : alii *studium* illam *virtutis* esse dixerunt; alii *studium corrigendæ mentis;* a quibusdam dicta est *appetitio rectæ rationis*. Illud quasi constitit, aliquid inter philosophiam et sapientiam interesse : neque enim fieri potest, ut idem sit quod affectatur, et quod affectat. Quomodo multum inter avaritiam et pecuniam interest, quum illa cupiat, hæc concupiscatur; sic inter philosophiam et sapientiam. Hæc enim illius effectus et præmium est; illa venit, ad hanc itur. *Sapientia* est, quam Græci σοφίαν vocant. Hoc verbo Romani quoque utebantur, sicut *philosophia* nunc

pas que cette division s'étende à l'infini. En effet, il y a le même inconvénient à diviser à l'excès, qu'à ne pas diviser du tout : réduisez un objet en poussière, il ne forme plus qu'un amas confus.

Pour procéder avec méthode, je commencerai par établir la différence qui existe entre la sagesse et la philosophie. La sagesse est le bien suprême de l'âme humaine, la philosophie est l'amour et la recherche de la sagesse : l'une indique le but où parvient l'autre. On voit du premier coup d'œil pourquoi la philosophie a été appelée ainsi, son nom même le fait connaître. Quelques-uns ont défini la sagesse en disant « qu'elle est la connaissance des choses divines et humaines. » D'autres, en disant « qu'elle consiste à connaître les choses divines et humaines, ainsi que leurs causes. » Cette addition me paraît superflue, attendu que les causes sont parties intégrantes des choses divines et humaines. La philosophie a été encore définie de bien des manières : ceux-ci l'ont appelée *l'étude de la vertu*; ceux-là *l'étude des moyens de corriger l'âme*; d'autres enfin, *la recherche de la droite raison*. Mais un fait généralement reconnu, c'est la différence qu'il y a entre la sagesse et la philosophie; car rechercher et être recherché ne sauraient être une même chose. Il y a entre la sagesse et la philosophie, la même différence qui existe entre l'avarice qui désire l'argent, et l'argent que désire l'avarice. La première est l'effet et le prix de la seconde; l'une est le but après lequel l'autre court. La sagesse est ce que les Grecs appellent σοφία. Les Romains usaient autrefois de ce mot comme ils se servent aujourd'hui de celui de philosophie. C'est ce que vous prouveront et nos anciennes comédies nationales et

quoque utuntur. Quod et togatæ tibi antiquæ probabunt, et inscriptus Dossenni monumento titulus :

Hospes resiste, et sophiam Dossenni lege.

Quidam ex nostris, quamvis philosophia studium virtutis esset, et hæc peteretur, illa peteret, tamen non putaverunt illas distrahi posse : nam nec philosophia sine virtute est, nec sine philosophia virtus est. Philosophia studium virtutis est, sed per ipsam virtutem; nec virtus autem esse sine studio sui potest, nec virtutis studium sine ipsa. Non enim, quemadmodum in his, qui aliquid ex distanti loco ferire conantur, alibi est qui petit, alibi quod petitur; nec, quemadmodum itinera, quæ ad urbes perducunt, extra ipsas sunt. Ad virtutem venitur per ipsam. Cohærent ergo inter se philosophia virtusque.

Philosophiæ tres *partes* esse dixerunt et maximi et plurimi auctores : *moralem*, *naturalem*, et *rationalem*. Prima componit animum; secunda rerum naturam scrutatur; tertia proprietates verborum exigit, et structuram, et argumentationes, ne pro vero falsa subrepant. Ceterum inventi sunt, et qui in pauciora philosophiam, et qui in plura diducerent. Quidam ex peripateticis quartam partem adjecerunt, *civilem*; quia propriam quamdam exercitationem desideret, et circa aliam materiam occupata sit. Quidam adjecerunt his partem, quam Græci οἰκονομικὴν vocant, *administrandæ rei familiaris*

l'inscription qui se trouve sur le monument de Dossennus :

« Étranger, arrête-toi, et lis la philosophie (*sophiam*) de Dossennus. »

Quoique la philosophie soit la recherche de la vertu ; quoique l'une soit la fin, l'autre le moyen ; il y a eu néanmoins des stoïciens qui n'ont pas cru qu'on pût les séparer ; et cela, parce qu'il n'est point de philosophie sans vertu, ni de vertu sans philosophie. La philosophie est la recherche de la vertu, mais par la vertu même. Or, si on ne peut être vertueux sans aimer la vertu, réciproquement on ne peut aimer la vertu sans être vertueux. Quand les tireurs visent un objet éloigné, ils se trouvent à une place, et le but à une autre ; le chemin qui conduit à une ville est toujours hors de cette ville ; il n'en est pas de même de la vertu : c'est par elle-même qu'on y arrive. La philosophie et la vertu sont donc étroitement unies.

Les auteurs les plus distingués et les plus nombreux ont divisé la philosophie en trois parties, savoir : la morale, la physique, la logique. La première est la règle de l'âme ; la seconde étudie les secrets de la nature ; la troisième s'occupe de la propriété des mots, de leur arrangement, des argumens au moyen desquels l'erreur peut se glisser sous l'apparence de la vérité. Mais on a divisé la philosophie en plus ou moins de parties. Quelques péripatéticiens en ont ajouté une quatrième, la *politique ;* parce qu'elle nécessite des études spéciales, et diffère du reste par son objet. D'autres y ont ajouté ce que les Grecs appellent la *science économique,* c'est-à-dire la science de gouverner sa maison. D'autres encore ont fait

scientiam. Quidam et *de generibus vitæ* locum separaverunt. Nihil autem horum non in illa parte morali reperietur.

Epicurei duas partes philosophiæ putaverunt esse, *naturalem* atque *moralem;* rationalem removerunt. Deinde, quum ipsis rebus cogerentur ambigua secernere, falsa sub specie veri latentia coarguere, ipsi quoque locum, quem de *judicio* et *regula* appellant, alio nomine rationalem induxerunt; sed eum accessionem esse naturalis partis existimant.

Cyrenaici naturalia cum rationalibus sustulerunt, et contenti fuerunt moralibus : sed hi quoque, quæ removent, aliter inducunt. In quinque enim partes moralia dividunt; ut una sit de fugiendis et expetendis, altera de affectibus, tertia de actionibus, quarta de causis, quinta de argumentis. Causæ rerum ex naturali parte sunt; argumenta ex rationali; actiones ex morali.

Ariston Chius, « non tantum supervacuas esse, dixit, naturalem et rationalem, sed etiam contrarias : » moralem quoque, quam solam reliquerat, circumcidit. Nam cum locum, qui *monitiones* continet, sustulit, et *pædagogi* esse dixit, non *philosophi :* tanquam quidquam aliud sit sapiens, quam humani generis pædagogus.

Ergo, quum tripartita sit philosophia, *moralem* ejus *partem* primum incipiamus disponere. Quam in tria rur-

une classe à part pour *les genres de vie*. Mais il n'est rien de tout cela qui ne se trouve dans la morale.

Les Épicuriens ont distingué deux parties seulement dans la philosophie : la *physique* et la *morale ;* ils ont écarté la logique. Plus tard, forcés par la nature même de leurs travaux de démêler les ambiguités du langage, de découvrir le faux caché sous l'apparence du vrai, ils ont introduit une subdivision ayant pour objet la règle et le jugement, c'est-à-dire, la logique sous un autre nom ; toutefois en la considérant comme une dépendance de la physique.

Les Cyrénéens ont banni la physique en même temps que la logique pour se borner à la seule morale. Mais eux aussi font reparaître d'une autre manière ce qu'ils ont écarté. En effet, ils divisent la morale en cinq parties : l'une embrassant ce qu'on doit éviter et rechercher ; l'autre, les affections ; la troisième, les actions ; la quatrième, les causes, et la cinquième enfin, les argumens. Les causes se rattachent à la physique, les argumens à la logique, les actions à la morale.

Ariston de «Chio regarde la physique et la logique, non-seulement comme superflues, mais même comme nuisibles :» il restreint même la morale qu'il a laissée seule subsister. Car il en a détaché tout ce qui concerne les *préceptes*, article qu'il considère comme convenant plutôt aux pédagogues qu'aux philosophes : comme si le sage était autre chose que le pédagogue du genre humain.

La philosophie ainsi divisée en trois parties, commençons par décomposer la morale. On l'a également

sus dividi placuit ; ut prima esset *inspectio suum cuique distribuens*, et æstimans quanto quidque dignum sit ; maxime utilis : quid enim est tam necessarium, quam pretia rebus imponere ? secunda *de impetu ;* tertia *de actionibus.* Primum enim est, ut, quanti quidque sit, judices : secundum, ut impetum ad illa capias ordinatum temperatumque : tertium, ut inter impetum tuum, actionemque conveniat, ut in omnibus istis tibi ipse consentias. Quidquid ex his tribus defuerit, turbat et cetera. Quid enim prodest, intus æstimata habere omnia, si sis impetu nimius ? quid prodest, impetus repressisse, et habere cupiditates in tua potestate, si in ipsa rerum actione tempora ignores ; nec scias, quando quidque, et ubi, et quemadmodum agi debeat ? Aliud est enim, dignitates et pretia rerum nosse, aliud articulos, aliud impetus refrenare, et ad agenda ire, non ruere. Tunc ergo vita sibi concors est, ubi actio non destituit impetum, impetus ex dignitate rei cujusque concipitur ; proinde remissus acriorque, prout illa digna est peti.

Naturalis pars philosophiæ in duo scinditur : corporalia, et incorporalia. Utraque dividuntur in suos, ut ita dicam, gradus. Corporum locus in hos : primum in ea quæ faciunt, et quæ ex his gignuntur ; gignuntur autem elementa. Ipse elementi locus, ut quidam putant, simplex est ; ut quidam, in materiam, et causam omnia

subdivisée en trois parties, dont la première est l'étude de ce qu'on doit aux personnes et du degré d'estime qu'on doit aux choses, étude extrêmement importante. Quoi de plus nécessaire, en effet, que de savoir mettre le prix aux choses? La seconde concerne les affections, et la troisième les actions. En effet, on doit commencer par juger la valeur des objets; ensuite régler et modérer ses affections; enfin faire cadrer ses actions avec ses affections, afin que, dans cette triple opération, on soit toujours d'accord avec soi-même. Si une de ces trois choses vient à manquer, le désordre se met dans les deux autres. Qu'importe, en effet, qu'on juge sainement de tous les objets, si on ne sait pas régler ses affections? Qu'importe qu'on ait réprimé ses affections, et qu'on soit maître de sa passion, si on ne sait pas choisir le moment pour ses actions; si l'on ignore quand, où et comment il faut agir. Ce sont toutes choses fort différentes que de connaître la valeur et le mérite des objets; de mettre à profit les circonstances; de contenir ses affections; de marcher plutôt que de se précipiter vers l'exécution. Il y a accord parfait dans notre conduite alors que les actions ne démentent pas les affections, et que les affections d'autant plus froides ou ardentes, que les objets sont plus dignes d'être recherchés, se règlent selon la valeur de chacun de ces objets.

La physique se subdivise en deux parties : les objets corporels et les incorporels; et chacune de ces subdivisions a pour ainsi dire ses degrés. Ceux des corps sont : les causes productives et les résultats produits, parmi lesquels figurent les élémens. L'article *élément*, suivant quelques-uns, est simple, et suivant d'autres, se divise en matière, en cause motrice et en élémens. — Reste à

moventem, et elementa, dividitur. — Superest ut *rationalem partem philosophiæ* dividamus. Omnis oratio aut continua est, aut inter respondentem et interrogantem discissa. Hanc διαλεκτικὴν, illam ῥητορικὴν placuit vocari. Hæc verba curat, et sensus, et ordinem. Διαλεκτικὴ in duas partes dividitur, in verba et significationes ; id est, in res, quæ dicuntur, et vocabula, quibus dicuntur. Ingens deinde sequitur utriusque divisio. Itaque hoc loco finem faciam,

. . . . Et summa sequar fastigia rerum ;

alioqui, si voluero facere partium partes, quæstionum liber fiet.

Hæc, Lucili virorum optime, quo minus legas non deterreo ; dummodo, quidquid legeris, ad mores statim referas. Illos compesce, marcentia in te excita, soluta constringe, contumacia doma, cupiditates tuas publicasque, quantum potes, vexa ; et istis dicentibus : *Quousque eadem ?* responde : « Ego debebam dicere : *Quousque eadem peccabitis?* Remedia ante vultis, quam vitia desinere : ego vero eo magis dicam, et, quia recusatis, perseverabo. Tunc incipit medicina proficere, ubi in corpore alienato dolorem tactus expressit. Dicam etiam invitis profutura. Aliquando aliqua ad vos non blanda vox veniat ; et, quia verum singuli audire non vultis, publice audite. Quousque fines possessionum propagabitis ? ager uni domino, qui populum cepit, angustus est. Quousque

décomposer la partie rationelle de la philosophie. Tout discours est ou d'une seule pièce, ou coupé par des demandes et des réponses. De ces deux formes, l'une a reçu le nom de *rhétorique*; l'autre celui de *dialectique*. La première s'occupe des mots, des pensées et de leur ordre; tandis que la dialectique comprend deux parties: les mots et leur signification, c'est-à-dire, les choses dont on parle et les mots qui les expriment. Vient ensuite une multitude d'autres subdivisions qui me forcent à m'arrêter ici :

« Je ne m'occuperai que des sommités ; »

car si je voulais subdiviser les subdivisions, il y aurait de quoi faire un volume.

Je ne prétends point vous détourner de la lecture, mon cher Lucilius; je désire seulement que vous rapportiez aux mœurs tout ce que vous lirez. Sachez être maître de vous; excitez chez vous les parties languissantes; serrez la bride aux parties relâchées; triomphez de toute résistance; faites la guerre à vos passions et à celles des autres; et si l'on vous dit : « Quand cesserez-vous de répéter les mêmes choses?» Répondez : «Quand cesserez-vous de retomber dans les mêmes fautes? Vous voulez que les remèdes cessent quand la maladie subsiste; loin de me taire, je n'en parlerai que plus fort, et j'insisterai d'autant plus que vous refusez de m'écouter. Les remèdes commencent à opérer lorsque la sensibilité est revenue à un corps qui l'avait perdue. Je vous ferai du bien malgré vous. Vous entendrez parfois des paroles qui ne vous plairont pas ; et puisque vous ne voulez pas écouter la vérité en particulier, je vous la dirai en public. Jusques à quand

arationes vestras porrigetis, ne provinciarum quidlem satione contenti circumscribere praediorum modum? Illustrium fluminum per privatum decursus est, et amnes magni, magnarumque gentium termini, usque ad ostium a fonte vestri sunt. Hoc quoque parum est, nisi latifundiis vestris maria cinxistis; nisi trans Hadriam et Ionium Ægaeumque vester villicus regnet; nisi insulae, ducum domicilia magnorum, inter vilissima rerum numerentur. Quam vultis late possidete; sit fundus, quod aliquamdo imperium vocabatur; facite vestrum, quidquid potesitis!
— dum plus sit alieni.

« Nunc vobiscum loquor, quorum aeque spatiose luxuria, quam illorum avaritia, diffunditur. Vobis dico: Quousque nullus erit lacus, cui non villarum vestrarum fastigia immineant; nullum flumen, cujus non ripas aedificia vestra praetexant? Ubicumque scatebunt aquarum calentium venae, ibi nova diversoria luxuriae excitabuntur. Ubicumque in aliquem sinum littus curvabitur, vos protinus fundamenta jacietis; nec contenti solo, nisi quod manu feceritis, maria agetis introrsus. Omnibus licet locis tecta vestra resplendeant, alicubi imposita montibus, in vastum terrarum marisque prospectum, alicubi ex plano in altitudinem montium educta; quum multa aedificaveritis, quum ingentia, tamen et

reculerez-vous les limites de vos propriétés? Quoi! une terre, qui a contenu tout un peuple, est trop étroite pour son possesseur? Jusques à quand pousserez-vous votre charrue, vous qui ne savez pas restreindre vos exploitations, même dans les limites d'une province? Des rivières célèbres coulent pour un seul individu, et des fleuves immenses, qui jadis bornèrent d'immenses royaumes, vous appartiennent depuis leur source jusqu'à leur embouchure. Mais c'est trop peu pour vous, si des mers ne bordent vos domaines, si votre fermier ne règne au delà du golfe Adriatique et de la mer Ionienne; si des îles, jadis le séjour de chefs puissans, ne sont comptées parmi vos plus chétives propriétés. Étendez vos possessions aussi loin que vous voudrez; ayez pour métairie ce qui formait autrefois un empire; emparez-vous de tout ce que vous pourrez, il en restera toujours plus aux autres que vous n'en posséderez.

« Maintenant, c'est à vous que je m'adresse, hommes voluptueux, dont le luxe n'a pas plus de bornes que la cupidité de ceux-ci : Jusques à quand n'y aura-t-il point de lacs que ne dominent les faîtes de votre maison de campagne; point de fleuves que ne bordent vos édifices somptueux? Partout où jaillissent des sources d'eau chaude, de nouveaux lieux de réunion y seront établis pour les voluptueux; partout où le rivage présentera quelque enfoncement, vous y jeterez tout aussitôt des fondations; et satisfaits alors seulement qu'un sol artificiel aura été élevé par vos mains, vous forcerez la mer à reculer. Quoiqu'on voie en tout lieu briller vos édifices, soit sur la cime des montagnes, d'où ils dominent une vaste étendue de terre et de mer, soit dans une plaine où ils s'élèvent à la hauteur des montagnes, après avoir bâti tant et de si magnifiques édifices, vous n'en serez pas moins réduits à

singula corpora estis, et parvula. Quid prosunt multa cubicula? in uno jacetis. Non est vestrum, ubicumque non estis.

« Ad vos deinde transeo, quorum profunda et insatiabilis gula hinc maria scrutatur, hinc terras. Alia hamis, alia laqueis, alia retium variis generibus cum magno labore persequitur; nullis animalibus, nisi ex fastidio, pax est. Quantulum enim ex istis epulis, quæ per tot comparatis manus, fesso voluptatibus ore libatis? quantulum ex ista fera, periculose capta, dominus crudus ac nauseans gustat? quantulum ex tot conchyliis, tam longe advectis, per istum stomachum inexplebilem labitur? Infelices etiam, quod non intelligitis, majorem vos famem habere, quam ventrem. »

Hæc aliis dic, ut, dum dicis, audias ipse; scribe, ut, dum scribis, legas ; omnia ad mores, et ad sedandam rabiem affectuum referens. Stude, ut non plus aliquid scias, sed ut melius.

XC.

Laus philosophiæ : ad illam solius animi curam pertinere

Quis dubitare, mi Lucili, potest, quin deorum immortalium munus sit, quod vivimus; philosophiæ, quod bene

la possession d'un seul corps, et d'un corps bien chétif. Que vous servent tant d'appartemens? vous couchez dans un seul. Je ne regarde pas comme étant à vous, ceux que vous n'occupez pas.

« Je passe actuellement à vous, dont la voracité immodérée et insatiable dépeuple à la fois la mer et la terre. Armée tantôt d'hameçons, tantôt de lacets, tantôt de filets de cent espèces, elle est sans cesse en quête, et ne laisse de paix aux animaux que quand elle en est dégoûtée. Et pourtant, quelle faible portion de ces alimens, qu'il a fallu tant de bras pour vous procurer, savourera votre palais blasé par l'abus des plaisirs! quelle faible portion de cette bête fauve, prise au péril de tant de vies, goûtera ce riche, malade d'indigestions et accablé de dégoûts! combien peu de ces coquillages, apportés de si loin, descendra dans cet estomac sans fond! Malheureux! qui ne comprenez même pas que vous avez l'appétit plus vaste que le ventre. »

Voilà les discours qu'il faut tenir aux autres, afin de les entendre vous-même en même temps qu'eux : écrivez-les, afin de pouvoir les lire en les écrivant; rapportez tout aux mœurs et à la nécessité de calmer vos passions; étudiez, non pour en savoir davantage, mais afin de mieux savoir ce que vous avez appris.

XC.

Éloge de la philosophie : à elle seule appartient la guérison de l'âme.

On ne peut en douter, mon cher Lucilius, nous devons aux dieux immortels l'avantage de vivre, et à la philosophie

vivimus? Itaque tanto plus huic nos debere, quam diis, quanto majus beneficium est bona vita, quam vita? Pro certo deberetur, nisi ipsam dii philosophiam tribuissent; cujus scientiam nulli dederunt, facultatem omnibus. Nam si hanc quoque bonum vulgare fecissent, et prudentes nasceremur: sapientia, quod in se optimum habet, perdidisset, inter fortuita esset. Nunc enim hoc in illa pretiosum atque magnificum est, quod non obvenit, quod illam sibi quisque debet, quod non ab alio petitur. Quid haberes quod in philosophia suspiceres, si beneficiaria res esset? Hujus opus unum est, de divinis humanisque verum invenire; ab hac nunquam recedit justitia, pietas, religio, et omnis alius comitatus virtutum consertarum, et inter se cohærentium. Hæc docuit colere divina, humana diligere, et penes deos imperium esse, inter homines consortium; quod aliquandiu inviolatum mansit, antequam societatem avaritia distraxit, et paupertatis causa etiam his, quos fecit locupletissimos, fuit. Desierunt enim omnia possidere, dum volunt propria.

Sed primi mortalium, quique ex his geniti naturam incorrupti sequebantur, eamdem habebant et ducem, et legem, commissi melioris arbitrio. Naturæ est enim, potioribus deteriora submittere. Mutis quidem gregibus aut maxima corpora præsunt, aut vehementissima. Non præcedit armenta degener taurus, sed qui magni-

celui de bien vivre. Or, la vie étant un moindre bienfait que le bonheur, il s'ensuit que nous devrions réellement plus à la philosophie qu'aux dieux, si la philosophie elle-même n'était un présent des dieux, qui, sans en donner la connaissance à personne, l'ont rendue accessible à tout le monde. S'ils eussent prodigué ce trésor, et que nous fussions tous sages en naissant, la sagesse aurait perdu ce qu'elle a d'excellent, et n'eût plus été qu'un avantage fortuit. Car ce qui la rend surtout précieuse et admirable, c'est qu'elle ne nous est point donnée, qu'on ne la doit qu'à soi-même, qu'on ne l'emprunte pas à d'autres. Quelle raison auriez-vous d'estimer la philosophie, si on l'obtenait comme un bienfait? Son unique occupation est de trouver la vérité dans les choses divines et humaines. Jamais elle ne marche sans la justice, la piété, la religion, vertus qui se donnent la main, et forment comme une chaîne. C'est elle qui nous apprend à honorer les dieux, à chérir l'humanité, à reconnaître l'empire des dieux, à traiter les hommes en frères. Cette fraternité demeura intacte jusqu'au moment où l'avarice vint désunir la société, et devint une source de pauvreté, même pour ceux qu'elle enrichit. On cessa de tout posséder du moment que l'on songea à la propriété.

Les premiers des mortels et les enfans qui naquirent d'eux suivaient tout uniment la nature; ne connaissant d'autre guide qu'elle, d'autre loi que la sienne, ils obéissaient au meilleur d'entre eux. En effet, la nature indique aux êtres inférieurs de se soumettre à ceux qui leur sont supérieurs. Parmi les brutes, la prééminence est aux animaux les plus forts ou les plus courageux. Vous

tudine ac toris ceteros mares vicit; elephantorum gregem excellentissimus ducit : inter homines pro maximo est optimum. Animo itaque rector eligebatur ; ideoque summa felicitas erat gentium, in quibus non poterat potentior esse, nisi melior. Tantum enim, quantum vult, potest, qui se, nisi quod debet, non putat posse.

Illo ergo sæculo, quod aureum perhibent, penes sapientes fuisse regnum, Posidonius judicat. Hi continebant manus, et infirmiores a validioribus tuebantur ; suadebant, dissuadebantque, et utilia atque inutilia monstrabant. Horum prudentia, ne quid deesset suis, providebat; fortitudo arcebat pericula; beneficentia augebat ornabatque subjectos. Officium erat imperare, non regnum. Nemo, quantum posset adversus eos, experiebatur, per quos cœperat posse; nec erat cuiquam aut animus in injuriam, aut causa; quum bene imperanti bene pareretur, nihilque rex majus minari male parentibus posset, quam ut abiret e regno. Sed postquam, subrepentibus vitiis, in tyrannidem regna conversa sunt, opus esse cœpit legibus, quas et ipsas inter initia tulere sapientes. Solon, qui Athenas æquo jure fundavit, inter septem ævi sapientia notus : Lycurgum si eadem ætas tulisset, sacro illi numero accessisset octavum : Zaleuci leges Charondæque laudantur. Hi non in foro, nec in consultorum atrio, sed in Pythagoræ

ne verrez jamais à la tête du troupeau un taureau dégénéré, mais celui qui a dépassé tous les autres par sa hauteur et par sa force; dans une réunion d'éléphans, c'est le plus grand qui guide les autres: parmi les hommes, le plus éminent est le plus vertueux. C'était la supériorité morale qui déterminait le choix d'un chef: aussi bienheureuses étaient les nations où l'on n'était le plus puissant qu'autant qu'on était le plus vertueux. En effet, on peut tout ce qu'on veut, quand on ne veut que ce qu'on doit.

Posidonius pense que, dans ce siècle qu'on appelle l'âge d'or, le pouvoir était entre les mains des sages; c'étaient eux qui arrêtaient le bras de la violence, et qui défendaient le faible contre le fort; c'étaient eux qui consultaient, qui dissuadaient, qui indiquaient ce qui était utile ou nuisible; leur prudence pourvoyait à ce que rien ne manquât à leurs sujets; leur courage éloignait les dangers; leur bienfaisance augmentait le bien-être et embellissait l'existence de tous. La royauté était une fonction, non une dignité. On n'essayait pas sa puissance contre des hommes à qui on la devait; on n'avait ni désir ni motif de faire le mal, alors qu'on obéissait avec amour à qui commandait avec bonté; alors que la plus grande menace d'un roi méconnu était de déposer le pouvoir suprême. Mais quand les progrès des vices eurent fait dégénérer la royauté en tyrannie, il fut besoin de lois, et ce furent des sages qui commencèrent à les faire. Solon, qui fonda le gouvernement d'Athènes sur l'égalité, a pris place parmi les sept sages: Lycurgue, s'il eût vécu dans le même siècle, eût élevé à huit ce nombre sacré: on loue encore les lois de Zaleucus et de Charondas. Ce ne fut ni sur la place publique, ni dans les écoles des jurisconsultes, mais dans la retraite auguste

tacito illo sanctoque secessu didicerunt jura, quæ florenti tunc Siciliæ et per Italiam Græciæ ponerent.

Hactenus Posidonio assentio : artes quidem a philosophia inventas, quibus in quotidiano usu vita utitur, non concesserim ; nec illi fabricæ asseram gloriam. « Illa, inquit, sparsos, et aut cavis tectos, aut aliqua rupe suffossa, aut exesæ arboris trunco, docuit tecta moliri. » Ego vero philosophiam judico non magis excogitasse has machinationes tectorum supra tecta surgentium, et urbium urbes prementium, quam vivaria piscium in hoc clusa, ut tempestatum pericula non adiret gula, et, quamvis acerrime pelago sæviente, haberet luxuria portus suos, in quibus distinctos piscium greges saginaret. Quid ais? philosophia docuit homines habere clavem et seram? Et quid aliud erat, avaritiæ signum dare? Philosophia hæc cum tanto habitantium periculo imminentia tecta suspendit? Parum enim erat fortuitis tegi, et sine arte et difficultate naturale sibi invenire aliquod receptaculum! Mihi crede, felix illud sæculum ante ἀρχιτέκτονας fuit. Ista nata sunt jam nascente luxuria, in quadratum tigna decidere, et, serra per designata currente, certa manu trabem scindere.

Nam primi cuneis scindebant fissile lignum.

Non enim tecta cœnationi, epulum recepturæ, para-

et silencieuse de Pythagore que ces grands hommes étudièrent les lois qu'ils dictèrent à la Sicile et à l'Italie grecque.

Jusque-là je suis de l'avis de Posidonius ; mais je ne puis accorder que les arts qui sont d'un usage journalier à l'homme, aient été inventés par les philosophes; c'est un honneur que je ne ferai jamais au travail manuel. « Les hommes, dit-il, répandus çà et là, habitaient dans des tanières, dans les cavités des rochers, ou bien dans le tronc de quelques arbres creusés par le temps, quand la philosophie leur apprit à se construire des maisons. » Pour moi, je pense que la philosophie n'a pas plus imaginé ces échafaudages de maisons s'élevant les unes sur les autres, et de villes pesant les unes sur les autres, qu'elle n'a inventé ces viviers fermés de toutes parts, afin que la gourmandise ne courût pas les risques des tempêtes, et qu'au milieu des plus grandes fureurs de la mer, le luxe eût ses ports assurés, où il engraissât des poissons de toute espèce. Quoi! ce serait la philosophie qui aurait enseigné aux hommes l'usage de la clef, de la serrure? Et qu'eût-ce été, sinon donner le signal à l'avarice? Ce serait la philosophie qui aurait suspendu ces toits menaçans sous lesquels il y a tant de danger à habiter? comme s'il ne suffisait pas de s'abriter au hasard, de trouver quelque asile naturel, sans art et sans difficulté! Croyez-moi, cet âge heureux a précédé les architectes. C'est avec le luxe seul que sont nés l'art d'équarrir les poutres et de diriger la scie à volonté pour diviser plus régulièrement le bois;

« Car les premiers mortels fendaient le bois avec des coins. »

On ne construisait pas encore ces salles à manger dans

bantur; nec in hunc usum pinus aut abies deferebatur longo vehiculorum ordine, vicis intrementibus, ut ex illa lacunaria auro gravia penderent. Furcæ utrimque suspensæ fulciebant casam : spissatis ramalibus, ac fronde congesta et in proclive disposita, decursus imbribus, quamvis magnis, erat. Sub his tectis habitavere securi. Culmus liberos texit; sub marmore atque auro servitus habitat.

In illo quoque dissentio a Posidonio, quod ferramenta fabrilia excogitata a sapientibus viris judicat Isto enim modo dicat licet *sapientes*, per quos

> Tunc laqueis captare feras, et fallere visco
> Inventum, et magnos canibus circumdare saltus.

Omnia enim ista sagacitas hominum, non sapientia invenit.

In hoc quoque dissentio, sapientes fuisse, qui ferri metalla et æris invenerint, quum incendio silvarum adusta tellus in summo venas jacentes liquefactas fudisset. Ista tales inveniunt, quales colunt. Ne illa quidem tam subtilis quæstio mihi videtur, quam Posidonio : « Utrum malleus in usu esse prius, an forcipes cœperint. » Utraque invenit aliquis exercitati ingenii, acuti, non magni, nec elati; et quidquid aliud corpore incurvato, et animo humum spectante, quærendum est. Sapiens facilis victu fuit. Quidni? quum hoc quoque sæculo esse quam expeditissimus cupiat.

lesquelles tient tout un peuple, et on ne voyait pas des files de chariots voiturer des pins et des sapins, et faire trembler les rues sous leur poids, afin qu'au dessus de ces vastes édifices fussent suspendus des lambris chargés d'or. Deux fourches placées à distance supportaient alors les habitations, et une couverture de branches et de feuilles d'arbres superposées suffisait à l'écoulement des eaux, quelque abondantes que fussent les pluies. On vivait sans crainte sous ces rustiques toits. Le chaume couvrait les hommes libres ; sous le marbre et l'or habite la servitude.

Je ne suis pas non plus de l'opinion de Posidonius, quand il attribue aux sages l'invention des outils de fer. Il faudrait dire que c'est à eux aussi qu'on doit l'art

« de prendre les bêtes fauves dans des pièges, de tromper les oiseaux avec la glu, et d'entourer les forêts de meutes de chiens. »

Toutes ces inventions sont le fruit de l'industrie humaine, et non de la sagesse.

Je ne pense pas non plus que ce soient les sages qui aient découvert le fer et le cuivre, lorsque du sein de la terre, embrasée par l'incendie des forêts, jaillirent, à la surface, les veines métalliques en fusion. Pour inventer de pareilles choses, il faut s'en occuper. Je ne trouve pas non plus autant de subtilité que Posidonius dans cette question : « Si le marteau fut en usage avant les tenailles. » Ils sont dus tous les deux à un homme adroit et expérimenté, mais non d'un esprit remarquable ni élevé ; comme du reste toutes les recherches qu'on ne peut faire qu'avec le corps courbé et l'attention fixée sur la terre. Le sage vivait à peu de frais ; la preuve, c'est que dans ce siècle même on le voit, autant que possible, simplifier son existence.

Quomodo, oro te, convenit, ut et Diogenem mireris, et Dædalum? Uter ex his sapiens tibi videtur? qui serram commentus est? an ille, qui, quum vidisset puerum cava manu bibentem aquam, fregit protinus exemptum e perula calicem, hac objurgatione sui : « Quamdiu homo stultus supervacuas sarcinulas habui ? » qui se complicuit in dolio, et in eo cubitavit? Hodie utrum tandem sapientiorem putas, qui invenit quemadmodum in immensam altitudinem crocum latentibus fistulis exprimat; qui Euripos subito aquarum impetu implet aut siccat, et versatilia cœnationum laquearia ita coagmentat, ut subinde alia facies atque alia succedat, et toties tecta, quoties fercula, mutentur? an eum, qui et aliis et sibi hoc monstrat, quam nihil nobis natura durum ac difficile imperaverit? posse nos habitare sine marmorario ac fabro ; posse nos vestitos esse sine commercio Serum ; posse nos habere usibus nostris necessaria, si contenti fuerimus his, quæ terra posuit in summo. Quem si audire humanum genus voluerit, tam supervacuum sciet sibi coquum esse, quam militem. Illi sapientes fuerunt, aut certe sapientibus similes, quibus expedita erat tutela corporis. Simplici cura constant necessaria; in delicias laboratur. Non desiderabis artifices, si sequeris naturam : illa noluit esse districtos; ad quæcumque nos cogebat, instruxit.

Frigus intolerabile est corpori nudo. Quid ergo? non

Comment se peut-il, je vous prie, que vous admiriez à la fois Diogène et Dédale? Lequel trouvez-vous sage de celui qui a inventé la scie, ou de celui qui, ayant aperçu un enfant qui buvait dans le creux de sa main, brisa aussitôt la coupe qu'il portait dans sa besace, en se faisant ce reproche : « Insensé que je suis! combien de temps ai-je porté un bagage inutile?» qui couchait dans un tonneau où il avait pris l'habitude de se tapir. Aujourd'hui même, lequel vous paraît sage, de celui qui, par des tuyaux cachés, a trouvé moyen de faire monter le parfum du safran à une hauteur prodigieuse; qui dessèche ou remplit, par des irruptions d'eaux subites, nos vastes Euripes; qui accumule les plafonds mobiles de nos salles à manger, de telle sorte qu'ils se succèdent continuellement sous des formes nouvelles et se renouvellent à chaque service; ou bien de celui qui, montrant à lui-même et aux autres combien il est peu dur et peu difficile d'obéir à la nature, nous enseigne que nous pouvons nous loger sans le secours du marbrier et du forgeron; nous vêtir sans le commerce des Sères; satisfaire enfin à tous nos besoins en nous contentant de ce que la terre a placé à sa surface? Si le genre humain voulait écouter cette voix, il reconnaîtrait que les cuisiniers lui sont aussi inutiles que les soldats. Ils étaient sages, ou ressemblaient beaucoup aux sages ceux que le soin de leur personne occupait aussi peu. Le nécessaire est bien facile à se procurer, c'est le luxe qui coûte tant de peine! Vous n'aurez pas besoin d'artisans quand vous suivrez le vœu de la nature : elle ne nous a point imposé d'embarras, elle a pourvu à toutes nos nécessités.

Le froid est insupportable au corps quand il est nu.

pelles ferarum et aliorum animalium a frigore satis abundeque defendere queunt? non corticibus arborum pleræque gentes tegunt corpora? non avium plumæ in usum vestis conseruntur? non hodieque magna Scytharum pars tergis vulpium induitur ac murium, quæ tactu mollia et impenetrabilia ventis sunt? — Opus est tamen calorem solis æstivi umbra crassiore propellere. — Quid ergo? non vetustas multa abdidit loca, quæ vel injuria temporis, vel alio quolibet casu excavata in specum recesserunt? Quid ergo? non quamlibet virgeam cratem texuerunt manu, et vili oblinierunt luto, deinde stipula aliisque silvestribus operuere fastigium, et, pluviis per devexa labentibus, hiemem transiere securi? Quid ergo? non in defosso latent syrticæ gentes? quibus propter nimios solis ardores nullum tegumentum satis repellendis caloribus solidum est, nisi ipsa arens humus.

Non fuit tam inimica natura, ut, quum omnibus aliis animalibus facilem actum vitæ daret, homo solus non posset sine tot artibus vivere. Nihil horum ab illa nobis imperatum est, nihil ægre quærendum, ut possit vita produci. Ad parata nati sumus : nos omnia nobis difficilia facilium fastidio fecimus. Tecta tegumentaque, et fomenta corporum, et cibi, et quæ nunc ingens negotium facta sunt, obvia erant, et gratuita, et opera levi parabilia; modus enim omnium, prout postulabat te-

Eh bien! la dépouille des bêtes fauves et des autres animaux n'est-elle pas plus que suffisante pour nous garantir du froid? La plupart des peuples ne se vêtissent-ils pas d'écorces d'arbres? Est-il si difficile de se faire des vêtemens de plumes d'oiseaux assemblées? La majeure partie des Scythes ne se couvrent-ils pas encore aujourd'hui de peaux de renards et de rats, qui sont douces au toucher et impénétrables aux vents? — Mais il faut une ombre épaisse pour se défendre des ardeurs du soleil. — Eh bien! les siècles ne vous ont-ils pas préparé une foule d'asiles creusés, soit par les injures du temps, soit par des accidens fortuits? Que faisaient d'ailleurs les premiers hommes? Avec de simples branches d'osier, ils se formaient une cabane, l'enduisaient de boue, la recouvraient par en haut de chaume ou de feuilles sauvages, afin de faciliter l'écoulement des pluies; puis ainsi ils passaient l'hiver en toute sécurité. Et les habitans des Syrtes? ne se cachent-ils pas dans des trous, ces peuples à qui les feux excessifs du soleil ne permettent d'autre refuge contre la chaleur que les entrailles de la terre desséchée?

La nature n'a pas été assez injuste pour rendre la vie facile à tous les animaux, et condamner l'homme seul à ne pouvoir exister sans le secours de tant d'arts réunis. Rien de semblable au contraire ne nous a été imposé par elle; nous n'avons pas besoin de recherches pénibles pour prolonger notre vie. En naissant, nous trouvons tout sous notre main; c'est notre dédain des choses faciles qui nous rend tout difficile. Les abris, les vêtemens, les remèdes, les alimens et tout ce qui cause aujourd'hui des embarras, se présentait jadis de soi-même, était gratuit et n'exigeait presque aucun travail : on ne prenait conseil

cessitas, erat: nos ista pretiosa, nos mira, nos magnis multisque conquirenda artibus fecimus. Sufficit ad id natura, quod poscit. A natura luxuria descivit; quæ quotidie se ipsa incitat, et tot sæculis crescit, et ingenio adjuvat vitia. Primo supervacua cœpit concupiscere, inde contraria, novissime animum corpori addixit, et illius deservire libidini jussit. Omnes istæ artes, quibus aut excitatur civitas aut strepit, corporis negotium gerunt; cui omnia olim tanquam servo præstabantur, nunc tanquam domino parantur. Itaque hinc textorum, hinc fabrorum officinæ sunt, hinc odores coquentium, hinc molles corporis motus docentium, mollesque cantus et infractos. Recessit enim ille naturalis modus, desideria ope necessaria finiens : jam rusticitatis et miseriæ est, velle quantum sat est.

Incredibile est, mi Lucili, quam facile etiam magnos viros dulcedo orationis abducat a vero. Ecce Posidonius, (ut mea fert opinio, ex his qui plurimum philosophiæ contulerunt), dum vult describere primum, quemadmodum alia torqueantur fila, alia ex molli solutoque ducantur; deinde, quemadmodum tela suspensis ponderibus rectum stamen extendat; quemadmodum subtemen insertum, quod duritiam utrimque comprimentis tramæ remolliat, spatha coire cogatur et jungi; textrini quo-

que de ses besoins ; tandis que chez nous tout cela est précieux et magnifique, tout cela ne s'acquiert plus qu'à force d'art et de travail. La nature suffit à ce qu'elle demande. Le luxe n'a fait que s'écarter de la nature ; après avoir grandi de siècle en siècle, il s'excite encore chaque jour et fait du génie un auxiliaire du vice. On a commencé à désirer les choses superflues ; ensuite, les choses nuisibles ; enfin on a mis l'âme dans la dépendance du corps, on l'a condamnée à être l'esclave de ses fantaisies. Ces arts, qui retentissent dans les villes et les réveillent, sont tous occupés pour le corps : on le traitait jadis comme un humble serviteur ; à présent on le sert comme un maître. Voilà pourquoi nous voyons ici des tisserands et des mécaniciens ; là des gens occupés à élaborer des parfums ; plus loin des professeurs de poses gracieuses et de chants voluptueux et saccadés. Cette modération instinctive, qui nous enseigne à borner nos désirs à nos besoins, a entièrement disparu ; vous n'êtes plus qu'un être grossier et misérable, si vous vous contentez de ce qui vous suffit.

Il est incroyable, mon cher Lucilius, jusqu'à quel point le charme du discours écarte de la vérité, même les plus grands hommes. Écoutez Posidonius qui, à mon avis, est un de ceux qui ont rendu le plus de services à la philosophie. Il veut décrire d'abord comment on tord certains fils, et comment l'on ramène certains autres lâches et disjoints : ensuite comment la chaîne d'une étoffe s'étend en ligne droite au moyen de poids suspendus à ses extrémités ; comment enfin fonctionne la trame qui, s'insinuant à travers les deux parties de la chaîne dont elle surmonte la résistance, s'y mêle et s'y

que artem a sapientibus dixit inventam, oblitus, postea repertum hoc subtilius genus, in quo

> Tela jugo juncta est, stamen secernit arundo;
> Inseritur medium radiis subtemen acutis,
> Quod lato feriunt insecti pectine dentes.

Quid si contigisset illi addere has nostri temporis telas, quibus vestis nihil celatura conficitur, in qua non dico nullum corpori auxilium, sed nullum pudori est?

Transit deinde ad agricolas, nec minus facunde describit proscissum aratro solum, et iteratum, quo solutior terra facilius pateat radicibus; tunc sparsa semina, et collectas manu herbas, ne quid fortuitum et agreste succrescat, quod necet segetem. Hoc quoque opus ait esse sapientium; tanquam non nunc quoque plurima cultores agrorum nova inveniant, per quæ fertilitas augeatur.

Deinde non est contentus his artibus, sed in pistrinum sapientem submittit. Narrat enim, quemadmodum, rerum naturam imitatus, panem cœperit facere : « Receptas, inquit, in os fruges concurrens inter se duritia dentium frangit, et, quidquid excidit, ad eosdem dentes lingua refertur; tunc vero miscetur, ut facilius per fauces lubricas transeat : quum pervenit in ventrem, aqualiculi fervore concoquitur; tunc demum corpori ac-

réunit au moyen de la lame qui la guide. Eh bien! cet art de préparer les tissus, il en attribue l'invention aux sages; il oublie qu'on a découvert depuis un procédé plus habile au moyen duquel,

« attachée à un cylindre, la chaîne est séparée en deux par une baguette; et la trame introduite par une navette aux extrémités pointues est frappée par les dents d'une carde qui sillonne l'étoffe dans toute sa longueur. »

Qu'eût-il dit, s'il eût connu ces étoffes fabriquées de notre temps, étoffes qui ne sont bonnes à cacher quoi que ce soit, et qui ne sont d'aucune ressource, je ne dis pas pour le corps, mais même pour la pudeur.

Il passe ensuite aux laboureurs, et décrit avec non moins de faconde la terre ouverte une première fois par la charrue; puis une seconde, afin que les racines trouvent un passage plus facile; puis les semences répandues çà et là, et les mauvaises herbes sarclées, afin qu'aucune plante parasite et sauvage ne fasse tort à la moisson. Cette opération, il en attribue aussi la découverte au sage; comme si les agriculteurs ne faisaient pas tous les jours de nouvelles découvertes propres à augmenter la fertilité de la terre.

Mais, non content de tout cela, il abaisse le sage jusqu'à le transformer en boulanger. Il raconte comment, à l'imitation de la nature, il s'y est pris pour faire du pain. « Quand les alimens, dit-il, sont reçus dans la bouche, la pression des dents les broie, et ce qui échappe aux dents leur est ramené par la langue; ensuite ils se mêlent à la salive qui les lubrifie et leur rend le passage du gosier plus facile; puis, quand ils sont parvenus dans l'estomac, ils sont cuits par la chaleur de ce viscère, d'où ils sortent pour s'allier au corps. Le sage, imitant

cedit. Hoc aliquis secutus exemplar, lapidem asperum aspero imposuit, ad similitudinem dentium, quorum pars immobilis motum alterius exspectat; deinde utriusque attritu grana franguntur, et sæpius regeruntur, donec ad minutiam frequenter trita redigantur. Tunc farinam aqua sparsit, et assidua tractatione perdomuit, finxitque panem ; quem primo cinis calidus et fervens testa percoxit : deinde furni paulatim reperti, et alia genera, quorum fervor serviret arbitrio. » — Non multum abfuit, quin sutrinum quoque inventum a sapientibus diceret.

Omnia ista ratio quidem, sed non recta ratio, commenta est. Hominis enim, non sapientis, inventa sunt; tam mehercules, quam navigia, quibus amnes, quibusque maria transivimus, aptatis ad excipiendum ventorum impetum velis, et additis a tergo gubernaculis, quæ huc atque illuc cursum navigii torqueant : exemplum a piscibus tractum est, qui cauda reguntur, et levi ejus in utrumque momento velocitatem suam flectunt. « Omnia, inquit, hæc sapiens quidem invenit; sed minora, quam ut ipse tractaret, sordidioribus ministris dedit. » Immo non ab aliis excogitata ista sunt, quam a quibus hodieque curantur. Quædam nostra demum prodiisse memoria scimus : ut speculariorum usum, perlucente testa clarum transmittentium lumen; ut suspensuras balneorum, et impressos parietibus tubos, per quos

ce procédé, a placé une pierre dure sur une autre également dure, afin de simuler les mâchoires dont l'une, immobile, attend le mouvement de l'autre; après quoi, par le frottement de ces deux pierres, les grains sont écrasés, broyés, triturés, jusqu'à ce que ces opérations successives les aient réduits en poussière extrêmement fine. Ensuite il a arrosé d'eau sa farine, et, à force de la pétrir, l'a contrainte à recevoir la forme du pain. Et quant à la cuisson, d'abord elle s'est effectuée au moyen de la cendre chaude ou d'une brique brûlante; puis on a imaginé les fours et d'autres appareils dont la chaleur se prêtât mieux encore à nos fantaisies. » Peu s'en est fallu qu'il ne nous présentât aussi le métier du savetier comme une invention du sage.

Tous ces arts ont été, il est vrai, imaginés par la raison, mais non par la droite raison. Ce sont des inventions de l'homme, non du sage; tout aussi bien que les vaisseaux dont nous nous servons pour traverser les fleuves et les mers, en les surmontant de voiles pour recevoir le souffle des vents, et en adaptant à leur poupe un gouvernail qui maintient ou change leur direction. Ce dernier procédé a été du reste emprunté des poissons, car c'est la queue des poissons qui les dirige, qui, par son léger mouvement d'oscillation, modère leur vitesse. « C'est le sage, dit-il, qui a fait toutes ces découvertes; mais comme elles étaient indignes d'occuper ses mains, il les a abandonnées à de vils manœuvres. » Et moi je dis que toutes ces choses n'ont pas été inventées par d'autres hommes que ceux qui les exploitent aujourd'hui. Il y a des arts que nous savons n'avoir été découverts que de notre temps; tels sont les carreaux faits avec des pierres transparentes, qui nous transmettent la lumière dans

circumfunderetur calor, qui ima simul ac summa foveret æqualiter. Quid loquar marmora, quibus templa, quibus domus fulgent? Quid lapideas moles in rotundum ac leve formatas, quibus porticus et capacia populorum tecta suscipimus? quid verborum notas, quibus quamvis citata excipitur oratio, et celeritatem linguæ manus sequitur?

Vilissimorum mancipiorum ista commenta sunt : sapientia altius sedet, nec manus edocet; animorum magistra est. Vis scire, quid illa eruerit, quid effecerit? Non dedecoros corporis motus, nec varios per tubam ac tibiam cantus, quibus exceptus spiritus, aut in exitu, aut in transitu, formatur in vocem; non arma, nec muros, nec bella : utilia molitur, paci favet, et genus humanum ad concordiam vocat. Non est, inquam, instrumentorum ad usus necessarios opifex.

Quid illi tam parvula assignas? Artificem vides vitæ. Alias quidem artes sub dominio habet; nam cui vita, illi vitæ quoque ornamenta serviunt : ceterum ad beatum statum tendit; illo ducit, illo vias aperit. Quæ sint mala, quæ videantur, ostendit; vanitatem exuit mentibus; dat magnitudinem solidam; inflatam vero, et ex inani speciosam reprimit; nec ignorari sinit, inter magna

toute sa pureté ; tels sont nos bains suspendus, et ces tuyaux enchâssés dans la muraille, afin de faire circuler la chaleur, et que du haut en bas règne une température égale. Parlerai-je aussi de ces marbres dont brillent et les temples et les maisons particulières? de ces masses de pierres arrondies et polies à grand'peine, sur lesquelles nous avons assis des portiques et des édifices assez vastes pour recevoir un peuple entier? de ces caractères abrégés, à l'aide desquels la main recueille un discours, quelque rapidement qu'on le prononce, et suit la célérité de la parole?

Ce sont toutes inventions des plus vils esclaves. La sagesse a une plus noble mission : ses enseignemens ne s'adressent pas aux mains, ils s'adressent à l'âme. Vous voulez savoir ce qu'elle a découvert, ce qu'elle a produit? Ce ne sont pas des danses impudiques, ni ces différens procédés musicaux au moyen desquels le souffle introduit dans la flûte et dans la trompette, se modifie à sa sortie ou dans son trajet, de manière à imiter la voix; non plus que les armes, les fortifications et la guerre. Occupée de choses utiles seulement, elle prêche la paix et appelle le genre humain à la concorde. Je le répète, ce n'est pas elle qui se charge de fabriquer des outils pour nos besoins.

Pourquoi lui assigner un rôle si mesquin? Son art embrasse la vie. Tous les autres arts sont donc sous sa loi ; car si la vie lui est soumise, il doit en être de même des agrémens de la vie. Du reste, c'est au bonheur qu'elle tend : nous y conduire, nous en ouvrir la route, est son unique pensée. Elle apprend à reconnaître les véritables maux et ceux qui ne sont qu'apparens. Bannissant de nos âmes les vaines illusions, elle leur donne une grandeur

quid intersit et tumida : totius naturæ notitiam, ac suæ, tradit. Quid sint dii, qualesque, declarat; quid inferi, quid lares et genii; quid in secundam numinum formam animæ perpetitæ; ubi consistant, quid agant, quid possint, quid velint.

Hæc ejus initiamenta sunt, per quæ non municipale sacrum, sed ingens deorum omnium templum, mundus ipse, reseratur; cujus vera simulacra, verasque facies cernendas mentibus protulit : nam ad spectacula tam magna hebes visus est. Ad initia deinde rerum redit, æternamque rationem toti inditam, et vim omnium seminum singula proprie figurantem. Tum de animo cœpit inquirere, unde esset, ubi, quamdiu, in quot membra divisus. Deinde a corporibus se ad incorporalia transtulit, veritatemque et argumenta ejus excussit : post hæc, quemadmodum discernerentur vitæ ac necis ambigua; in utraque enim falsa veris immixta sunt.

Non abduxit, inquam, se, ut Posidonio videtur, ab istis artibus sapiens, sed ad illas omnino non venit. Nihil enim dignum inventu judicasset, quod non erat dignum perpetuo usu judicaturus; ponenda non sume-

solide en échange de cette grandeur factice et chimérique dont elles se repaissent, leur fait sentir la différence qu'il y a entre la grandeur et l'enflure, enfin leur livre tout entiers les secrets de la nature et les siens propres. Elle leur enseigne ce que sont et quels sont les dieux; quelle opinion on doit se former des enfers, des lares et des génies; quelle est la condition des âmes immortelles qui tiennent le second rang après les dieux; quelles régions elles habitent, ce qu'elles y font, ce qu'elles peuvent et ce qu'elles veulent.

C'est ainsi qu'elle nous initie, non aux mystères d'un temple municipal, mais du monde entier, ce vaste temple de tous les dieux. Toutefois elle se borne à offrir à nos esprits des images vraies, des représentations fidèles; car notre faible vue ne suffirait pas à un si grand spectacle. Ensuite elle remonte à l'origine des choses, à la raison éternelle qui anime le grand tout, à la secrète puissance de tous les germes qui impriment à chaque être une forme qui lui est propre. Immédiatement après, elle s'occupe de l'âme, examine d'où elle vient, où elle réside, quelle est sa durée, en combien de parties elle se divise. Puis, des corps, passant aux substances incorporelles, elle discute la vérité et ses caractères; ce qui la conduit à apprécier les doutes sur la vie et sur la mort; car dans les uns comme dans les autres, il se trouve du vrai et du faux.

Je le répète, le sage, loin d'avoir abandonné les arts, comme le suppose Posidonius, ne s'y est même jamais adonné. Il n'aurait pas regardé comme dignes d'être inventées des choses qu'il n'aurait pas cru dignes de l'occuper sans cesse; il n'aurait pas entrepris une chose pour

ret. — « Anacharsis, inquit, invenit rotam figuli, cujus circuitu vasa formantur. » Deinde, quia apud Homerum invenitur figuli rota, mavult videri versus falsos esse, quam fabulam. Ego nec Anacharsin auctorem hujus rei fuisse contendo; et, si fuit, sapiens quidem hoc invenit, sed non tanquam sapiens ; sicut multa sapientes faciunt, qua homines sunt, non qua sapientes. Puta velocissimum esse sapientem : cursu omnes anteibit, qua velox est, non qua sapiens. Cuperem Posidonio aliquem vitriarium ostendere, qui spiritu vitrum in habitus plurimos format, qui vix diligenti manu effingerentur. Hæc inventa sunt, postquam sapientem invenire desivimus.

« Democritus, inquit, invenisse dicitur fornicem, ut lapidum curvatura paullatim inclinatorum medio saxo alligaretur. » — Hoc dicam falsum esse. Necesse est enim, ante Democritum et pontes et portas fuisse, quarum fere summa curvantur. — Excidit porro vobis, eumdem Democritum invenisse, quemadmodum ebur molliretur, quemadmodum decoctus calculus in smaragdum converteretur, qua hodieque coctura inventi lapides in hoc utiles colorantur. Ista sapiens licet invenerit, non, qua sapiens erat, invenit : multa enim facit, quæ ab imprudentissimis aut æque fieri vidimus, aut peritius, aut exercitatius.

la laisser là. — « C'est Anacharsis, dit-il, qui a inventé la roue du potier de terre, dont la révolution façonne les vases. » Et, comme il est question dans Homère de la même roue, il aime mieux faire passer les vers qui le contredisent pour apocryphes, que de renoncer à sa fable. Je ne prétends pas qu'Anacharsis ne soit pas l'auteur de cette machine; mais s'il l'a inventée, c'est quoique sage, et non comme sage. Ainsi les sages font beaucoup d'autres choses parce qu'ils sont hommes, et non parce qu'ils sont sages. Supposez un sage léger à la course, il devancera les autres en tant que léger, mais non en tant que sage. Je voudrais que Posidonius pût voir le verrier, qui, à l'aide de son souffle, donne au verre une multitude de formes qu'on pourrait à peine obtenir de la main la plus expéditive. Cependant cette découverte a été faite depuis qu'on ne trouve plus de sages.

« On dit, raconte le même Posidonius, que c'est Démocrite qui inventa ces voûtes dont l'arc, formé de plans inclinés, s'appuie sur une pierre placée au centre. » — Je nie formellement ceci. Il est impossible qu'il n'y ait pas eu, avant Démocrite, des ponts et des portes dont la partie supérieure ne fût pas arrondie en arceau. — Mais avez-vous oublié que ce même Démocrite trouva l'art d'amollir l'ivoire, et de convertir, à l'aide du feu, des cailloux en émeraudes, procédé encore en vigueur aujourd'hui, que l'on colore par la cuisson toute pierre qui s'y prête? — Quand Démocrite aurait fait toutes ces découvertes, ce n'est pas à titre de sage qu'il les a faites : car le sage fait beaucoup de choses que nous voyons les hommes les plus étrangers à la sagesse exécuter tout aussi bien, sinon avec plus d'adresse et de facilité.

Quid sapiens investigaverit, quid in lucem protraxerit, quæris? Primum rerum naturam; quam non, ut cetera animalia, oculis secutus est, tardis ad divina. Deinde vitæ legem; quam ad universa direxit : nec nosse tantum, sed sequi deos docuit, et accidentia non aliter excipere, quam imperata. Vetuit parere opinionibus falsis, et, quanti quidque esset, vera æstimatione perpendit : damnavit mixtas pœnitentiæ voluptates, et bona semper placitura laudavit : et palam fecit, felicissimum esse, cui felicitate non opus est; potentissimum esse, qui se habet in potestate. Non de ea philosophia loquor, quæ civem extra patriam posuit, extra mundum deos, quæ virtutem donavit voluptati; sed de illa, quæ nullum bonum putat, nisi quod honestum est; quæ nec hominis, nec fortunæ muneribus deleniri potest; cujus hoc pretium est, non posse pretio capi.

Hanc philosophiam fuisse illo rudi sæculo, quo adhuc artificia deerant et ipso usu discebantur utilia, non credo : sicut ante, fortunato tempore, quum in medio jacerent beneficia naturæ promiscue utenda, antequam avaritia atque luxuria dissociavere mortales, et ad rapinam ex consortio discurrere, non erant illi sapientes viri, etiamsi faciebant facienda sapientibus. Statum quidem generis humani non alium quisquam suspexerit

Vous voulez savoir quelles choses a étudiées, quelles choses a découvertes le sage? La nature d'abord, qu'il n'a pas regardée d'un œil indifférent et dépourvu du sentiment des œuvres divines, comme les autres animaux. Ensuite les lois de la vie, qu'il a appliquées à l'univers. Il nous a appris non-seulement à connaître les dieux, mais encore à les imiter, et à considérer tout évènement comme l'effet d'un ordre d'en haut. Il nous a défendu d'écouter les préjugés, en nous donnant l'exemple d'apprécier chaque chose selon sa valeur réelle; il a condamné les plaisirs auxquels se mêle le repentir; il nous a recommandé les biens qui sont de nature à nous plaire toujours; enfin il nous a désigné comme le plus heureux des hommes, celui qui n'a pas besoin du bonheur, comme le plus puissant celui qui a tout pouvoir sur lui-même. Je ne parle pas de cette philosophie qui a placé le citoyen en dehors de sa patrie, les dieux en dehors du monde, qui a soumis la vertu à la volupté; mais de celle qui ne connaît de bien que ce qui est honnête; qui ne peut être séduite ni par les présens des hommes, ni par ceux de la fortune; dont la valeur consiste à être au dessus de toute valeur.

Je ne pense pas que cette philosophie ait existé dans ces siècles d'ignorance, où les arts n'existaient pas encore, et où la seule expérience enseignait à l'homme ce qui lui était utile; pas plus que précédemment, lorsque les bienfaits de la nature étaient à la disposition de tous, et que chacun n'avait qu'à en user; dans ces temps où l'avarice et le luxe n'avaient pas encore divisé les humains, et fait succéder le pillage à la communauté de biens; il n'y avait pas de sages alors, quoique tous se conduisissent comme font les sages. Il serait impossible de souhaiter à

magis; nec, si cui permittat Deus terrena formare et dare gentibus mores, aliud probaverit, quam quod apud illos fuisse memoratur, apud quos

> . . . . Nulli subigebant arva coloni,
> Nec signare quidem aut partiri limite campum
> Fas erat : in medium quærebant; ipsaque tellus
> Omnia liberius, nullo poscente, ferebat.

Quid hominum illo genere felicius? In commune rerum natura fruebantur; sufficiebat illa, ut parens, in tutelam omnium : hæc erat publicarum opum secura possessio. Quidni ego illud locupletissimum mortalium genus dixerim, in quo pauperem invenire non posses? Irrupit in res optime positas avaritia, et, dum seducere aliquid cupit atque in suum vertere, omnia fecit aliena et in angustum ex immenso redacta; paupertatem intulit, et, multa concupiscendo, omnia amisit. Licet itaque velit nunc concurrere, et reparare quod perdidit; licet agros agris adjiciat, vicinum vel pretio pellat æris, vel injuria; licet in provinciarum spatium rura dilatet, et possessionem vocet per sua longam peregrinationem : nulla nos finium propagatio eo reducet, unde discessimus. Quum omnia fecerimus, multum habebimus : universum habebamus. Terra ipsa fertilior erat illaborata, et in usus populorum non diripientium larga. Quidquid natura protulerat, id non minus invenisse, quam inventum monstrare alteri, voluptas erat; nec ulli aut supe-

l'espèce humaine plus que ce qu'elle eut à cette époque ;
et s'il arrivait que Dieu permît à quelqu'un de refaire
le monde et de régler la condition des peuples, il ne
ferait pas mieux que ce qu'on raconte de ces temps
primitifs où

> « nul cultivateur ne labourait la terre ; il n'était pas même
> permis de marquer les partages par des bornes ; les biens étaient
> communs, et la terre d'elle-même, sans être tourmentée, produi-
> sait tout en abondance. »

Quelle génération fut jamais plus heureuse ? Les hommes
avaient une égale part aux bienfaits de la nature, qui,
semblable à une mère, suffisait à l'entretien de tous ; rien
qui troublât leur possession, alors que les propriétés
étaient communes. Le moyen de trouver une génération
plus riche, quand on ne saurait y trouver un pauvre ?
L'avarice est venue bouleverser ce bel ordre de choses :
en voulant soustraire et s'approprier une partie de la richesse publique, elle s'est privée de la totalité ; réduite à
l'étroit, après avoir possédé immensément, elle a introduit la pauvreté, et en convoitant beaucoup, elle a tout
perdu. Aujourd'hui, quelque peine qu'elle se donne pour
réparer ses pertes ; quoiqu'elle ajoute à ses terres de nouvelles terres, et qu'elle chasse ses voisins à prix d'argent,
ou par violence ; quoique ses champs soient de véritables
provinces, et que les parcourir soit pour elle un long
voyage ; nous ne reculerons jamais assez nos limites pour
revenir au point d'où nous sommes partis. Le mieux
qui puisse nous arriver, c'est de posséder beaucoup : jadis nous possédions tout. La terre, alors non cultivée,
en était plus fertile, et fournissait abondamment aux besoins des peuples qui ne s'arrachaient point ses produits.
Ce que la nature produisait de bon, on n'avait pas moins

rare poterat, aut deesse : inter concordes dividebatur. Nondum valentior imposuerat infirmiori manum; nondum avarus, abscondendo quod sibi jaceret, alium necessariis quoque excluserat : par erat alterius, ac sui, cura. Arma cessabant, incruentæque humano sanguine manus odium omne in feras verterant. Illi, quos aliquod nemus densum a sole protexerat, qui adversus sævitiam hiemis aut imbris vili receptaculo tuti sub fronde vivebant, placidas transigebant sine suspirio noctes. Sollicitudo nos in nostra purpura versat et acerrimis excitat stimulis : at quam mollem somnum illis dura tellus dabat ! Non impendebant cælata laquearia, sed in aperto jacentes sidera superlabebantur et insigne spectaculum noctium ; mundus in præceps agebatur, silentio tantum opus ducens.

Tam interdiu illis, quam noctu, patebant prospectus hujus pulcherrimæ domus; libebat intueri signa, ex media cœli parte vergentia, rursus ex occulto alia surgentia. Quidni juvaret vagari inter tam late sparsa miracula? At vos ad omnem tectorum pavetis sonum, et, inter picturas vestras si quid increpuit, fugitis attoniti. Non habebant domos instar urbium. Spiritus, ac liber inter aperta perflatus, et levis umbra rupis aut arboris, et perlucidi fontes, riviquae non opere, nec fistula, nec ullo coacto itinere obsolefacti, sed sponte currentes, et prata

de plaisir à l'indiquer aux autres qu'à le trouver : on n'avait jamais ni trop ni trop peu, car tout se partageait de bon accord. Le plus fort n'avait pas encore fait peser sa main sur le plus faible; l'avare, en cachant ses trésors inutiles pour lui, n'avait pas encore privé les autres du nécessaire : on avait pour autrui les mêmes soins que pour soi. Les armes restaient oisives et pures de sang humain, les mains alors n'employaient leur violence que contre les bêtes féroces. Ceux qui trouvaient dans une épaisse forêt un abri contre le soleil, et dans une misérable cabane couverte de feuilles, un refuge contre les rigueurs de l'hiver et les torrens de la pluie, ceux-là passaient des nuits tranquilles et sans cauchemar. Sur nos lits de pourpre, l'inquiétude nous agite et nous réveille par ses cruels aiguillons; mais eux, quel doux sommeil ils prenaient sur la dure! Des lambris richement sculptés n'étaient point suspendus au dessus d'eux; mais, couchés en plein air, leurs yeux pouvaient contempler le cours des astres, le pompeux spectacle des nuits, et le monde, poursuivant en silence la carrière où il est emporté.

Le jour comme la nuit, la vue de ce magnifique palais leur étant permise, ils voyaient en même temps des constellations, arrivées à leur apogée, décliner vers l'horizon, et d'autres se lever du sein de l'espace. Avec quel plaisir leurs regards ne devaient-ils pas s'égarer parmi cette multitude de merveilles! Mais vous, le moindre bruit qui part de vos toits vous fait trembler, le moindre craquement qui a lieu parmi vos peintures vous fait fuir épouvantés. Ils n'avaient pas des maisons aussi grandes que des villes. Un air libre, qui n'avait de limite que le ciel, le simple abri d'un arbre ou d'un rocher, des sources limpides, des ruisseaux dont nul

sine arte formosa; inter hæc agreste domicilium, rustica positum manu. Hæc erat secundum naturam domus; in qua libebat habitare, nec ipsam, nec pro ipsa, timentem : nunc magna pars nostri metus tecta sunt.

Sed, quamvis egregia illis vita fuerit et carens fraude, non fuere sapientes, quando hoc jam in opere maximo nomen est. Non tamen negaverim fuisse alti spiritus viros, et, ut ita dicam, a diis recentes : neque enim dubium est, quin meliora mundus nondum effœtus ediderit. Quemadmodum autem omnibus indoles fortior fuit, et ad labores paratior, ita non erant ingenia omnibus consummata. Non enim dat natura virtutem : ars est, bonum fieri. Illi quidem non aurum, nec argentum, nec perlucidos lapides [in] ima terrarum fæce quærebant, parcebantque adhuc etiam mutis animalibus : tantum aberat, ut homo hominem, non iratus, non timens, tantum spectaturus, occideret. Nondum vestis illis erat picta, nondum texebatur aurum; adhuc nec eruebatur. Quid ergo? ignorantia rerum innocentes erant : multum autem interest, utrum peccare aliquis nolit, an nesciat. Deerat illis justitia, deerat prudentia, deerat temperantia ac fortitudo. Omnibus his virtutibus habebat similia quædam rudis vita : virtus non contin-

ouvrage, nul tuyau, nul canal n'avait asservi le cours, mais qui coulaient en toute liberté; enfin des prairies belles sans art : tels étaient les objets rians au milieu desquels leurs mains rustiques établissaient un champêtre domicile. Elle était bien selon la nature, cette demeure qu'on ne craignait pas, et pour laquelle on ne craignait pas; aujourd'hui nos habitations sont une des principales causes de nos alarmes.

Quelque parfaite, quelque innocente que fût leur vie, ils n'étaient pas des sages: car, pour mériter ce nom, il faut les plus grands efforts. Je ne nierai cependant pas qu'il n'y eût alors des hommes d'un esprit élevé; et, si je puis m'exprimer ainsi, pleins encore de leur céleste origine : il n'est pas douteux que la nature, qui n'était pas encore épuisée, ne produisît alors des êtres meilleurs. Mais quoique leurs esprits fussent plus vigoureux et plus fortement trempés, ils n'étaient point parfaits sous tous les rapports. En effet, la nature ne nous donne pas la vertu : c'est un art que de devenir vertueux. Ils ne cherchaient pas l'or, l'argent et les pierreries dans les profondeurs, ou, pour mieux dire, dans la lie de la terre; ils épargnaient le sang des animaux, tant il s'en fallait alors que l'homme égorgeât son semblable sans colère, sans crainte, uniquement pour le plaisir de ses yeux. On ne s'était pas encore avisé de teindre les étoffes et de filer l'or; on n'avait pas même extrait ce métal de la mine. Leur innocence n'était donc autre chose que l'ignorance du mal. Or, il y a une grande différence entre ne pas vouloir et ne pas savoir faire le mal. On ignorait alors la justice, la pudeur, la tempérance et le courage; mais la simplicité de la vie présentait l'image de toutes ces vertus. La vertu ne peut être le partage que d'une âme cultivée,

git animo, nisi instituto ac edocto, et ad summum assidua exercitatione perducto. Ad hoc quidem, sed sine hoc, nascimur : et in optimis quoque, antequam erudias, virtutis materia, non virtus est.

éclairée et perfectionnée par un continuel exercice. Nous naissons pour elle, non avec elle; et les hommes les mieux disposés, avant que la science ait pu s'introduire chez eux, possèdent le germe de la vertu, mais non la vertu même.

NOTES.*

LETTRE LVI. Page 3. *Leurs bras chargés de masses de plomb.* Juvénal fait allusion à cet usage des athlètes :

> Quum lassata gravi ceciderunt brachia massa.
> (*Sat.* VI, v. 421.)

> Quid peremit stulto fortes haltere lacerti.
> (Martial., lib. xiv, *Epigr.* 49.)

Enfin, Sénèque lui-même, dans sa lettre xv : « Cursus et cum aliquo pondere manus notæ, et saltus, etc. »

S'il survient des joueurs de paume. Il y a dans ce début des intentions comiques que n'aurait pas désavouées l'auteur des *Fâcheux*.

Les ivrognes. — *Scordalus* signifie un ivrogne qui a le vin mauvais :

> Redditaque scordalo vice. . . .

dit Pétrone. Sénèque se sert encore de ce mot *scordalus* dans sa lettre LXXXIII : « Tullius Cimber et nimis erat in vino et scordalus. » (*Voyez* ci-après page 331.)

Les filoux pris sur le fait. Ce trait et quelques-uns de ceux qui précèdent peuvent bien aussi rappeler la satire des *Embarras de Paris*, par Boileau :

> Des filoux effrontés, d'un coup de pistolet,
> Ébranlent ma fenêtre et percent mon volet.

Page 5. *Affectent chacun une modulation particulière.* Il paraît que les cris de Rome n'étaient pas moins assourdissans que les cris de Paris. Au reste, toute la première partie de cette lettre offre des traits de mœurs curieux et piquans.

* Ces notes sont de M. Ch. Du Rozoir, éditeur.

Page 5. *Notre ami Crispus.* Des éditions portent mal-à-propos Chrysippus, nom d'un célèbre philosophe stoïcien ; mais, comme Ruhkopf et d'autres éditeurs l'ont établi, il s'agit de Crispus ami de Sénèque, à qui même il a adressé une de ses épigrammes.

Une ville fut déplacée. Sénèque rapporte le même fait dans ses *Questions naturelles,* liv. IV, chap. 2, pag. 281, tome VIII de notre *Sénèque.*

Le serrurier mon voisin. Encore un trait qui rappelle la satire de Boileau déjà citée.

Auprès de la borne-fontaine. — *Meta sudans* était une fontaine, située entre l'amphithéâtre de Titus et l'arc de Constantin. Elle avait la forme d'une *borne du Cirque,* de l'extrémité de laquelle l'eau jaillissait et arrosait sa base, d'où l'expression de *meta sudans,* qui répond textuellement à notre mot *borne-fontaine,* espèce nouvelle de fontaines dont nos rues sont ornées depuis quelques années. Il existait encore, au seizième siècle, des vestiges de la *meta sudans,* qui suffisaient pour faire juger de la forme. *Voyez* les *Antiquités romaines* de Samuel Pitiscus.

Page 7. *Son calme profond.* Vers de P. Terentius Varron Atacinus, conservés par Sénèque le Rhéteur. (Livre III, 16ᵉ *Controverse.*)

Il n'y a de calme que celui que répand la raison. Montaigne cite ce passage, lorsque, dans son chapitre de la *Vanité,* il avoue qu'il a tort de ne pas se trouver heureux dans une condition telle que des milliers d'hommes la prendraient pour « le but de leurs souhaits. » (*Essais,* liv. III, chap. 9.)

Un léger sommeil. Image familière aux poètes :

> Non avium citharæque cantus
> Somnum reducent. . . . .
> (Horat., lib. III, Od. I.)

Page 9. *Les vices de l'oisiveté fuient devant le travail.* « Son oysiveté, dit Montaigne, en parlant de son âme (liv. III, ch. 3, *des trois commerces*), m'est à cette cause une pénible occupation, et qui offense ma santé. La plupart des esprits ont besoing de matière estrangère, pour se dégourdir et exercer : le mien en a besoing, pour se rasseoir plustôt et séjourner. »

Page 9. *L'ambition revient parfois avec plus d'âpreté.* Le dernier commentateur de Sénèque cite à ce propos Maximien Hercule, collègue de Dioclétien, et Charles-Quint.

Les vices à découvert sont moins dangereux. Montaigne, au chapitre *de la Cholère* (liv. II, chap. 31), s'empare encore de ce passage : « On incorpore, dit-il, la cholère en la cachant... et aymerois mieux produire mes passions, que de les couvrir à mes despens : elles s'allanguissent en s'esvantant et en s'exprimant. Il vaut mieux que leur pointe agisse au dehors que de la plier contre nous. »

Page 11. *Virgile a dit à ce sujet.* — *Énéide*, liv. II, v. 725 et suivans.

LETTRE LVII. Page 13. *Pour ne pas en faire une nouvelle épreuve.* Sénèque a déjà parlé, dans sa lettre LIII, des souffrances qu'il avait éprouvées récemment dans une traversée de Parthénope à Pouzzoles.

La route souterraine de Naples. Aujourd'hui la *grotte du mont Pausilippe*, longue de sept cents pas. La montagne récemment percée en France pour le chemin de fer de Saint-Étienne, peut donner une idée de cette antique merveille de la Campanie.

Que la lumière qui y pénètre. Nous avons suivi le texte vulgaire *facibus*; mais, avec M. Bouillet, nous inclinerions à penser que le mot *faucibus* convient mieux. *Faces* ne veut dire que flambeaux allumés, au lieu que *fauces* signifie bien d'étroites meurtrières pratiquées pour donner du jour. Du temps de Strabon, ces ouvertures existaient ; depuis ce temps, le défaut d'entretien les a fait disparaître ; mais la grotte est éclairée par les lampes qui brûlent incessamment devant les madones, qui la protègent aujourd'hui à défaut des nymphes du paganisme.

De changer de couleur comme les autres. — Voyez dans Aulu-Gelle cette question aprofondie avec beaucoup d'agrément et de raison (liv. XIX, chap. 1).

Page 15. *Par une guérite ou par une montagne.* Juste-Lipse voudrait ici *tigillarium* au lieu de *vigilarium*, version à laquelle s'est conformé La Grange, en traduisant ainsi : « Qu'importe qu'on soit tué par la chute d'une tuile ou d'une montagne ? »

Page 15. *Faute de pouvoir trouver une issue.* « Voilà, dit Montaigne, les stoïciens pères de l'humaine prudence, qui trouvent que l'âme d'un homme accablé soubs une ruine traisne et ahanne long-temps à sortir, ne se pouvant desmesler de la charge, comme une souris prise à la trapelle. »

LETTRE LVIII. Page 17. *La susceptibilité sied bien vraiment à l'indigence!* On a comparé notre langue française à un *mendiant orgueilleux*. « On voit par cette lettre, dit Diderot, que la langue latine s'était appauvrie comme la nôtre, en se polissant : effet de l'ignorance et d'une fausse délicatesse ; de l'ignorance, qui laisse tomber en désuétude des mots utiles; d'une fausse délicatesse, qui proscrit ceux qui blessent l'oreille ou gênent la prononciation. Alors des expressions d'Ennius, d'Attius étaient surannées, comme plusieurs de Rabelais, de Montaigne, de Malherbe et de Régnier le sont aujourd'hui. Au temps de Sénèque, Virgile commençait à vieillir. De toutes les machines, il n'y en a aucune qui travaille autant que la langue; aucune d'aussi orgueilleuse et d'aussi passive que l'oreille ; et l'une et l'autre tendent à se délivrer d'un malaise léger, mais continu. »

Écoutez plutôt Virgile. Les vers que Sénèque cite ici sont tirés des *Géorgiques,* liv. III, v. 146.

Page 19. *Latinus lui-même.* — *Énéide*, liv. XII, v. 709.

Que l'autre porte ses armes, etc. — *Ibid.,* liv. XI, v. 175.

Combien de mots ont péri de vieillesse. Horace a dit dans son *Art poétique* :

> Ut silvæ foliis pronos mutantur in annos,
> Prima cadunt; ita verborum vetus interit ætas.

Ce mot a pour lui l'autorité de Cicéron. Ce mot *essentia* ne se trouve pas dans les écrits de Cicéron qui nous sont parvenus; et, chose assez singulière, Quintilien ne l'y avait pas vu : car il en attribue l'invention à Fabianus, que Sénèque nous indique comme l'ayant employé après Cicéron.

Fabianus. Sergius Flavius Papirius Fabianus. *Voyez* la note qui précède; puis la *Consolation à Marcia* (chap. XXIII) et la note correspondante, page 289, de notre tome II, laquelle renvoie à d'autres passages, entre autres à la lettre C de *Sénèque*.

Page 21. Τὸ ὄν. Les scolastiques, qui sont venus depuis Sénèque, ont rendu ce mot par *ens*, qui n'était pas admis dans l'ancienne latinité.

Page 27. *Et prenez-vous-en à Platon.* Le philologue allemand Meiners a prouvé que Platon n'établissait pas cette différence subtile entre les mots ἰδέα et εἶδος. Ceux qui s'intéressent à ces subtilités de la vieille école peuvent consulter Meiners et Tiedemann.

Page 29. *Nul n'est le matin ce qu'il était la veille.* Ces idées se retrouvent dans la lettre 24. *Voyez* tome v, page 165 de notre *Sénèque*.

On n'entre pas deux fois dans le même fleuve! Cité par Montaigne (liv. II, ch. 12, *Apol. de Raymond de Sebonde*).

Le monde change et ne reste jamais le même. — *Voyez* les *Questions naturelles*, liv. III, chap. 10 (tome VIII, page 199 de notre *Sénèque*).

Page 31. *Je cherche à tirer parti de mes délassemens.* —*Voyez* la lettre LXII, particulièrement pages 52-55 de ce volume.

Admirons ces formes de toutes choses. — *Questions naturelles*, liv. I, *Préface*.

Page 33. *Les mages.* Prêtres de la secte de Zoroastre : il est constant que, depuis l'expédition de Xerxès, on en vit assez fréquemment en Grèce.

Quand on s'est rendu une jouissance digne de soi. Diderot, après avoir cité ce passage, ajoute : « A quoi bon rester, quand on n'est plus propre qu'à corrompre le bonheur, à troubler les devoirs et à empoisonner les jours de ceux que la reconnaissance et la tendresse attachent à notre côté? N'attendons pas qu'ils nous donnent congé : nous avons vécu, permettons-leur de vivre, et ne craignons pas que ce conseil soit funeste aux vieillards. Ils ont tous la peur de mourir : la vie n'est vraiment dédaignée que par ceux qui peuvent se la promettre longue; ils ne la connaissent pas, comment y attacheraient-ils de l'importance ou du mépris? ils vivent, comme ils font tout le reste, sans y réfléchir. »

Page 35. *Et accélérer sa fin au lieu de l'attendre.* Ici Sénèque reproduit, en faveur du suicide, les idées qu'il a déjà exposées dans la *Consolation à Marcia* (chap. xx), dans les lettres xxvi, xxix et xxx (*voyez* ces lettres et nos notes correspondantes), et qu'il reproduit ci-après dans les lettres lxx et lxxxii.

Et prêt à s'écrouler. Mot de Gorgias de Léontium.

Je ne fuirai pas devant la maladie. A ce propos, Montaigne, qui cite ce passage, s'exprime ainsi (liv. ii, chap. 3, *Une coustume de l'île de Cos*) : « Pline dict qu'il n'y a que trois maladies, pour lesquelles éviter, on ait droict de se tuer : la plus aspre de toutes, c'est la pierre à la vessie, quand l'urine en est retenue. Sénèque, celles seulement qui esbranlent pour long-temps les offices de l'âme. »

Page 37. *D'éternels discours sur la mort.* « Plaisante fin pour exercer l'esprit, observe Chalvet. »

LETTRE LIX. Page 37. *La signification qu'ils ont parmi les stoïciens.* — Voyez *de la Colère*, liv. ii, chap. 6.

Page 39. *De mauvaise joie.* — *Mala mentis Gaudia.* Voyez Virgile, *Énéide*, liv. vi, v. 278 et 279.

Par l'attrait d'un mot heureux. « Il en est de si sots, dit Montaigne (liv. i, chap. 25 de l'*Institution des enfans*), qu'ils se détournent de leur voye un quart de lieue pour courir après un bon mot : « Aut qui non verba rebus aptant, sed res extrinsecus arcessunt quibus verba conveniant. » Et l'autre : « Qui ali« cujus verbi decore placentis vocentur ad id quod non proposue« rant scribere. » Je tors bien plus volontiers une belle sentence pour la coudre sur moy, que je ne détors mon fil, pour l'aller querir. Au rebours, c'est aux paroles a servir et à suyvre, et que le gascon y arrive, si le françois n'y peut aller. »

Page 41. *Je lis en ce moment Sextius.* Q. Sextius père et fils embrassèrent avec succès l'étude de la philosophie. Sénèque le père en parle dans la *Préface* du liv. iii de ses *Controverses*, et Pline le Naturaliste, liv. xviii, chap. 28. (*Voy.* ci-après p. 493.)

Une armée qui se voyait menacée de toutes parts. Sénèque affectionne cette image, qui se retrouve dans la lettre li : « Nobis quoque militandum est. » Et dans le *Traité de la vie heureuse*, chap. iv. *Voyez* ci après page 495.

Page 43. *Quoique nous sachions bien que ce est un mensonge grossier.* Duclos, dans ses *Considérations sur les mœurs*, cite un mot analogue : « Je sais que tu me flattes, mais tu me fais plaisir. »

Page 45. *Le sage est un homme plein de joie.* Voyez *de la Vie heureuse*, chap. IV.

Page 47. *Dans des études qui ne guérissent point l'âme.* Cité par Montaigne (liv. III, ch. 8 de l'*Art de conférer*). Sénèque revient souvent sur ce texte. *Voyez* lettre XXVIII, et *de la Brièveté de la vie*, chap. XIII.

Semblable à la région qui est au dessus de la lune. — *De Ira*, lib. III, cap. 6.

LETTRE LX. Page 49. *Votre mère.* Comparez cette lettre à la lettre XXX, où Sénèque s'attache également à prémunir son lecteur contre la crainte de la mort.

Nous grandissons au milieu des malédictions de nos parens. « Et si l'on se rappelle, ajoute Diderot, les actions dont il (l'enfant) est témoin, les propos qu'il entend dans le foyer paternel, on ne trouvera pas l'expression exagérée. »

Page 51. *Esclaves de leur ventre.* — *Voyez* SALLUSTE, dans le préambule de la *Guerre de Catilina*.

Celui-là vit qui est utile à plusieurs. Cette belle pensée se trouve déjà dans la lettre LV (*voyez* page 339 du tome V de notre *Sénèque*) : « Ne vivre pour personne, c'est ne pas vivre pour soi. »

Ils ont devancé la mort. Sénèque a dit la même chose de Vatia : « Vatia hic situs est. » (*Ibid., ibid.*)

LETTRE LXI, page 55. *Je pense à mourir.*

Vixi, et quem dederat cursum Fortuna peregi.

LETTRE XLII. Page 55. *Demetrius.* — *Voyez* sur ce philosophe le traité *de la Providence*, depuis le chap. III et la note correspondante, page 407, tome II de notre *Sénèque*.

LETTRE LXIII. Page 55. *Votre ami Flaccus.* Personnage inconnu. — Comparez le début de cette lettre avec le chapitre Ier de la *Consolation à Marcia* et les notes correspondantes, pages 187, 274 et 277, tome II de notre *Sénèque*.

Page 57. *Niobé même pensa à prendre quelque nourriture.* Sénèque fait ici allusion à un passage de l'*Iliade*, liv. II, v. 602, où Achille console Priam de la mort de son fils.

Nous nous occupons d'en faire parade. Sénèque tient à peu près le même langage dans la *Consolation à Marcia*, chapitre premier : *Et jam sibi jus mora fecit.*

La douleur même a son ostentation ! Sénèque dit, dans sa quatre-vingt-dix-neuvième lettre : « Plus ostentatio doloris exigit, quam dolor, etc. »

Elle échappe même à votre surveillance. « Quotus aliud egeris, animus relaxabitur : nunc te ipsa custodis. » (*Consolation à Marcia*, chap. VIII.)

Page 59. *Sans nous faire de mal.* Sénèque, dans la lettre LXXXIX déjà citée, se sert encore de cette expression *morsus* : « Non est dolor ipse, sed morsus, etc. »

Attalus. — Voyez sur ce philosophe la lettre IX et la note correspondante, pages 43 et 358 de notre *Sénèque*.

Rappelons-nous combien de fois nous les avons quittés. — Voyez la lettre LV vers la fin.

Page 61. *A un an le deuil pour les femmes.* Sénèque, dans la *Consolation à Helvie*, chap. XVI, accuse, avec plus d'exactitude, dix mois.

Page 63. *En est-il une dont les larmes aient duré un mois seulement ?* Diderot commente ainsi ce passage : « Le jour de la mort d'un époux est un jour d'hypocrisie solennelle. — Elle trahissait hier celui qu'elle pleure aujourd'hui. Le deuil a fermé la porte aux amis, mais non pas à l'amant. Le cadavre de l'époux est sous le vestibule, et l'adultère dans son lit. Le consolateur est un importun qui vient rappeler l'humidité dans les yeux secs. »

Annéus Serenus. Celui à qui Sénèque a dédié son traité *de la Tranquillité de l'âme.* Voyez ce traité tome Ier de notre *Sénèque*.

LETTRE LXIV. Page 65. *Quintus Sextius*, philosophe dont Sénèque a déjà parlé dans la lettre LIX. Il avait fondé une secte qui était un mélange du stoïcisme et du pythagorisme. Sénèque était contemporain de Sextius le fils ; et au dernier chapitre du livre VII des *Questions naturelles*, il regrette déjà l'extinction de leur secte nouvelle.

Page 67. *Un lion descendre de la montagne.* — Énéide, liv. IV, v. 158. Ces réflexions de Sénèque, qui s'est montré si pusillanime dans la *Consolation à Polybe*, rappellent un peu le chasseur de La Fontaine qui, après avoir défié le lion, dès qu'il l'aperçoit :

> O Jupiter ! montre-moi quelqu'asile,
> S'écria-t-il, qui puisse me sauver.

Placée haut, mais accessible. Voyez *de la Colère*, liv. II, chap. 13 : « Non ut quibusdam visum est, arduum in virtutes et asperum iter est, etc. »

N'ait rien à ajouter :

> Mais ce champ ne se peut tellement moissonner,
> Que les derniers venus n'y trouvent à glaner.
> (LA FONTAINE, *fable du Meunier, son Fils et l'Ane.*)

Page 69. *Mais ils n'ont pas tout fait.* La même pensée se retrouve dans la lettre LV : « Nam illi, ait, quoque non inventa sed quærenda nobis reliquerunt, etc. »

Et je m'incline toujours devant d'aussi grands noms. « Il me plaist, dit Montaigne (liv. III, chap. 9, *de la Vanité*), de considérer leur visage, leur port, et leurs vestemens : je remasche ces grands noms entre les dents, et les fais retentir à mes oreilles. » *Ego illos*, etc.

LETTRE LXV. Page 71. *La cause au contraire, c'est-à-dire l'intelligence.* Sénèque emploie fréquemment ce mot *ratio* pour indiquer l'intelligence divine : entre autres dans la *Consolation à Helvie* (chap. VIII, page 31 du tome II de notre *Sénèque.*): *Sive incorporalis ratio*; et dans le traité *de Otio sapientis* (chap. XXXII, page 406 du même volume) : *Quæ ratio mersa et confusa diduxerit.*

Page 73. *Doryphore ou Diadumène.* — *Voyez*, sur ces deux statues de Polyclète, PLINE, *Hist. natur.*, liv. XXXIV, chap. 8.

Ces modèles de toutes choses. — *Voyez* le développement de cette idée abstraite dans la lettre LVIII ci-dessus, pages 20—23.

NOTES.

Page 77. *Qui ne répriment aucun mauvais penchant*. Ici Sénèque développe une pensée qu'il n'a fait qu'indiquer dans la même lettre : « Quid, inquis, ista subtilitas mihi proderet. » *Voyez* ci-dessus, page 29.

Page 79. *Notre âme....... s'élance dans l'espace toutes les fois qu'elle le peut.*— Voyez Consolation à Marcia, chap. XXIV et XXV, tome II de notre *Sénèque*.

Et se repose dans la contemplation de la nature. Comparez encore ce passage avec un autre de la même lettre : « Sed quemadmodum ille cœlator oculos diu intentos ac fatigatos remittit, etc. » (Page 30).

Soldat lié par un engagement. Même pensée se retrouve lettre LI : *Nobis quoque militandum est.* (Page 310, tome V de notre *Sénèque*.)

Page 81. *Non jamais pour cette chair.*—*Caro ista*, expression qui semblerait empruntée à nos livres saints.

LETTRE LXVI. Page 83. *Après bien des années, j'ai retrouvé mon condisciple Claranus*. Personnage inconnu. Diderot dit que cette lettre sur l'égalité des biens et des maux n'est qu'un tissu de sophismes.

Quand elle émane d'un beau corps. — Énéide, liv. V, v. 344.

Et consacre le corps par sa présence. Le corps devient ainsi comme le temple de l'âme. *Comparez* ce passage à ces mots de la lettre LXV, page 83 : « Quem in hoc mundo locum Deus obtinet, etc. »

Page 87. *Une âme imperturbable, intrépide*. « Invulnerabilem animum, extra omnem patientiam positum, » a dit Sénèque, lettre IX, page 41 de notre tome V; et dans la lettre CXIII : « Virtus autem nihil aliud est quam animus quodammodo se habens (tom. VII); et enfin la conclusion du chap. VIII du liv. IV *des Bienfaits* : « Et justitia.... unius animi bona sunt : quidquid horum tibi placuit, animus est. »

Page 89. *Toutes les vertus sont donc égales entre elles*. Horace, dans sa *satire* III (liv. I), combat ce système des stoïciens qui prétendaient que les vices et les vertus sont égaux :

  Queis paria esse fere placuit peccata laborant,
  Quum ventum ad verum est. . . . .

« En effet, observe Naigeon, l'annotateur de La Grange, tous les sophismes du monde ne persuaderont jamais une pareille absurdité; elle ne paraît fondée que sur ce que ces philosophes ne s'étaient point défini la vertu : sans cela, ils auraient reconnu que l'étendue de l'utilité qu'on procure au genre humain était la mesure des vertus, et que l'étendue du mal que l'on fait à la société doit être la mesure de notre haine pour les vices. »

Page 93. *Dans le taureau brûlant de Phalaris*. Cicéron s'exprime à peu près comme Sénèque dans ses *Tusculanes*, liv. II, chap. 7 : « In Phalaridis tauro si est, dicet : *Quam suave hoc est!* etc. » Ce passage est un de ceux dont Amelot de la Houssaye, dans son *Discours sur les Maximes de la Rochefoucault*, a pris texte pour accuser Sénèque de fausse sagesse.

Page 95. *Son éclat obscurcit la lumière des flambeaux*. Cicéron avait dit avant Sénèque : Ut enim obscuratur et offunditur luce solis lumen lucernæ. » (*De Finibus bonorum*, lib. III, cap. 14.)

Page 99. *Les rochers de sa chère Ithaque*. Sentiment bien naturel et d'autant plus vif que la patrie est plus misérable. Le Lapon, dit-on, ne peut vivre loin de sa terre natale. Delille, dans le poëme de *l'Imagination*, a exprimé ce sentiment avec beaucoup de charme. Et Voltaire :

> A tous les cœurs bien nés que la patrie est chère !
> Qu'avec ravissement je revois ce séjour !

Et Gresset :

> Il ne nous faut qu'un an d'absence
> Pour nous apprendre la puissance
> Que la patrie a sur les cœurs.

Enfin, dans *les Scythes*, Voltaire, le poète qui peut-être a le plus rimé de nobles sentences, a dit encore :

> . . . . Le cœur est-il maître
> De renoncer aux lieux où le ciel nous fit naître?
> La nature a ses droits ; ses bienfaisantes mains
> Ont mis ce sentiment dans les faibles humains.
> On souffre en sa patrie : elle peut nous déplaire ;
> Mais quand on l'a perdue, alors elle est bien chère.
> (*Les Scythes*, acte II, sc. I.)

On aime à trouver ces vérités qui récréent l'âme au milieu de tous les sophismes dont Sénèque a rempli cette lettre.

Page 99 : *Pour les êtres dignes de pitié.* Un poète a dit :

> Quo causa melior, sorsque deterior trahit,
> Inclinat animus semper infirmo favens;
> Miseros magis Fortuna conciliat suis.

enfin Sénèque lui-même exprime ce sentiment touchant dans le dernier chapitre de la *Consolation à Helvie* : « Ceterum quia necesse est, etc. » (Tome II, page 76 de notre *Sénèque*.)

Page 107. *Tel membre adhère plus que tel autre.* Sénèque s'est encore servi de cette comparaison. — Voyez *de la Vie heureuse*, chap. III, notes 6 et 7; *du Repos du sage*, chap. XXX, note 6 (tome III de notre *Sénèque*); enfin, lettre XXI : Quod fieri in senatu solet, etc. » (Pages 136 et 375, tome V); et *Questions naturelles* (liv. III, chap. 15) : « Quibus assentiri possumus : sed hoc amplius censeo. »

Page 109. *Il nous dit en effet, que sa vessie et son ventre ulcérés.* Sénèque revient encore sur ce sujet lettre XCII.

Page 111. *Se traîne sur ses genoux.* Sénèque a dit dans la *Providence*, chap. II : « Etiamsi ceciderit, de genu pugnat. »

Porsena dont il prévenait les rigueurs. La Grange a rendu ainsi ce passage : « Porsena, insensible à son supplice, mais jaloux de sa gloire, etc. » Il fait rapporter à Mucius le *cujus* que grammaticalement nous avons dû faire rapporter à Mucius. *Voy.* sur le trait de Mucius le chap. III du traité *de la Providence*.

Page 113. *Pour détendre mes chers petits doigts.* On peut lire dans le commentaire de Juste-Lipse de plus amples détails sur cette infâme recherche de mollesse et de lubricité.

LETTRE LXVII. Page 113. *Je suis encore à en tempérer la rigueur.* On voit par plusieurs passages de Sénèque qu'il était grand amateur de bains froids; dans la lettre LIII, il se représente s'élançant dans la mer en homme qui ne craint pas l'eau froide, *quomodo psuchrolutam decet*; et dans la lettre LXXXIII, il dit encore : *Ille tantus psychrolutes,* etc.

Page 115. *La majeure partie de ma vie sous mes couvertures.* Diderot, qui se trompe assez souvent sur le chiffre des lettres de

Sénèque, applique ce passage à la lettre LVII : « Sénèque, dit-il, était si faible et si glacé, qu'il nous dit, lettre LVII, qu'il passait l'hiver entier entre les couvertures. »

Page 117. *Depuis le tonneau de Regulus.* Voyez *de la Providence*, chap. III.

Page 119. *A la vue de leurs parens.* VIRG., *Énéide*, liv. I, vers 93.

Page 121. *Demetrius.* — *Voyez* la lettre LXI, et le traité *de la Providence*, chap. III.

Attale le stoïcien. — *Voyez* les lettres IX, LXIII et LXXII.

Écoutez Épicure. — *Voyez* la lettre LXVI.

LETTRE LXVIII. Page 123. *Quand vous n'y seriez pas autorisé par les préceptes des stoïciens.* Sénèque a développé ce texte dans le traité *de la Brièveté de la vie*, et surtout du *Repos du sage*.

Nous ne permettons pas qu'on s'occupe uniquement de la république. Sénèque a déjà dit dans le traité du *Repos du sage* (chap. XXX) : « Non accedet ad rempublicam sapiens, nisi quid intervenerit ; » et dans le chap. XXXII : « Negant nostri sapientem ad quamlibet rempublicam accessurum. »

Ce coin du monde qu'il quitte. « Il traite, observe Diderot, lettre LXVIII, du repos du sage, qu'il arrache de ce recoin du globe pour le lancer dans les plaines de l'immensité. Je consens qu'il y fasse un tour, mais je ne veux pas qu'il y séjourne. S'expatrier ainsi, ce serait n'être ni parent, ni ami, ni citoyen. »

Le siège ou le tribunal qui le retenait. — « De dessus une chaise curule, un tribunal, on voit combien c'est un rôle insensé que de se perdre dans les nues. Vues monastiques et antisociales. » (DIDEROT.)

N'allez pas faire retentir les mots de philosophie et de repos. Cette sage morale se retrouve dans les lettres V (pages 17 et 18 de notre tome V), XIV (page 87 *ibid.*), XVIII (page 111 *ibid.*), enfin XIX (page 117).

Il est des animaux qui effacent et brouillent leurs traces autour de leur tanière. Passage traduit par Montaigne dans son chapitre *de la Solitude*, liv. I, chap. 38) : « C'est une lasche ambition, dit-il, de vouloir tirer gloire de son oysiveté et de sa lascheté. Il faut faire comme les animaux, etc. »

Page 123. *Les serrures tentent les voleurs.* Encore un passage cité, imité par Montaigne en son liv. II, chap. 15 : « Que nostre desir s'accroisse par la malaysance : il y a nation où la closture des jardins et des champs, qu'on veut conserver, se faict d'un filet de coton, et se trouve bien plus seure et plus ferme que nos fossez et nos hayes, *furem... præterit.* A l'adventure sert entr'autres moyens, l'aysance, à couvrir ma maison de la violence de nos guerres civiles. La deffense attire l'entreprise, et la deffense l'offense.... Je leur rens la conqueste de ma maison lasche et traistresse. Elle n'est close à personne, qui y heurte. »

Page 125. *Celui-ci s'est caché à Tarente; celui-là s'est renfermé à Naples.* — *Voyez* le traité *de la Tranquillité de l'âme*, chap. II.

Et que vous vous entreteniez avec vous-même. « Ce n'est plus ce qu'il vous faut chercher, que le monde parle de vous, mais comme il faut que vous parliez à vous-mesme. » (Montaigne, *de la Solitude.*)

Qui doivent être l'objet d'un traitement spécial.

. . . . .Nam cur
Quæ lædunt oculum festinas demere, si quid
Est, animum differs curandi tempus in annum?

(Horat., lib. I, *Epist.* 2.)

Page 127. *Les dogmes d'Épicure.* — *Voyez* dans le traité du *Repos du sage*, chap. XXX : *Epicurus ait : Non accedet.* (Page 399 du tome III de notre *Sénèque.*)

Une liste des vieillards sans enfans. — *Voyez* le traité des *Bienfaits*, liv. VI, chap. 33 : *Quid tu istos libros*, etc.

LETTRE LXIX. Page 129. Déjà Sénèque s'est élevé dans sa lettre II contre l'inconvénient des voyages, quand on veut se livrer utilement à l'étude de la sagesse.

Page 131. *Peu importe que ce soit elle ou nous qui fassions les avances.* « Tout revient à un, que l'homme se donne sa fin ou qu'il la souffre; qu'il coure au devant de son jour ou qu'il l'attende. » (Montaigne, liv. II, ch. 3 *D'une Coustume de l'isle de Cos.*)

32.

LETTRE LXX. Page 133. *Vos chers Pompéies*. Ville de la Campanie, dans le voisinage du mont Vésuve, fut enfouie sous la lave de ce volcan, durant la même éruption qui ensevelit Herculanum et Stabia. Sénèque a déjà parlé de *Pompéies* dans la lettre XLIX. (*Voyez* notre tome V, page 297.)

Se retirent à nos yeux. — *Énéide*, liv. III, v. 72.

Nous avons perdu de vue l'enfance. — Abscondimus, expression encore prise de Virgile.

Un port souvent désirable. « Nullus portus nisi mortis est, » a dit Sénèque (*Consolation à Polybe*, chap. XXVIII) : « C'est un port très-assuré, qui n'est jamais à craindre, et souvent à rechercher, » dit Montaigne, enchérissant sur la pensée de Sénèque : *Portus*, etc. (liv. II, ch. 3 *D'une coustume de l'isle de Cos*.)

Page 135. *Et non ce qu'il peut vivre*. Passage cité par Montaigne, et qu'il traduit ainsi : « C'est ce qu'on dict que le sage vit tant qu'il doit, et non pas tant qu'il peut. » (*Ibid*.)

Il quitte la place. — Emittit, c'est le mot des stoïciens : *Mors nos consumit, aut emittit*, a dit Sénèque dans la lettre XXIV, qui a du rapport avec celle-ci.

Le mot de ce Rhodien. Télesphore. Sénèque entre dans de grands détails sur cet infortuné dans le traité *de la Colère*, livre III, chap. 17.

L'homme qui vit est en droit de tout espérer. Montaigne (*ibid*.) traduit ainsi ce passage : « Toutes choses, disoit un poète ancien, sont espérables à un homme pendant qu'il vit : *Omnia homini*, etc. ; » puis il y ajoute ces réflexions :

« Sperat et in sæva victus gladiator arena,
Sit licet infesto pollice turba minax.*

« Ouy, mais respond Seneca, pourquoy auray-je plustost en la teste cela, que la fortune peust toutes choses pour celuy qui est vivant, que cecy, que fortune ne peut rien sur celuy qui sçait mourir ? »

Page 137. *Quel plaisir il trouvait à faire la besogne d'un autre*. Encore un passage cité par Montaigne (*ibid*.), qui s'est

---

* Tiré d'un ancien poète latin nommé Pentadius, dans un poëme sur l'espérance.

mépris en faisant tenir à Scribonia un langage différent de celui que lui prête Sénèque.

Page 139. *La meilleure est celle qui nous plaît davantage.* Montaigne (*ibid.*) : « La plus volontaire mort, c'est la plus belle. »

C'est folie de s'arrêter à ces considérations. « La réputation, dit Montaigne (*ibid.*), ne touche pas une telle entreprise (se donner la mort). C'est folie d'en avoir respect. »

Tandis qu'elle n'a qu'une entrée. Montaigne ici : « Et que le présent que la nature nous ayt faict le plus favorable, et qui nous oste tout moyen de nous plaindre de notre condition, c'est de nous avoir laissé la clé des champs : elle n'a ordonné qu'une entrée à la vie, et cent mille issues : *Nil melius æterna lex*, etc. »

Page 141. *Il n'est pas besoin de s'ouvrir le sein par une vaste blessure*, etc. « Le vivre, ajoute Montaigne (*ibid.*), c'est servir, si la liberté de mourir en est à dire. Le commun train de la guérison se conduict aux despens de la vie : on nous incise, on nous cautérise, on nous détranche les membres, on nous soustrait l'aliment et le sang : un pas plus outre, nous voylà guéris tout-à-faict : *Non opus*, etc. » — *Voyez* à cette occasion les lettres XII et XIV et les notes correspondantes (tome v de notre *Sénèque*). Aux citations qui s'y trouvent, nous ajouterons celle-ci, qui est tirée de la *Thébaïde*, tragédie :

> Ubique mors est : optime hoc cavit Deus
> Eripere vitam nemo non homini potest,
> At nemo mortem. . . . .

Page 143. *Prenant le bâton terminé par une éponge.* Montaigne, dans son langage naïf, donne de ce passage un commentaire curieux : « Ils (les anciens), dit-il (liv. I des *Coustumes anciennes*) se torchoyent le cul (il faut laisser aux femmes cette vaine superstition de paroles) avec une esponge : voilà pourquoi *spongia* est un mot obscène en latin : et estoit cette esponge attachée au bout d'un baston, comme témoigne l'histoire de celuy qu'on menoit pour estre présenté aux bestes devant le peuple qui demanda congé d'aller à ses affaires, et n'ayant aulcun aultre moyen de se tuer, il se fourra ce baston et esponge dans le gosier et s'en estouffa : *Ibi lignum*, etc. »

LETTRE LXXI. Page 149. *Fixez les yeux sur le souverain bien.* Dans cette lettre, Sénèque traite le même sujet que dans les lettres LXVI et LXXIV.

Lorsque nous vivons au hasard. Tout ce passage, depuis ces mots, *non disponet singula*, a été cité et commenté par Montaigne, liv. II, chap. Ier, de l'*Inconstance de nos actions* : « A qui n'a dressé en gros sa vie à une certaine fin, dit-il, il est impossible de disposer les actions particulières. Il est impossible de ranger les pièces, à qui n'a une forme du total en sa tête. A quoy faire la provision des couleurs à qui ne sçait ce qu'il a à peindre? Aulcun ne faict certain dessein de sa vie, et n'en délibérons qu'à parcelles. L'archer doit premièrement sçavoir où il vise, et puis y accommoder la main, l'arc, la corde, la flesche et les mouvemens; nos conseils fourvoyent, parce qu'ils n'ont pas d'adresse et de but. Nul vent ne faict pour celui qui n'a point de port destiné. »

Page 151. *Nous paraissons promettre plus que ne comporte la condition humaine.* Voyez *de la Constance du sage*, chap. III : *Magna promittis* (page 9 du tome III de notre *Sénèque*).

Socrate qui a ramené toute la philosophie à la morale. Cicéron a dit : Socrates autem primus philosophiam devocavit e cœlo et in urbibus collocavit, et in domos etiam introduxit, et coegit de vita et moribus rebusque bonis et malis quærere. » (*Tuscul.*, lib. V, cap. 4.)

Page 153. *Qui a placé les biens de toute espèce sur la même ligne.* Idée amplement développée dans la lettre LXVI.

Et la préture refusée à Caton. Sénèque rappelle ce fait dans *la Constance du sage*, chap. I (page 7 de notre tome III.)

Page 155. *Tout cela aura un terme.*

Mais peut-être, ô soleil! tu n'as qu'une saison,
Peut-être, succombant sous le fardeau des âges,
Un jour tu subiras notre commun destin ;
Tu seras insensible à la voix du matin,
Et tu t'endormiras au milieu des nuages.
(BAOUR LORMIAN, *Hymne au soleil.*)

Page 157. *Si elle ne quitte pas cette vie pour une vie meilleure.* Souvent Sénèque parle avec enthousiasme, mais avec incertitude, d'une vie future. — Voyez *Consolation à Marcia*, ch. xix, page 245, tome ii de notre *Sénèque*.

Page 157. *Et que vous placiez les tortures courageusement supportées parmi les moindres biens.* Ici Sénèque retombe dans les mêmes sophismes qu'il a présentés dans la lettre lxvii ci-dessus, page 115.

Page 159. *Regulus, le plus à plaindre de tous les hommes.* — *Voyez* la lettre lxvii ci-dessus page 117; *de la Providence*, chap. iii; et Horace, liv. iii, ode 5.

Page 161. *Et chargé de chaînes.* — *Voyez* sur cette expression *alligari*, fréquemment employée par Sénèque, les lettres xxiv : « Alligabor enim. » (Page 162, tom. v), et xxvi : « Una est catena quæ nos alligatos tenet. » (Page 176 *ibid.*)

La frugalité est une peine pour le gourmand. Cité et commenté par Montaigne *en ses Essais*, liv. i, ch. 40 : *Que le goust des biens et des maux despend en bonne partie de l'opinion*, etc.

Page 163. *Vus dans l'eau, paraissent courbés et brisés.* Sénèque dit, dans les *Questions naturelles*, liv. i, chap. 3 : « Remus integer in tenui aqua fracti speciem reddit. » La Fontaine a dit :

> Quand l'eau courbe un bâton ma raison le redresse.
> *(Un Animal dans la lune.)*

Montaigne (*ibid.*) cite encore ce passage.

Je ne fais pas du sage un homme à part. Sénèque revient sans cesse sur l'*impassibilité* du sage. — Voyez *de la Providence*, chap. ii, tome ii, page 301.

Page 165. *Qu'on le félicite de sa vertu que de son bonheur.* Formule qui revient souvent dans Sénèque : « Tanto melior surge et inspira. » (Lettre xxxi.) « Dicamus quanto fortior tanto felicior. » (*De Tranquillitate animi*, cap. xv.)

Mais je n'y suis point encore converti. Sénèque revient souvent sur cet aveu modeste de son peu de progrès dans la vertu, entre autres lettre vi, tome v, page 23; et *de la Vie heureuse*, chapitre xvii, page 341. Au surplus, tout ce qu'a pu dire Sénèque à ce sujet se trouve résumé dans ce vers de Boileau :

> Ami de la vertu plutôt que vertueux.

Page 169. *Les Dahes.* Peuples qui habitaient la Haute Asie, non loin du pays des Massagètes. Ici, quelques éditeurs ont préféré *Dacos* à *Dahas* ; mais la chose est peu importante.

LETTRE LXXII. Page 171. *Exigent le lit, le repos et la retraite.* Remarquons cette expression *lectum* : c'était couchés sur un lit que les anciens se livraient aux plus sérieuses études. Horace a dit, liv. I, sat. 4, v. 133 :

> . . . . Neque enim quum lectulus, aut me
> Porticus excipit. . . . .

et Ovide :

> Non hæc in nostris, ut quondam, scribimus hortis,
> Nec consuete, meum, lectule, corpus habes.

et Pline le Jeune, au liv. v de ses *Lettres* : « Visus est sibi jacere in lectulo suo, compositus in habitum studentis.

Je m'adonnerai tout entier à la philosophie. — *Voyez* la lettre XVII : *Tout quitter pour la philosophie.* On trouve à chaque page, dans nos orateurs chrétiens, les mêmes plaintes contre ceux qui remettent ainsi la grande affaire du salut.

Page 173. *La joie du sage.* Sénèque affectionne cette image du sage plein de calme et de bonheur. — Voyez *de la Vie heureuse*, chap. IV, pages 302-305 du tome V de notre *Sénèque*.

Qui relève d'une maladie grave. Comparaison familière à Sénèque. *Voyez* la lettre XXVII, tome V, page 179.

Page 175. *La fortune ne nous donne rien en propre.*

> Vitaque mancipio nulli datur, omnibus usu.
> (LUCRET., lib. III, v. 984.)

Attale. — *Voyez* sur ce philosophe les lettres IX, LXIII, LXVII et les notes correspondantes.

Page 177. *Que de les terminer.* Montaigne fait, dans un sens différent, l'application de ce passage : « Et aux propos que je ne puis traicter sans interest et sans esmotion, je ne m'y mesle, si le debvoir ne m'y force · Melius non incipient, etc. » (Liv. III, chap. 10, *De mesnager sa volonté.*)

LETTRE LXXIII. Page 177. *C'est une grande erreur... de considérer les vrais philosophes comme des mécontens et des factieux.* On voit, par cette lettre, que du temps de Sénèque les philosophes étaient en butte aux plus graves accusations. La secte des stoïciens, entre autres, passait pour professer des idées républicaines. Cependant Auguste, pour distraire les esprits de la politique, avait cru devoir encourager les études philosophiques. Sous Néron, la philosophie commençait à devenir suspecte à la tyrannie : déjà elle était calomniée, et ces calomnies prirent tant de consistance, que Vespasien, estimable à d'autres égards, signa le bannissement des philosophes de la même main dont il autorisa l'impôt sur les urines. Cette lettre, une des plus belles de Sénèque, a inspiré à Diderot deux ou trois pages éloquentes.

Page 179. *Et le plus grand tort de la cupidité, c'est d'être ingrate.* Cette vérité de tous les temps est déjà présentée et appuyée d'un exemple au chap. XXVII du liv. II *des Bienfaits;* et dans le traité *de la Colère*, liv. III, chap. 30, à ce passage : « Carissimis enim irascemur, quod minora nobis, etc.; » et encore au chap. XXX. Toute cette partie de la lettre LXXIII est heureusement reproduite par Diderot.

La philosophie. Il y a dans le texte *artes bonas.* — *Sapientia ars est*, dit Sénèque dans la lettre XXXIX. Voyez aussi la XC^e lettre (page ci-dessous) : *ars est bonum fieri.*

Page 181. *On ne retire des mains d'un congiaire.* Distribution de comestibles que faisaient les empereurs. On l'appelait *congiaire*, du nom d'une certaine mesure d'huile.

Une distribution de viande (portion d'entrailles). — *Visceratio*, distribution que l'on faisait au peuple des entrailles des victimes. Les prêtres se réservaient les bons morceaux.

Page 183. *Ce sera toujours un dieu pour moi.* Ces vers et les deux suivans sont tirés de la première *églogue* de Virgile.

Sextius. — Voyez sur ce philosophe les notes ci-dessus pages 491, 493, et les lettres LIX et LXIV.

Que Jupiter n'est pas plus puissant que l'homme de bien. C'est là la grande prétention de la philosophie stoïcienne. Sénèque la proclame souvent. Voyez *de la Providence*, ch. 1; *de la Constance du sage*, chap. VIII; et les lettres XXXI, LIII, LIX, etc.

Page 185. *C'est par là qu'on arrive au ciel.* VIRGILE, *Énéide*, liv. IX, v. 641.

Point d'âme vertueuse, là où Dieu n'est pas. Sénèque enseigne la même doctrine à peu près dans les mêmes termes, en ses lettres XLI et LVI.

LETTRE LXXIV. Page 187. *Qu'il n'y a de bon que ce qui est honnête.* Ici Sénèque soutient la même thèse que dans les lettres XIII et LXXI.

Ma mémoire qui commence à devenir lente et paresseuse. Déjà Sénèque s'est plaint de l'affaiblissement de sa mémoire dans la lettre LXXII. (*Voyez* ci-dessus page 171.)

Pauvres au sein de la richesse. Horace avait dit, avant Sénèque :

>   Magnas inter opes inops.
>   (LIB. III, *Od.* 16, v. 23.)

Dans son liv. I, chap. 40. *Que le goust des biens et des maux despend en bonne partie de l'opinion que nous en avons,* Montaigne fait l'application de ce passage : « Et il me semble, dit-il, plus misérable un riche malaysé, nécessiteux, affaireux, que celuy qui est simplement pauvre : *In divitiis, etc.* »

Que la colère des peuples (lisez *du peuple*). Parlez plus franchement, Sénèque, s'écrie Lipsius, pour le temps où vous vivez, et dites la colère du prince.

Page 189. *Ces coups de tonnerre subits.* « Ut fulmina paucorum periculo cadunt, omnium metu. » (*De la Clémence*, liv. Ier, ch. 8.)

Et les rend aussi tristes que ceux qui souffrent. « A quoi nous sert cette curiosité, dit Montaigne dans son chapitre *de la Physionomie*, liv. III, chap. 12, de préoccuper tous les inconvéniens de l'humaine nature, et nous préparer avec tant de peine à l'encontre de ceux-mesme, qui n'ont à l'adventure point à nous toucher : *Parem possis, etc.* »

C'est assez de leur bruit, etc. « Non-seulement, continue Montaigne (*ibid.*), le coup, mais le vent et le pet nous frappe. » *Non ad ictum, etc.* Ou comme les plus fiévreux : car certes c'est fièvre, aller dès à cette heure vous faire donner le fouet, parce qu'il peut advenir fortune vous le fera souffrir un jour ; et prendre vostre robe fourrée dès la Saint-Jean, pour ce que vous en aurez besoin à Noël.

La fortune comme donnant des jeux.

>   Fortuna. . . . .
>   Ludum insolentem ludere pertinax.
>   (HORAT., lib. III, *Od.* 29, v. 49.)

Page 193. *Pourquoi la vertu n'a besoin de rien?* Sénèque, dans la *Vie heureuse*, développe ces pensées, du chap. v au chap. x.

Page 195. *Ne doit point être mis dans la chair.* « Non.... in carne ponenda; » expression qui se retrouve fréquemment dans le Nouveau-Testament.

Des avantages, ou, si vous le voulez, des produits. Sénèque a déjà employé ces termes, à l'usage de l'école du Portique, dans la lettre LXVII.

Page 199. *Que l'homme trouve bon tout ce que Dieu a trouvé bon.* M. Bouillet, l'éditeur de Sénèque (Classiques de M. Lemaire), rapproche ce passage de notre oraison dominicale: *Pater noster.... fiat voluntas tua.*

Des enfans attachés à leurs devoirs, une patrie jouissant de bonnes institutions. « Bonos liberos, salutem patriæ, » a dit Sénèque dans la lettre LXVI.

Page 201. *On ne s'aperçoit pas qu'on ait rien perdu.* « L'insensibilité, l'indifférence, en un mot l'apathie la plus complète, dit l'annotateur de la traduction de La Grange, paraît avoir été regardée comme une vertu sublime par les stoïciens; Épictète dit, en propres termes: « Si tu aimes un pot de terre, dis-toi, que tu
« aimes un pot de terre; car ce pot venant à se casser, tu n'en
« seras pas troublé. Si tu aimes ton fils et ta femme, dis-toi,
« que tu aimes des êtres mortels; car, s'ils viennent à mourir,
« tu n'en seras pas troublé. » Le même philosophe dit ailleurs:
« Si tu vois quelqu'un pleurer la mort de son fils, ne le crois
« pas malheureux; ne refuse pourtant pas de pleurer avec lui,
« s'il est nécessaire; mais prends bien garde que ta compas-
« sion ne passe au dedans de toi et que tu ne sois véritablement
« affligé. » Enfin, Épictète observe que « quand le fils ou la
« femme d'un autre viennent à mourir, il n'y a personne qui ne
« dise que ce malheur est attaché à l'humanité: quand on perd
« son fils ou sa femme, on n'entend que pleurs et gémissemens. »
Marc-Aurèle Antonin lui-même va jusqu'à dire: « Ne te la-
« mente pas avec ceux qui s'affligent, et n'en sois point ému. »

Page 203. *En brouillant la poussière sur laquelle il était tracé.* Les anciens, au lieu de se servir de craie, pour dessiner sur un tableau les figures de géométrie, se servaient de tables planes couvertes de sable, sur lequel on traçait les lignes avec une petite baguette, d'où Cicéron a dit : « Pulvis eruditus. » (*De Natura deorum*, lib. II, cap. 18.)

Page 205. *Le sage ne s'afflige point de la perte de ses enfans, non plus que de celle de ses amis.* Philosophie antisociale qui rappelle la dévotion outrée du *Tartuffe* de Molière :

> Et je verrais mourir mère, enfans, frère et femme
> Que je m'en soucierais autant que de cela. . . .

Et d'être partagé entre des mouvemens contradictoires. Passage cité par Montaigne (liv. III, chap. 13, *de l'Expérience pour établir que l'homme, docile au vœu de la nature, doit priser autant son corps que son âme*) : « Il n'y a, dit-il, pièce indigne de notre soing, en ce présent que Dieu nous a fait : nous en devons compte jusques à un poil. Et n'est pas une commission par acquit à l'homme de conduire l'homme selon sa condition : elle est expresse, naïfve et très-principale : et nous l'a le créateur donnée sérieusement et sévèrement. L'authorité peut seule envers les communs entendemens : et poise plus en langage peregrin. Rechargeons-en ce lieu : *Stultitia*, etc. »

LETTRE LXXV. Page 209. *A moins qu'on ne veuille parler d'une manière affectée.* « Je n'aime point, dit Montaigne (liv. I, chap. XXV, *de l'Institution des enfans*), de tissure où les liaisons et les coustures paroissent : tout ainsy qu'en un beau corps, il ne faut qu'on y puisse compter les os et les veines. » — « Quæ « veritati operam det oratio, incomposita sit et simplex. » (*Ep.* XL) « Quis acurate loquitur, nisi qui vult putide loqui. »

Voyons s'il est un. Cette pensée s'explique par ce que Sénèque dit, lettre CXX : « Magnam rem puta, unum hominem agere. »

Page 213. *Comme je vous le disais dans une de mes lettres.* Dans la lettre LXXI.

Page 215. *Sont affranchis des maladies.* Ce rapprochement entre les maladies de l'âme et celles du corps se rencontre fréquemment dans Sénèque. (*Voyez*, entre autres, lettre VII, page 27, tome V de notre traduction.)

NOTES.

LETTRE LXXVI. Page 219. *Je suis les leçons d'un philosophe.* De Metronacte, dont Sénèque mentionne la mort dans sa lettre XCIII.

Il faut apprendre toute sa vie. On prête à Solon un axiome tout semblable. (*Voyez* PLUT., *Vie de Solon;* et CIC., traité *de la Vieillesse.*)

Page 223. *Et le place après les dieux.* — *Voyez* lettre LXXIII.

Page 225. *Vous le blâmerez.* Diderot interprète ainsi ce passage : « Celui qui est, sans vertu, possesseur de tout le reste, est rejeté. — Rejeté ! Où ? Par qui ? Le méchant a-t-il de l'esprit ? il sera recherché par celui qui s'ennuie ; de la richesse ? à deux heures, sa cour sera pleine de cliens, et sa table environnée de parasites ; des dignités ? on se pressera dans ses antichambres. Dans les sociétés corrompues, les avantages du vice sont évidens : son châtiment est au fond du cœur, on ne l'aperçoit point. C'est presque le contraire de la vertu. »

Dont la figure est d'ivoire sculpté. Les modernes ont conservé cet usage des anciens, qui consistait à orner la poupe de leurs vaisseaux d'une figure allégorique. Chez les anciens, c'était le dieu sous la protection duquel était placé le vaisseau : *Tutelaque deum,* a dit Silius Italicus.

Page 235. *Et ne trouve du charme au danger.* Cicéron a dit : « Amisit vitam, at non perdidit : re enim vilissima et perparva maximam redemit ; dedit vitam, accepit patriam. » (*ad Herennium.*)

Je sais quelle est honnête. Ce noble sentiment se trouve encore exprimé par Cicéron dans son *Plaidoyer pour Milon :* « Fortes et sapientes viros non tam præmia sequi solere factorum, quam ipsa recte facta. » (Tome XV, chap. XXV, page 465 de notre *Cicéron.*)

Et parfois l'écrasent. La Fontaine a dit, en parlant du sage :

> Il lit au front de ceux qu'un vain luxe environne
> Que la fortune vend ce qu'on croit qu'elle donne.
>   *(Philémon et Baucis.)*

Page 237. *C'est qu'on les mesure avec le piédestal.* Montaigne a heureusement commenté ce passage en son chap. XLII, liv. I,

de l'Inesgalité qui est entre nous : « Et comme dict très-plaisamment un ancien : Savez-vous pourquoy vous l'estimez grand ? vous y comptez la hauteur de ses patins : la base n'est pas de la statue. Mesurez enfin ses eschasses : *Quare magnus videtur*, etc. »
« Qu'il mette à part ses richesses et honneurs, qu'il se présente en chemise. A-t-il le corps propre à ses fonctions, sain et allaigre ? Quelle âme a-t-il ? est-elle belle, capable, et heureusement pourvue de toutes ses pièces ? est-elle riche du sien ou de l'aultruy ? la fortune n'y a-t-elle que voir ? Si, les yeux ouverts, elle attend les espées traites; s'il ne lui chaut par où luy sorte la vie, par la bouche ou par le gosier; si elle est rassise, équable et contente; c'est ce qu'il faut voir, etc. »

Page 237. *De ne pas savoir le séparer toujours des avantages extérieurs.* On lit dans la *Logique* de Port-Royal : « Ils incorporent en quelque manière, dans leur essence, toutes ces qualités de grand, de noble, de riche, de maître, de seigneur, de prince : ils en grossissent leur idée, et ne se représentent jamais à euxmêmes sans tous leurs titres, tout leur attirail, et tout leur train.»

Et s'était d'avance préparé à tout. — *Énéide*, liv. VI, v. 103.

LETTRE LXXVII. Page 239. *Les vaisseaux d'Alexandrie.* Ceux qui transportaient d'Égypte à Rome le blé nécessaire pour la subsistance du peuple.

Page 241. *La mer agitée par la tempête.* On ne sait d'où ce vers est tiré.

Quel était l'état de mes affaires. On voit, par ce passage, que Sénèque avait des terres, ou de l'argent placé en Égypte, où son oncle avait été préfet.

Tullius Marcellinus. Il a déjà été question de Marcellinus dans la lettre XXIX, page 189, tome V de notre *Sénèque*. Montaigne emprunte ce récit à Sénèque, dans le liv. II de ses *Essais*, chapitre XIII, *de Juger de la mort d'aultruy.*

Page 243. *Notre ami le stoïcien.* On conjecture avec assez de vraisemblance qu'il s'agit d'Attale, dont Sénèque a déjà fait mention dans plusieurs de ses lettres.

D'empêcher leur maître de se tuer que de l'assassiner. Horace a dit, dans son *Art poétique :*

Invitum qui servat idem facit occidenti.

Page 245. *Fassent changer les arrêts des dieux.* Virg., *Énéide*, liv. vi, v. 376. Et comparez ce qui suit avec un passage analogue de la lettre xvi (page 99, tome v de notre *Sénèque*).

Page 347. *Je ne serai pas esclave!* Diderot, appliquant mal-à-propos ce passage à la lettre lxxv, ajoute : « Voilà l'esprit qui domine dans toute la morale de Sénèque. Il ne dit pas un mot qui n'inspire l'héroïsme. »

Page 249. *Il n'en est plus pour vous.* Lucrèce a dit :

Nec nova vivendo procuditur ulla voluptas.

Eh! vis-tu donc? lui dit ce prince. Il s'agit ici de Caligula. Montaigne s'est encore emparé de ce passage (liv. ii, chap. ix, *Que philosopher c'est apprendre à mourir*) : « Que reste-t-il à un vieillard, dit-il, de la vigueur de sa jeunesse et de sa vie passée :

Heu! senibus vitæ portio quanta manet.

César, à un soldat de sa garde recreu et cassé, qui vint en la rue, lui demander congé de se faire mourir, regardant son maintien décrépit, respondit plaisamment : — Tu penses donc estre en vie. »

Page 251. *Mourir est une des fonctions de la vie.* « Mais, observe Diderot, cette fonction, assez indifférente en soi, est fâcheuse pour ma femme, pour mes enfans, pour mes concitoyens, je la remplirai le plus tard qu'il me sera possible. »

Il n'est pas de vie qui soit courte. « De vie bien employée? dit encore Diderot, il n'en faut pas douter. Le méchant endurci, je l'exhorterais sans scrupule à se tuer; mais l'homme de bien qui se tue commet un crime de lèse-société; et j'arrêterai sa main si je puis. »

LETTRE LXXVII. Page 251. *La vieillesse d'un père qui me chérissait m'a retenu.* Voilà un mot du cœur qui réfute les tristes argumens de la lettre qui précède.

Page 255. *Le plus haut degré d'intensité de la douleur en amène la fin.*

Si longa est, levis est, si gravis est, brevis est.

a dit le fameux Thomas Morus.

Page 259. *Tout dépend de l'opinion.* Sénèque a présenté dans maints endroits de ses écrits, cette pensée, qu'ont développée après lui Montaigne, Charron, Jean-Jacques Rousseau. *Voyez* la lettre XVI et les notes correspondantes, pages 98 et 367 du t. V de notre *Sénèque.*

Page 261. *A me le rappeler.* — *Énéide*, liv. I, v. 203.

Combien de coups ne reçoivent pas les athlètes. — *Voyez* la lettre VII, page 29, tome V de notre *Sénèque.*

Page 263. *Continuait paisiblement sa lecture.* « Quoy, s'écrie Montaigne, celuy qui ne daigna interrompre la lecture de son livre pendant qu'on l'incisoit? *Ille dum varices,* etc. »

Celui qui ne cessa pas de rire. « Et, continue le même, celuy qui s'obstina à se moquer et à rire à l'envy des maux qu'on luy faisoit, de façon que la cruauté irritée des bourreaux qui le tenoyent, et toutes les inventions des tourmens redoublés les uns sur les autres, luy donnèrent gaigné? mais c'estoit un philosophe. *Ille non desiit ridere.* » (Liv. I, chap. 40, *Que le goust des biens et des maux despend en bonne partie de l'opinion que nous en avons.*) Le philosophe qu'a en vue Montaigne, et sans doute aussi Sénèque, est Anaxarque que Nicocréon, tyran de Syracuse, fit mettre en pièces, sans pouvoir vaincre sa constance. Sénèque rapporte ce dernier trait dans sa lettre LXXI.

Page 267. *Ce pauvre malade! Pourquoi?* « Les grands avaient leurs eschansons et tranchans, et leurs fols pour leur donner du plaisir. On leur servoit, en hiver, la viande sur des fouyers qui se partagent sur la table; et avoyent des cuisines portatives, comme j'en ay veu, dans lesquelles tout leur service se traisnoit après eux. » C'est ainsi que Montaigne, dans son chapitre *des Coustumes anciennes* (liv. I, chap. 49), met à contribution, sans le citer, ce passage de Sénèque, et rapporte ensuite ces vers de Martial :

> Has vobis epulas habete, lauti:
> Nos offendimur ambulante cœna.

Avec de la glace pilée. Voyez *de la Colère*, liv. I, ch. XXV, à la fin ; et *de la Providence*, chap. III, page 377, tome II de notre *Sénèque.*

NOTES.   513

Page 267. *Avec de la glace pilée.* Voyez *Questions naturelles*, liv. IV, chap. 12.

Les fourneaux même avec les plats. — *Voyez* lettre XCV : *Quid illa purulenta et quæ tantum non ex ipso igne,* etc.; et *Questions naturelles*, liv. IV, chap. 12.

Des estomacs d'oiseaux. — *Voyez* lett. XLVII, p. 279 de notre t. v.

Page 269. *Quand il arrive.* Aux rapprochemens déjà faits sur cette lettre, ajoutons ce passage de la lettre XXXV (p. 230 de notre tome v) : *Mortem contemnere,* qui s'adapte parfaitement à cet autre passage de la lettre LXXXVIII (p. 254), *contemne mortem,* etc. *Voyez* aussi lettre XIII.

LETTRE LXXIX. Page 271. *Charybde est-il tel que l'a représenté la fable* (lisez *est-elle* et *représentée*). Ce tourbillon n'est ni profond ni dangereux : il n'est point occasionné par un gouffre, mais par deux courans opposés qui s'efforcent de pénétrer, l'un du côté du nord, et l'autre du côté du sud, dans le détroit. Comme ces deux courans ne se portent pas dans le canal avec la même force, ni dans le même temps, ils donnent lieu à une espèce de flux et de reflux, dont les retours se succèdent de six en six heures, et sur lesquels les marins se dirigent en faisant canal, de manière que la traversée peut s'effectuer commodément et fort vite, sans rames ni voiles.

La côte de Tauromenium. Cette tradition, reconnue fabuleuse, est admise même par Salluste. (*Voyez* les Fragmens de cet historien, page 331, tome II de notre traduction.) Tauromenium, aujourd'hui *Taormina,* est une ville où l'on voit un théâtre antique le mieux conservé qui existe sur la terre.

Qu'il s'affaisse et se consume insensiblement. — *Voyez* ci-après la note sur Cornelius Severus.

Un endroit fort connu que les habitans appellent Héphestion. Pline confirme cette particularité, *Hist. nat.,* liv. V, chap. 27.

Page 273. *Quoique Virgile en ait tiré bon parti.* Dans l'*Énéide*, liv. III, v. 571.

Ovide n'a pas craint de le traiter. OVIDE, *Métamorph.,* liv. XV, v. 340.

N'a pas retenu Cornelius Severus. P. Cornelius Severus fut un des amis d'Ovide : il mourut fort jeune, l'an 740 de Rome,

14 av. J.-C. Quintilien dit que plusieurs poëmes qu'il avait faits dans son enfance décelaient un génie admirable. Quelques savans lui ont attribué un petit poëme sur l'Etna, dans lequel on examine les causes des éruptions de ce volcan. Après avoir lu ce poëme, je me suis réuni à l'opinion de M. Schœll, qui, dans son *Histoire abrégée de la littérature romaine*, tome II, page 306, établit, d'après J.-Ch. Wernsdorf, éditeur allemand des petits poëtes latins, que cette production doit appartenir au temps de Néron. M. Schœll incline à penser que Lucilius peut bien être le véritable auteur du poëme de l'*Etna*. « En effet, dit-il, l'auteur de l'*Etna* est plus philosophe que poëte; il parle avec mépris des fictions que se permettent les poëtes : il examine avec soin les causes de l'éruption du volcan. Dans une de ses lettres, Sénèque avait demandé à son ami, s'il était vrai que la masse de l'Etna diminuait insensiblement; l'auteur de la description de l'Etna a l'air de répondre à cette question dans les vers 361 et suivans. Au reste, une lecture attentive de ce poëme fait voir que l'auteur était très-familiarisé avec les ouvrages de Sénèque. » M. Schœll croit que la description de l'Etna de Cornelius Severus faisait partie de son poëme sur la guerre de Sicile; et qu'il a dû parler de ce volcan à l'occasion de la bataille qu'Octave livra à Sextus Pompée, au moment même où l'Etna vomissait des flammes, selon le récit d'Appien. (*Guerres civiles*, liv. v.)

Page 273. *La loi de l'usucapion.* L'usucapion était, chez les Romains, une manière d'acquérir la propriété par la possession non interrompue d'une chose durant un certain temps limité par la loi. *Voyez le Digeste*, liv. XLI, tit. III, loi 3.

Où l'Etna échauffera votre verve. La Grange a traduit mot à mot : « Vous fait venir l'eau à la bouche. » Notre traducteur a senti qu'en parlant d'un volcan, cette expression proverbiale n'aurait fait qu'un mauvais quolibet.

Page 275. *C'est en haut que l'appelle son origine.* Voyez *Questions naturelles*, préface du liv. Ier : « Sursum ingentia spatia sunt, in quorum possessionem animus admittitur, etc. »

Page 277. *La gloire est l'ombre de la vertu.* Ici, Diderot observe qu'on rencontre dans Sénèque « des mots d'une délicatesse charmante, aux endroits où on les attend le moins. »

Page 277. *Combien de temps Démocrite a-t-il passé pour un fou ?* Voyez *de la Providence*, ch. VI, tome II, page 396 de notre *Sénèque*, « Democritus divitias projecit, etc. »

L'innocence et la vertu de Rutilius seraient ignorées. Voyez *Consolation à Marcia*, chap. XXII : « Non fuit innocentior filius tunc quam Rutilius. »

Que la renommée a dû déterrer. M. de Lamartine a dit :

Et son laurier tardif n'ombrage que sa tombe.

Voyez Épicure. — *Voyez* la lettre XXI, page 133, tome V de notre *Sénèque*; et le livre de Gassendi sur ce philosophe.

LETTRE LXXX. Page 281. *De la sphéromachie.* Il paraît que Sénèque veut parler du jeu de balle, ou de ballon. La balle se nommait *sphæra* ou *pila*.

Je suis leur sectateur, mais non leur esclave. — *Voyez* lettre XXXIII et XLV, et les notes correspondantes, tome V de notre *Sénèque;* puis, ci-après, la lettre LXXXIV, pages 343 et 520 de ce volume.

De rester inondé de son propre sang. Sénèque revient souvent sur les maux et souffrances auxquels s'exposaient volontairement les athlètes. *Voyez* la lettre VII, page 29 de notre tome V.

Page 283. *Que nous faut-il pour être hommes de bien ? Vouloir !* Sénèque a dit, dans le traité *des Bienfaits*, livre III, chap. 18 : « Nulli præclusa est virtus, omnibus patet, etc. » *Voyez* aussi la lettre XC.

Page 285. *C'est une comparaison dont j'use fréquemment.* — *Voyez*, entre autres, lettre LXXVI, page 235 ci-dessus.

Et la mer Ionienne. Vers tirés de l'*Atrée* de L. Attius ou Accius, poète qui florissait quelque temps après Ennius. Cicéron le cite souvent.

Cinq mesures de froment. On donnait tous les mois aux esclaves une mesure de froment appelée *demensum*, et qui tenait cinq boisseaux.

Quand vous voulez acheter un cheval, etc. Montaigne dit, dans son chapitre *de l'Inegalité qui est entre nous* : « Vous n'achetez pas un chat en poche : si vous marchandez un cheval, vous lui ostez ses bardes, vous le voyez nud et à descouvert.

Equum, etc. » Déjà Sénèque a employé dans sa lettre XLVII, page 285 de notre tome V, cette même comparaison qu'on retrouve aussi dans le *Dieu de Socrate* d'Apulée : « Neque in emendis equis phaleras consideramus, etc. »

Page 283. *Vous appréciez l'homme avec son enveloppe*. « Pourquoy, dit encore Montaigne, estimant un homme, l'estimez-vous tout enveloppé ? *Hominem*, etc. »

Page 287. *Combien de mal là dessous*.

> Crispe, il n'est que trop vrai, la plus belle couronne
> N'a que de faux brillans dont l'éclat l'environne.
>
> (CORNEILLE, *Héraclius*, tragédie.)

LETTRE LXXXI. Page 289. *Que je ne crois pas avoir suffisamment développée*. Il a cependant effleuré cette matière, liv. III, ch. 13.

Page 291. *Nous ne disons pas* GRATIAM REDDIDIT. Cette expression se trouve pourtant dans Salluste, *Guerre de Jugurtha*, chapitre CX : *Nunquam redditam gratiam*, etc.

Page 293. *Métrodore*. — *Voyez* sur ce philosophe la lettre VI.

Page 295. *Dans des détails que nous avons suffisamment approfondis*. Voyez *de Beneficiis*, lib. III, cap. 8.

Page 301. *La méchanceté boit elle-même la plus grande partie de son venin*. Cette idée que Sénèque présentera de nouveau dans sa lettre LXXXVII, a été imitée par Montaigne, liv. III, chap. 1er, *de l'Utile et de l'Honneste* : « La malice hume la plus part de son propre venin, et s'en empoisonne : le vice laisse comme un ulcère en la chair, une repentance en l'âme qui toujours s'esgratigne et s'ensanglante elle-même. »

Page 303. *La nature plutôt que l'opinion des hommes*. Sénèque a déjà (lettre LXVI) émis cette pensée ; il y reviendra dans la XCe.

Page 305. *Que de ne pouvoir se montrer assez reconnaissant*. Montaigne (liv. III, chap. 8, *de l'Art de conférer*) cite ce mot de Sénèque : « Et Sénèque vigoureusement, dit-il ; *nam cui reddat*. » Après avoir successivement rappelé ces mots analogues de Philippe de Comines : « Qu'il se faut bien garder de faire tant de ser-

« vice à son maistre, qu'on l'empesche d'en trouver la juste ré-
« compense; »—puis de Tacite : «Beneficiis eo usque læta sunt, dum
« videntur exsolvi posse : ubi multum anteiere, pro gratia odium
« redditur; » Montaigne ajoute : « Q. Cicero d'un biais plus lasche :
« Qui se non putat satisfacere, amicus esse nullo modo potest. »
(*De Petit. consulat.*, cap. ix.)

LETTRE LXXXII. Page 307. *Comme s'il y avait une grande différence entre l'inaction et le cercueil.* Sénèque a dit, dans la lettre LX : « Qui vero latitant et torpent, sic in domo sunt quo modo in conditivo. »

Le repos sans lettres est une vraie mort.

> Vivitur ingenio, cetera mortis erunt,

a dit Albinovanus, poëte latin, dont il nous reste quelques Fragmens.

Page 309. *Les causes de nos inquiétudes ne nous poursuivent-elles pas au delà des mers ?*

> . . . . .Timor et minæ
> Scandunt eodem quo dominus, neque
> Decedit ærata triremi et
> Post equitem sedet atra cura.
> (HORAT., liv. III, *Od.* I.)

Page 311. *Qu'il faut un cœur ferme.* — *Énéide*, liv. VI, v. 26.
De rire des inepties de la Grèce. — *Voyez* ci-après lettre LXXXIII, page 327 de ce volume.

Donc la mort n'est pas un mal. A l'exemple de Sénèque, Montaigne, en son chapitre *de la Diversion* (liv. III, chap. 4), s'élève contre ces pitoyables raisonnemens : « Voire, dit-il, les argumens de la philosophie vont à tous coups costoyans et gauchissants la matière; et à peine essuyants sa crouste. Le premier homme de la première eschole philosophique, et surintendante des aultres, ce grand Zénon contre la mort : Nul mal n'est honorable, la mort l'est, donc, etc. »

Page 313. *Devient chez Brutus honteuse et déshonorante.* Il s'agit de Decimus Brutus, qui, après avoir été un des meurtriers de César, devint le chef du parti républicain en Gaule Cisalpine. Abandonné de ses légions, après la guerre de Modène, il s'enfuit dans la Gaule Transalpine, où il fut trahi par un prince gaulois, qui le livra aux partisans d'Antoine.

Page 313. *Sous prétexte d'un besoin.* Carbon, au temps de Sylla, montra la même lâcheté et se servit du même prétexte pour prolonger sa vie de quelques momens.

Page 317. *Par ses aboiemens éternels.* — Énéide, liv. VIII, vers 297, et liv. VI, v. 401. — Comparez ce que dit ici Sénèque avec le passage analogue de la lettre XXIV, et de la *Consolation à Marcia*, chap. XIX.

Page 319. *Dans la route que vous permet la fortune.* — Énéide, liv. VI, vers 95 et 96.

Page 323. *Vous attaquez un lion avec une alène.* La même comparaison se trouve dans la lettre LXXXV. *Voyez* page 349.

LETTRE LXXXIII. Page 325. *Il n'est rien de fermé pour Dieu.* Sénèque revient souvent sur cette pensée toute chrétienne. Il termine sa lettre x par ces belles paroles : « Sic vive cum hominibus, tanquam deus videat, etc. » (Tome v, page 55 de notre Sénèque.)

C'est Earinus, mon jeune esclave, aimable garçon. Les riches Romains avaient à leur caprice un jeune et bel enfant qui ne quittait jamais leur chambre à coucher. L'empereur Domitien en eut un qui se nommait aussi Earinus.

Page 327. *Nous avons été vainqueurs tous deux.* Le texte porte *hieran fecimus,* expression qui fait allusion à la coutume établie de consacrer une couronne aux dieux, toutes les fois que, dans un combat, dans une course, ou dans une lutte, la victoire avait été douteuse.

Visitais l'Euripe (lisez *mon euripe*). On appelait *euripes,* chez les Romains, des canaux d'eau vive qui se trouvaient dans leurs jardins : cette dénomination était empruntée de l'Euripe, détroit qui sépare le continent de la Grèce de l'île d'Eubée. *Voyez* ci-après, lettre XC, page 460.

En me plongeant dans l'eau vierge. Eau qui n'avait été échauffée ni par le soleil, ni par le feu. Martial a dit :

> Virgine vis sola lotus abire domum.
> (lib. XIV, *Epigr.* 163.)

Cette expression d'*aqua virgo* se trouve aussi dans Pline, *Hist. naturelle*, liv. xxxvi, chap. 3 ; mais dans un autre sens qu'explique un passage de Frontin (*de Aquæductis*).

Page 327. *Vient ensuite le pain sec.* « Mangez un veau et soyez chrétien, » disait un évêque au duc d'Orléans, régent, ce fanfaron de vices, qui pourtant s'avisait de faire maigre le vendredi. Ne pourrait-on pas dire à Sénèque, se targuant de manger du pain sec : « Mangez de la viande, mais n'ayez pas d'Earinus ? » Et après tous ces détails, Diderot, en parlant de notre philosophe, dit que son régime était *austère*. — Sobre, passe ; mais austère !

Sénèque parle encore de son pain sec dans les lettres xviii (tome v, page 111) et cviii.

Je dors très-peu. — Voyez des idées analogues sur le sommeil dans le traité *de la Tranquillité de l'âme*, chap. xv.

Mes pensées ne sont ni troublées, ni interrompues dans leur cours. Sénèque présente ici une pensée qu'il a développée de la manière la plus agréable au début de sa lettre lvi. — On voit, par ce passage de cette lettre lxxxiii, aussi bien que par la lettre lxxx, que Sénèque demeurait non loin du Cirque. (*Voyez* ci-dessus, page 281.)

J'en suis encore où j'en étais hier. — *Voy.* ci-dessus lettre lxxxii, page 310 : « Libet enim.... ridere ineptias græcas, etc. »

Page 329. *Donc l'homme de bien ne s'enivre pas.* Passage cité par Montaigne, dans son chapitre *de la Diversion*, liv. iii, ch. 4, comme preuve de la faiblesse des argumens de la philosophie, qui « vont, dit-il, à tous coups costoyants et gauchissants la matière et à peine essuyants sa crouste ; » puis après avoir rapporté le raisonnement de Zénon, il ajoute : « Cela est-ce donner au blanc ? J'ayme à voir ces ames principales, ne se pouvoir desprendre de notre consorce. Tant parfaicts hommes qu'ils soyent, ce sont tousjours bien lourdement des hommes. »

Page 331. *Quoi ! je supporterais un maître !* Montaigne, en son chapitre *de l'Yvrognerie* (liv. ii, chap. 2), cite cet exemple. Comme il a rétabli le mot de *Cimber*, altéré par Sénèque qui n'osait pas, sans doute, donner à César le nom de *tyran*, je crois devoir rapporter le passage : « Et commist-on aussi fidèlement qu'à Cassius, buveur d'eau, à Cimber le dessein de tuer César, quoyqu'il s'enyvrast souvent : d'où il répondit plaisamment : — Que je portasse un tyran, moy qui ne puis porter le vin. » Sénèque parle de Tillius Cimber, dans son traité *de la Colère*, livre III, chapitre 30.

Page 333. *Cossus, homme de poids et de sens.* Ces deux exemples sont encore rapportés par Montaigne (*ibid.*), qui ajoute cette citation de Virgile :

    Hesterno inflatum venas de more Lyæo.

Page 337. *Qui a ouvert les portes de plus d'une ville.* Virgile a dit, *Énéide*, liv. II, v. 265 :

    Invadunt urbem vino somnoque sepultam.

Rappelons-nous la prise de Babylone par Cyrus.

LETTRE LXXXIV. Page 343. *Imiter ce qu'on raconte des abeilles.* Ici Sénèque paraît avoir eu en vue un passage de Platon dans le dialogue intitulé : *Ion* : « Ce que se vantent de faire les poètes lyriques, leur imagination le fait véritablement; ils nous disent que les vers qu'ils nous apportent, ils les ont cueillis dans les vergers et les jardins des Muses, où coulent les fontaines de miel; que, semblables aux abeilles, ils voltigent çà et là, et ils nous disent la vérité, etc. » Et, dans une épître à madame de La Sablière, La Fontaine dit, avec son charme inimitable :

    Papillon du Parnasse et semblable aux abeilles
    A qui le bon Platon compare nos merveilles :
    Je suis chose légère et vole à tout sujet;
    Je vais de fleur en fleur, etc.

Voyez la lettre LXXX de Sénèque, pages 281 et 515 ci-dessus.

De ce doux nectar remplissent les alvéoles. — *Énéide*, liv. 1er, v. 432.

Soit par une sécrétion douce et grasse de la plante même. Il est surprenant, dit Naigeon, dans ses notes sur la traduction de La Grange, que Sénèque parle si peu clairement des *cannes à sucre*, qu'il semble vouloir désigner ici, tandis que Lucain, son neveu, dit :

> Quique bibunt tenera dulces ab arundine succos.
> (*Phars.*, lib. III, v. 237.)

Stace connaissait la méthode de cuire le sucre :

> . . . . . Et quas percoquit Ebusia cannas.
> (*Sylvar.*, lib. I, 6, v. 15.)

Page 345. *Autre chose que des emprunts.* Sénèque, fidèle à cette maxime d'être soi quand on imite, présente souvent cette idée. *Voyez* entre autres la lettre LXXX ci-dessus, et la note correspondante qui renvoie à d'autres endroits de notre auteur.

La ressemblance d'un père avec son fils. Ovide a dit :

> Facies non omnibus una,
> Nec diversa tamen, qualem decet esse sororum.

Si c'est un grand homme qui imite. Il imprime son cachet à ce qu'il imite, comme Virgile, Montaigne ou Racine ; et dit comme Molière : « Je prends mon bien où je le trouve. »

LETTRE LXXXV, page 349. *Pour ou contre notre opinion.* Déjà Sénèque a dit, dans sa lettre LXXXI : « Desinant itaque infamare nos, tanquam incredibilia jactantes. » Pour l'emploi de cette expression *traductionem*, qui se trouve ici dans le texte, consultez le traité *de la Colère*, liv. Ier, chap. 6 ; et celui *de la Providence*, chap. V, page 388, tome II de notre *Sénèque*.

Armé d'une alène dans un combat qui intéresse les hommes et les dieux. « C'est le défaut qu'on reproche à Sénèque, observe Diderot ; mais on n'en cite aucun exemple, et je défie ses détracteurs d'en citer un sur *la vertu*, où le ton ne réponde pas à l'importance du sujet. » Déjà Sénèque a employé cette expression lettre LXXXII : « Subula leonem excipis, » dit-il.

Page 351. *A ce sorite.* Sophisme dont l'invention est due aux dialecticiens de l'école de Mégare.

Ils n'excluent pas les passions. Voyez *de la Colère*, livre Ier, chapitres 7 et 8.

La louera-t-on. Ici La Grange, au lieu de *laudans*, lit, avec quelques éditeurs, *Ladas*, nom d'un célèbre coureur.

La pointe de son pied léger. — *Énéide*, liv. VII, v. 808 et suiv.

Page 359. *La vertu seule suffit pour rendre heureux.* — *Voyez* la lettre XXXI, pages 207 et 209 de notre tome V.

Mais non parfaitement heureux. — *Voyez* la lettre LXXI, page 119 ci-dessus.

Page 367. *Le pilote devient pire au milieu de la tempête.* Sénèque, ainsi que nous l'avons déjà plusieurs fois remarqué, affectionne cette comparaison. *Voyez* la *Consolation à Marcia*, chap. V et VI, pages 199 et 201 de notre tome II; *de la Providence*, chap. V, page 395, *ibid.*

Page 371. *Phidias.* — *Voyez* la lettre IX, page 42 de notre tome V.

LETTRE LXXXVI, page 375. *A qui Rome doit de n'avoir été prise qu'une seule fois.* Par les Gaulois. Sans Scipion, elle eût pu, au dire de Sénèque, l'être par Annibal.

Si la pierre de Thasus. Ou plutôt de *Thasos.* C'était un marbre veiné.

Page 377. *Nos corps épuisés par une excessive transpiration.* — *Voyez* lettre CVIII.

Que des pierres précieuses. — *Voyez* la lettre XVI, page 101, tome V de notre *Sénèque; de la Colère*, liv. III, chap. 35.

Pour trois deniers. Horace a dit : *Dum tu quadrante lavatum Rex ibis.* (*Sat.* 3, liv. I.)

Ou l'un des Cornelius. Nom de la famille des Scipions.

Page 379. *Par de larges vitres* (lisez *fenêtres*). Correction d'autant plus essentielle, que Sénèque lui-même va nous dire, dans sa lettre XC, p. 469, que les vitres faites avec des pierres transparentes sont une invention de son temps.

Que les bras et les jambes. Passage cité par Montaigne dans son chapitre *des Coustumes anciennes*, liv. 1er, chap. 49.

Rufillus sent les parfums. Hémistiche d'un vers d'Horace, livre 1er, *Sat.* 2). Voici le vers en son entier :

Pastillos Rufillus olet Gorgonius hircum.

Page 381. *Deux ou trois fois par jour.* Passage cité par Montaigne, chapitre des *Coustumes anciennes*, liv. 1er, chap. 49.

Égialus qui en est propriétaire. Pline compte cet Égialus

parmi ceux qui ont excellé dans l'art de cultiver la vigne. (*Hist. nat.*, liv. xiv, chap. 4.)

Page 381. *Que fort tard à nos neveux.* Virg., *Géorgiques*, liv ii, v. 58. Tout ce passage rappelle la fable de La Fontaine, *le Vieillard et les trois Jeunes hommes*, et principalement ces traits :

>   Un octogénaire plantait :
>   Passe encor de bâtir; mais planter à cet âge....
>   . . . .
>   Mes arrière-neveux me devront cet ombrage:
>   Eh bien ! défendez-vous au sage
>   De se donner des soins pour le plaisir d'autrui ?
>   Cela même est un fruit que je goûte aujourd'hui.

Sa culture annuelle. Virg., *Géorg.*, liv. 1er, v. 215 et 216.

LETTRE LXXXVII. Page 385. Comparez cette lettre à la lettre lxvi.

Mon ami Maximus. Cesonius Maximus dont parlent Tacite (*Annal.*, liv. xv) et Martial.

Page 389. *De leurs dents impatientes.* Virg., *Énéide*, liv. vii, v. 277.

Page 391. *Et avec eux des tourbillons de poussière.* « On se croirait presque sur la route de Versailles, » observe Diderot, qui commentait Sénèque durant les années de paix et de luxe qui précédèrent notre révolution.

A nos genets d'Espagne. Le texte porte *asturconibus* : c'étaient des chevaux que les Romains faisaient venir d'Espagne, et dont l'allure était douce et agréable, bien qu'ils fussent d'une extrême vitesse à l'amble. Martial a dit :

>   Hic brevis, ad numerum rapidos qui colligit ungues
>   Venit ab auriferis gentibus Astur equus.
>   (Lib. xiv, *Epigr.* 199.)

Voyez, sur cette espèce de chevaux, Pline, *Hist. nat.*, liv. viii, chap. 42.

A nos haquenées. Le texte porte *tolutariis*, chevaux ainsi nommés à cause de l'allure réglée de leur course : *tolutim incedere*, selon les commentateurs, veut dire *numeratim, pedetentim, molliter et inconcussim*.

Page 395. *Un être dont la bouche se prêtait aux plus sales libations, Natalis*. Sénèque explique plus clairement cette abominable recherche de débauche dans son traité des *Bienfaits*, liv. IV, chap. 31.

Avoir à son tour beaucoup d'héritiers. On voit par là que ce Natalis était décédé. Ce n'est donc pas celui qui, se voyant arrêté comme complice de la conspiration de Pison, crut obtenir sa grâce en accusant Sénèque d'y avoir trempé. (TACITE, *Annales*, liv. xv, chap. 56.) Il y a lieu de croire que ce lâche accusateur de Sénèque était le fils du Natalis dont parle ici Sénèque.

Page 397. *Et le Chalybe aux membres nus, son fer*. — VIRG., *Géorg.*, liv. 1er, v. 53 et suiv.

Il n'y pas en elle place pour la Divinité. Dans sa lettre XXXI, Sénèque, parlant d'une âme bien réglée, dit : « Quid aliud voces hunc quam Deum in corpore humano hospitantem ? » et lettre XLI : « Bonus vir sine Deo nemo est. » *Voyez* notre tome v, pages 210 et 250.

Page 399. *Pour ce qui est des sacrilèges, on punit les petits, on jette des couronnes aux grands*. Ce trait admirable dédommage un peu le lecteur des raisonnemens sophistiques qui précèdent et de la discussion non moins futile à laquelle Sénèque va se livrer à propos de l'or et de la vipère. Appliquez ce trait à la plupart des crimes politiques, et il sera d'une vérité encore plus frappante.

Le plus grand supplice des crimes est en eux-mêmes. Ce bel axiôme revient souvent, en d'autres termes, chez Sénèque. *Voyez* la lettre LXXXI ci-dessus, p. 301, et la note p. 516.

Page 401. *Au rang des avantages de la vie*. Ici *commoda*, qui répond au mot grec εὔχρηστα, s'est déjà rencontré dans la lettre LXXIV, p. 194. C'était un terme technique de l'école stoïcienne.

Page 403. *Posidonius*. — *Voyez*, sur ce philosophe, la lettre XXXIII et la note correspondante pages 217 et 391 de notre *Sénèque*.

Parce qu'elles excitent à mal faire. Ovide a dit :

.... Opes irritamenta malorum.

Page 405. *C'est le nœud d'Hercule.* Le nœud gordien.

Page 407. *Antipater.* De Tarse, célèbre stoïcien, disciple de Diogène de Babylone, fut le maître de Panétius de Rhodes. Contemporain de Carnéades, il florissait vers l'an 600 de Rome.

Sera-ce avec de pareils argumens. C'est une justice à rendre à Sénèque : si, au gré de sa brillante facilité, il se plaît à dérouler aux yeux de son lecteur, les argumentations de l'école, il ne manque presque jamais d'en relever la futilité.

LETTRE LXXXVIII. Page 409. *Je n'en estime aucun.* Les argumens qu'on trouve ici contre les arts n'étaient pas nouveaux du temps de Sénèque, ils ont été souvent reproduits chez les modernes. Qui ne connaît le fameux discours de Jean-Jacques Rousseau contre les sciences et les arts, couronné par l'Académie de Dijon ? Il n'est aucune question morale, littéraire ou politique qui ne puisse prêter à ce genre d'argumentations ; mais que prouve tout cela ? Rien. On ne doit les regarder que comme des jeux d'esprit, sans conséquence ; et ne pas se donner le ridicule de les réfuter sérieusement, comme l'a fait La Harpe dans son examen fautif et passionné des écrits de Sénèque.

C'est celle de la sagesse, cette étude noble, courageuse et sublime. Dans la *Consolation à Helvie* (chap. XVI, page 67 de notre tome II), Sénèque fait un éloge analogue de l'étude de la philosophie. Au surplus, tout ce que le stoïcien de Rome a dit de l'étude de la sagesse humaine, le philosophe chrétien le répète en faveur de la connaissance de Dieu.

Par les hommes les plus immoraux et les plus dégradés. « Quod bonum est, bonos facit, etc. » a dit Sénèque dans la lettre précédente. *Voyez* ci-dessus, page 390.

Page 413. *S'il était tout cela.* Raisonnement forcé : il était beaucoup plus simple de dire que, comme le génie d'Homère avait embrassé une foule d'idées morales, chaque secte s'est donné la satisfaction de le réclamer comme sien. Combien plus sensément Horace a dit, en parlant d'Homère :

> . . . . . Quid turpe, quid utile, quid non,
> Plenius ac melius Chrysippo et Crantore dicit.

Si Hécube était plus jeune qu'Hélène. Par un étrange contre-sens, La

Grange a traduit *minor* par *plus petite*. — Sénèque se moque plus d'une fois de ces futiles connaissances, et particulièrement dans son traité *de la Brièveté de la vie* (*Voyez* les chap. XIII et XIV, puis les notes correspondantes).

Page 413. *Plus âgée qu'elle n'était.* Ne pourrait-on pas mettre ici l'expression proverbiale qui rendrait mot pour mot le latin : « Et pourquoi elle portait si mal son âge ? »

Si elle tient à l'âme ou au corps. Dans Tite-Live, Lucrèce parle ainsi : « Ceterum corpus est tantum vitiatum, animus insons; » et ses amis, pour la consoler, lui disent : « Mentem peccare, non corpus. »

Page 415. *Mais seulement comme fermier que vous y êtes entré.* Voyez *la Consolation à Marcia*, t. II, ch. X, et la note, pages 209 et 278 de notre *Sénèque*. Voyez aussi la lettre LXXII, page 175 : « La fortune ne nous donne rien en propre. »

Page 417. *Ce que c'est que le droit chemin de la vie.* Froide antithèse.

Les feux de Mars. VIRG., *Géorgiques*, liv. I, v. 336.

A quoi me servira cette connaissance ? « Ne peut-on pas répondre ici à Sénèque, dit l'annotateur de La Grange, que l'astronomie, en se perfectionnant, a détruit l'astrologie née d'une connaissance imparfaite du mouvement des corps célestes ? Les sciences aident donc l'âme à se dégager de ses préjugés et des terreurs que ces préjugés inspirent. »

Ce que vous ne pouvez éviter. Sénèque, dans la variété de ses combinaisons d'idées applique à la philosophie, dans sa lettre XVI, ce qu'il dit ici de l'astrologie. *Voyez* page 99 de notre t. V. Consultez encore les lettres XIII, page 75, *ibid.*, et LXXVII, page 244 ci-dessus, à ces mots : « Rata et fixa sunt, etc. »; enfin, La Fontaine, dans *l'Horoscope*, liv. VIII, fable 16.

Page 419. *Aux pièges d'une belle nuit.* VIRG., *Géorg.*, liv. Ier, v. 424.

La peinture, la statuaire, etc. Ici Diderot réfute solidement Sénèque; et il conclut qu'un chef-d'œuvre de Raphaël prêche aussi éloquemment la religion que la plus belle page de Bossuet.

Ces gens qui vomissent à jeun. Ce passage s'explique en le rapprochant de cet autre de la lettre CXXII : « Non videntur tibi contra naturam vivere, *qui jejuni bibunt*, etc. (*Voyez* tom. VII.) « Vomunt ut edant, edunt ut vomant, » dit encore Sénèque au ch. IX de la *Consolation à Helvie*.

Page 421. *Ces théâtres qui semblent sortir de terre.* — *Voyez* ci-après un détail technique à peu près semblable, lettre XC, p. 461.

Page 423. *Les alimens sont utiles à notre corps, etc.* « Les alimens, dit l'annotateur de La Grange, n'aident à notre machine qu'en s'assimilant à chacun des principes qui la constituent; ensorte qu'à la fin elle n'est que le résultat de ces intus-susceptions formées d'alimens. Pourquoi Sénèque distingue-t-il le corps des alimens? »

Page 425. *Par le miroir.* — *Voyez* les *Questions naturelles*, liv. 1, ch. 4 et suiv.

La philosophie n'emprunte rien. Cette distinction de la philosophie et des mathématiques n'est qu'un paradoxe qui se réfute de lui-même. *Voyez* au surplus l'annotateur de La Grange.

Page 431. *Le grammairien Didyme.* Montaigne (liv. III, ch. 9, *de la Vanité*) fait allusion à ce passage; mais, par une légère méprise, il appelle Diomède le grammairien Didyme.

Que la vie n'est pas assez longue. — *Voyez* le traité *de la Brièveté de la Vie*, ch. XIII et XIV.

Page 433. *Le grammairien Appion.* D'Alexandrie. Il fut député par ses concitoyens à Caligula pour accuser les Juifs.

Enfin le sommeil. Sénèque revient sur ces détails dans la *Brièveté de la Vie* ch. III, pag. 205 de notre tome III.

Page 435. *De ne rien savoir....... à Nausiphanes....... à Parménide... à Zénon....* Passage cité par Montaigne (liv. II, ch. 12, *Apologie de Raymond de Sebonde*).

LETTRE LXXXIX. Page 439. *Nos anciennes comédies nationales.* On appelait *togatæ* les comédies dont le sujet était romain, parce que les acteurs y paraissaient revêtus de la toge.

Page 441. *La philosophie de Dossenus.* Poète dont Horace parle avec peu d'estime dans une de ses *Épîtres*, sous le rapport de la composition de ses comédies (liv. II, ép. 1, v. 173 et suiv.). Néanmoins, l'inscription qu'on lisait sur son tombeau prouve que ce poëte s'était rendu très-estimable par les sentences morales dont ses pièces étaient remplies.

Page 441. *On ne peut aimer la vertu sans être vertueux.* Cela est aussi faux que l'axiôme qui précède est vrai. Sénèque, au reste, réfute ce paradoxe dans vingt endroits de ses écrits (*Voyez* ci-dessus, page 503).

Page 443. *Ariston de Chio.* Il suivit l'école d'Épicure, fut ami de Cléanthe et l'ennemi de Chrysippe. Sénèque en parle encore dans sa lettre XCIV.

Page 447. *Que des sommités.* VIRGILE, *Énéide*, liv. I, v. 342.

Je ne prétends point vous détourner de la lecture. Lipse nous apprend que plusieurs manuscrits commençaient une nouvelle lettre à cet alinéa, ce qui paraît assez probable.

Jusques à quand reculerez-vous les limites de vos propriétés? — *Voyez* SÉNÈQUE, *de la Vie heureuse*, chap. 17, pag. 341 de notre tome III.

Page 449. *Dans les limites d'une province?* — *Voyez* le traité *des Bienfaits*, liv. III, ch. 8.

LETTRE XC. Page 453. *On cessa de tout posséder du moment que l'on songea à la propriété.* Dans son discours sur l'*Inégalité des conditions*, et dans plusieurs endroits de ses ouvrages, J.-J. Rousseau a développé cette idée mère des théories les plus hardies sur la propriété.

Page 457. *Avec des coins.* — VIRG., *Géorgiques*, liv. I, v. 144.

Page 459. *De meutes de chiens.* — *Ibid.*, v. 139, 140.

Page 461. *Nos vastes euripes.* — *Voyez* ci-dessus la lett. LXXXIII, page 327, et la note page 518.

Page 467. *Dans toute sa longueur.* OVIDE, *Métamorphoses*, liv. VI, v. 55 et suiv.

Mais même pour la pudeur. — *Voyez* la *Consolation à Helvie*, ch. XVI, et la note pages 63 et 91 de notre tome II. Consultez aussi *les Bienfaits*, liv. VII, ch. 9.

Page 469. *Les carreaux faits avec des pierres transparentes.* — *Voyez* ci-dessus, lettre LXXXVI, page 379, et la note page 522; *de la Providence*, ch. IV et la note correspondante, pages 363 et 410 du tome II de notre *Sénèque*.

Page 475. *Quoique sage, et non pas comme sage.* Cette argutie de l'école rappelle cette fameuse distinction politique mise en avant de nos jours : *Quoique Bourbon, et non comme Bourbon.*

Page 479. *Tout en abondance.* — *Géorg.*, ibid., v. 125 et suiv.

Page 483. *C'est un art que de devenir vertueux.* — *Voyez* ci-dessus lettre LXXX, pag. 283 et 515.

A ce volume déjà trop long, il faudrait ajouter encore bien des pages pour commenter convenablement cette admirable lettre à laquelle Diderot renvoie celui qui sera curieux de connaître la délicatesse et la vigueur du pinceau de Sénèque. « Ici, ajoute-t-il, le philosophe s'est complu à nous peindre d'une manière belle et touchante les premiers âges du monde. Mais ce bonheur des hommes anciens n'est-il pas chimérique ? » Au reste, en cela Sénèque ne fait que reproduire les idées du philosophe Posidonius. Dans ce tableau de l'âge d'or du monde, on reconnaît la base de cette thèse soutenue par Rousseau, *que la civilisation n'a fait que rendre méchant l'homme sorti bon des mains de la nature.*

« Lorsque Posidonius fait honneur aux sages de l'invention des sciences, enfans de l'oisiveté, de la curiosité, de l'ennui, du besoin des plaisirs et du temps, observe plus loin Diderot, Sénèque s'oppose à ces prétentions exagérées, et je crois qu'il a raison. »

C'est là encore une thèse soutenue par Rousseau, qui nourri de la substance de Sénèque, formé même à son style, ne l'a jamais cité.

Montaigne cite fréquemment la XC[e] lettre, où l'on trouve sur l'invention des arts, et sur certains usages des Romains, des détails que sans Sénèque nous aurions ignorés. Toute cette partie technique se trouve savamment commentée par Juste-Lipse, par Naigeon, annotateur de La Grange, enfin par M. Bouillet, éditeur du *Sénèque* de la collection des *Classiques latins* de M. E. Lemaire. Nous y renvoyons le lecteur.

FIN DU TOME SIXIÈME.

ERRATA.

Page 44, ligne 6. Omne, inquit; *lisez :* Omnes, inquit.

Page 171, lig. 12. Tandis que d'autres exigent le repos et la retraite; *lisez :* le lit, du loisir, la solitude.

Page 181, lig. 30. On ne tire des mains d'un congiaire que la part assignée à chaque tête : un repas, une distribution de viandes; *lisez :* On ne retire d'un congiaire que la part assignée à chaque tête : un mets, une portion d'entrailles, etc.

Page 187, lig. 29. La colère des peuples; *lisez :* La colère du peuple.

Page 249, lig. 6. Il n'en est plus pour vous; *lisez :* de nouveaux pour vous.

Page 271, lig. 2. Charybde est-il ce que l'a représenté; *lisez :* Charybde est-elle ce que l'a représentée.

Page 327, ligne 8. Visitais l'Euripe; *lisez :* mon Euripe.

Page 373, lig. 29. Ce furieux de Cambyse; *lisez :* ce furieux Cambyse.

Page 379, ligne 71. Par de larges vitres; *lisez :* fenêtres.

TABLE

DES MATIÈRES DU TOME SIXIÈME.

Lettres. Pages.

LVI. Le sage peut étudier et vivre tranquille partout ; le méchant, au contraire, ne trouve de repos nulle part. 3
LVII. Le sage même n'est pas maître de ses premiers mouvemens... 13
LVIII. De la division des êtres, selon Platon... 17
LIX. Différence entre la joie et la volupté. — De la folie des hommes... 37
LX. Il faut mépriser ce qu'ambitionne le vulgaire... 49
LXI. Sénèque déclare qu'il est préparé à la mort... 51
LXII. De l'emploi du temps... 53
LXIII. Il ne faut pas s'affliger sans mesure de la perte de ses amis... 55
LXIV. Éloge de Q. Sextius et des anciens philosophes... 65
LXV. Opinions de Platon, d'Aristote et des stoïciens sur la cause première. Par de pareilles pensées l'âme s'élève jusqu'aux cieux... 69
LXVI. Que tous les biens sont égaux et toutes les vertus égales 83
LXVII. Que tout ce qui est bon est désirable... 113
LXVIII. De la retraite et de ses avantages... 123
LXIX. Les fréquens voyages sont un obstacle à la sagesse.... 129
LXX. Du suicide... 133
LXXI. Il n'y a de bien que ce qui est honnête : tous les biens sont égaux... 147
LXXII. Qu'on doit tout abandonner pour embrasser la sagesse. 169
LXXIII. C'est à tort qu'on accuse les philosophes de pensées séditieuses... 177
LXXIV. Qu'il n'y a de bon que ce qui est honnête... 187
LXXV. La philosophie ne court pas après les mots, elle s'occupe des âmes... 209
LXXVI. Quoique vieux, l'auteur apprend encore. — Il prouve derechef qu'il n'y a de bon que ce qui est honnête... 219
LXXVII. Sur la flotte d'Alexandrie. — Mort de Marcellinus... 239
LXXVIII. Qu'il ne faut pas craindre les maladies... 251

Lettres.   Pages.

LXXIX. Après s'être occupé de Charybde, de Scylla et de l'Etna, Sénèque établit que les sages sont égaux entre eux.................................... 269
LXXX. Des avantages de la pauvreté..................... 281
LXXXI. Devons-nous de la reconnaissance à celui qui, après nous avoir fait du bien, nous fait du mal?........ 287
LXXXII. L'auteur s'élève à la fois contre la mollesse et contre les subtilités des dialecticiens................... 307
LXXXIII. Dieu veille sur nos pensées. — Sénèque décrit à son ami sa manière de vivre. — Il revient sur les sophismes des stoïciens, notamment au sujet de l'ivresse.. 323
LXXXIV. Il est bon de lire et d'écrire alternativement. Quel fruit on peut retirer de la lecture................ 341
LXXXV. Les passions même les plus modérées sont interdites au sage.. 349
LXXXVI. De la maison de campagne de Scipion l'Africain et de ses bains. — Sur la plantation des oliviers........ 373
LXXXVII. De la frugalité et du luxe. — Les richesses sont-elles un bien?...................................... 385
LXXXVIII. Que les arts libéraux ne font pas partie des biens, et ne sont d'aucun profit pour la vertu............. 409
LXXXIX. Divisions de la philosophie. — Sur le luxe et l'avarice de l'époque...................................... 437
XC. Éloge de la philosophie : à elle seule appartient la guérison de l'âme.................................. 451
Notes... 486

www.ingramcontent.com/pod-product-compliance
Lightning Source LLC
Chambersburg PA
CBHW071413230426
43669CB00010B/1542